Die Kapitalmarktinformationshaftung im Internationalen Privatrecht

Internationalrechtliche Studien

Beiträge zum Internationalen Privatrecht, zum Einheitsrecht und zur Rechtsvergleichung

Herausgegeben von Ulrich Magnus und Peter Mankowski

Band 80

PETER LANG

Markus Kaul

Die Kapitalmarktinformationshaftung im Internationalen Privatrecht

PETER LANG

Bibliografische Information der Deutschen Nationalbibliothek
Die Deutsche Nationalbibliothek verzeichnet diese Publikation in der Deutschen Nationalbibliografie; detaillierte bibliografische Daten sind im Internet über http://dnb.d-nb.de abrufbar.

Zugl.: Trier, Univ., Diss., 2019

D 385
ISSN 0947-0395
ISBN 978-3-631-79479-1 (Print)
E-ISBN 978-3-631-80623-4 (E-PDF)
E-ISBN 978-3-631-80624-1 (EPUB)
E-ISBN 978-3-631-80625-8 (MOBI)
DOI 10.3726/b16321

Peter Lang – Berlin · Bern · Bruxelles · New York · Oxford · Warszawa · Wien

Diese Publikation wurde begutachtet.

www.peterlang.com

Vorwort

Die vorliegende Arbeit wurde im Wintersemester 2018/2019 vom Fachbereich Rechtswissenschaft der Universität Trier als Dissertation angenommen. Literatur und Rechtsprechung konnten bis April 2019 berücksichtigt werden.

Mein Dank gilt allen voran Herrn Prof. Dr. Jan von Hein für die Betreuung des Promotionsvorhabens. Herrn Prof. Dr. Jens Kleinschmidt danke ich für die zügige Erstellung des Zweitgutachtens.

Darüber hinaus danke ich Herrn Prof. Dr. Ulrich Magnus und Herrn Prof. Dr. Peter Mankowski für die Aufnahme in diese Schriftenreihe.

Danken möchte ich zudem meiner Familie, meinen Freunden und meinen Kollegen, die mir während der Anfertigung der Dissertation stets hilfreich zur Seite gestanden und den nötigen Rückhalt gegeben haben. Bei Irina bedanke ich mich für die pausenlose persönliche wie fachliche Unterstützung und ihr Verständnis – ohne sie würde es diese Arbeit nicht geben. Mein besonderer Dank gilt schließlich meinen Eltern, die mich während Studium und Promotion immerzu bedingungslos unterstützt haben und fortwährend unterstützen. Ihnen widme ich diese Arbeit.

Markus Kaul
Köln, April 2019

Inhaltsübersicht:

Inhaltsverzeichnis:

I. Einleitung

A. Problemstellung

Das europäische Kapitalmarktrecht hat sich in den letzten Jahrzehnten und gerade in den letzten Jahren rasant entwickelt. Es gibt eine ganze Fülle an europäischen Rechtsakten, die unmittelbar oder mittelbar auf die nationalen Kapitalmarktrechte einwirken und diese bereits erheblich angeglichen haben. Nicht zuletzt geschah dies auch mit Blick auf die zunehmende Relevanz grenzüberschreitender Kapitalmarktaktivitäten, welche das Kapitalmarktrecht vor immer neue Herausforderungen stellen. Umso mehr muss es verwundern, dass im harmonisierten Internationalen Privatrecht keine speziellen Anknüpfungsvorschriften für kapitalmarktrechtliche Ansprüche, insbesondere für Kapitalmarktinformationshaftungsansprüche vorhanden sind. Hier besteht ein erhebliches Ungleichgewicht zwischen teilweise sehr detaillierten materiell-rechtlichen Vorgaben einerseits und dem Fehlen kollisionsrechtlicher Regelungen andererseits. Hauptgrund für das Fehlen einer kollisionsrechtlichen Regelung dürften die erheblichen Schwierigkeiten sein, welche bei der Suche nach einem geeigneten Anknüpfungspunkt für Kapitalmarktinformationshaftungsansprüche auftreten. Dies ist zu einem erheblichen Teil dem Umstand geschuldet, dass sich die kollisionsrechtlichen Implikationen des marktordnenden Kapitalmarktrechts nur schwierig in die traditionell gewachsenen Regelungsstrukturen des Internationalen Privatrechts einordnen lassen. Entsprechend ist die Frage der Anknüpfung von Kapitalmarktinformationshaftungsansprüchen in der rechtswissenschaftlichen Literatur seit Jahren heftig umstritten.[1]

Trotz aller Schwierigkeiten im Hinblick auf die kollisionsrechtliche Behandlung der Kapitalmarktinformationshaftung kann die bestehende Situation aber nur als unbefriedigend bezeichnet werden. Grenzüberschreitende Kapitalmarktaktivität gewinnt seit Jahren zunehmend an Bedeutung. Kaum hoch genug geschätzt werden kann in diesem Zusammenhang die *„dem Internet immanente Eigenschaft als grenzüberschreitendes Medium“*[2]. Die Relevanz grenzüberschreitender Kapitalmarktaktivität lässt sich beispielhaft etwa daran ablesen, dass

1 Vgl. nur *von Hein* in: Fassbender/Wendehorst/Wet u. a., Paradigmen im internationalen Recht, 369 (410 ff.); *Einsele* ZEuP 2012, 23 (27 ff.); *Hellgardt/Ringe* ZHR 2009, 802 (814 ff.).

2 *Spindler* ZHR 2001, 324 (326).

nach einer für das Jahr 2014 durchgeführten Erhebung der Deutschen Bundesbank 57,1 % aller Aktien börsennotierter Unternehmen und sogar 63,7 % aller Aktien der im DAX 30 notierten Unternehmen im Besitz ausländischer Aktionäre waren.[3] Andererseits aber wird in einem Handbuch zur Börseneinführung etwa empfohlen, aufgrund der bestehenden „*Rechtsunsicherheiten*" im Hinblick auf das anwendbare Haftungsrecht den grenzüberschreitenden Vertrieb von Wertpapieren durch entsprechende Verkaufsbeschränkungen im Prospekt auf bestimmte Regionen zu begrenzen.[4] So droht die ungewisse internationalprivatrechtliche Behandlung kapitalmarktrechtlicher Ersatzansprüche die Errungenschaften des harmonisierten Kapitalmarktrechts zu gefährden. Dies gilt insbesondere im Hinblick auf die grundsätzlich erwünschte Zunahme grenzüberschreitender Kapitalmarktaktivität zur Schaffung eines integrierten Kapitalmarkts.

Das gesetzgeberische Defizit im Bereich des Internationalen Privatrechts gilt es – *de lege lata* und gegebenenfalls auch *de lege ferenda* – zu beseitigen. Denn zu einem integrierten europäischen Kapitalmarkt muss zwingend auch die Möglichkeit einer rechtssicheren Verfolgung grenzüberschreitender Kapitalmarktinformationshaftungsansprüche gehören. Wesentliche Voraussetzung dafür ist die vorhersehbare und sachgemäße Anknüpfung von Kapitalmarktinformationshaftungsansprüchen. Dies kann gewissermaßen als Beitrag des Internationalen Privatrechts zur Schaffung eines integrierten Kapitalmarkts bezeichnet werden.[5]

B. Konkretisierung der Fragestellung

Die vorliegende Arbeit soll einen Beitrag zur Lösung der zuvor beschriebenen Problematik leisten. Grundlegende Prämisse muss hierbei sein, die Fragestellungen aus europäischer Perspektive zu untersuchen. Dies folgt einerseits aus dem Umstand, dass das zu untersuchende Kapitalmarktrecht gerade im Bereich der Publizitätspflichten in erheblichem Maße europarechtlich geprägt ist und sich die Schaffung eines gemeinsamen europäischen Kapitalmarkts zum Ziel gesetzt hat. Andererseits folgt dies aber auch aus der Kollisionsrechtsvereinheitlichung auf europäischer Ebene, aufgrund derer nicht das nationale, sondern vielmehr

3 Deutsche Bundesbank, Monatsbericht, September 2014, S. 25, 27, abrufbar unter: https://www.bundesbank.de/Redaktion/DE/Downloads/Veroeffentlichungen/Monatsberichtsaufsaetze/2014/2014_09_eigentuemerstruktur_aktienmarkt.pdf?__blob=publicationFile (zuletzt aufgerufen am 31.12.2017).

4 *Schanz,* Börseneinführung, § 13 Rn. 117.

5 In diesem Sinne auch schon *Benicke* in: FS Jayme (2004), 25 (28).

das europäische Internationale Privatrecht und dort insbesondere die Rom II-Verordnung[6] im Hinblick auf die Anknüpfung kapitalmarktrechtlicher Ersatzansprüche zu befragen ist.

Der Untersuchungsgegenstand dieser Arbeit sind Kapitalmarktinformationshaftungsansprüche. Hierunter zu verstehen sind zivilrechtliche Schadensersatzansprüche geschädigter Anleger für die Verletzung europarechtlich vorgegebener Publizitätspflichten am Kapitalmarkt.[7] Prominentestes Beispiel der Kapitalmarktinformationshaftung ist die Prospekthaftung, also Ansprüche aufgrund der Fehlerhaftigkeit oder des Fehlens eines Wertpapierprospekts. Ebenso von der Fallgruppe erfasst sind aber auch die Haftung für fehlerhafte oder unterlassene Ad-hoc-Mitteilungen sowie Ersatzansprüche aufgrund falscher oder fehlender Regel- bzw. Beteiligungspublizität. Hinzu kommt schließlich noch die zivilrechtliche Verantwortlichkeit für sonstige fehlerhafte Kapitalmarktinformationen im Rahmen von freiwilligen Veröffentlichungen bzw. Werbung (sog. Investor Relations). Gemeinsames Merkmal dieser Ansprüche ist der Haftungsgrund, welcher in einer Verletzung kapitalmarktrechtlicher Publizitätsgebote durch fehlerhafte oder unterlassene Information des Kapitalmarkts liegt. Sowohl die Prospekt- als auch die übrige Kapitalmarktinformationshaftung ist grundsätzlich eine Emittentenhaftung.[8] Primärer Haftungsadressat ist also derjenige, der das Wertpapier oder sonstige Finanzprodukt zum Zwecke der Kapitalbeschaffung ausgegeben hat. Der Schwerpunkt der vorliegenden Betrachtung soll daher auf dem Verhältnis zwischen Anleger und Emittent liegen, wenngleich grundsätzlich auch eine Außenhaftung von Organen oder Gesellschaftern bzw. eine Haftung von Wirtschaftsprüfern oder sonstigen Experten in Betracht kommen kann.[9]

Nicht Gegenstand dieser Arbeit sind ferner das Internationale Zivilverfahrensrecht der Kapitalmarktinformationshaftung[10] sowie die speziellen Fragen der Übernahmepublizität[11].

---

6 Verordnung (EG) Nr. 864/2007 des Europäischen Parlaments und des Rates vom 11. Juli 2007 über das auf außervertragliche Schuldverhältnisse anzuwendende Recht, ABl. EG Nr. L 2007/199, 40 (Rom II-Verordnung).

7 In Anlehnung an das Begriffsverständnis bei *Hopt/Voigt* in: Hopt/Voigt, Prospekt- und Kapitalmarktinformationshaftung, 9 (11).

8 Vgl. *Hopt* WM 2013, 101 (103, 104 ff.).

9 Vgl. hierzu *Hopt* WM 2013, 101 (108 ff.).

10 Hierzu ausführlich *Schmitt,* Die Haftung wegen fehlerhafter oder pflichtwidrig unterlassener Kapitalmarktinformationen, S. 193 ff.

11 Hierzu ausführlich *Winkelmann,* Aufsicht und anwendbares Recht bei grenzüberschreitenden Unternehmensübernahmen, S. 81 ff.; jüngst auch *Kontogeorgou*, Das IPR der Kapitalmarktdelikte, S. 215 ff.

C. Gang der Untersuchung

Zur näheren Konkretisierung des Untersuchungsgegenstands befasst sich die Arbeit zunächst mit den materiell-rechtlichen Grundlagen der Kapitalmarktinformationshaftung in Europa (unter II.). In diesem Rahmen sind insbesondere die grundsätzliche Bedeutung von Kapitalmarktpublizität und -haftung für das Kapitalmarktrecht (unter II.C.), der gegenwärtige Rechtsstand auf europäischer Grundlage sowie die Umsetzung in den Mitgliedstaaten (unter II.D.) zu untersuchen. Weiter ist eine Betrachtung der Grundlagen der grenzüberschreitenden Kapitalmarktinformationshaftung, welche im Spannungsverhältnis zwischen Kapitalmarktrecht und Kollisionsrecht liegt, erforderlich (unter III.). Von besonderem Interesse ist in diesem Zusammenhang, wie die internationale Reichweite von Kapitalmarktrecht zu bestimmen ist (unter III.C.) und wie kapitalmarktrechtliche Normen aus Sicht des Internationalen Privatrechts berücksichtigt bzw. angewendet werden können (unter III.D.).

Im Hauptteil der vorliegenden Arbeit ist die Anwendbarkeit der Rom II-Verordnung auf Kapitalmarktinformationshaftungsansprüche zu untersuchen (unter IV.B.) und sodann der *status quo* der Anknüpfung von Kapitalmarktinformationshaftungsansprüchen nach der Rom II-Verordnung darzustellen (unter IV.C.). In diesem Zusammenhang ist insbesondere auf die Lokalisierung des Erfolgsorts bei reinen Vermögensschäden unter besonderer Berücksichtigung diesbezüglicher aktueller *EuGH*-Rechtsprechung (unter IV.C.2.b)) sowie auf die Geeignetheit einer derartigen Anknüpfung für Kapitalmarktinformationshaftungsansprüche (unter IV.C.2.c)) einzugehen. Im Anschluss daran sind die vom *status quo* abweichenden Lösungen und Ausweichstrategien, welche für die Anknüpfung von Kapitalmarktinformationshaftungsansprüchen vorgeschlagen werden, darzustellen und im Hinblick auf ihre Durchführbarkeit und Sachgemäßheit zu bewerten (unter IV.D.).

Am Ende der vorliegenden Arbeit wird ein eigener Vorschlag für die Behandlung von Kapitalmarktinformationshaftungsansprüchen im Rahmen der Rom II-Verordnung vorgestellt, welcher aus Sicht des Verfassers zu einer sach- und interessengerechten Anknüpfung entsprechender Ansprüche sowohl *de lege lata* als auch *de lege ferenda* führt (unter V.). Die Arbeit schließt mit einem Formulierungsvorschlag für eine besondere Kollisionsnorm betreffend Kapitalmarktinformationshaftungsansprüche, welche in die Rom II-Verordnung eingeführt werden soll (unter V.C.).

II. Grundlagen der Kapitalmarktinformationshaftung

A. Vorbemerkungen

Um sachgerechte Lösungen für Anknüpfungsfragen bei grenzüberschreitenden Sachverhalten der Kapitalmarktinformationshaftung zu finden, ist ein grundlegendes Verständnis materiell-rechtlicher Fragen von Publizität und Haftung unerlässlich. Vor diesem Hintergrund ist zunächst zu erarbeiten, unter welchen Voraussetzungen eine Haftung für unterlassene oder fehlerhafte Kapitalmarktinformation nach europäischen Vorgaben bzw. nach den mitgliedstaatlichen Rechtsordnungen überhaupt in Betracht kommt.

Viele der Regelungen und Grundsätze, die sich heute in den mitgliedstaatlichen Kapitalmarktrechten wiederfinden, haben ihren Ursprung in europäischen Primär- und Sekundärrechtsakten.[12] Die Entstehung und Entwicklung der Kapitalmarktrechte in den einzelnen Mitgliedstaaten ist daher untrennbar verknüpft mit den zeitgleich auf europäischer Ebene vollzogenen Entwicklungen.[13] Dieser europarechtliche Hintergrund ist insbesondere auch bei der Auslegung nationaler Kapitalmarktnormen zu berücksichtigen.[14] Wer sich mit dem europäischen Kapitalmarktrecht beschäftigt, beschäftigt sich daher zugleich auch mit der Basis der Kapitalmarktrechte aller Mitgliedstaaten.[15]

Das europäische Kapitalmarktrecht ist ein sehr schnelllebiges Rechtsgebiet, welches ständigen Überarbeitungen, Reformen und Anpassungen unterliegt. Dennoch sollen die Grundzüge des europäischen Kapitalmarktrechts sowie der jetzt geltende Rechtsstand zur Kapitalmarktpublizität zumindest im Überblick wiedergegeben werden. Denn auch wenn sich Detailfragen immer wieder ändern, wurden die grundsätzlichen Weichenstellungen bereits vor Jahrzehnten vorgenommen und seither auch nicht wesentlich revidiert. Die nachfolgende Darstellung dient daher primär der Vergegenwärtigung grundsätzlicher Aspekte

---

12 *Schnyder* in: MüKo-BGB, 5. Aufl. 2010, Internationales Kapitalmarktrecht, Rn. 25; *Buck-Heeb,* Kapitalmarktrecht, Rn. 30; *Lutter/Bayer/Schmidt,* Europäisches Unternehmens- und Kapitalmarktrecht, § 17 Rn. 3.

13 Vgl. *Assmann* in: Gebauer/Wiedmann, Zivilrecht unter europäischem Einfluss, Rn. 40f.; *Klöhn* in: Langenbucher, Europarechtliche Bezüge des Privatrechts, § 6 Rn. 1.

14 *Buck-Heeb,* Kapitalmarktrecht, Rn. 35 ff.

15 *Klöhn* in: Langenbucher, Europarechtliche Bezüge des Privatrechts, § 6 Rn. 1.

anhand des geltenden Regelungsregimes. Als Ausgangspunkt zur Erarbeitung eines internationalprivatrechtlichen Lösungsansatzes kann nur das gegenwärtige Publizitätsregime herangezogen werden.

Daher wird in diesem Kapitel zunächst aus historischem Blickwinkel die Entstehung des europäischen Kapitalmarktrechts nachgezeichnet. Danach soll grundlegend auf die Bedeutung von Kapitalmarktinformationen und diesbezüglicher Haftung sowie deren Rolle im europäischen Kapitalmarktrecht eingegangen werden. Anschließend werden die in verschiedenen Marktsituationen bestehenden Publizitätspflichten im Überblick dargestellt und jeweils die haftungsrechtlichen Konsequenzen unterlassener Publizität aufgezeigt. Letztlich wird darauf einzugehen sein, wie das bestehende Publizitätsregime zu bewerten ist und welche Schlussfolgerungen für das europäische Internationale Privatrecht bereits aus der Systematik der Kapitalmarktinformationshaftung gezogen werden können.

B. Rechtsgrundlagen und Entwicklung im europäischen Recht

1. Einleitung

Normen zur Kapitalmarktinformationshaftung finden sich sowohl in europäischem Richtlinien- und Verordnungsrecht als auch in verschiedenen Gesetzen der nationalen Rechtsordnungen. Das Kapitalmarktrecht insgesamt kann mit *Fleischer* trefflich als „*Normendickicht*“[16] bezeichnet werden, weshalb eine systematisierte Herangehensweise an den Themenkomplex zwingend erforderlich ist. Grundsätzliches Ziel der kapitalmarktrechtlichen Harmonisierungsmaßnahmen der EU ist die Errichtung eines integrierten europäischen Kapitalmarktes.[17] Wesentlicher Bestandteil dieser Harmonisierung ist auch die Angleichung der Publizitätsanforderungen.[18]

2. Primäres Europarecht

Im europäischen Primärrecht ist keine ausdrückliche Regelung zum Kapitalmarktrecht oder gar zur Kapitalmarktinformationshaftung vorhanden. Die Regelungen zum Kapitalmarkt, insbesondere auch zur Publizität am Kapitalmarkt gründen sich aus primärrechtlicher Sicht daher auf einen Querschnitt der

---

16 *Fleischer* in: Assmann/Schütze, Handbuch des Kapitalanlagerechts, § 6 Rn. 3.

17 *Veil* in: Veil, Europäisches Kapitalmarktrecht, § 2 Rn. 73, vgl. hierzu näher unter Abschnitt II.C.1.

18 *Heidelbach* in: Kapitalmarktrechts-Kommentar, 4. Aufl. 2010, Einl. WpPG, Rn. 3.

Niederlassungs- (Art. 49 ff. AEUV), Dienstleistungs- (Art. 56 ff. AEUV) und Kapitalverkehrsfreiheit (Art. 63 ff. AEUV).[19] Ein gemeinsamer Kapitalmarkt ist aber – auch wenn er keine ausdrückliche Erwähnung findet – jedenfalls unabdingbarer Teil eines funktionierenden europäischen Binnenmarktes (Art. 26 AEUV).[20] Konkrete Ermächtigungsgrundlage zum Erlass kapitalmarktrechtlicher Normen ist daher Art. 114 AEUV.[21]

3. Entwicklung des sekundären Europarechts

Das europäische Kapitalmarktrecht war seit jeher im Wesentlichen richtliniengeprägt, was in jüngerer Zeit aber durch die zunehmende Verwendung von Verordnungen aufgeweicht wird. Das derzeit geltende Publizitätsregime ist durch verschiedene, das Kapitalmarktrecht betreffende Richtlinien oder Verordnungen schrittweise eingeführt worden.[22]

a) Entwicklung bis 1999

Der sogenannte *Segré*-Bericht[23] aus dem Jahre 1966 beinhaltete erstmals nähere Ausführungen zu Publizität und Publizitätspflichten[24] am europäischen Kapitalmarkt. In den ersten kapitalmarktrechtlichen Richtlinien, der Ersten Börsenzulassungsrichtlinie[25], der Ersten Prospektrichtline[26] und der

19 *Binder/Broichhausen* ZBB 2006, 85 (86); *Follak* in: Dauses/Ludwigs, Handbuch des EU-Wirtschaftsrechts, 46. EL Januar 2019, F. III. Rn. 7; ausführlich hierzu auch *Mülbert* WM 2001, 2085 (2088 ff.); *Heinze*, Europäisches Kapitalmarktrecht, S. 11.

20 *Mülbert* WM 2001, 2085 (2088); *Schnyder* in: MüKo-BGB, 5. Aufl. 2010, Internationales Kapitalmarktrecht, Rn. 25.

21 *Follak* in: Dauses/Ludwigs, Handbuch des EU-Wirtschaftsrechts, 46. EL Januar 2019, F. III. Rn. 8.

22 Überblick der Entwicklung bei *Binder/Broichhausen* ZBB 2006, 85 (89 ff.); siehe auch allgemein zum europäischen Kapitalmarktrecht *Veil* in: Veil, Europäisches Kapitalmarktrecht, § 1 Rn. 1 ff.; *Rittner/Dreher*, Europäisches und deutsches Wirtschaftsrecht, § 33 Rn. 3 ff.

23 *Kommission*, Der Aufbau eines Europäischen Kapitalmarkts, 1966 (*Segré*-Bericht).

24 *Segré*-Bericht, S. 225 ff.

25 Richtlinie 79/279/EWG des Rates vom 5. März 1979 zur Koordinierung der Bedingungen für die Zulassung von Wertpapieren zur amtlichen Notierung an einer Wertpapierbörse, ABl. EWG Nr. L 1979/66, 21.

26 Richtlinie 80/390/EWG des Rates vom 17. März 1980 zur Koordinierung der Bedingungen für die Erstellung, die Kontrolle und die Verbreitung des Prospekts, der für die Zulassung von Wertpapieren zur amtlichen Notierung an einer Wertpapierbörse zu veröffentlichen ist, ABl. EWG Nr. L 1980/100, 1.

Zwischenberichtsrichtlinie[27] waren dann bereits erste Regelungen betreffend die Veröffentlichung von Kapitalmarktinformationen enthalten. Diese wurden im Jahre 2001 nach verschiedenen Änderungen und Überarbeitungen zur besseren Übersichtlichkeit in der Kapitalmarktpublizitätsrichtlinie[28] zusammengefasst. In der Zwischenzeit setzte sich die Entwicklung kapitalmarktrechtlicher Richtlinien weiter fort und die Publizitätsvorschriften wurden durch die Beteiligungstransparenzrichtlinie[29] und die Emissionsprospektrichtlinie[30] weiter ergänzt.

b) FSAP und Lamfalussy-*Bericht*

Einen Grundstein für die Entwicklung des heutigen europäischen Kapitalmarktrechts legte die Europäische Kommission dann im Jahre 1999 mit dem Aktionsplan für Finanzdienstleistungen (Financial Services Action Plan, FSAP)[31]. Hierin sah die Kommission eine weitere Harmonisierung des europäischen Kapitalmarktrechts anlässlich der Einführung der gemeinsamen europäischen Währung Euro vor. Auch in Bezug auf die oben genannten Richtlinien, welche bis dahin im Wesentlichen die Publizität am Kapitalmarkt regelten, wurde Handlungsbedarf gesehen.[32] Im Anschluss an diesen Aktionsplan wurde eine Expertengruppe unter Vorsitz von *Alexandre Lamfalussy* eingesetzt, welche die weitere Entwicklung, insbesondere die effektivere Umsetzung von Neuerungen im europäischen Kapitalmarktrecht untersuchen sollte. Ergebnis war der wegweisende Schlussbericht der Expertengruppe[33], welcher vor dem Hintergrund der großen

27 Richtlinie 82/121/EWG des Rates vom 15. Februar 1982 über regelmäßige Informationen, die von Gesellschaften zu veröffentlichen sind, deren Aktien zur amtlichen Notierung an einer Wertpapierbörse zugelassen sind, ABl. EWG Nr. L 1982/48, 26.

28 Richtlinie 2001/34/EG des Europäischen Parlaments und des Rates vom 28. Mai 2001 über die Zulassung von Wertpapieren zur amtlichen Börsennotierung und über die hinsichtlich dieser Wertpapiere zu veröffentlichenden Informationen, ABl. EG Nr. L 2001/184, 1.

29 Richtlinie 88/627/EWG des Rates vom 12. Dezember 1988 über die bei Erwerb und Veräußerung einer bedeutenden Beteiligung an einer börsennotierten Gesellschaft zu veröffentlichenden Informationen, ABl. EWG Nr. L 1988/348, 62.

30 Richtlinie 89/298/EWG des Rates vom 17. April 1989 zur Koordinierung der Bedingungen für die Erstellung, Kontrolle und Verbreitung des Prospekts, der im Falle öffentlicher Angebote von Wertpapieren zu veröffentlichen ist, ABl. EWG Nr. L 1989/124, 8.

31 KOM(1999) 232 endg.

32 KOM(1999) 232 endg., S. 22.

33 Schlussbericht des Ausschusses der Weisen über die Regulierung der Europäischen Wertpapiermärkte, Stand 15.2.2001 (*Lamfalussy*-Bericht), abrufbar unter

wirtschaftlichen Bedeutung eines integrierten Kapitalmarktes für Europa[34] die Langsamkeit der Rechtsetzung auf diesem Gebiet kritisierte. Als Verbesserung vorgeschlagen wurde ein Vier-Stufen-System, mit welchem der Erlass von neuen EU-Rechtsakten im Bereich des Kapitalmarktrechts beschleunigt werden sollte.[35] Im Einzelnen sollten zukünftig auf der ersten Stufe sogenannte Rahmenrichtlinien oder -verordnungen mit allgemeinen Grundsätzen erlassen werden, welche dann auf zweiter Stufe durch Durchführungsrechtsakte konkretisiert werden. Anschließend sollten auf dritter Ebene durch das Committee of European Securities Regulators (CESR) rechtlich unverbindliche Leitlinien und Empfehlungen ausgearbeitet werden, um die Anwendung der Maßnahmen in der Praxis zu erleichtern. Die vierte Stufe besteht aus der Evaluation und Kontrolle der mitgliedstaatlichen Umsetzung durch die Kommission.

Die Einführung dieses Rechtsetzungssystems stellte den Startschuss für eine umfassende Reform und Ausweitung des europäischen Kapitalmarktrechts dar. Hervorzuheben sind die Marktmissbrauchsrichtlinie (Marktmissbrauchs-RL)[36], die Prospektrichtlinie (Prospekt-RL)[37] und die Transparenzrichtlinie (Transparenz-RL)[38],[39] welche – mit Ausnahme der inzwischen durch die Markt-

---

http://ec.europa.eu/finance/securities/lamfalussy/report/index_de.htm (zuletzt aufgerufen am 31.12.2017).

34 *Lamfalussy*-Bericht, S. 14 ff.

35 *Lamfalussy*-Bericht, S. 26 ff.; vgl. hierzu auch *Walla* in: Veil, Europäisches Kapitalmarktrecht, § 2 Rn. 26 ff.

36 Richtlinie 2003/6/EG des Europäischen Parlaments und des Rates vom 28. Januar 2003 über Insider-Geschäfte und Marktmanipulation, ABl. EG Nr. L 2003/96, 16.

37 Richtlinie 2003/71/EG des Europäischen Parlaments und des Rates vom 4. November 2003 betreffend den Prospekt, der beim öffentlichen Angebot von Wertpapieren oder bei deren Zulassung zum Handel zu veröffentlichen ist, und zur Änderung der Richtlinie 2001/34/EG, ABl. EG Nr. L 2003/345, 64; mit Wirkung ab dem 21.07.2019 wird die Prospekt-RL abgelöst durch die Verordnung (EU) Nr. 2017/1129 vom 14. Juni 2017 über den Prospekt, der beim öffentlichen Angebot von Wertpapieren oder bei deren Zulassung zum Handel an einem geregelten Markt zu veröffentlichen ist und zur Aufhebung der Richtlinie 2003/71/EG, ABl. EU Nr. L 2017/168, 12.

38 Richtlinie 2004/109/EG des Europäischen Parlaments und des Rates vom 15. Dezember 2004 zur Harmonisierung der Transparenzanforderungen in Bezug auf Informationen über Emittenten, deren Wertpapiere zum Handel auf einem geregelten Markt zugelassen sind, und zur Änderung der Richtlinie 2001/34/EG, ABl. EG Nr. L 2004/390, 38.

39 Diese bildeten zusammen mit der Richtlinie 2004/39/EG des Europäischen Parlaments und des Rates vom 21. April 2004 über Märkte für Finanzinstrumente, ABl.

missbrauchsverordnung (Marktmissbrauchs-VO)[40] ersetzten Marktmissbrauchs-RL – bis heute das Publizitätsregime wesentlich prägen.[41] Die den drei Rahmenrichtlinien folgenden Sekundärrechtsakte in Form verschiedener Richtlinien und Verordnungen nahmen nur noch geringfügige Änderungen bzw. Ergänzungen vor oder enthielten lediglich technische Durchführungsbestimmungen.

c) Entwicklungen in jüngerer Zeit

Nach der sehr dynamischen Entwicklung infolge des FSAP waren die wesentlichen Richtungsentscheidungen im Bereich der Kapitalmarktpublizität getroffen. Bereits damals war eine schrittweise Abkehr vom Konzept der Mindestharmonisierung zu verzeichnen.[42] Während die vorangegangenen Richtlinien noch auf die Schaffung eines Mindeststandards abzielten, war zumindest in einem Teil der neueren Rechtsakte bereits die Tendenz weg von nur mindestharmonisierenden Vorgaben hin zur Vollharmonisierung des europäischen Kapitalmarktrechts zu erkennen.[43]

Ihren vorläufigen Höhepunkt hat diese Entwicklung im Jahr 2014 im Erlass der seit 2016 geltenden Marktmissbrauchs-VO gefunden, welche die Marktmissbrauchs-RL ersetzt. Auch als Reaktion auf die Finanzkrise im Jahr 2008 bediente sich der europäische Gesetzgeber hier einer nach Art. 288 Abs. 2 AEUV in den Mitgliedstaaten unmittelbar anwendbaren Verordnung zur Neuregelung des Marktmissbrauchsrechts.[44]

EG Nr. L 2004/145, 1 (MiFID), die vier Rahmenrichtlinien, welche nicht umsonst als „*Herzstück*“ (*Veil* in: Veil, Europäisches Kapitalmarktrecht, § 1 Rn. 21) des europäischen Kapitalmarktrechts bezeichnet wurden; die MiFID wurde zum 03.01.2018 ersetzt durch die Richtlinie 2014/65/EU des Europäischen Parlaments und des Rates vom 15. Mai 2014 über Märkte für Finanzinstrumente sowie zur Änderung der Richtlinien 2002/92/EG und 2011/61/EU, ABl. EU Nr. L 2014/173, 349 (MiFID II).

40 Verordnung (EU) Nr. 596/2014 des Europäischen Parlaments und des Rates vom 16. April 2014 über Marktmissbrauch und zur Aufhebung der Richtlinie 2003/6/EG des Europäischen Parlaments und des Rates und der Richtlinien 2003/124/EG, 2003/125/EG und 2004/72/EG der Kommission, ABl. EU Nr. L 2014/173, 1.

41 Eine Zwischenbilanz zieht *Schmolke* NZG 2005, 912 (912 ff.).

42 Vgl. *Binder/Broichhausen* ZBB 2006, 85 (87).

43 Näher hierzu *Walla* in: Veil, Europäisches Kapitalmarktrecht, § 2 Rn. 48 ff.

44 Vgl. *Lehmann* in: MüKo-BGB, 7. Aufl. 2018, Internationales Finanzmarktrecht, Rn. 78; *von der Linden* DStR 2016, 1036 (1036).

C. Publizität und Haftung als grundlegende Prinzipien des europäischen Kapitalmarktrechts

1. Gegenstand und Ziele des europäischen Kapitalmarktrechts

Das heutige europäische Kapitalmarktrecht zeichnet sich insbesondere durch seinen internationalisierten Regelungsansatz aus. Im Zuge der zunehmenden Globalisierung, welche selbstverständlich auch vor den Kapitalmärkten nicht Halt machte, entwickelte sich die Möglichkeit, nahezu weltumfassend auf fremden Kapitalmärkten tätig zu werden.[45] Plastisch wird insoweit von einer „*Entgrenzung*" der Kapitalmärkte gesprochen.[46] Überragende Bedeutung kommt in diesem Zusammenhang dem Internet zu, welches es ermöglicht, von jedem beliebigen Ort weltweite Kapitalmarkttransaktionen durchzuführen.[47] Während es früher auf dem Gebiet des Kapitalmarktrechts kaum international vereinheitlichtes Recht gab[48], folgten insbesondere in jüngerer Zeit Bemühungen zur Schaffung eines globalen Rechtsrahmens.[49] Die Entstehung eines „*globalen Kapitalmarkts*", welcher einheitlichen Regelungen folgt und den weltumspannenden Austausch von Kapital lückenlos und barrierefrei ermöglicht, liegt aber wohl noch in weiter Ferne und dürfte auf nicht absehbare Zeit Utopie bleiben.

Einen differenzierteren Blick wird man auf einen „*europäischen Kapitalmarkt*" richten müssen. Als solchen bezeichnet man den vom europäischen Gesetzgeber regulierten Markt, auf welchem Finanzinstrumente gehandelt werden.[50] Die geographische Grenze korreliert insoweit mit dem Geltungsbereich des europäischen Rechts. Ein einheitlicher europäischer Kapitalmarkt ist freilich noch nicht erreicht, nach wie vor besteht der europäische Kapitalmarkt aus verschiedenen nationalen Märkten.[51] In vielen Bereichen haben aber schon weitgehende Harmonisierungen stattgefunden, wie nachfolgend am Beispiel der

---

45 *Schneider* AG 2012, 823 (823).

46 So *Lehmann* in: MüKo-BGB, 7. Aufl. 2018, Internationales Finanzmarktrecht, Rn. 7.

47 Allgemein zur Bedeutung grenzüberschreitender Kapitalmarkttransaktionen unter Abschnitt III.B., näher zur besonderen Rolle des Internets in diesem Zusammenhang unter Abschnitt III.B.2.

48 *Schneider* AG 2001, 269 (269).

49 Vgl. hierzu *Wittig* in: Kümpel/Wittig, Bank- und Kapitalmarktrecht, Rn. 1.75.

50 *Lutter/Bayer/Schmidt*, Europäisches Unternehmens- und Kapitalmarktrecht, § 17 Rn. 7.

51 Vgl. jüngst *Hopt* EuZW 2015, 289 (289); ebenso *Veil* in: Veil, Europäisches Kapitalmarktrecht, § 2 Rn. 91; *Follak* in: Dauses/Ludwigs, Handbuch des EU-Wirtschaftsrechts, 46. EL Januar 2019, F. III. Rn. 3.

Kapitalmarktpublizität gezeigt wird.[52] Es gibt zudem zahlreiche weitere Regelungsanliegen, welche die Schaffung einer Kapitalmarktunion weiter vorantreiben.[53] Denn übergeordnetes Ziel der europäischen Rechtsetzung im Bereich des Kapitalmarktrechts ist die Schaffung eines integrierten Kapitalmarkts. Mit zunehmender Integration zeichnet sich dieser, insbesondere im Vergleich zu rein einzelstaatlichen Kapitalmärkten, mit einer höheren Liquidität, niedrigeren Transaktionskosten sowie einer besseren informationellen Transparenz aus und ist daher geeignet, ein höheres institutionelles Vertrauen in den Markt zu schaffen.[54] Zudem kann ein integrierter Kapitalmarkt einen Gegenpol zum schwergewichtigen US-amerikanischen Kapitalmarkt bilden.[55]

Inhaltlich hat das europäische Kapitalmarktrecht – ebenso wie seine nationalstaatlichen Pendants – zwei grundlegende Regelungsziele: Den *Anlegerschutz* sowie den *Schutz der Funktionsfähigkeit des Kapitalmarkts*.[56] Das Prinzip des Anlegerschutzes soll Anlegern eine möglichst optimale Anlageentscheidung ermöglichen.[57] Im Vordergrund steht hier die Erhaltung bzw. Mehrung des Anlegerkapitals sowie die Ermöglichung einer angemessenen Risikoabschätzung[58], wenngleich Zweck dessen selbstverständlich nicht sein kann, dem Anleger jegliches Risiko abzunehmen[59]. Es geht vielmehr um die Gewährung von aus Anlegersicht verlässlichen Rahmenbedingungen.[60] Daneben ist grundlegendes

---

52 Vgl. die nachfolgenden Abschnitte II.D.3 und II.D.4; allgemein hierzu *Schneider* AG 2012, 823 (823 ff.).

53 Vgl. hierzu jüngst *Hopt* EuZW 2015, 289 (289 ff.).

54 *Klöhn* in: Langenbucher, Europarechtliche Bezüge des Privatrechts, § 6 Rn. 11; *Rittner/Dreher,* Europäisches und deutsches Wirtschaftsrecht, § 33 Rn. 1; vgl. auch Erwägungsgrund (1) Transparenz-RL.

55 *Klöhn* in: Langenbucher, Europarechtliche Bezüge des Privatrechts, § 6 Rn. 11.

56 *Follak* in: Dauses/Ludwigs, Handbuch des EU-Wirtschaftsrechts, 46. EL Januar 2019, F. III. Rn. 6; *Lutter/Bayer/Schmidt,* Europäisches Unternehmens- und Kapitalmarktrecht, § 17 Rn. 28; *Klöhn* in: Langenbucher, Europarechtliche Bezüge des Privatrechts, § 6 Rn. 13; *Heinze,* Europäisches Kapitalmarktrecht, S. 8; ausführlich zu den (analogen) Zielen des deutschen Kapitalmarktrechts *Buck-Heeb,* Kapitalmarktrecht, Rn. 7 ff.; *Rittner/Dreher,* Europäisches und deutsches Wirtschaftsrecht, § 33 Rn. 16 ff.; *Oulds* in: Kümpel/Wittig, Bank- und Kapitalmarktrecht, Rn. 14.141 ff.; grundlegend bereits *Hopt* ZHR 1977, 389 (431).

57 Grundlegend hierzu *Mülbert* ZHR 2013, 160 (164 ff.).

58 *Heinze,* Europäisches Kapitalmarktrecht, S. 9; *Lehmann* in: MüKo-BGB, 7. Aufl. 2018, Internationales Finanzmarktrecht, Rn. 2; *Mülbert* ZHR 2013, 160 (166).

59 Vgl. hierzu ausführlich *Heinze,* Europäisches Kapitalmarktrecht, S. 9.

60 *Heinze,* Europäisches Kapitalmarktrecht, S. 9.

Ziel des Funktionenschutzes die Aufrechterhaltung der Effizienz des Kapitalmarkts als Einrichtung, insbesondere durch die Gewährleistung eines effektiven Handels, einer möglichst optimalen Kapitalallokation sowie der Deckung des Finanzierungsbedarfs kapitalsuchender Unternehmen.[61] Einbezogen ist insoweit auch die gesamtgesellschaftliche Funktion des Kapitalmarkts, etwa im Hinblick auf die Stärkung der Volkswirtschaft oder die Ermöglichung privater Altersvorsorge.[62]

2. Kapitalmarktrechtliche Informationspflichten und Haftung

Eines der grundlegenden Prinzipien des europäischen Kapitalmarktrechts ist die Verpflichtung der Emittenten zur Veröffentlichung bestimmter Informationen.[63] Ihre Rechtfertigung finden die Publizitätspflichten im Wesentlichen in ökonomischen Gesichtspunkten. Eine fundierte Anlageentscheidung kann ein Interessent nur in Kenntnis aller relevanten Informationen hinsichtlich des in Frage kommenden Anlageprodukts bzw. im Hinblick auf dessen Emittenten treffen.[64] Denn nur bei einer ausreichenden Transparenz des Marktes können Anleger Risiko und Renditeerwartung richtig einschätzen und in ihre Bewertung eines Anlageprodukts einfließen lassen. Die eigenständige Beschaffung dieser Informationen wäre für den Anleger jedoch, soweit sie überhaupt möglich ist, regelmäßig zu aufwändig bzw. kostenintensiv.[65] Jede Anlageentscheidung wäre für den Anleger daher mit sehr hohen Transaktionskosten verbunden.[66] Mögliche Konsequenzen wären hohe Risikoabschläge auf Anlageprodukte oder sogar der Verzicht auf die Investition, was zu Störungen im Marktablauf bis hin zu seinem völligen Versagen führen kann.[67] Es besteht folglich eine Informationsasymmetrie zwischen

61 *Heinze,* Europäisches Kapitalmarktrecht, S. 8; siehe auch *Mülbert* ZHR 2013, 160 (172).

62 *Lehmann* in: MüKo-BGB, 7. Aufl. 2018, Internationales Finanzmarktrecht, Rn. 3; *Mülbert* ZHR 2013, 160 (172).

63 *Hopt/Voigt* in: Hopt/Voigt, Prospekt- und Kapitalmarktinformationshaftung, 9 (12): „*Leitprinzip[ ]*"; *Binder/Broichhausen* ZBB 2006, 85 (90): „*Eckpfeiler*"; *Brinckmann* in: Veil, Europäisches Kapitalmarktrecht, § 12 Rn. 1: „*zentrale[ ] Bedeutung*"; *Kronke* Rec. des cours 2000, 261 (297): „*core element*".

64 *Kronke/Haubold* in: Kronke/Melis/Kuhn, Handbuch internationales Wirtschaftsrecht, Teil L Rn. 395.

65 *Hopt/Voigt* in: Hopt/Voigt, Prospekt- und Kapitalmarktinformationshaftung, 9 (12).

66 *Buck-Heeb,* Kapitalmarktrecht, Rn. 9.

67 *Heinze,* Europäisches Kapitalmarktrecht, S. 363f.; *Hopt/Voigt* in: Hopt/Voigt, Prospekt- und Kapitalmarktinformationshaftung, 9 (13).

den Marktteilnehmern, welche es auszugleichen gilt.[68] Zur Aufhebung des Informationsgefälles zwischen Anleger und Emittent statuiert das Kapitalmarktrecht daher Pflichten zur Veröffentlichung bestimmter Informationen.[69] In einem transparenten Markt findet die bestmögliche Allokation des zur Verfügung stehenden Kapitals statt.[70] Der Informationsfluss zwischen den Marktteilnehmern ist daher erforderlich, um die Kernaufgabe des Marktes, Angebot und Nachfrage zusammen zu führen, effektiv zu verwirklichen. Damit dient das Publizitätsrecht im Ergebnis der Verwirklichung der wesentlichen Ziele des Kapitalmarktrechts, nämlich dem Funktionenschutz einerseits und dem Anlegerschutz andererseits.[71]

Die flankierende Haftung für unterlassene bzw. fehlerhafte Informationen findet ihre Rechtfertigung in verschiedenen Aspekten.[72] Zum einen liegt der Kapitalmarktinformationshaftung der allgemeine schadensrechtliche Kompensationsgedanke zugrunde.[73] Trifft ein Investor eine Anlageentscheidung, obwohl er bei vollständiger Information nicht oder anders gehandelt hätte, entsteht ihm hierbei möglicherweise ein Vermögensschaden, welcher auszugleichen ist. Hier wird durch die Kapitalmarktinformationshaftung der individuelle Anlegerschutz verwirklicht. Daneben wird auch die Funktionsfähigkeit des Marktes durch eine zivilrechtliche Verantwortlichkeit der Emittenten geschützt. Denn nur zutreffende bzw. vollständige Kapitalmarktinformationen fördern eine effektive Kapitalallokation.[74] Der wirksamen Durchsetzung von Publizitätspflichten dient nicht nur die aufsichtsrechtliche Überwachung, sondern auch die zivilrechtliche Haftung des Emittenten.[75] Drohen einem Emittenten bei unterlassener oder fehlerhafter Veröffentlichung von Informationen zivilrechtliche Schadensersatzklagen geschädigter Anleger, erhöht dies den Anreiz, den Publizitätspflichten

68 *Brinckmann* in: Veil, Europäisches Kapitalmarktrecht, § 12 Rn. 1 ff.; zum Begriff der Informationsasymmetrie instruktiv *Fleischer,* Informationsasymmetrie im Vertragsrecht, speziell zum Kapitalmarktrecht ab S. 548 ff.

69 *Hopt/Voigt* in: Hopt/Voigt, Prospekt- und Kapitalmarktinformationshaftung, 9 (12).

70 *Buck-Heeb,* Kapitalmarktrecht, Rn. 10; *Hellgardt,* Kapitalmarktdeliktsrecht, S. 112.

71 *Kronke* Rec. des cours 2000, 261 (297); *Hopt/Voigt* in: Hopt/Voigt, Prospekt- und Kapitalmarktinformationshaftung, 9 (13); grundlegend bereits *Hopt* ZHR 1977, 389 (415).

72 Vgl. *Maier-Reimer/Seulen* in: Habersack/Mülbert/Schlitt, Handbuch der Kapitalmarktinformation, § 30 Rn. 1; *Hellgardt,* Kapitalmarktdeliktsrecht, S. 202.

73 *Mülbert* ZHR 2013, 160 (194); *Maier-Reimer/Seulen* in: Habersack/Mülbert/Schlitt, Handbuch der Kapitalmarktinformation, § 30 Rn. 1.

74 *Mülbert/Steup* in: Habersack/Mülbert/Schlitt, Unternehmensfinanzierung am Kapitalmarkt, § 41 Rn. 1.

75 *Hopt* WM 2013, 101 (102).

ordnungsgemäß nachzukommen.[76] Zugleich erhöht das Bestehen eines effektiven Haftungsregimes das Vertrauen der gesamten Anlegerschaft in den Kapitalmarkt, wodurch der institutionelle Anlegerschutz verwirklicht wird.

D. Publizitätspflichten und Haftung

1. Vorbemerkungen

Im Folgenden sollen die europarechtlichen Vorgaben im Bereich der Kapitalmarktpublizität näher beleuchtet werden. Auch wenn eine immer weitergehende Tendenz zur Schaffung eines integrierten europäischen Kapitalmarktes zu beobachten ist, gibt es faktisch innerhalb der Europäischen Union nach wie vor 28 einzelne Kapitalmärkte[77] und damit jedenfalls im Detail auch 28 einzelne Publizitätsregime. Die Ursache hierfür ist, dass die durch das Richtlinienprogramm vorgegebenen Regelungen zu ihrer Geltung der Umsetzung in nationales Recht bedürfen. Vielfach geben Richtlinien nur Mindestregelungen vor, sodass die Umsetzung in den Mitgliedstaaten häufig über die Vorgaben der Richtlinien hinausgeht. Eine Einführung in die konzeptionellen Besonderheiten der mitgliedstaatlichen Kapitalmarktrechte würde den Umfang der vorliegenden Arbeit jedoch bei Weitem sprengen.[78] Daher soll im Anschluss an die Darstellung der harmonisierten Anforderungen an die einzelnen Publizitätspflichten lediglich beispielhaft auf besondere Unterschiede zwischen den mitgliedstaatlichen Rechtsvorschriften eingegangen werden, um die nach wie vor erheblichen Divergenzen aufzuzeigen. Der Schwerpunkt soll in diesem Zusammenhang auf der Untersuchung der Möglichkeiten einer zivilrechtlichen Haftung bei unterlassener oder unrichtiger Kapitalmarktinformation liegen. Da Gegenstand dieser Arbeit die Bestimmung des auf die Kapitalmarktinformationshaftung anwendbaren Rechts ist, müssen ausführliche Erörterungen spezifisch kapitalmarktrechtlicher Probleme anderen Beiträgen vorbehalten bleiben.

---

76 Vgl. nur *Mülbert* ZHR 2013, 160 (194); *Hopt* WM 2013, 101 (102); *Maier-Reimer/Seulen* in: Habersack/Mülbert/Schlitt, Handbuch der Kapitalmarktinformation, § 30 Rn. 1.

77 Vgl. *Veil* in: Veil, Europäisches Kapitalmarktrecht, § 29 Rn. 1; *Follak* in: Dauses/Ludwigs, Handbuch des EU-Wirtschaftsrechts, 46. EL Januar 2019, F. III. Rn. 3; *Hopt* EuZW 2015, 289 (289); näher zum angestrebten Ziel eines integrierten Kapitalmarkts oben Abschnitt II.C.1.

78 Vgl. hierzu grundlegend die umfassende, rechtsvergleichende Darstellung bei *Hopt/Voigt* (Hrsg.), Prospekt- und Kapitalmarktinformationshaftung, wobei sich die nationalen Regelungen seither teils erheblich weiterentwickelt haben.

2. Anwendungsbereich der Publizitätsregelungen

Die europarechtlich vorgegebenen Veröffentlichungspflichten betreffen jeweils die Zulassung zu oder den Handel an einem „*geregelten Markt*".[79] Der Begriff des geregelten Marktes ist in der MiFID II definiert als „*ein von einem Marktbetreiber betriebenes und/ oder verwaltetes multilaterales System, das die Interessen einer Vielzahl Dritter am Kauf und Verkauf von Finanzinstrumenten innerhalb des Systems und nach seinen nichtdiskretionären Regeln in einer Weise zusammenführt oder das Zusammenführen fördert, die zu einem Vertrag in Bezug auf Finanzinstrumente führt, die gemäß den Regeln und/oder den Systemen des Marktes zum Handel zugelassen wurden, sowie eine Zulassung erhalten hat und ordnungsgemäß und gemäß den Bestimmungen des Titels III funktioniert*".[80] Betroffen ist also primär der organisierte Börsenhandel wie z.B. an der Frankfurter Wertpapierbörse, der Euronext Paris oder der London Stock Exchange.[81] Für den Freiverkehr gelten diese Regeln daher zumindest nicht unmittelbar, auch wenn dieser ebenfalls innerhalb der Organisationsstrukturen einer Börse stattfindet. Denn kumulative Voraussetzungen für die Anwendbarkeit sind sowohl die Zulassung des Handelssystems als geregelter Markt als auch das Funktionieren des Systems nach Titel III der Richtlinie.[82] Der außerbörsliche Handel hingegen ist grundsätzlich nicht erfasst.

Zur systematischen Darstellung der einzelnen Publizitätspflichten bietet sich eine Unterscheidung zwischen Primärmarkt und Sekundärmarkt an.

3. Transparenz und Haftung am Primärmarkt (Emission)

a) Definition des Primärmarktes

Der Primärmarkt umfasst die erstmalige Emission eines Wertpapiers, wohingegen der Sekundärmarkt den Handel mit bereits emittierten Wertpapieren

---

79 Vgl. Art. 1 Abs. 1 Prospekt-RL, Art. 1 Abs. 1 Transparenz-RL, Art. 2 Abs. 1 lit. a) Marktmissbrauchs-VO; zusätzlich betrifft die Prospektpflicht auch öffentliche Angebote von Wertpapieren.

80 Art. 4 Abs. 1 Nr. 21 MiFID II; vgl. zum Begriff des geregelten Marktes *Veil* in: Veil, Europäisches Kapitalmarktrecht, § 3 Rn. 21 ff.; diese Definition ersetzt gemäß Art. 94 MiFID II auch Verweise auf eine in älterem Richtlinienrecht enthaltene Definition des „geregelten Marktes".

81 Vgl. auch die auf Grundlage von Art. 56 MiFID II erstellte Liste der regulierten Märkte innerhalb der Europäischen Union, welche auf der Homepage der European Securities and Markets Authority (ESMA) abrufbar ist.

82 Vgl. *EuGH* Urteil v. 22.03.2012 – Rs. C-248/11, ECLI:EU:C:2012:166 (Nilaş u.a), Rz. 43.

beschreibt.[83] Auf dem Primärmarkt findet außerbörslicher Handel statt.[84] Wertpapiere werden erstmalig entweder durch den Emittenten selbst oder durch Einschaltung einer Bank oder eines Emissionskonsortiums vertrieben.[85] Ersteres wird als Eigen- oder Selbst-, letzteres als Fremdemission bezeichnet.[86] In der Praxis gebräuchlicher ist jedoch die Fremdemission, da der Emittent so von der Erfahrung, dem Vertriebsnetz und den Kontakten zu potentiellen Investoren der eingeschalteten Bank oder des eingeschalteten Bankenkonsortiums profitieren kann.[87] Dies hat zur Folge, dass der Emittent im Rahmen der Emission regelmäßig nur indirekter Marktteilnehmer ist und der eigentliche Kauf von Wertpapieren zwischen Bank bzw. Bankenkonsortium und Anleger abgewickelt wird.[88]

Für den Primärmarkt unter Kapitalmarktinformationsgesichtspunkten relevant ist insbesondere die Prospektpublizität und, jeweils in geringerem Umfang, auch die Ad-hoc-Publizität sowie freiwillige Veröffentlichungen.

b) Prospektpublizität

(1) Europarechtliche Vorgaben

Ganz wesentlicher Teil der Emissionspublizität ist die Pflicht zur Erstellung und Veröffentlichung eines Wertpapierprospekts. Zweck der Prospektpublizität ist primär der Anlegerschutz durch die Zurverfügungstellung von Information.[89] Daneben dient das Bestehen einer harmonisierten Prospektpublizität dem reibungslosen Funktionieren des Kapitalmarktes[90] sowie der Vollendung des europäischen Binnenmarktes.[91] Die Anforderungen an einen Prospekt wurden durch die Prospektrichtlinie harmonisiert.[92] Ergänzende Vorgaben finden sich in der

---

83 *Buck-Heeb,* Kapitalmarktrecht, Rn. 70; *Veil* in: Veil, Europäisches Kapitalmarktrecht, § 3 Rn. 8; *Lutter/Bayer/Schmidt,* Europäisches Unternehmens- und Kapitalmarktrecht, § 17 Rn. 9; *Lehmann* in: MüKo-BGB, 7. Aufl. 2018, Internationales Finanzmarktrecht, Rn. 37 ff.; *Hellgardt,* Kapitalmarktdeliktsrecht, S. 109f.

84 *Lehmann* in: MüKo-BGB, 7. Aufl. 2018, Internationales Finanzmarktrecht, Rn. 38.

85 *Heinze,* Europäisches Kapitalmarktrecht, S. 5.

86 Vgl. *Rittner/Dreher,* Europäisches und deutsches Wirtschaftsrecht, § 33 Rn. 8 ff.; *Müller* in: Kümpel/Wittig, Bank- und Kapitalmarktrecht, Rn. 15.81.

87 *Buck-Heeb,* Kapitalmarktrecht, Rn. 72; *Schanz,* Börseneinführung, § 10 Rn. 8f.

88 *Rittner/Dreher,* Europäisches und deutsches Wirtschaftsrecht, § 33 Rn. 49, 57; *Heinze,* Europäisches Kapitalmarktrecht, S. 5.

89 Erwägungsgründe (18) bis (21) Prospekt-RL.

90 Erwägungsgrund (18) Prospekt-RL.

91 Erwägungsgrund (4) Prospekt-RL.

92 Mit Wirkung ab dem 21.07.2019 wird die Prospekt-RL abgelöst durch die Verordnung (EU) Nr. 2017/1129 vom 14. Juni 2017 über den Prospekt, der beim öffentlichen

Prospektverordnung (Prospekt-VO)[93], welche zur Konkretisierung der Prospekt-RL erlassen wurde.

Eine Prospektpflicht besteht sowohl bei Zulassung eines Wertpapiers an einem geregelten Markt als auch im Falle des öffentlichen Angebotes eines Wertpapieres.[94] Lediglich in Ausnahmefällen ist keine Erstellung und Veröffentlichung eines Prospekts erforderlich.[95] Inhaltlich muss ein Prospekt grundsätzlich alle wesentlichen Angaben über Emittent und Wertpapier selbst enthalten, welche ein Interessent für eine fundierte Anlageentscheidung benötigt.[96] Differenziertere Vorgaben hinsichtlich der Mindestangaben[97] je nach Wertpapiertyp finden sich in der Prospekt-VO.[98] Bereits in der Prospekt-RL war vorgesehen, dass jeder Prospekt eine Zusammenfassung enthalten muss. Seit Erlass der Wertpapierprospektrichtlinie (Wertpapierprospekt-RL)[99] aus dem Jahre 2010 ist der Stellenwert dieser Zusammenfassung wesentlich gestiegen. Sie muss nunmehr auch eine Aufstellung aller Schlüsselinformationen enthalten.[100] Insbesondere Kleinanleger sollen hierdurch in die Lage versetzt werden, ausschließlich aufgrund dieser Schlüsselinformationen eine fundierte Anlageentscheidung treffen zu können.[101] Auch konkrete Vorgaben über die Form des Wertpapierprospekts sowie die Art der Veröffentlichung sind in der Prospekt-RL enthalten.[102] Eine Besonderheit

---

Angebot von Wertpapieren oder bei deren Zulassung zum Handel an einem geregelten Markt zu veröffentlichen ist und zur Aufhebung der Richtlinie 2003/71/EG, ABl. EU Nr. L 2017/168, 12.

93 Verordnung (EG) Nr. 809/2004 der Kommission vom 29. April 2004 zur Umsetzung der Richtlinie 2003/71/EG des Europäischen Parlaments und des Rates betreffend die in Prospekten enthaltenen Informationen sowie das Format, die Aufnahme von Informationen mittels Verweis und die Veröffentlichung solcher Prospekte und die Verbreitung von Werbung, ABl. EG Nr. L 2004/149, 1.

94 Art. 1 Abs. 1 Prospekt-RL.

95 Art. 3, 4 Prospekt-RL.

96 Art. 5 Abs. 1 Prospekt-RL.

97 Vgl. Art. 7 Prospekt-RL.

98 Art. 3 bis 20 Prospekt-VO.

99 Richtlinie 2010/73/EU des Europäischen Parlaments und des Rates vom 24. November 2010 zur Änderung der Richtlinie 2003/71/EG betreffend den Prospekt, der beim öffentlichen Angebot von Wertpapieren oder bei deren Zulassung zum Handel zu veröffentlichen ist, und der Richtlinie 2004/109/EG zur Harmonisierung der Transparenzanforderungen in Bezug auf Informationen über Emittenten, deren Wertpapiere zum Handel auf einem geregelten Markt zugelassen sind, ABl. EU Nr. L 2010/327, 1.

100 Art. 1 Nr. 5 Wertpapierprospekt-RL.

101 Erwägungsgrund (15) Wertpapierprospekt-RL.

102 Siehe hierzu *Weber* NZG 2004, 360 (363 ff.); *Kunold/Schlitt* BB 2004, 501 (501 ff.).

für grenzüberschreitende Emissionen ist der sogenannte Europäische Pass für Emittenten.[103] Nach Art. 17 und 18 der Prospekt-RL ist ein Prospekt, der von der zuständigen Behörde eines Mitgliedstaates gebilligt wurde, in allen anderen Mitgliedstaaten ohne ein weiteres Prüfungsverfahren anzuerkennen. Die EU-weite Kapitalaufnahme soll den Emittenten damit wesentlich erleichtert werden.[104]

Keine Harmonisierung fand im Bereich der Haftung für einen unrichtigen oder unvollständigen Prospekt statt.[105] Vorgegeben ist lediglich, dass die Mitgliedstaaten überhaupt eine Haftung für fehlerhafte oder unvollständige Wertpapierprospekte vorsehen müssen.[106] Hinsichtlich der Voraussetzungen und des Umfangs der Haftung gibt es jedoch keine einheitlichen Standards.[107] Bei der konkreten Ausgestaltung der Prospekthaftungsnormen ist den Mitgliedstaaten daher ein weiter Gestaltungsspielraum überlassen worden, wie nun auch der *EuGH* ausdrücklich betont hat.[108]

(2) Umsetzung in den Mitgliedstaaten

Die Pflicht zur Erstellung und Veröffentlichung eines Wertpapierprospekts ist von den Mitgliedstaaten, wie durch die Prospekt-RL beabsichtigt und auch durch Erlass der unmittelbar geltenden Prospekt-VO bedingt, weitgehend einheitlich umgesetzt worden. Von einer detaillierten Darstellung kann daher abgesehen werden.[109]

Das Prospekthaftungsrecht der Mitgliedstaaten ist hingegen nach wie vor sehr unterschiedlich ausgestaltet.[110] Unterschiede bei der Haftung zeigen sich bereits bei der Suche nach der jeweiligen Anspruchsgrundlage, da in einigen Ländern

---

103 *Heidelbach* in: Kapitalmarktrechts-Kommentar, 4. Aufl. 2010, Einl. WpPG, Rn. 9; *Schlitt/Wilczek* in: Habersack/Mülbert/Schlitt, Handbuch der Kapitalmarktinformation, § 6 Rn. 36; näher hierzu unter Abschnitt III.C.4.b)(2).

104 Zustimmend *Holzborn/Schwarz-Gondek* BKR 2003, 927 (931); krit. *Ferran* ECFR 2007, 461 (461 ff.).

105 *Binder/Broichhausen* ZBB 2006, 85 (91f.); *Kunold/Schlitt* BB 2004, 501 (511); *Schanz*, Börseneinführung, § 13 Rn. 97; der Grund hierfür war wohl, dass man im EG-Vertrag keine ausreichende Legitimation für die Schaffung zivilrechtlicher Haftungsnormen sah, vgl. *Oulds* WM 2008, 1573 (1573, 1578f.).

106 Art. 6 Prospekt-RL.

107 Vgl. *Hopt* WM 2013, 101 (111).

108 *EuGH* Urteil v. 19.12.2013 – Rs. C-174/12, ECLI:EU:C:2013:856 (Alfred Hirmann/Immofinanz-AG), Rz. 40, 41.

109 Umfassend hierzu *Hopt/Voigt* in: Hopt/Voigt, Prospekt- und Kapitalmarktinformationshaftung, 9 (14 ff.).

110 *Groß* in: Groß, Kapitalmarktrecht, 6. Aufl. 2016, WpPG, § 21 Rn. 8; *Holzborn/Schwarz-Gondek* BKR 2003, 927 (934); *Weber* NZG 2004, 360 (366); ausführlich aus

spezialgesetzliche Prospekthaftungsnormen existieren, in anderen Ländern wiederum nur die allgemeinen zivilrechtlichen Haftungsnormen für die Prospekthaftung herangezogen werden. Teilweise kommen auch Normen aus beiden Bereichen nebeneinander zur Anwendung.[111] Beispiele für spezialgesetzliche Regelungen finden sich etwa im deutschen[112] und österreichischen[113] sowie im Recht des Vereinigten Königreichs[114]. Auch in Spanien gibt es eine spezialgesetzliche Prospekthaftungsnorm, welche im Vergleich zu allgemein zivilrechtlichen Haftungsnormen weniger strenge Voraussetzungen hat.[115] Als typisches Beispiel für den Verzicht auf spezialgesetzliche Haftungsnormen dient das französische Recht, welches auch Prospekthaftungsansprüche auf die schadensrechtliche Generalklausel des Code Civil stützt.[116] Im niederländischen Recht hingegen wird die Prospekthaftung als Unterfall der Haftung für irreführende Werbung behandelt.[117]

So unterschiedlich wie die Anspruchsgrundlagen sind auch die Tatbestandsvoraussetzungen der Prospekthaftungsnormen. Nach deutschem Recht muss dem Emittenten für eine Haftung hinsichtlich der Unrichtigkeit bzw. Unvollständigkeit des Prospekts mindestens grobe Fahrlässigkeit zur Last fallen.[118] In Österreich hingegen ist grundsätzlich jedes Verschulden ausreichend.[119] Im Vereinigten Königreich enthält Sec. 90 FSMA 2000 zwar keine ausdrücklichen Angaben zum Erfordernis eines Verschuldens, jedoch sind an anderer Stelle Ausnahmen von der Haftung festgeschrieben.[120] Im Ergebnis ist ebenfalls

---

rechtsvergleichender Perspektive *Hopt/Voigt* in: Hopt/Voigt, Prospekt- und Kapitalmarktinformationshaftung, 9 (44 ff.).

111 So für das deutsche Recht ausdrücklich § 25 Abs. 2 WpPG; ebenso im österreichischen Recht § 11 Abs. 8 österr. KMG.

112 Vgl. §§ 21 ff. WpPG.

113 § 11 österr. KMG.

114 Vgl. Sec. 90 FSMA 2000.

115 Vgl. *Garcimartín* LFMR 2011, 449 (450f.).

116 Vgl. *Hopt* WM 2013, 101 (102f.); die deliktische Generalklausel findet sich in Art. 1240, 1241 Code Civil (bis zur Reform des Vertragsrechts im Oktober 2016 noch in Art. 1382, 1383 Code Civil).

117 Die Anspruchsgrundlage ist Art. 6:162 i.V.m. Art. 6:194–196 Burgerlijk Wetboek, vgl. hierzu *Timmerman/Lennarts* in: Hopt/Voigt, Prospekt- und Kapitalmarktinformationshaftung, 774 (783f.).

118 Vgl. §§ 21, 22 i.V.m. § 23 Abs. 1 WpPG.

119 § 11 Abs. 1 österr. KMG.

120 Siehe Sec. 90(2) i.V.m. Schedule 10 FSMA 2000.

einfache Fahrlässigkeit ausreichend[121], wobei die Beweislast zugunsten des Anlegers umgekehrt wird[122] und erleichterte Kausalitätserfordernisse gelten[123]. In der Regel verschuldensunabhängig ist die Haftung wohl in Portugal.[124]

Bei einer Gesamtschau lässt sich daher feststellen, dass in den Mitgliedstaaten die Voraussetzungen der Prospekthaftung und damit mittelbar auch die Erfolgsaussichten für Schadensersatzklagen geschädigter Anleger große Unterschiede aufweisen. Für die Fragestellung der vorliegenden Arbeit kann daher bereits an dieser Stelle gefolgert werden, dass es entscheidend auf die sachgerechte Bestimmung des auf die Prospekthaftung anwendbaren Rechts ankommt.[125]

c) Ad-hoc-Publizität

Eine Pflicht zur Veröffentlichung von Insiderinformationen besteht nach Art. 2 Abs. 1 lit. a) Marktmissbrauchs-VO schon in der Zeit zwischen Stellung des Antrags auf Zulassung und tatsächlicher Zulassung, streng genommen also bereits auf dem Primärmarkt.[126] Da dies jedoch eine Ausnahme darstellt und Ad-hoc-Pflichten grundsätzlich in erster Linie den Sekundärmarkt betreffen, wird auf die dortige Darstellung verwiesen.[127]

d) Freiwillige Veröffentlichungen (Investor Relations)

(1) Allgemeines

Gerade auf dem Primärmarkt kommt den Investor Relations[128] große Bedeutung zu, da potentielle Anleger von der Werthaltigkeit der zu emittierenden

---

121 *Vokuhl* in: Veil, Europäisches Kapitalmarktrecht, § 13 Rn. 69; *Davies* CMLJ 2010, 443 (443).

122 *Davies* CMLJ 2010, 443 (443).

123 *Alcock* J. Bus. L. 2011, 243 (250).

124 *Böckel/Grünewald* in: Hopt/Voigt, Prospekt- und Kapitalmarktinformationshaftung, 897 (909).

125 So auch *Oulds* in: Kümpel/Wittig, Bank- und Kapitalmarktrecht, Rn. 15.252; in diesem Sinne unter Verweis auf Erwägungsgrund (16) Rom II-Verordnung auch *Arons* NiPR 2008, 481 (482).

126 Dies war auch unter der Marktmissbrauchs-RL schon der Fall, vgl. hierzu *Schäfer/Ernst* in: Habersack/Mülbert/Schlitt, Handbuch der Kapitalmarktinformation, § 7 Rn. 45.

127 Siehe hierzu unten Abschnitt II.D.4 d).

128 Vgl. kritisch zur Vielschichtigkeit des Begriffs Investor Relations *Ekkenga* NZG 2001, 1 (1f.).

Wertpapiere zu überzeugen sind.[129] Die Erfüllung der bereits erläuterten Publizitätspflichten am Primärmarkt stellt daher nur ein absolut notwendiges Minimum erfolgreicher Vermarktung dar, über welches in aller Regel deutlich hinausgegangen wird.[130] Für Emittenten kann es daher wirtschaftlich sinnvoll sein, auch Informationen bekannt zu geben, für die keine Veröffentlichungspflicht besteht, also freiwillige Veröffentlichungen (sog. Investor Relations) vorzunehmen. Beispiele hierfür können Pressemitteilungen, Interviews, Werbeanzeigen, Unternehmenspräsentationen (sog. Roadshows) oder die gezielte Ansprache von Investoren sein.[131] Die Abgrenzung zwischen zwingend zu veröffentlichenden Informationen und freiwilligen Zusatzangaben kann im Einzelfall allerdings schwerfallen. Im Rahmen von Börsengängen oder Kapitalerhöhungen werden vom Emittenten zu diesem Zweck oftmals eigens Agenturen mit der Ausarbeitung und Durchführung einer Kommunikations- und Vermarktungsstrategie beauftragt.[132] Ökonomischer Hintergrund dieser Aktivitäten ist die Minimierung von Kapitalbeschaffungskosten des Emittenten, denn mit einer guten Unternehmenskommunikation steigen für den Emittenten auch die Chancen auf einen hohen Emissionserlös.[133] Entscheidet sich ein Emittent dazu, freiwillig zusätzliche Informationen zu veröffentlichen, sind auch hierbei rechtliche Vorgaben einzuhalten.

(2) Europarechtliche Vorgaben

Rechtlich betrachtet sind die freiwilligen Veröffentlichungen am Primärmarkt zunächst von Veröffentlichungen abzugrenzen, welche aufgrund von Publizitätspflichten vorgenommen werden müssen. Zum besseren Verständnis bietet es sich an, den Zeitpunkt der Antragstellung auf Zulassung heranzuziehen. Bis zu diesem Zeitpunkt sind alle Veröffentlichungen, welche noch nicht selbst ein

129 *Schäfer/Ernst* in: Habersack/Mülbert/Schlitt, Handbuch der Kapitalmarktinformation, § 7 Rn. 1.

130 Treffend *Fleischer* ZGR 2009, 505 (508): „*Die Beachtung der zahlreichen Vorschriften zur regelmäßigen und anlassbezogenen Kapitalmarktberichterstattung bildet gleichsam die Pflicht, die Verbreitung zusätzlicher, oft zukunftsbezogener Informationen die Kür der Investor Relations.*“; vgl. auch *Schanz,* Börseneinführung, § 10 Rn. 35 ff.; *Jäger* NZG 2000, 186 (186).

131 Vgl. auch *Schäfer/Ernst* in: Habersack/Mülbert/Schlitt, Handbuch der Kapitalmarktinformation, § 7 Rn. 2.

132 *Schanz,* Börseneinführung, § 10 Rn. 37.

133 *Dürr,* Investor Relations, S. 1 ff.; *Schanz,* Börseneinführung, § 10 Rn. 35.

Angebot im Sinne der Prospekt-RL darstellen, freiwillige Veröffentlichungen.[134] Ab diesem Zeitpunkt hingegen können freiwillige Veröffentlichungen nur noch solche sein, die nicht kursrelevant sind, da ansonsten nach der Marktmissbrauchs-VO bereits eine Pflicht zur Ad-hoc-Veröffentlichung dieser Information bestünde. Der Raum für die freiwillige Veröffentlichung von Informationen am Primärmarkt ist daher eher begrenzt, was sich auch in der europarechtlichen Regelungsdichte in diesem Bereich widerspiegelt. In der Prospekt-RL sowie in der Prospekt-VO harmonisiert sind aber Vorgaben für Wertpapierwerbung. Dort ist Werbung definiert als Bekanntmachung, die sich auf ein spezifisches Angebot von Wertpapieren an das Publikum oder deren Zulassung zum Handel auf einem geregelten Markt bezieht und darauf abzielt, die potentielle Zeichnung oder den potentiellen Erwerb von Wertpapieren spezifisch zu fördern.[135] Inhaltlich muss eine Werbeanzeige stets einen Hinweis darauf enthalten, dass ein Prospekt veröffentlicht wurde oder noch zu veröffentlichen ist und wo dieser erhältlich ist.[136] Weiter darf die Werbeanzeige keine unrichtigen oder irreführenden Angaben enthalten und keinesfalls im Widerspruch zum Prospekt selbst stehen.[137]

Darüber hinaus müssen grundsätzlich alle mündlich oder schriftlich verbreiteten Informationen hinsichtlich der Emission mit den im Prospekt enthaltenen Angaben übereinstimmen.[138] Selbst wenn die Emission nicht der Prospektpflicht unterliegt, ist sicherzustellen, dass die an bestimmte Anleger gerichteten Informationen der gesamten Anlegergruppe gleichermaßen zugänglich gemacht werden (Gleichbehandlungsgrundsatz).[139] Im Ergebnis stellt dies einen europarechtlich verbürgten Anspruch aller Anleger auf informationelle Gleichbehandlung dar.[140]

Verstöße gegen die genannten Vorschriften können aufsichtsrechtliche Konsequenzen durch die zuständige Behörde des Herkunftsmitgliedstaates haben.[141] Die Vorgaben hinsichtlich der Prospekthaftung in Art. 6 Prospekt-RL beziehen

---

134 *Schäfer/Ernst* in: Habersack/Mülbert/Schlitt, Handbuch der Kapitalmarktinformation, § 7 Rn. 4.
135 Vgl. Art. 2 Nr. 9 Prospekt-VO; weiter zählt Art. 34 Prospekt-VO einige Beispiele für Werbung auf.
136 Art. 15 Abs. 2 Prospekt-RL.
137 Art. 15 Abs. 3 Prospekt-RL.
138 Art. 15 Abs. 4 Prospekt-RL.
139 Art. 15 Abs. 5 Prospekt-RL.
140 *Fleischer* ZGR 2009, 505 (515).
141 Vgl. Art. 15 Abs. 6, 7 Prospekt-RL.

sich allerdings nur auf Angaben innerhalb des Prospekts und nicht auf Informationen, welche auf den Prospekt verweisen. Daher ist das Vorsehen einer zivilrechtlichen Haftung bei Veröffentlichung fehlerhafter freiwilliger Informationen europarechtlich nicht vorgeschrieben, den Mitgliedstaaten jedoch grundsätzlich auch nicht verwehrt.[142] Fragen im Zusammenhang mit der Bestimmung des auf deliktische Schadensersatzansprüche anwendbaren Rechts bei grenzüberschreitenden Kapitalmarkttransaktionen können sich daher grundsätzlich auch in diesem Bereich stellen.

(3) Umsetzung in den Mitgliedstaaten

Die Vorgaben hinsichtlich Werbung und Gleichbehandlung, welche in Bezug auf freiwillige Veröffentlichungen am Primärmarkt relevant sein können, sind in den Mitgliedstaaten ohne wesentliche Änderungen umgesetzt worden.[143]

Soweit ersichtlich gibt es in den mitgliedstaatlichen Rechtsordnungen keine speziellen Haftungstatbestände für die Veröffentlichung fehlerhafter freiwilliger Informationen. Neben der überschaubaren praktischen Relevanz einer diesbezüglichen Haftung könnten auch das vergleichsweise ausgeprägte Prospekthaftungsregime sowie die durch die Prospekt-RL detailliert vorgeschriebenen aufsichtsrechtlichen Sanktionsmaßnahmen Gründe hierfür sein.[144] Eine Haftung nach den allgemeinen zivilrechtlichen Haftungstatbeständen der Mitgliedstaaten dürfte aber grundsätzlich möglich sein.[145]

4. Transparenz und Haftung am Sekundärmarkt

a) Definition des Sekundärmarktes

Als Sekundärmarkt wird der Handel mit bereits emittierten Finanzinstrumenten bezeichnet.[146] Der Sekundärmarkt unterteilt sich in den börslichen und den

---

142 Dies folgt aus Art. 25 Prospekt-RL; siehe zum Gestaltungsspielraum der Mitgliedstaaten bei der Wahl und Ausgestaltung von Sanktionen für Publizitätsverstöße auch *EuGH* Urteil v. 19.12.2013 – Rs. C-174/12, ECLI:EU:C:2013:856 (Alfred Hirmann/Immofinanz-AG).

143 Vgl. beispielsweise § 15 WpPG für das deutsche, PR 3.3 und 5.6.1 R FCA-Handbook für das britische sowie § 4 österr. KMG für das österreichische Recht.

144 *Schäfer/Ernst* in: Habersack/Mülbert/Schlitt, Handbuch der Kapitalmarktinformation, § 7 Rn. 15f.

145 Vgl. *Paschos* in: Habersack/Mülbert/Schlitt, Handbuch der Kapitalmarktinformation, § 30 Rn. 345 ff.

146 Vgl. nur *Buck-Heeb,* Kapitalmarktrecht, Rn. 70; *Veil* in: Veil, Europäisches Kapitalmarktrecht, § 3 Rn. 8; *Lutter/Bayer/Schmidt,* Europäisches Unternehmens- und

außerbörslichen Handel.[147] Da die europarechtlichen Publizitätsvorgaben für den sogenannten geregelten Markt[148] gelten, sind die Vorschriften unmittelbar nur für den organisierten börslichen Handel relevant. Der auch Freiverkehr genannte außerbörsliche Handel weist häufig einen lediglich geringen Organisationsgrad auf und begründet keine besonderen Verpflichtungen für seine Teilnehmer.[149] Außerhalb des geregelten Marktes gelten daher lediglich spärliche Publizitätspflichten, welche zumeist gesellschaftsrechtlich begründet sind.[150] Der Handel auf dem Sekundärmarkt findet in der Regel durch Einschaltung sogenannter Finanzintermediäre, also Banken und sonstiger Börsendienste, statt. Ein unmittelbarer Kontakt zwischen Emittent und Anleger besteht hier – so wie meist auch am Primärmarkt – in der Regel nicht.[151]

Aus publizitätsrechtlicher Sicht sind am Sekundärmarkt die Regelpublizität, die Verpflichtung zur Veröffentlichung bestimmter Informationen als Ad-hoc-Mitteilungen, die Beteiligungspublizität sowie freiwillige Veröffentlichungen relevant.

b) Regelpublizität

(1) Europarechtliche Vorgaben

Die Regelpublizität beschreibt die Pflicht zur periodischen Veröffentlichung bestimmter Informationen über den Emittenten.[152] Ihre jetzige Ausprägung hat sie durch die Transparenz-RL erhalten. Soweit Wertpapiere eines Emittenten in einem Mitgliedstaat an einem geregelten Markt zugelassen sind, hat dieser einen Jahresfinanzbericht zu veröffentlichen, welcher den geprüften Abschluss, den Lagebericht und den sogenannten Bilanzeid der verantwortlichen Personen beinhalten muss.[153] Entsprechend aufgebaut ist der Halbjahresfinanzbericht, zu

---

Kapitalmarktrecht, § 17 Rn. 9; *Lehmann* in: MüKo-BGB, 7. Aufl. 2018, Internationales Finanzmarktrecht, Rn. 37 ff.; *Seiler/Geier* in: Schimansky/Bunte/Lwowski, Bankrechts-Handbuch, Vor § 104 Rn. 18.

147 Ausführlich *Seiler/Geier* in: Schimansky/Bunte/Lwowski, Bankrechts-Handbuch, Vor § 104 Rn. 20 ff.; siehe auch *Lehmann* in: MüKo-BGB, 7. Aufl. 2018, Internationales Finanzmarktrecht, Rn. 40 ff.

148 Vgl. zum Begriff des geregelten Marktes bereits oben Abschnitt II.D.2.

149 *Lehmann* in: MüKo-BGB, 7. Aufl. 2018, Internationales Finanzmarktrecht, Rn. 43; *Seiler/Geier* in: Schimansky/Bunte/Lwowski, Bankrechts-Handbuch, Vor § 104 Rn. 30 ff.

150 *Ringe/Hellgardt* OJLS 2011, 23 (28).

151 *Lehmann* in: MüKo-BGB, 7. Aufl. 2018, Internationales Finanzmarktrecht, Rn. 39; *Heinze*, Europäisches Kapitalmarktrecht, S. 5.

152 Vgl. allgemein *Brinckmann* in: Veil, Europäisches Kapitalmarktrecht, § 14 Rn. 1 ff.

153 Art. 4 Abs. 2 Transparenz-RL.

veröffentlichen allerdings nur durch Emittenten von Aktien und Schuldtiteln.[154] Dieser soll den Anlegern der entsprechenden Papiere die Möglichkeit geben, die wirtschaftliche Lage des Emittenten besser zu beurteilen.[155] Der Jahres- sowie der Halbjahresfinanzbericht sind die wesentlichen Bestandteile der Regelpublizität. Die früher ausschließlich von Aktienemittenten zusätzlich zu veröffentlichende Zwischenmitteilung der Geschäftsführung, welche aktuelle Erläuterungen über wichtige Ereignisse und die Finanzlage des Emittenten enthalten musste, ist im Rahmen der letzten Änderung der Transparenz-RL weggefallen.[156] Dennoch ergibt sich ein System der Regelpublizität, in welchem abgestuft nach der Art des emittierten Papiers in regelmäßigen Abständen umfassende Informationen über den Emittenten zu veröffentlichen sind. Hierdurch soll dem Anleger insgesamt eine angemessene Beurteilung der wirtschaftlichen Lage des Emittenten ermöglicht werden. Zweck der Regelpublizität ist also einmal mehr der Schutz der Anleger durch Zurverfügungstellung von Information sowie die damit einhergehende Steigerung der Markteffizienz.[157]

Hinsichtlich der Haftung bei unterlassener oder fehlerhafter Veröffentlichung regelmäßiger Informationen ist den Mitgliedstaaten lediglich vorgegeben, dass nationale Haftungsvorschriften hierfür zur Verfügung stehen müssen und dass mindestens der Emittent selbst oder seine Verwaltungs-, Leitungs- oder Aufsichtsorgane in Anspruch genommen werden können.[158] Gegen wen sich ein Schadensersatzanspruch im Einzelnen richtet und welches Ausmaß die Haftung haben soll, ist daher bewusst den einzelnen Mitgliedstaaten überlassen worden.[159]

---

154 Art. 5 Abs. 1, 2 Transparenz-RL.

155 Erwägungsgrund (11) Transparenz-RL.

156 Vormals Art. 6 Abs. 1 Transparenz-RL, nunmehr geändert durch Richtlinie 2013/50/EU des Europäischen Parlaments und des Rates vom 22. Oktober 2013 zur Änderung der Richtlinie 2004/109/EG, ABl. EU Nr. L 2013/294, 13.

157 Vgl. Erwägungsgrund (1) Transparenz-RL; siehe auch *Götze/Wunderlich* in: Habersack/Mülbert/Schlitt, Handbuch der Kapitalmarktinformation, § 9 Rn. 1; vgl. hierzu bereits oben Abschnitt II.C.2.

158 Art. 7 Transparenz-RL.

159 Vgl. Erwägungsgrund (17) Transparenz-RL; siehe zum Gestaltungsspielraum der Mitgliedstaaten bei der Wahl und Ausgestaltung von Sanktionen für Publizitätsverstöße auch *EuGH* Urteil v. 19.12.2013 – Rs. C-174/12 ECLI:EU:C:2013:856 (Alfred Hirmann/Immofinanz-AG).

(2) Umsetzung in den Mitgliedstaaten

(a) Allgemein

Die detaillierten Vorgaben zur Regelpublizität sind durch die einzelnen Mitgliedstaaten weitgehend ohne Änderungen in die jeweiligen Rechtsordnungen übernommen worden.[160]

Als weniger einheitlich erweist sich die Lage bei der Haftung für unterlassene oder fehlerhafte Regelpublizität. Aus der Existenz des Art. 7 Transparenz-RL könnte man schließen, dass der europäische Gesetzgeber das Vorsehen einer spezifischen Haftung in den Mitgliedstaaten fordert.[161] Gerade der systematische Vergleich zu anderen Kapitalmarktrichtlinien, welche eine Art. 7 Transparenz-RL vergleichbare Vorgabe nicht enthalten, stützt diesen Gedanken. Gleichwohl sind spezielle Haftungsnormen in den meisten mitgliedstaatlichen Rechtsordnungen nicht zu finden. Hier können neben aufsichts- und strafrechtlichen Sanktionen lediglich die allgemeinen zivilrechtlichen Haftungstatbestände eingreifen.[162] Eine Ausnahme bildet Spanien, wo eine spezialgesetzliche Haftungsnorm für unterlassene oder fehlerhafte Regelpublizität existiert.[163]

(b) Britische issuer liability

Eine Sonderstellung nimmt in diesem Zusammenhang das Vereinigte Königreich ein. Bereits seit 2006 gab es hier in Sec. 90A FSMA 2000 einen speziellen Haftungstatbestand für unterlassene oder unrichtige Regelpublizität.[164] Seit dem 1. Oktober 2010 enthält Sec. 90A FSMA 2000 nun in Verbindung mit Schedule 10A eine spezielle Haftungsnorm für sämtliche sekundärmarktbezogene

---

160 Näher hierzu *Brinckmann* in: Veil, Europäisches Kapitalmarktrecht, § 14 Rn. 17 ff.

161 *Brinckmann* in: Veil, Europäisches Kapitalmarktrecht, § 14 Rn. 62; *Götze/Wunderlich* in: Habersack/Mülbert/Schlitt, Handbuch der Kapitalmarktinformation, § 9 Rn. 62.

162 In Frankreich etwa über Art. 1240, 1241 Code Civil (bis zur Reform des Vertragsrechts im Oktober 2016 noch Art. 1382, 1383 Code Civil); vgl. hierzu *Pütz* RIW 2007, 514 (516); in Deutschland wird darüber hinaus die analoge Anwendung der §§ 97, 98 WpHG (§§ 37b, 37c WpHG a.F.) (Haftung für fehlerhafte oder unterlassene Ad-hoc-Publizität) diskutiert, vgl. hierzu allgemein *Maier-Reimer/Seulen* in: Habersack/Mülbert/Schlitt, Handbuch der Kapitalmarktinformation, § 30 Rn. 8 ff.; allgemein auch *Hellgardt*, Kapitalmarktdeliktsrecht, S. 251 ff.

163 Vgl. *Brinckmann* in: Veil, Europäisches Kapitalmarktrecht, § 14 Rn. 63.

164 Siehe hierzu *Alcock* J. Bus. L. 2011, 243 (248).

Kapitalmarktpublizität.[165] Eine solche Regelung ist unter den Mitgliedstaaten – soweit ersichtlich – bisher einzigartig und verdient daher besondere Aufmerksamkeit:

Grundsätzlich anwendbar ist Sec. 90A i.V.m. Schedule 10A FSMA 2000 auf alle Emittenten, nicht jedoch auf ihre Organe[166], welche dem Handel ihres Wertpapiers an einem geregelten Markt oder innerhalb eines multilateralen Handelssystems zugestimmt haben, soweit sich entweder der Markt selbst oder der Sitz des Emittenten innerhalb des Vereinigten Königreichs befindet.[167] Eine Haftung des Emittenten ist sowohl für fehlerhafte bzw. irreführende Informationen als auch für unterlassene Kapitalmarktinformation vorgesehen, jedoch nur, wenn der Emittent hinsichtlich der fehlerhaften bzw. irreführenden Information vorsätzlich („*knew*“) bzw. rücksichtslos („*reckless*“) oder hinsichtlich des Unterlassens der Veröffentlichung bewusst unredlich („*knew the omission to be a dishonest concealment*“) handelte.[168] Darüber hinaus haftet der Emittent auch bei lediglich verspäteter Veröffentlichung von Informationen, soweit der Emittent hierbei unredlich handelte („*acted dishonestly*“).[169] Als Anknüpfungskriterium für eine haftungsrelevante Information wurden nicht etwa die kapitalmarktrechtlichen Publizitätspflichten im Allgemeinen, sondern die Art der Veröffentlichung gewählt. Potentiell haftungsauslösend sind alle Informationen, welche „*by recognised means*“[170] verbreitet werden, also über anerkannte Informationssysteme zur Verbreitung von Pflichtinformationen. Grund hierfür ist, dass Abgrenzungsschwierigkeiten zwischen Pflichtinformationen und darüber hinausgehende freiwillige Informationen nicht zulasten der Rechtssicherheit gehen sollen.[171] Weiter wird vorausgesetzt, dass der Anleger den Schaden im Vertrauen („*in reliance*“) auf die Veröffentlichung oder unterbliebene Veröffentlichung erlitten hat.[172] Allgemeine zivilrechtliche Haftungsansprüche werden, bis

165 Eingeführt durch die Financial Services and Markets Act 2000 (Liability of Issuers) Regulations 2010.

166 Siehe *Davies* CMLJ 2010, 443 (449f.).

167 Vgl. Sec. 90A i.V.m. Schedule 10A sec. 1, 8(b) FSMA 2000; siehe hierzu auch *Davies* CMLJ 2010, 443 (446f.).

168 Vgl. Sec. 90A i.V.m. Schedule 10A sec. 3 FSMA 2000.

169 Vgl. Sec. 90A i.V.m. Schedule 10A sec. 5 FSMA 2000.

170 Vgl. Sec. 90A i.V.m. Schedule 10A sec. 2 FSMA 2000.

171 *Verse* RabelsZ 76 (2012), 893 (903).

172 Vgl. Sec. 90A i.V.m. Schedule 10A sec. 3(1)(a), 3(4) FSMA 2000.

auf wenige explizit aufgeführte Ausnahmen[173], durch das spezialgesetzliche Haftungsregime innerhalb seines Anwendungsbereiches verdrängt.[174]

Insgesamt ist daher festzuhalten, dass grundsätzlich auch die Haftung für unterlassene oder fehlerhafte Regelpublizität unter Sec. 90A i.V.m. Schedule 10A FSMA 2000 fällt, die Voraussetzungen für eine zivilrechtliche Verantwortlichkeit des Emittenten aber auch im Vereinigten Königreich relativ streng sind.

c) Beteiligungspublizität

(1) Europarechtliche Vorgaben

Als laufende Informationspflicht bezeichnet der europäische Gesetzgeber die Pflicht zur Veröffentlichung von Informationen über bedeutende Beteiligungen.[175] Anknüpfungspunkt für die Publizitätspflicht ist der Stimmrechtsanteil, welchen ein Aktionär durch den Erwerb oder die Veräußerung von Anteilen an einem Emittenten erlangt. Nach der Transparenz-RL mindestens vorgesehen werden muss eine Mitteilungspflicht bei Über- oder Unterschreiten eines Stimmrechtsanteils von 5 %, 10 %, 15 %, 20 %, 25 %, 30 %, 50 % und 75 %.[176] Weiterhin sind verschiedene Konstellationen beschrieben, in welchen sich ein Aktionär nicht selbst gehaltene Stimmrechte zurechnen lassen muss.[177] Dies ist beispielsweise der Fall, wenn zwei Aktionäre rechtlich verbindlich vereinbaren, längerfristig gemeinsame Ziele hinsichtlich der Einflussnahme auf einen Emittenten zu verfolgen (sog. „*acting in concert*").[178] Aktionäre sind verpflichtet, dem Emittenten bei Erreichen oder Unterschreiten einer dieser Schwellen eine Mitteilung zu machen.[179] Der Emittent wiederum hat die Mitteilung selbst zu

173 Siehe Sec. 90A i.V.m. Schedule 10A sec. 7(3) FSMA 2000, hierzu im Einzelnen *Alcock* J. Bus. L. 2011, 243 (254 ff.); *Gerner-Beuerle* RTDF 2011, 67 (67).

174 Vgl. Sec. 90A i.V.m. Schedule 10A sec. 7 FSMA 2000.

175 Art. 9 ff. Transparenz-RL.

176 Art. 9 Abs. 1 Transparenz-RL; die Schwellen von 30 % und 75 % können jedoch auch durch Schwellen bei 1/3 bzw. 2/3 ersetzt werden, vgl. Art. 9 Abs. 3 Transparenz-RL.

177 Art. 10 Transparenz-RL.

178 Vgl. hierzu *Veil* in: Veil, Europäisches Kapitalmarktrecht, § 16 Rn. 40 ff.; aus europarechtlicher Sicht grundsätzlich zu unterscheiden ist dies von ebenfalls „*acting in concert*" genannten gemeinsamen Übernahmeplänen im Sinne von Art. 2 Nr. 1 (d) der Richtlinie 2004/25/EG des Europäischen Parlaments und des Rates vom 21. April 2004 betreffend Übernahmeangebote, ABl. EG Nr. L 2004/142, 12 (Übernahme-RL), auch wenn einige Mitgliedstaaten beide Fälle im Rahmen ihres Umsetzungsspielraums identisch ausgestaltet haben (vgl. etwa für Deutschland § 34 WpHG und § 30 WpÜG).

179 Art. 9 Abs. 1 Transparenz-RL.

veröffentlichen bzw. er teilt sie der zuständigen Behörde mit, welche sie dann öffentlich bekanntmacht.[180] Inhaltlich muss die Mitteilung jedenfalls den Namen des Aktionärs, den erreichten Stimmrechtsanteil, das Datum der Änderung und gegebenenfalls die Kette der vom Aktionär kontrollierten Unternehmen, über welche die Stimmrechte gehalten werden, enthalten.[181] Damit ein Aktionär seinen eigenen Anteil an den Stimmrechten ermitteln kann, sind die Emittenten verpflichtet, jede Veränderungen an der Gesamtzahl der Stimmrechte monatlich zu veröffentlichen.[182] Zweck der Beteiligungspublizität ist primär die Erhöhung der Markttransparenz, um so das Vertrauen der Anleger in den Markt zu stärken.[183] Auch gesellschaftsrechtlich ist die Beteiligungspublizität nicht ohne Relevanz, weil so ein heimliches „Anschleichen" an ein Unternehmen zu Übernahmezwecken verhindert wird.[184]

Auch wenn die Beteiligungspublizität ebenso wie die Ad-hoc-Publizität in der Transparenz-RL geregelt ist, gibt es bezüglich der Haftung für unterlassene oder fehlerhafte Mitteilungen hinsichtlich bedeutender Beteiligungen keine Art. 7 Transparenz-RL entsprechende Norm, welche besondere Vorgaben für die zivilrechtliche Haftung vorsieht. Die Mitgliedstaaten sind lediglich gehalten, wirksame, verhältnismäßige und abschreckende Maßnahmen vorzusehen.[185]

(2) Umsetzung in den Mitgliedstaaten

Gerade im Bereich der Beteiligungstransparenz gehen die mitgliedstaatlichen Umsetzungen zum Teil erheblich über die europarechtlichen Mindestvorgaben hinaus. Zunächst haben nahezu alle Mitgliedstaaten neben den vorgeschriebenen Beteiligungsschwellen weitere mitteilungspflichtige Schwellen eingeführt. In Deutschland beispielsweise besteht eine zusätzliche Meldeschwelle bei 3 % Stimmrechtsanteil.[186] In Österreich ist neben den vorgegebenen Schwellen noch eine Meldepflicht bei 4 %, 35 %, 40 %, 45 % und 90 % Stimmrechtsanteil vorgesehen[187], in Frankreich bei 90 % und 95 %[188]. Besonders hervorzuheben ist

---

180 Art. 12 Abs. 6, 7 Transparenz-RL.
181 Art. 12 Abs. 1 Transparenz-RL.
182 Art. 15 Transparenz-RL.
183 Vgl. Erwägungsgründe (1) und (18) Transparenz-RL.
184 Vgl. *Kalss/Klampfl* in: Dauses/Ludwigs, Handbuch des EU-Wirtschaftsrechts, 46. EL Januar 2019, E. III. Rn. 533; *Veil* ZHR 2013, 427 (432f.).
185 Vgl. Art. 28 Abs. 1 Transparenz-RL.
186 Vgl. § 33 Abs. 1 S. 1 WpHG.
187 Vgl. § 91 Abs. 1 österr. BörseG.
188 Vgl. Art. L233-7-I Code de Commerce.

die Umsetzung im Vereinigten Königreich. Hier besteht ab Überschreiten der Mindestschwelle von 3 % bei jedem weiteren 1 % Stimmrechtsanteil die Pflicht zur Mitteilung.[189] Dies stellt im mitgliedstaatlichen Vergleich die strengste Umsetzung dar. Ebenso haben beispielsweise Deutschland und das Vereinigte Königreich die Meldepflichten auch auf weitere, nicht in der Transparenzrichtlinie aufgeführte Finanzinstrumente erstreckt, um so eine Umgehung der Publizitätspflichten zu verhindern.[190] Darüber hinaus werden zur Beurteilung, ob eine meldepflichtige Beteiligungsschwelle überschritten ist, die Stimmrechtsanteile, welche durch Ausübung eines Finanzinstruments erlangt werden können, mit den bereits gehaltenen Stimmrechtsanteilen addiert.[191] So stehen dem Anleger im Ergebnis nicht nur Informationen hinsichtlich der tatsächlichen Stimmrechtsanteile zur Verfügung, sondern auch der bloß potentielle Stimmrechtseinfluss kann bereits berücksichtigt werden.[192] In Frankreich und Deutschland müssen Investoren bei Vorliegen bestimmter Beteiligungsschwellen in der Mitteilung über den Stimmrechtsanteil sogar zusätzlich zu den ohnehin erforderlichen Angaben ihre Absichten, welche sie durch die jeweilige Beteiligung verfolgen, darlegen.[193]

Der zivilrechtlichen Haftung bei unterlassener oder fehlerhafter Mitteilung über Beteiligungen kommt in den Mitgliedstaaten keine große Bedeutung zu.[194] Besondere Haftungsnormen bestehen in den Mitgliedstaaten – mit Ausnahme des Vereinigten Königreichs, wo eine Haftung aus Sec. 90A i.V.m. Schedule 10A FSMA 2000 in Betracht kommt – nicht.[195] Möglich ist eine Haftung daher nur aufgrund allgemeiner zivilrechtlicher Haftungsnormen.[196]

---

189 DTR 5.1.2 R des Handbooks der Financial Conduct Authority (FCA Handbook); seit Inkrafttreten des Financial Services Act 2012 zum 1. April 2013 ist die FCA (Financial Conduct Authority) der Nachfolger der vormals zuständigen FSA (Financial Services Authority).

190 Siehe hierzu *Veil* in: Veil, Europäisches Kapitalmarktrecht, § 16 Rn. 111 ff.

191 Vgl. § 39 Abs. 1 WpHG und DTR 5.1.2 R FCA Handbook.

192 *Veil* ZHR 2013, 427 (432).

193 Vgl. *Veil* in: Veil, Europäisches Kapitalmarktrecht, § 16 Rn. 131 ff.; im deutschen Recht geregelt in § 43 WpHG.

194 *Veil* in: Veil, Europäisches Kapitalmarktrecht, § 16 Rn. 99 ff.

195 So *Veil* in: Veil, Europäisches Kapitalmarktrecht, § 16 Rn. 99.

196 Vgl. *Veil* in: Veil, Europäisches Kapitalmarktrecht, § 16 Rn. 99; in Frankreich etwa kommt eine Haftung über Art. 1240, 1241 Code Civil (bis zur Reform des Vertragsrechts im Oktober 2016 noch Art. 1382, 1383 Code Civil) in Betracht, vgl. hierzu *Pütz* RIW 2007, 514 (516); für die Situation in Deutschland *Paschos* in: Habersack/Mülbert/Schlitt, Handbuch der Kapitalmarktinformation, § 30 Rn. 331 ff.

Insgesamt zeigt sich also, dass gerade die Umsetzung in Bezug auf bedeutende Beteiligungen in den einzelnen Mitgliedstaaten sowohl hinsichtlich der Publizitätspflicht selbst als auch hinsichtlich der nachfolgenden Haftung sehr unterschiedlich ist.

d) Ad-hoc-Publizität

(1) Europarechtliche Vorgaben

Die sogenannte Ad-hoc-Publizitätspflicht beschreibt die Pflicht zur Veröffentlichung von Insiderinformationen. Sie ist in der Marktmissbrauchs-VO geregelt, welche die Marktmissbrauchs-RL vollumfänglich ersetzt. Die Marktmissbrauchs-VO gilt in ihren wesentlichen Teilen ab dem 3. Juli 2016.[197] Der Begriff der Insiderinformation ist in Art. 7 Abs. 1 Marktmissbrauchs-VO umfänglich definiert. Allgemein gefasst sind Insiderinformationen nicht öffentlich bekannte, präzise Informationen, welche den Emittenten unmittelbar betreffen und geeignet sind, den Kurs erheblich zu beeinflussen.[198] Als Beispiele zu nennen sind etwa bedeutende Wechsel in der Geschäftsführung, neue Erfindungen, der Wegfall eines Großkunden oder die bevorstehende Insolvenz eines Unternehmens. Erlangt eine Personen Kenntnis von einer Insiderinformation, könnte sie ihr Anlageverhalten entsprechend danach ausrichten und hätte so einen Vorteil gegenüber anderen Anlegern. Daher sind Nutzung und Weitergabe entsprechender Informationen grundsätzlich verboten.[199] Um solchen Wissensvorsprüngen noch effektiver vorzubeugen, sind Emittenten von Finanzinstrumenten flankierend zum Verbot des Insiderhandels verpflichtet, Insiderinformationen unmittelbar zu veröffentlichen.[200] Ist eine Information erst veröffentlicht, ist ein Missbrauch nicht mehr möglich und sie stellt schon definitionsgemäß keine Insiderinformation mehr dar. Zweck der Ad-hoc-Publizität ist damit einerseits die Verhinderung von Insidergeschäften. Andererseits ist Ziel der Ad-hoc-Publizität aber auch eine höhere Transparenz der Kapitalmärkte, wodurch das Vertrauen der Anleger in den Markt gestärkt werden soll.[201] Ebenfalls veröffentlichungspflichtig sind Eigengeschäfte von Personen mit Führungsaufgaben[202] sowie diesen nahestehenden Personen[203] (sog. *Directors'*

197 Art. 39 Abs. 2 Marktmissbrauchs-VO.
198 Vgl. *von der Linden* DStR 2016, 1036 (1037); *Poelzig* NZG 2016, 761 (764).
199 Vgl. Art. 8, 10 und 14 Marktmissbrauchs-VO.
200 Art. 17 Abs. 1 Marktmissbrauchs-VO.
201 Vgl. Art. 1 Marktmissbrauchs-VO.
202 Art. 3 Abs. 1 Nr. 25 Marktmissbrauchs-VO.
203 Art. 3 Abs. 1 Nr. 26 Marktmissbrauchs-VO.

Dealings).[204] Gesetzgeberischer Hintergrund der Veröffentlichungspflicht ist sowohl die Prävention von Insiderhandel als auch die Information von Anlegern, da *Directors' Dealings* eine wertvolle Informationsquelle im Hinblick auf die Entwicklung des Emittenten darstellen.[205]

Eine Regelung zur zivilrechtlichen Haftung bei Verstößen gegen die Publizitätsvorschriften der Verordnung enthält die Markmissbrauchs-VO allerdings – ebenso wie bereits die Marktmissbrauchs-RL – nicht.[206] Das Vorsehen einer entsprechenden zivilrechtlichen Sanktionierung ist den Mitgliedstaaten aber nach wie vor möglich.[207] Hinsichtlich der zivilrechtlichen Haftung treten durch die Marktmissbrauchs-VO daher keine Änderungen im Vergleich zur vorherigen Rechtslage ein. Erhebliche Änderungen gab es jedoch bei den Vorgaben zur verwaltungsrechtlichen Durchsetzung des Marktmissbrauchsrechts. Die Marktmissbrauchs-VO enthält hierzu in Art. 30 bis 34 nunmehr detaillierte Anforderungen.[208]

(2) Umsetzung in den Mitgliedstaaten

Die Frage der Umsetzung in den Mitgliedstaaten stellt sich hinsichtlich der publizitätsrechtlichen Vorgaben der Marktmissbrauchs-VO nicht mehr. Sie gilt nach Art. 288 Abs. 2 AEUV in allen Mitgliedstaaten unmittelbar. Lediglich die in Art. 39 Abs. 3 Marktmissbrauchs-VO genannten Regelungen waren zusätzlich in mitgliedstaatliches Recht umzusetzen.

In Deutschland stehen geschädigten Anlegern bei unterlassener oder fehlerhafter Ad-hoc-Publizität die spezialgesetzlichen Haftungsnormen der §§ 97, 98 WpHG (§§ 37b, 37c WpHG a.F.) zur Verfügung. Eine spezielle Haftungsnorm für Verstöße gegen Vorschriften bezüglich *Directors' Dealings* besteht hingegen nicht.[209] Daneben kommen insbesondere Ansprüche aus § 826 BGB in Betracht, welche bekanntermaßen hohen rechtlichen Hürden unterliegen.[210] Im Vereinigten Königreich ist seit 2010 eine Haftung nach der spezialgesetzlich geregelten Norm für Ansprüche aus Kapitalmarktinformationshaftung in Sec. 90A i.V.m.

---

204 Art. 19 Marktmissbrauchs-VO; vgl. hierzu *von der Linden* DStR 2016, 1036 (1039); *Poelzig* NZG 2016, 761 (767); *Krause* CCZ 2014, 248 (256f.).

205 Vgl. Erwägungsgrund (58) S. 1, 2 Marktmissbrauchs-VO.

206 *Krause* CCZ 2014, 248 (260); *Poelzig* NZG 2016, 492 (501).

207 *Poelzig* NZG 2016, 492 (501).

208 Ausführlich hierzu *Poelzig* NZG 2016, 492 (492 ff.).

209 Vgl. *Zimmer/Osterloh* in: Kapitalmarktrechts-Kommentar, 4. Aufl. 2010, WpHG, § 15a Rn. 110.

210 Vgl. ausführlich hierzu *Fuchs* in: Fuchs, 2. Aufl. 2016, WpHG, Vor §§ 37b, 37c Rn. 30 ff.

Schedule 10A FSMA 2000 möglich.[211] In den anderen Mitgliedstaaten stehen – soweit ersichtlich – keine spezialgesetzlichen Haftungsnormen zur Verfügung. Hier kommt jeweils eine Haftung nach allgemeinem Deliktsrecht in Betracht. Bejaht wird diese Möglichkeit etwa für die Niederlande[212], Österreich[213] und Frankreich[214]. Insgesamt ist eine zivilrechtliche Haftung für Verstöße gegen Ad-hoc-Publizitätsvorschriften in der Praxis bislang allerdings kaum verbreitet.[215]

e) Freiwillige Veröffentlichungen (Investor Relations)

(1) Europarechtliche Vorgaben

Ebenso wie am Primärmarkt spielen auch am Sekundärmarkt freiwillige Veröffentlichung im Rahmen von Investor Relations eine Rolle.[216] Abzugrenzen sind diese Veröffentlichungen wiederum von Informationen, für die ohnehin eine Veröffentlichungspflicht nach den Grundsätzen der Ad-hoc-Publizität besteht. Freiwillige Informationen können also nur solche sein, welche unterhalb der Schwelle der Kursrelevanz liegen.

Investor Relations am Sekundärmarkt betreffen daher im Wesentlichen die Kontaktpflege zu Investoren, beispielsweise durch Aktionärsbriefe oder -zeitschriften, Pressemitteilungen und persönliche Ansprachen sowie die allgemein positive Außendarstellung des eigenen Unternehmens.[217] Hierdurch sollen bereits emittierte Wertpapiere attraktiver gemacht und die eigene Position am Kapitalmarkt, auch im Hinblick auf zukünftige Emissionen, gesichert werden.[218]

---

211 Vgl. hierzu bereits oben Abschnitt II.D.4.b)(2)(b).

212 Hier besteht eine Haftung nach Art. 6:162 Burgerlijk Wetboek, hierzu *Timmerman/Lennarts* in: Hopt/Voigt, Prospekt- und Kapitalmarktinformationshaftung, 774 (801).

213 In Österreich sollte im Jahre 2005 für Verstöße gegen die Ad-hoc-Publizität ein spezialgesetzlicher Haftungstatbestand als neuer § 82a österr. BörseG eingeführt werden, was schlussendlich jedoch an Widerständen während des Gesetzgebungsprozesses scheiterte; in der Literatur ist die Haftungsfrage umstritten, krit. etwa *Harrer* ZFR 2011, 9 (9 ff.); grundsätzlich wird in der Rspr. die Möglichkeit einer Haftung aber trotz des Fehlens einer speziellen Haftungsnorm bejaht, vgl. etwa *OGH*, Beschluss vom 15.03.2012, 6 Ob 28/12d.

214 Über Art. 1240, 1241 Code Civil (bis zur Reform des Vertragsrechts im Oktober 2016 noch Art. 1382, 1383 Code Civil), vgl. hierzu *Pütz* RIW 2007, 514 (516).

215 Siehe hierzu *Koch* in: Veil, Europäisches Kapitalmarktrecht, § 15 Rn. 121 ff.

216 *Schäfer/Ernst* in: Habersack/Mülbert/Schlitt, Handbuch der Kapitalmarktinformation, § 14 Rn. 1; *Jäger* NZG 2000, 186 (189).

217 Vgl. *Ekkenga* NZG 2001, 1 (5).

218 *Jäger* NZG 2000, 186 (186).

Zunächst ist festzuhalten, dass sich die in Art. 15 Prospekt-RL enthaltenen Vorgaben hinsichtlich Werbung nur auf öffentliche Angebote von Wertpapieren bzw. deren Zulassung an einem geregelten Markt, also auf den Primärmarkt beziehen.[219] Am Sekundärmarkt sind sie daher nicht relevant.

Zu beachten ist allerdings – ebenso wie am Primärmarkt – das kapitalmarktrechtliche Gebot der informationellen Anlegergleichbehandlung. Ausdrücklich normiert ist dies für den Sekundärmarkt in Art. 17 und Art. 18 der Transparenz-RL. Danach müssen Emittenten von Aktien und Schuldtiteln sicherstellen, dass alle gleichrangigen Anleger auch die gleiche Behandlung, insbesondere den gleichen Zugang zu Informationen, erfahren.[220] Dies ist nach dem offenen Wortlaut der Art. 17 und 18 Transparenz-RL grundsätzlich auch bei der Veröffentlichung freiwilliger Informationen zu berücksichtigen.[221] Damit dürfen auch bei der gezielten Ansprache beispielsweise eines institutionellen Investors keine Informationen weitergegeben werden, welche nicht auch anderen gleichrangigen Investoren zur Verfügung stehen. Ebenso untersagt ist selbstverständlich die Verbreitung irreführender oder falscher Informationen. Dies ergibt sich unmittelbar aus dem in Art. 15 Marktmissbrauchs-VO enthaltenen Verbot der Marktmanipulation, unter welches definitionsgemäß auch die *„Verbreitung von Informationen über die Medien einschließlich des Internets oder auf anderem Wege, die falsche oder irreführende Signale hinsichtlich des Angebots oder des Kurses eines Finanzinstruments […] geben“* fällt, *„einschließlich der Verbreitung von Gerüchten, wenn die Person, die diese Informationen verbreitet hat, wusste oder hätte wissen müssen, dass sie falsch oder irreführend waren“*.[222]

Freiwillige Veröffentlichungen können zwar naturgemäß nicht zur verpflichtenden Kapitalmarktpublizität gezählt werden. Soweit aber – wie am Sekundärmarkt durchaus üblich[223] – auch freiwillig Informationen veröffentlicht werden, haben Emittenten hierbei bestimmte Voraussetzungen einzuhalten. Zivilrechtliche Sanktionen für unrichtige oder irreführende freiwillige Veröffentlichungen

---

219 Vgl. *Groß* in: Ebenroth/Boujong/Joost/Strohn, HGB, 3. Aufl. 2015, WpPG, § 15 Rn. IX 675.

220 Vgl. hierzu auch Erwägungsgrund (22) Transparenz-RL.

221 So zur deutschen Umsetzung in § 48 WpHG etwa *Schäfer/Ernst* in: Habersack/Mülbert/Schlitt, Handbuch der Kapitalmarktinformation, § 14 Rn. 11.

222 Vgl. Art. 12 Abs. 1 lit. c) Marktmissbrauchs-VO; generell zum Verhältnis von Marktmanipulation und freiwilligen Kapitalmarktveröffentlichungen auch *Schäfer/Ernst* in: Habersack/Mülbert/Schlitt, Handbuch der Kapitalmarktinformation, § 14 Rn. 2 ff.

223 *Schäfer/Ernst* in: Habersack/Mülbert/Schlitt, Handbuch der Kapitalmarktinformation, § 14 Rn. 1.

am Sekundärmarkt sind im europäischen Recht allerdings nicht ausdrücklich vorgeschrieben.

(2) Umsetzung in den Mitgliedstaaten

Die Vorgaben der Transparenz-RL zum informationellen Gleichbehandlungsgebot lassen den Mitgliedstaaten keine wesentlichen Umsetzungsspielräume, weshalb diesbezüglich keine bedeutenden inhaltlichen Unterschiede bestehen.[224] Das Verbot der Marktmanipulation aus Art. 12, 15 Marktmissbrauchs-VO gilt unmittelbar.

In fast allen Mitgliedstaaten ist eine Haftung für fehlerhafte freiwillige Informationen nur nach dem allgemeinen Deliktsrecht möglich. Auch in Deutschland ist kein spezieller Haftungstatbestand vorhanden, weshalb lediglich auf allgemeine zivilrechtliche Haftungsnormen zurückgegriffen werden kann.[225] Ob Anleger nach deutschem Recht Schadensersatzansprüche bei Verstößen gegen das Verbot der Marktmanipulation aus § 823 Abs. 2 BGB i.V.m. § 20a WpHG a.F. geltend machen können, war lange Zeit umstritten.[226] Der BGH hatte schließlich festgestellt, dass § 20a WpHG a.F. kein Schutzgesetz im Sinne des § 823 Abs. 2 BGB darstellt und Ersatzansprüche entsprechend verneint.[227] Ob diesbezüglich vor dem Hintergrund der Überholung des Marktmissbrauchsrechts durch die Marktmissbrauchs-VO eine neue Bewertung vorgenommen werden wird, bleibt abzuwarten.[228] Es kommt daher allenfalls eine Haftung des Emittenten wegen vorsätzlicher sittenwidriger Schädigung nach § 826 BGB in Betracht[229], welche jedoch nur unter sehr strengen Voraussetzungen möglich ist.[230] Eine Ausnahme bildet das Vereinigte Königreich, wo die spezialgesetzliche Haftungsnorm aus Sec. 90A i.V.m. Schedule 10A FSMA 2000[231] zumindest

224 Vgl. exemplarisch zum Gleichbehandlungsgebot § 48 WpHG (Deutschland) sowie DRT 6.1 FCA-Handbook (Vereinigtes Königreich).

225 Vgl. *Paschos* in: Habersack/Mülbert/Schlitt, Handbuch der Kapitalmarktinformation, § 30 Rn. 345; *Ehricke* in: Hopt/Voigt, Prospekt- und Kapitalmarktinformationshaftung, 187 (304f.); kritisch hierzu *Baums* ZHR 2003, 139 (152 ff.).

226 Siehe ausführlich *Göres* in: Habersack/Mülbert/Schlitt, Handbuch der Kapitalmarktinformation, § 32 Rn. 89 ff.

227 Vgl. *BGH* NJW 2012, 1800; zum vorherigen Streitstand siehe *Fuchs* in: Fuchs, 2. Aufl. 2016, WpHG, Vor §§ 37b, 37c Rn. 64.

228 Dafür plädiert etwa *Hellgardt* AG 2012, 154 (165); ebenso *Poelzig* NZG 2016, 492 (501).

229 *Fleischer* in: Assmann/Schütze, Handbuch des Kapitalanlagerechts, § 6 Rn. 65.

230 Hierzu *Fuchs* in: Fuchs, 2. Aufl. 2016, WpHG, Vor §§ 37b, 37c Rn. 30 ff., 35.

231 Vgl. zur britischen issuer liability bereits oben Abschnitt II.D.4.b)(2)(b).

teilweise auch auf freiwillige Veröffentlichungen anwendbar ist. Dies folgt aus dem Umstand, dass sich der Anwendungsbereich nicht danach bestimmt, ob eine Information zwingend zu veröffentlichen ist oder nicht, sondern die Art der Veröffentlichung entscheidendes Anknüpfungskriterium ist.[232] Wird eine freiwillige Information *„by recognised means“* veröffentlicht, ist eine Haftung des Emittenten bei Vorliegen der weiteren Voraussetzungen daher möglich.[233]

5. Zusammenfassung und Kritik

Insgesamt zeigt sich also, dass ein Gesamtsystem europarechtlich determinierter Publizitätspflichten besteht, aufgrund derer Emittenten eine Vielzahl von Informationen veröffentlichen müssen.

Dies beginnt bereits am Primärmarkt durch die Pflicht zur Erstellung eines Wertpapierprospekts. Auch insiderrechtliche Pflichten können bereits am Primärmarkt relevant sein. Darüber hinaus sind im Rahmen von freiwilligen Veröffentlichungen ebenfalls bestimmte Vorgaben zu beachten. Insgesamt noch weitreichender sind die auf die Emission folgenden Publizitätspflichten am Sekundärmarkt. Hier sind zunächst laufende Informationen über den Emittenten, wie etwa der Jahres- und Halbjahresfinanzbericht zu veröffentlichen. Daneben besteht zur Verhinderung von Insidergeschäften die ständige Pflicht, sämtliche nicht öffentlich bekannten, aber kursrelevanten Informationen allen Marktteilnehmern unmittelbar bekannt zu geben. Auch wenn ein Aktionär bestimmte Beteiligungsschwellen an einem Emittenten überschreitet, ist seitens des Emittenten eine diesbezügliche Mitteilung zu machen. Darüber hinaus sind auch am Sekundärmarkt bei der freiwilligen Veröffentlichung weiterer Informationen rechtliche Vorgaben einzuhalten.

Die Publizitätspflichten sind derzeit größtenteils noch in Richtlinien geregelt und daher in mitgliedstaatliches Recht umzusetzen. Durch die teilweise eingeräumten Umsetzungsspielräume zeigen sich allerdings mitunter erhebliche Unterschiede bei der konkreten Ausgestaltung der mitgliedstaatlichen Vorschriften.

Noch größer sind die Unterschiede hinsichtlich möglicher Sanktionen bei Verstößen gegen die einzelnen Publizitätspflichten. Hier ist der Harmonisierungsgrad, wie oben gezeigt, sehr niedrig. Die Mitgliedstaaten sind lediglich gehalten, überhaupt effektive Maßnahmen zur Durchsetzung vorzusehen. Wie dies konkret aussehen soll, bleibt jedoch den mitgliedstaatlichen Gesetzgebern

---

232 *Davies* CMLJ 2010, 443 (448).

233 So auch *Verse* RabelsZ 76 (2012), 893 (902f.).

überlassen. So ist auch zu erklären, dass die aufsichts-, straf- und zivilrechtlichen Sanktionsandrohungen durch nationale Besonderheiten geprägt sind. Aufsichtsrechtliche Konsequenzen drohen – soweit ersichtlich – in allen Mitgliedstaaten. Straf- oder zivilrechtlich können Emittenten jedoch nicht in jedem Mitgliedstaat gleichermaßen zur Verantwortung gezogen werden. Gerade im Bereich der zivilrechtlichen Haftung sind selbst innerhalb der mitgliedstaatlichen Rechtsordnungen viele Fragen ungeklärt. Insgesamt scheint die zivilrechtliche Haftung für fehlerhafte oder unterlassene Kapitalmarktpublizität, jedenfalls außerhalb der Prospekthaftung, nur wenig entwickelt und einen eher geringen Stellenwert zu haben.[234] Jedoch ist in neuerer Zeit eine Tendenz zum Ausbau dieser zivilrechtlichen Verantwortlichkeit zu beobachten. Dies zeigte sich auf nationaler Ebene beispielsweise schon in der Einführung der §§ 97, 98 WpHG (§§ 37b, 37c WpHG a.F.) hinsichtlich der Haftung bei fehlerhaften oder unterlassenen Ad-hoc-Meldungen. Noch deutlich weiter geht der Vorstoß des Vereinigten Königreichs mit der Einführung eines spezialgesetzlichen Haftungstatbestands für jegliche Fehlinformation am Kapitalmarkt in Sec. 90A FSMA 2000 i.V.m. Schedule 10A.[235] Auch in europäischen Rechtsakten wurde etwa mit der überarbeiteten Ratingagenturen-VO[236] nun erstmals eine europäische zivilrechtliche Haftungsnorm für fehlerhafte Ratings eingeführt.[237] Ein weiteres Fortschreiten dieser Entwicklung, möglicherweise auch durch entsprechende Vorgaben des europäischen Rechts, würde das hohe Anlegerschutzniveau weiter manifestieren und ist daher durchaus wünschenswert.[238] Andernfalls drohen die durch die Harmonisierung der Publizitätsanforderungen gemachten Fortschritte aufgrund der großen Unterschiede und teilweise festzustellenden Unzulänglichkeiten der nationalen Haftungsrechte konterkariert zu werden.[239]

234 *Veil/Walla* in: Veil, Europäisches Kapitalmarktrecht, § 7 Rn. 8 ff.; *Veil* EBOR 2010, 409 (420f.).

235 Hintergrund der Einführung der Haftungsnorm im Vereinigten Königreich war aber wohl primär der Schutz der Funktionsfähigkeit des Marktes, wohingegen eine gleichzeitige Verbesserung des Anlegerschutzes wohl nur als notwendiger Nebeneffekt hingenommen wurde, vgl. *Davies*, Davies Review of Issuer Liability: Final Report, Rn. 21f.

236 Verordnung (EG) Nr. 1060/2009 des Europäischen Parlaments und des Rates vom 16. September 2009 über Ratingagenturen, ABl. EU Nr. L 2009/302, 1 (Ratingagenturen-VO).

237 Vgl. Art. 35a Ratingagenturen-VO.

238 So auch *Casper* in: Schulze, Compensation of Private Losses, 91 (111), der spezialgesetzliche Haftungsnormen zur Durchsetzung von Publizitätspflichten fordert.

239 Hierauf bereits zu einem frühen Zeitpunkt hinweisend *Köstlin*, Anlegerschutz und Auslandsbeziehungen, S. 129f.

Es zeigt sich damit bei einem Vergleich der mitgliedstaatlichen Rechtsordnungen trotz der gemeinsamen europäischen Vorgaben ein sehr uneinheitliches Bild der Kapitalmarktinformationspflichten und erst recht der daraus resultierenden Kapitalmarktinformationshaftung.

E. Konsequenzen für das Kollisionsrecht

Auch für das Kollisionsrecht lassen sich aus der vorangehend vorgenommenen materiell-rechtlichen Bestandsaufnahme Schlussfolgerungen ziehen.

Während die kapitalmarktrechtlichen Publizitätspflichten weit überwiegend europarechtlich vorgegeben sind, sind die entsprechenden Haftungsvorschriften nicht harmonisiert und daher von Mitgliedstaat zu Mitgliedstaat sehr unterschiedlich ausgeprägt. Diese teils erheblichen Unterschiede sind weiteres Spezifikum der Kapitalmarktinformationshaftung und unterstreichen die überragende Wichtigkeit einer sachgerechten Bestimmung des anwendbaren Rechts. Dies gilt nicht nur in Binnensachverhalten, sondern ebenso im Verhältnis zu Drittstaaten. Gerade im Interesse des Anlegerschutzes sollte das anwendbare Kapitalmarktinformationshaftungsrecht in hohem Maße vorhersehbar sein. Zwischen Anlegern und dem Emittenten selbst bestehen in der Regel keine vertraglichen Beziehungen. Dies resultiert aus der am Primärmarkt überwiegend bevorzugten Fremdemission sowie der Einschaltung von Finanzintermediären wie Banken oder Börsendiensten im nachfolgenden Sekundärmarkthandel. Entscheidende Bedeutung kommt bei grenzüberschreitenden Schadensersatzforderungen daher dem auf außervertragliche Ansprüche anwendbaren Recht zu.[240]

240 Ausführlich zur Einordnung der Kapitalmarktinformationshaftung als außervertragliches Schuldverhältnis unten Abschnitt IV.B.2.

III. Grundlagen der grenzüberschreitenden Kapitalmarktinformationshaftung

A. Vorbemerkungen

Vor dem Hintergrund der materiell-rechtlichen Ausgangslage sind im folgenden Abschnitt die Besonderheiten der grenzüberschreitenden Kapitalmarktinformationshaftung näher zu betrachten. Dies erweist sich als besonders schwieriges Feld, steht die grenzüberschreitende Kapitalmarktinformationshaftung doch im Spannungsfeld zwischen Internationalem Privatrecht einerseits und Internationalem Kapitalmarktrecht als Teil des Wirtschaftskollisionsrechts andererseits. Nach der Darstellung der allgemeinen Bedeutung grenzüberschreitender Kapitalmarktaktivität ist daher zu untersuchen, in welcher Wechselbeziehung Internationales Privatrecht und Internationales Kapitalmarktrecht zueinander stehen und wie die Fragestellung dieser Arbeit in diesen Themenkomplex einzuordnen ist. Von besonderer Bedeutung wird dabei die Frage sein, wie kapitalmarktrechtliche Regelungen auf privatrechtliche Rechtsbeziehungen einwirken.

B. Bedeutung grenzüberschreitender Kapitalmarktaktivität

1. Allgemein

Durch die zunehmende Internationalisierung der Wirtschaft nimmt als Folge der Globalisierung auch die Bedeutung grenzüberschreitender Kapitalmarktaktivität immer weiter zu.[241] Unternehmen bedienen sich zur Deckung ihres Kapitalbedarfs nicht mehr nur des jeweiligen nationalen Kapitalmarkts, sondern nehmen global, zumindest aber europaweit Kapital auf. Auch Anleger machen bei der Suche nach guten Investitionsmöglichkeiten nicht mehr an Ländergrenzen halt. Beispielhaft kann dies an der Eigentümerstruktur des deutschen Leitindex DAX 30 abgelesen werden, wo 63,7 % aller Aktien von Ausländern gehalten werden.[242] Auch in kapitalmarktrechtlichen Sammelklageverfahren

---

241 *Schnyder* in: MüKo-BGB, 5. Aufl. 2010, Internationales Kapitalmarktrecht, Rn. 28; auch *Kronke* Rec. des cours 2000, 261 (261); *Schneider* AG 2012, 823 (823); *Verschraegen,* Internationales Privatrecht, Rn. 722.

242 Deutsche Bundesbank, Monatsbericht, September 2014, S. 27, abrufbar unter: https://www.bundesbank.de/Redaktion/DE/Downloads/Veroeffentlichungen/Monatsberichtsaufsaetze/2014/2014_09_eigentuemerstruktur_aktienmarkt.pdf?__blob=publicationFile (zuletzt aufgerufen am 31.12.2017).

kann zunehmend beobachtet werden, dass die klagenden Geschädigten aus verschiedenen Ländern stammen.[243] In der Folge müssen immer häufiger die Beziehungen der Kapitalmarktteilnehmer vor dem Hintergrund mehrerer Kapitalmarktrechtsordnungen betrachtet werden, woraus sich komplexe kollisionsrechtliche Fragen ergeben.[244] Insbesondere ist zu erwarten, dass es immer häufiger zu grenzüberschreitenden Kapitalmarkthaftungsfällen kommen wird.[245]

2. Internet und grenzüberschreitende Kapitalmarktaktivität

Die *„dem Internet immanente Eigenschaft als grenzüberschreitendes Medium"*[246] hat die Kapitalmärkte in vielerlei Hinsicht verändert. Das Internet bietet für Kapitalmarktaktivitäten neue Chancen und zugleich neue Risiken und Probleme.[247] Auch wenn das Thema aufgrund seiner Komplexität an dieser Stelle nur angerissen werden kann, sei dennoch auf einige Besonderheiten hingewiesen, die sich hierdurch für die grenzüberschreitende Kapitalmarktinformationshaftung ergeben.

Zunächst einmal ist das Internet als große Chance zu begreifen.[248] Durch die nahezu unverzögerte, weltweite Zugriffsmöglichkeit werden Handelshemmnisse abgebaut, wodurch eine effektivere Kapitalallokation ermöglicht wird. Nicht zuletzt aufgrund der Möglichkeiten des Internets und der elektronischen Kommunikation ist die Internationalisierung der Kapitalmärkte in den letzten Jahrzehnten mit großen Schritten vorangegangen.[249] So ist zu erklären, warum an der Börse der internetgestützte elektronische Handel den klassischen Parketthandel nahezu vollständig abgelöst hat. Insbesondere auch für die kapitalmarktrechtlichen Publizitätsgebote bringt das Internet entscheidende Vorteile, können doch beispielsweise Ad-hoc-Mitteilungen auf der Internetseite des Emittenten veröffentlicht und so weltweit zugänglich gemacht werden.[250] Auch Wertpapierprospekte werden auf diese Weise verbreitet.[251]

---

243 *Stadler* in: Fairgrieve/Lein, Extraterritoriality and Collective Redress, 191 (198).

244 *Schnyder/Bopp* in: FS Zobl (2004), 391 (392).

245 *Stadler* in: Fairgrieve/Lein, Extraterritoriality and Collective Redress, 191 (200).

246 *Spindler* ZHR 2001, 324 (326).

247 Siehe nur *Kronke* in: FS Buxbaum (2000), 363 (371f.) m. w. Nachw.

248 Vgl. *Spindler* ZHR 2001, 324 (325).

249 Hierzu schon *Kronke* Rec. des cours 2000, 261 (364).

250 Der europäische Gesetzgeber schreibt die Veröffentlichung von Insiderinformationen auf der Homepage des Emittenten in Art. 17 Abs. 1 UA 1 S. 3 Marktmissbrauchs-VO sogar ausdrücklich vor.

251 Vgl. Erwägungsgrund (31) Prospekt-RL.

Jedoch birgt das Internet aus kapitalmarktrechtlicher Sicht selbstverständlich auch zahlreiche Risiken und Probleme. Dies zeigte sich etwa in der scheinbaren Überforderung der Kapitalmarktregulierung im Vorfeld und im Zuge der jüngsten Finanzmarktkrise.[252] Aber auch abseits der bloßen Kapitalmarktregulierung stellt die technische Entwicklung das Recht vor neue Herausforderungen. Entscheidet sich ein Emittent dazu, seine Aktien nicht über eine Emissionsbank, sondern kostengünstig selbst über das Internet zu platzieren (sog. Internet-IPO), so ist dieses Angebot weltweit wahrnehmbar. Dennoch wäre es sicherlich nicht sachgerecht, wenn der Emittent nun die Zulassungsvoraussetzungen aller Kapitalmarktrechte erfüllen müsste, soweit diese ihre Anwendbarkeit an ein Angebot der Aktien im Inland knüpfen.[253] Entsprechende Fragen stellen sich auch beim Handel mit Wertpapieren am Sekundärmarkt. Weiter kann das Internet durch seine weitreichenden Möglichkeiten und seine Anonymität auch neue Gelegenheiten und Anreize für betrügerische Handlungen und Marktmissbrauch setzen, denen durch entsprechende gesetzgeberische Vorkehrungen zu begegnen ist.[254]

Auch die Grundsätze und Regeln des Internationalen Privatrechts bedürfen der Überprüfung und gegebenenfalls der Anpassung in Bezug auf grenzüberschreitendes Kapitalmarkthandeln über das Internet.[255] Gerade die Anknüpfungspunkte des Internationalen Deliktsrechts bedürfen hier der näheren Betrachtung.[256] Mögliche Anknüpfungspunkte können beispielsweise der Ort der Eingabe in den Computer, der Ort, an dem die tatsächliche Veröffentlichung im Internet erfolgt, der Standort des Servers, der tatsächliche Ort des Abrufens oder auch alle Orte der Abrufbarkeit sein. Ebenso richtet sich die gerichtliche

---

252 *Poelzig*, Normdurchsetzung durch Privatrecht, S. 542f.

253 Vgl. *Assmann* in: FS Schütze (1999), 15 (23f.).

254 Auf die Gefahr weist etwa *Kronke* Rec. des cours 2000, 261 (365) hin; auch der europäische Gesetzgeber sieht diese Gefahr, vgl. beispielsweise Erwägungsgrund (24) der Marktmissbrauchs-VO.

255 Siehe *Spindler* ZHR 2001, 324 (327, 328 ff.), allgemein hierzu auch *Mankowski* RabelsZ 63 (1999), 203 (203 ff.); *Spickhoff* in: Leible, Die Bedeutung des Internationalen Privatrechts im Zeitalter der neuen Medien, 89 (89 ff.); *Kronke* in: FS Buxbaum (2000), 363 (371 ff.); an anderer Stelle weist *Kronke* allerdings auch darauf hin, dass der Einfluss des Internets auf das Internationale Privatrecht nicht überbewertet werden müsse, da das Internationale Privatrecht auch für die Herausforderungen des Internets gewappnet sei und lediglich geringfügiger oder sogar gar keiner Änderungen bedürfe, vgl. *Kronke* Rec. des cours 2000, 261 (365).

256 Vgl. nur *Spickhoff* in: Leible, Die Bedeutung des Internationalen Privatrechts im Zeitalter der neuen Medien, 89; *Mankowski* RabelsZ 63 (1999), 203 (256 ff.); zurückhaltender *Kronke* Rec. des cours 2000, 261 (365).

Zuständigkeit häufig nach ähnlichen Kriterien, sodass sich die parallele Problematik auch in diesem Zusammenhang stellt. Zusammenfassend lässt sich daher sagen, dass Schwierigkeiten immer dann auftreten, wenn Umstände, welche unter Zuhilfenahme des Internets eingetreten sind, einem bestimmten Ort zugeordnet werden müssen.

Innerhalb der Europäischen Union kommt in diesem Zusammenhang der sogenannten *e-commerce*-Richtlinie[257] besondere Bedeutung zu. Diese statuiert die Geltung des Herkunftslandprinzips für die Erbringung aller Dienste innerhalb ihres Anwendungsbereichs, welcher sich grundsätzlich auch auf Kapitalmarktangebote im Internet erstreckt.[258] Auf die kollisionsrechtlichen Auswirkungen des Herkunftslandprinzips soll jedoch an späterer Stelle näher eingegangen werden.[259]

Aus den dargestellten Umständen folgt im Wesentlichen zweierlei: Erstens ist Kapitalmarkthandeln inzwischen untrennbar mit dem Internet verknüpft und verleitet die Kapitalmarktteilnehmer gewissermaßen zu einer Ausweitung der eigenen Aktivitäten über die Grenzen hinweg. Zweitens und auf der ersten Feststellung aufbauend müssen aus internationalprivatrechtlicher Sicht die besonderen Herausforderungen des Internetverkehrs bei der Bestimmung des anwendbaren Rechts berücksichtigt werden.

C. Grenzüberschreitende Kapitalmarktinformationshaftung als Fragestellung des Internationalen Kapitalmarktrechts

1. Einleitung

Die grenzüberschreitende Kapitalmarktinformationshaftung liegt im Spannungsverhältnis zwischen Kapitalmarktrecht und Kollisionsrecht. Die Problematik der sachgerechten Bestimmung des auf Kapitalmarktinformationshaftungsansprüche anwendbaren Rechts kann weder einseitig aus der Sicht des Kapitalmarktrechts noch ausschließlich aus kollisionsrechtlicher Sicht gelöst werden. Vielmehr liegt die Fragestellung an einer Schnittstelle beider

---

257 Richtlinie 2000/31/EG des Europäischen Parlaments und des Rates vom 8. Juni 2000 über bestimmte rechtliche Aspekte der Dienste der Informationsgesellschaft, insbesondere des elektronischen Geschäftsverkehrs, im Binnenmarkt, ABl. EG Nr. L 2000/178, 1 (*e-commerce*-RL).

258 Vgl. Art. 3 Abs. 1, 2 *e-commerce*-RL; zu Auswirkungen auf Kapitalmarktangebote siehe *Spindler* ZHR 2001, 324 (330 ff.).

259 Siehe hierzu unten Abschnitt IV.C.1.a).

Rechtsgebiete, weshalb zur Beantwortung des hier aufgeworfenen Problems die jeweiligen Eigenheiten dieser Rechtsgebiete berücksichtigt und in einer umfassenden Abwägung in Einklang gebracht werden müssen. Diese Aufgabe ist umso schwieriger, da rechtswissenschaftliche Untersuchungen an der Schnittstelle beider Rechtsgebiete vergleichsweise rar sind[260].

Aus kollisionsrechtlicher Sicht lassen sich – ohne Festlegung einer Reihenfolge – im Hinblick auf grenzüberschreitende Sachverhalte der Kapitalmarktinformationshaftung zwei wesentliche Fragestellungen formulieren:

- *Erstens* muss bestimmt werden, die Publizitätspflichten welchen Staates im Rahmen der Prüfung von Ansprüchen aus Kapitalmarktinformationshaftung zu berücksichtigen bzw. anzuwenden sind, um eine etwaige Verletzung dieser feststellen zu können.
- *Zweitens* ist das daneben anwendbare zivilrechtliche Haftungsrecht zu ermitteln, nach welchem im Falle des Verstoßes gegen eine Publizitätspflicht die nicht spezifisch kapitalmarktrechtlichen Aspekte zu beurteilen sind.

Maßgeblich für die Bestimmung der anwendbaren Publizitätspflichten und damit deren internationale Reichweite ist das Internationale Kapitalmarktrecht, genauer gesagt das Kapitalmarktkollisionsrecht, dessen Grundzüge im Folgenden dargestellt werden sollen. In diesem Rahmen sind auch die Kriterien zur Bestimmung der internationalen Reichweite von Kapitalmarktrecht herauszuarbeiten, wobei auf die besondere Rechtslage innerhalb der EU/des EWR durch Einführung des sogenannten Europäischen Passes einzugehen ist.

Unter Berücksichtigung der hierbei herausgearbeiteten Besonderheiten des Internationalen Kapitalmarktrechts ist zu fragen, inwieweit die Vorschriften des Internationalen Privatrechts einer von den Grundsätzen des klassischen Internationalen Privatrechts abweichenden Ausrichtung bedürfen, insbesondere vor dem Hintergrund der Durchsetzung kapitalmarktrechtlicher Ziele durch Privatrecht (sog. „*private enforcement*"). Weiterhin ist aus internationalprivatrechtlicher Sicht die Frage nach der Berücksichtigung bzw. Anwendung von Kapitalmarktrecht in privatrechtlichen Sachverhalten zu beantworten.

---

260 Auf die selten anzutreffende „*wechselseitige Aufgeschlossenheit*" zwischen Kapitalmarkt- und Kollisionsrechtlern weist etwa *von Hein* in: Baum/Fleckner/Hellgardt u. a., Perspektiven des Wirtschaftsrechts, 371 (371) hin; so auch schon *Kronke* Rec. des cours 2000, 261 (380); ebenso *Corneloup* in: Nuyts/Hatzimihail, Cross-border class actions, 291 (293f.).

2. Gegenstand des Internationalen Kapitalmarktrechts

Das Kapitalmarktrecht ist hinsichtlich seines Gegenstandes und seiner grundsätzlichen Ziele in Bezug auf Publizität und Haftung bereits näher betrachtet worden.[261] Bei Sachverhalten, welche Berührungspunkte zu verschiedenen Kapitalmärkten und damit auch verschiedenen Rechtsordnungen aufweisen, muss dieser Blickwinkel jedoch angepasst werden. Die Ausrichtung der nationalen Kapitalmarktrechtsordnungen ist regelmäßig auf den jeweiligen Markt abgestimmt und dient jedenfalls nicht unmittelbar dem Schutz anderer Märkte, selbst wenn diese unter Umständen eine ähnliche Zielrichtung verfolgen. Dies führt zu besonderen kollisionsrechtlichen Konstellationen und Schwierigkeiten, deren Lösung sich das Internationale Kapitalmarktrecht widmet. Das Internationale Kapitalmarktrecht ist kein zusammenhängend geregeltes Rechtsgebiet. Es ist Teil des Internationalen Wirtschaftsrechts, welches auch als Wirtschaftskollisionsrecht bezeichnet wird.[262] Genuine Aufgabe des Internationalen Kapitalmarktrechts ist – allgemein gesprochen – die Regelung grenzüberschreitender Kapitalmarktsachverhalte.[263]

Eine das internationale Kapitalmarktrecht auszeichnende Besonderheit ist weiterhin, dass zur rechtlichen Einordnung grenzüberschreitender Kapitalmarktsachverhalte regelmäßig ein Zusammenspiel zwischen Kapitalmarktnormen und privatrechtlichen Normen erforderlich ist.[264] Während die Erstgenannten hauptsächlich die Regelung und den Schutz des Kapitalmarkts, zugleich aber auch der einzelnen Kapitalmarktteilnehmer bezwecken, dienen die Letztgenannten dem Ausgleich und Schutz rein individueller Interessen. Vergegenwärtigt man sich diesen konzeptionellen Ausgangspunkt, kann es kaum verwundern, dass das Internationale Kapitalmarktrecht eine solche Fülle an Herausforderungen und Problemen aufwirft, welche gesetzgeberisch nur schwer zu fassen sind. Gerade durch die zu beobachtende Zunahme der grenzüberschreitenden Kapitalmarktaktivitäten besteht hier aber großer Regelungsbedarf, weshalb *U. Schneider* bereits im Jahre 2001 das Internationale Kapitalmarktrecht zu Recht als gesetzgeberische „*Großbaustelle*" bezeichnete.[265] Trotz zahlreicher

---

261 Vgl. hierzu bereits oben Abschnitt II.C.

262 *Göthel* IPRax 2001, 411 (411); *Schnyder* in: MüKo-BGB, 5. Aufl. 2010, Internationales Kapitalmarktrecht, Rn. 31; vgl. auch *Siehr* RabelsZ 52 (1988), 41 (46).

263 Siehe nur *Lehmann* in: MüKo-BGB, 7. Aufl. 2018, Internationales Finanzmarktrecht, Rn. 47.

264 *Lehmann* in: MüKo-BGB, 7. Aufl. 2018, Internationales Finanzmarktrecht, Rn. 177f.

265 *Schneider* AG 2001, 269 (278), zustimmend auch *Schnyder/Bopp* in: FS Zobl (2004), 391 (405).

Gesetzgebungsaktivitäten dürfte sich an diesem Status bis heute wenig geändert haben, was nicht zuletzt auch auf die dynamische Entwicklung der Kapitalmärkte zurückzuführen ist.

3. Internationales Kapitalmarktrecht als Kapitalmarktkollisionsrecht

a) Ausgangspunkt

Zur Bestimmung der Anwendbarkeit von Kapitalmarktrecht auf grenzüberschreitende Sachverhalte ist das Kollisionsrecht des Kapitalmarktrechts, das sogenannte Kapitalmarktkollisionsrecht, zu befragen.[266] Dieses ist jedoch keinesfalls mit dem Kollisionsrecht der Privatrechtsordnungen, dem Internationalen Privatrecht, vergleichbar. Vielmehr ist dem deutschen wie dem europäischen Recht eine normierte Kapitalmarktkollisionsrechtsordnung oder gar eine einheitliche kapitalmarktrechtliche Kollisionsnorm unbekannt. Diesbezüglich ist äußerst umstritten, ob es eine solche aufgrund der Eigenheiten des Kapitalmarktrechts, auf die im Folgenden noch näher einzugehen sein wird, überhaupt geben kann.[267] Jedenfalls nach geltendem Recht ist die grenzüberschreitende Anwendbarkeit kapitalmarktrechtlicher Vorschriften daher für jede einzelne Norm anhand ihrer *ratio* zu bestimmen. Für diese Art der Bestimmung der internationalen Reichweite einer mit ordnungspolitischer Steuerungsfunktion ausgestatteten Norm hat sich der Begriff des Wirtschaftskollisionsrechts herausgebildet.[268] Neben kollisionsrechtlichen Fragen etwa des Kartell- oder Lauterkeitsrechts ist diesem auch der Problemkreis des Kapitalmarktkollisionsrechts zuzuordnen.

---

266 Zur Begrifflichkeit des Kapitalmarktkollisionsrechts instruktiv *Schnyder* in: MüKo-BGB, 5. Aufl. 2010, Internationales Kapitalmarktrecht, Rn. 31; vgl. auch *Kindler* in: MüKo-BGB, 7. Aufl. 2018, Internationales Handels- und Gesellschaftsrecht, Rn. 22 ff.

267 Die wohl überwiegende Ansicht in der Literatur spricht sich gegen die Möglichkeit einer einheitlichen Anknüpfung für das Kapitalmarktrecht aus, vgl. nur *Floer*, Internationale Reichweite der Prospekthaftung, S. 144f.; *Kindler* in: MüKo-BGB, 7. Aufl. 2018, Internationales Handels- und Gesellschaftsrecht, Rn. 26; *Schneider* AG 2001, 269 (272f.); *Schnyder/Bopp* in: FS Zobl (2004), 391 (396); *von Hein* AG 2001, 213 (220), jeweils m. w. Nachw.; dennoch sind verschiedentlich Vorschläge für eine solche einheitliche Anknüpfung gemacht worden, siehe etwa bei *Köstlin*, Anlegerschutz und Auslandsbeziehungen, S. 187 ff.; *Kiel*, Internationales Kapitalanlegerschutzrecht, S. 297 ff.; *Zimmer*, Internationales Gesellschaftsrecht, S. 57 ff.

268 *Schnyder* in: MüKo-BGB, 5. Aufl. 2010, Internationales Kapitalmarktrecht, Rn. 31 ff.; *Mestmäcker/Schweitzer*, Europäisches Wettbewerbsrecht, § 7 Rn. 8.

b) Konzeption des Wirtschaftskollisionsrechts

(1) Grundzüge und Entwicklung des Wirtschaftskollisionsrechts

Erstes Licht ins Dunkel des Kollisionsrechts der ordnungspolitischen Normen brachten ein Symposium des Max-Planck-Instituts für ausländisches und internationales Privatrecht im Jahre 1986[269] sowie die im Nachgang hierzu veröffentlichten Beiträge der Referenten. Hiermit war der Grundstein für die Entwicklung des Wirtschaftskollisionsrechts als selbständiges kollisionsrechtliches Rechtsgebiet neben dem Privatkollisionsrecht, also dem klassischen Internationalen Privatrecht gelegt.[270] Diese ersten Ansätze wurden durch mehrere monographische Untersuchungen aufgegriffen und weitergeführt.[271]

Wirtschaftskollisionsrecht ist Internationales Wirtschaftsrecht[272] und steht als solches primär dem Internationalen Öffentlichen Recht nahe, weist aber auch vielfältige Berührungspunkte zum Internationalen Privatrecht auf.[273] *Basedow* bezeichnete das Wirtschaftskollisionsrecht bereits früh als Methodik, welche den Anwendungsbereich der ordnungspolitischen Normen des Inlands bestimmt.[274]

---

269 Vgl. die Diskussionsberichte von *Berg*, *Anderegg* und *Engel*, veröffentlicht in RabelsZ 52 (1988), 256 ff.

270 Kritisch demgegenüber *Schurig* RabelsZ 54 (1990), 217 (229 ff.), der dies nicht als „neues", eigenständiges Kollisionsrechtssystem betrachtet möchte, sondern vielmehr betont, dass auch das klassische IPR einseitige Verweisungsnormen grundsätzlich zulässt und daher jedwede Art von Normen beruft. Im Ergebnis kommt *Schurig* allerdings zu dem Wirtschaftskollisionsrecht ähnlichen Schlussfolgerungen, wenn er resümiert, dass *„bestimmte – inländische oder ausländische- Normen (man mag sie »Eingriffsnormen« oder sonst wie nennen) gesondert angeknüpft werden, weil die hinter ihnen stehenden sachrechtlichen Interessen (vielleicht weil sie in einem eigenen Sinne »ordnungsrelevant« sind) besondere kollisionsrechtliche Interessen implizieren, die es ausschließen, die Anknüpfung dieser Norm in eine der vorhandenen allseitigen »Bündelungen« einzuordnen."*

271 Vgl. insbesondere *Schnyder*, Wirtschaftskollisionsrecht,besprochen von *Kronke* AcP 1991, 171 (171 ff.); siehe auch *Kiel*, Internationales Kapitalanlegerschutzrecht, S. 205 ff.

272 *Schnyder* in: FS Buxbaum (2000), 515 (523); *Fezer/Koos* in: Staudinger, Neubearbeitung 2015, Internationales Wirtschaftsrecht, Rn. 1, 3.

273 *Göthel* IPRax 2001, 411 (414); *Schnyder* in: MüKo-BGB, 5. Aufl. 2010, Internationales Kapitalmarktrecht, Rn. 31; *Mestmäcker/Schweitzer*, Europäisches Wettbewerbsrecht, § 7 Rn. 8; *Steinrötter*, Beschränkte Rechtswahl im Internationalen Kapitalmarktprivatrecht und akzessorische Anknüpfung an das Kapitalmarktordnungsstatut, S. 76f.; zum Verhältnis zwischen Wirtschaftskollisions- und Internationalem Privatrecht siehe unten Abschnitt III.C.3.b) (2).

274 *Basedow* RabelsZ 52 (1988), 8 (8).

Schnyder definierte das Wirtschaftskollisionsrecht kurz darauf als Anwendungs- bzw. Verweisungsrecht, welches bestimmt, das Wirtschaftsrecht welchen Staates auf einen grenzüberschreitenden Sachverhalt anzuwenden ist.[275] Gemeint ist damit letztlich dasselbe: Neben dem Internationalen Privatrecht muss es noch ein weiteres, grundsätzlich eigenständiges Kollisionsrecht geben, welches die Anknüpfung ordnungspolitischer, also mit wirtschafts- oder sozialpolitischer Steuerungsfunktion ausgestatteter Normen speziell regelt. Diese erfahren eine Sonderanknüpfung, welche als *„Wirtschaftskollisionsrecht"* oder, aus internationalprivatrechtlicher Sicht, als *„Eingriffsrecht"*[276] bezeichnet wird.[277] Von der Berufung der Privatrechtsordnung eines Staates durch das Internationale Privatrecht soll folglich nicht auch auf die Anwendbarkeit der ordnungspolitischen Normen dieses Staates geschlossen werden können.[278] Unmittelbare Auswirkung dieses Grundsatzes ist die Anerkennung des Nebeneinanders zweier kollisionsrechtlicher Systeme, dem Internationalen Privatrecht und dem Wirtschaftskollisionsrecht, also einer *„Zweigleisigkeit des Kollisionsrechts"*[279].

---

275 *Schnyder,* Wirtschaftskollisionsrecht, Rn. 3.

276 *Drobnig* RabelsZ 52 (1988), 1 (4); zum Verhältnis zwischen Wirtschaftskollisionsrecht und Eingriffsrecht siehe auch *Kuckein,* Die ‚Berücksichtigung' von Eingriffsnormen im deutschen und englischen internationalen Vertragsrecht, S. 47f.

277 Vgl. *Schnyder* in: MüKo-BGB, 5. Aufl. 2010, Internationales Kapitalmarktrecht, Rn. 33f.; zu dieser Abgrenzung bereits *Kreuzer,* Ausländisches Wirtschaftsrecht vor deutschen Gerichten, S. 84: *„Die IPR-Verweisungsnormen erfassen wirtschaftsrechtliche Eingriffsnormen nicht. Über deren Anwendung in Fällen mit Auslandsberührung befindet vielmehr zwingend das Internationale Wirtschaftsrecht"*; siehe auch *Sonnenberger* in: MüKo-BGB, 5. Aufl. 2010, Einleitung IPR, Rn. 47 m. w. Nachw.

278 Vgl. zum Verhältnis von Deliktsstatut zum anwendbaren Kapitalmarktrecht *Pfeiffer* IPRax 2003, 233 (234); anderer Ansicht etwa *Siehr* RabelsZ 52 (1988), 41 (75f.).

279 Vgl. *Schnyder* in: MüKo-BGB, 5. Aufl. 2010, Internationales Kapitalmarktrecht, Rn. 33; *Basedow* RabelsZ 52 (1988), 8 (20) spricht insoweit von einem *„Methodendualismus"*, *Kropholler,* Internationales Privatrecht, § 3 II 4 von der *„Zweipoligkeit des IPR"*; ebenso *von Hein* in: MüKo-BGB, 7. Aufl. 2018, Einleitung IPR, Rn. 286; in diesem Sinne auch *Göthel* IPRax 2001, 411 (411); *Kuckein,* Die ‚Berücksichtigung' von Eingriffsnormen im deutschen und englischen internationalen Vertragsrecht, S. 48; *Zimmer,* Internationales Gesellschaftsrecht, S. 48, jeweils m. w. Nachw.; auch BGHZ 31, 367 (371) spricht bereits von einem *„öffentlichen Kollisionsrecht"* und öffentlichem Recht, welchem *„unter bestimmten Voraussetzungen nicht jeder Einfluß auf inländische Privatrechtsverhältnisse abzusprechen ist"*; die Herausbildung eines eigenständigen Wirtschaftskollisionsrechts aus der Sicht des kritischen Rationalismus schon vom Grundsatz her ablehnend *Habermeier,* Neue Wege zum Wirtschaftskollisionsrecht, S. 101 ff.

Diese Annahme ist im Vergleich zur Entwicklung des herkömmlichen Internationalen Privatrechts noch vergleichsweise jung. Lange Zeit wurden diesbezügliche Fragen nur als kleiner Teilbereich des Internationalen Privatrechts im Zusammenhang mit Eingriffsnormen, also staatlich zwingendem Recht, diskutiert.[280] Die Ursache hierfür ist auch darin zu sehen, dass bis zum frühen 20. Jahrhundert ordnungspolitische Normen zum Schutz von Privatrechtsverhältnissen eine eher seltene Ausnahme darstellten und erst später im Zuge der fortschreitenden Internationalisierung und Globalisierung sowie vor dem Hintergrund gesellschaftlicher Veränderungen größere Bedeutung erlangten.[281] Inzwischen sind solche Normen etwa im Kartellrecht, Umweltrecht, Arbeitsrecht oder eben im Kapitalmarktrecht gängig und weit verbreitet.[282]

Im Ausgangspunkt zu unterscheiden sind zwei wesentliche Fragestellungen des Wirtschaftskollisionsrechts. Zum einen bestimmt es die Anwendbarkeit einer ordnungspolitischen Norm auf einen grenzüberschreitenden Sachverhalt, zum anderen bestimmt das Wirtschaftskollisionsrecht, soweit man aus internationalprivatrechtlicher Sicht eine Sonderanknüpfung zulässt, die Anwendbarkeit ordnungspolitischer Normen als Eingriffsnormen in privatrechtliche Sachverhalte und damit über die Anerkennung ihrer ordnungspolitischen Folgen für Privatrechtsbeziehungen.[283] In diesem Zusammenhang wird im ersten Fall von wirtschaftskollisionsrechtlichen Haupt-, im zweiten Fall von wirtschaftskollisionsrechtlichen Teil-/bzw. Vorfragen gesprochen.[284] Von besonderem Interesse für die vorliegende Arbeit ist primär der zweite Bereich, also die Anwendung bzw. Auswirkungen kapitalmarktrechtlicher Normen auf zivilrechtliche Ersatzansprüche.

---

280 *Basedow* RabelsZ 52 (1988), 8 (10) spricht hier drastisch von „*Randexistenzen*" und „*Obdachlosenasyl*"; kritisch gegenüber der Hervorhebung von Eingriffsnormen als besondere Normen auch *Schurig* RabelsZ 54 (1990), 217 (226 ff.).

281 Ausführlich zu dieser Entwicklung *Basedow* RabelsZ 52 (1988), 8 (13 ff.); siehe auch *Drobnig* RabelsZ 52 (1988), 1 (2f.); *Kronke* Rec. des cours 2000, 261 (283).

282 *Kronke* Rec. des cours 2000, 261 (283).

283 *Schnyder* in: FS Buxbaum (2000), 515 (521 ff.); *Drobnig* RabelsZ 52 (1988), 1 (3f.) definiert den Anwendungsbereich des Wirtschaftskollisionsrechts enger, nämlich nur in Bezug auf Wirkungen ordnungspolitischer Normen auf privatrechtliche Rechtsbeziehungen.

284 *Basedow* RabelsZ 52 (1988), 8 (12); *Drobnig* RabelsZ 52 (1988), 1 (4); *Kuckein*, Die ‚Berücksichtigung' von Eingriffsnormen im deutschen und englischen internationalen Vertragsrecht, S. 51; *Schnyder*, Wirtschaftskollisionsrecht, Rn. 27 ff.; *Schnyder* in: MüKo-BGB, 5. Aufl. 2010, Internationales Kapitalmarktrecht, Rn. 39 ff.

In methodischer Hinsicht folgt das Wirtschaftskollisionsrecht einem grundlegend anderen Ansatz als das Internationale Privatrecht.[285] Zunächst stehen in der Regel keine allseitigen Kollisionsnormen zur Verfügung, mit welchen vom Sachverhalt her das anwendbare Recht bestimmt wird. Vielmehr muss von der jeweiligen ordnungspolitischen Norm her einseitig ihr internationaler Anwendungsbereich bestimmt werden.[286] Besonders schwierig ist dies, weil ordnungspolitische Normen typischerweise keine ausdrückliche Regelung hinsichtlich ihres territorialen Anwendungsbereichs enthalten.[287] Der über das Inland hinausgehende Anwendungswille muss daher zunächst nach Sinn und Zweck der jeweiligen Norm ermittelt werden, was zu einer weitgehenden Identität kollisionsrechtlicher und materiell-rechtlicher Wertungen führt.[288] Darüber hinaus wird nicht von der Gleichwertigkeit und folglich auch nicht von der Austauschbarkeit ordnungspolitischer Normen verschiedener Staaten ausgegangen, wie dies aber für privatrechtliche Normen grundsätzlich der Fall ist.[289] Dies folgt aus dem Umstand, dass ordnungspolitische Normen primär den Interessen des erlassenden Staates dienen und kein Staat an der Durchsetzung fremdstaatlicher ordnungspolitischer Ziele interessiert ist.[290] In der Folge kann sich bei einer Kollision nicht unbedingt immer nur eine ordnungspolitische Norm durchsetzen, sondern grundsätzlich ist es möglich, dass Normen verschiedener Rechtsordnungen auf einen Sachverhalt angewendet werden wollen; ebenso denkbar ist

---

285 *Kropholler*, Internationales Privatrecht, § 3 II 2. d); nicht von einem Methodenwechsel sprechen möchte *Kronke* AcP 1991, 171 (173), der darauf hinweist, dass auch im IPR die gesetzgeberischen Intentionen Berücksichtigung finden.

286 *Basedow* RabelsZ 52 (1988), 8 (8f.); *Winkelmann*, Aufsicht und anwendbares Recht bei grenzüberschreitenden Unternehmensübernahmen, S. 58f.; *Lehmann* in: MüKo-BGB, 7. Aufl. 2018, Internationales Finanzmarktrecht, Rn. 103.

287 Prominentestes Gegenbeispiel aus dem deutschen Wettbewerbsrecht ist § 185 Abs. 2 GWB, welcher lautet: „*Die Vorschriften des Ersten bis Dritten Teils dieses Gesetzes sind auf alle Wettbewerbsbeschränkungen anzuwenden, die sich im Geltungsbereich dieses Gesetzes auswirken, auch wenn sie außerhalb des Geltungsbereichs dieses Gesetzes veranlasst werden.*“

288 *Mestmäcker/Schweitzer*, Europäisches Wettbewerbsrecht, § 7 Rn. 9.

289 Vgl. *Basedow* RabelsZ 52 (1988), 8 (9); speziell zum Kapitalmarktkollisionsrecht *Schnyder* in: MüKo-BGB, 5. Aufl. 2010, Internationales Kapitalmarktrecht, Rn. 33; kritisch demgegenüber *Siehr* RabelsZ 52 (1988), 41 (88) der auf die großen Unterschiede etwa zum anglo-amerikanischen Privatecht hinweist; siehe ferner *Schurig* RabelsZ 54 (1990), 217 (230).

290 *Herdegen*, Internationales Wirtschaftsrecht, § 3 Rn. 73f.; *Schnyder/Bopp* in: FS Zobl (2004), 391 (397).

es natürlich, dass bei keiner der in Betracht kommenden Normen ein Anwendungswille festgestellt werden kann.[291]

(2) Kritik am Wirtschaftskollisionsrecht aus internationalprivatrechtlicher Sicht

Die Etablierung eines eigenständigen Wirtschaftskollisionsrechts blieb jedoch nicht ohne Kritik. Insbesondere die durch *Mann* vertretene Einheitsanknüpfung oder Schuldstatutstheorie, welche die These aufstellt, dass das durch eine Kollisionsnorm ermittelte Statut sich jeweils *„auf das ausländische Recht [...] in seiner Gesamtheit“*[292], also auch auf Normen ordnungspolitischer Natur erstreckt, stellte die Konzeption der Sonderanknüpfung im Wirtschaftskollisionsrechts in Frage.[293] Auch *Siehr* sprach sich dafür aus, die Anwendbarkeit ordnungspolitischen Rechts der durch das Internationale Privatrecht bestimmten *lex causae* zu entnehmen.[294] Inländische Eingriffsnormen sollen bei abweichender *lex causae* nur noch nach den Grundsätzen des *ordre public* Berücksichtigung finden können.[295] Eine Sonderanknüpfung nach wirtschaftskollisionsrechtlichen Grundsätzen würde folglich im Rahmen der Privatrechtsanwendung nicht mehr stattfinden.[296] Der Einheitsanknüpfung ist aber entgegen zu halten, dass sie keine nachvollziehbare Erklärung für die kollisionsrechtliche Gleichbehandlung völlig unterschiedlicher Normen geben kann. Eine Erklärung wäre indes unbedingt erforderlich, um die für die Berufung grundsätzlich gleichrangiger Normen individualschützender Art geschaffenen Kollisionsnormen des Internationalen

291 Siehe hierzu *Lehmann* in: MüKo-BGB, 7. Aufl. 2018, Internationales Finanzmarktrecht, Rn. 104f., der insoweit von positiven und negativen Gesetzeskonflikten spricht.

292 *Mann* in: FS Wahl (1973), 139 (146).

293 *Mann* in: FS Wahl (1973), 139 (159f.); *Mann* in: FS Beitzke (1979), 607 (614); siehe auch *Spickhoff* in: BeckOK-BGB, 49. Ed. 01.02.2019, Rom I-VO, Art. 9 Rn. 34f.; *Heldrich* in: Palandt, 67. Aufl. 2008, EGBGB, Art. 34 Rn. 3 ff. (ab nachfolgender Auflage nun anders *Thorn* in: Palandt, 78. Aufl. 2019, Rom I-Verordnung, Art. 9 Rn. 15, der insgesamt aber davon ausgeht, dass sich noch kein eigenständiges Wirtschaftskollisionsrecht herausgebildet habe, vgl. *Thorn* in: Palandt, 78. Aufl. 2019, Rom I-Verordnung, Art. 9 Rn. 4); ebenso *Wilken* in: Henssler/Kolbeck/Moritz u. a., Europäische Integration und globaler Wettbewerb, 329 (333).

294 *Siehr* RabelsZ 52 (1988), 41 (76); im Ergebnis ähnlich für das Internationale Kartellrecht *Kegel/Schurig*, Internationales Privatrecht, § 23 V 3.

295 *Mann* in: FS Wahl (1973), 139 (160); ausführlich auch *Mann* in: FS Beitzke (1979), 607 (614 ff.).

296 *Siehr* RabelsZ 52 (1988), 41 (76).

Privatrechts auch auf ordnungspolitische Normen anzuwenden.[297] Schon *Savigny* unterschied nämlich zwischen privatschützenden und politischen Normen und wies auf deren Ungleichartigkeit hin.[298] Auch würde zur Berücksichtigung inländischer Eingriffsnormen der *ordre public*-Grundsatz über Gebühr in Anspruch genommen, was seinem Ausnahmecharakter zuwiderliefe.[299] Unvereinbar wäre diese Herangehensweise zudem mit der seit 2009 geltenden Regelung des Art. 9 Abs. 2 Rom I-Verordnung[300], da hier die Beachtung inländischer Eingriffsnormen auch bei ausländischem Vertragsstatut ausdrücklich angeordnet wird.[301] Wie drittstaatliche Eingriffsnormen, also Normen, welche weder dem Inland noch der *lex causae* entnommen sind, berücksichtigt werden sollen, soweit nicht die *lex causae* auf diese verweist, bleibt nach der Einheitsanknüpfung völlig offen.[302] Schon Art. 7 EVÜ[303] sah hingegen die Anwendung drittstaatlicher Eingriffsnormen vor und auch nach Art. 9 Abs. 3 Rom I-VO ist dies, wenn auch unter Einschränkungen, grundsätzlich möglich.[304] Der *BGH* hat sich inzwischen ebenfalls, zumindest bei inländischen ordnungspolitischen Normen, ausdrücklich für eine Sonderanknüpfung und damit gegen die Einheitsanknüpfung ausgesprochen.[305]

Eine an die Einheitsanknüpfung angelehnte, im Ergebnis jedoch etwas zurückhaltendere Ansicht argumentiert, dass durch eine zunehmende Inanspruchnahme des Privatrechts zur Erreichung ordnungspolitscher Zwecke ein

---

297 Siehe hierzu etwa *Basedow* RabelsZ 52 (1988), 8 (22); *Sonnenberger* in: MüKo-BGB, 5. Aufl. 2010, Einleitung IPR, Rn. 47.

298 Vgl. *Basedow* RabelsZ 52 (1988), 8 (22).

299 *Basedow* RabelsZ 52 (1988), 8 (22f.).

300 Verordnung (EG) Nr. 593/2008 des Europäischen Parlaments und des Rates vom 17. Juni 2008 über das auf vertragliche Schuldverhältnisse anzuwendende Recht, ABl. EG Nr. L 2008/177, 6 (Rom I-Verordnung).

301 *Martiny* in: MüKo-BGB, 7. Aufl. 2018, Rom I-VO, Art. 9 Rn. 37.

302 Dies kritisiert *Sonnenberger* in: MüKo-BGB, 5. Aufl. 2010, Einleitung IPR, Rn. 47; *Basedow* RabelsZ 52 (1988), 8 (22) bezeichnet dies drastisch sogar als „*Geburtsfehler*" der Einheitsanknüpfung.

303 Übereinkommen von Rom über das auf vertragliche Schuldverhältnisse anzuwendende Recht vom 19. Juni 1980, ABl. EG Nr. L 1980/266, 1 (EVÜ).

304 *Martiny* in: MüKo-BGB, 7. Aufl. 2018, Rom I-VO, Art. 9 Rn. 44; auch wenn Art. 7 EVÜ nicht in deutsches Recht umgesetzt wurde, kann der Umstand, dass eine Reglung wie Art. 7 EVÜ in einem internationalen Übereinkommen enthalten ist, wohl als Indiz für die grundsätzliche Berücksichtigungsfähigkeit drittstaatlicher Eingriffsnormen gesehen werden.

305 Siehe etwa *BGH* NJW 2001, 1936 (1937); *BGH* NJW 2003, 2020 (2021).

Gegensatz zwischen klassischem Privatrecht und ordnungspolitischem Wirtschaftsrecht nicht mehr bestehe.[306] In der Folge sei auch der Grundsatz der Nichtgleichwertigkeit bzw. Nichtaustauschbarkeit ordnungspolitischen Rechts aufzugeben, zumindest jedoch insoweit, wie sich in Bezug auf einzelne Fragen des Wirtschaftsrechts ein internationaler Konsens gebildet hat.[307] Eine Sonderanknüpfung in diesem Bereich erscheine daher nicht mehr zwingend.[308] Im Ergebnis stellt diese Ansicht allerdings nichts anderes als eine partielle Rückkehr zur Einheitsanknüpfung dar, die aus den vorangehend bereits dargelegten Gründen mit der herrschenden Meinung abzulehnen ist. Die dogmatischen Schwierigkeiten dieser Ansicht zeigen sich schon darin, dass selbst deren Befürworter sich nicht für eine tatsächliche Aufgabe der Sonderanknüpfung wirtschaftspolitischen Rechts aussprechen, sondern aus *„pragmatischen Gründen"* weiter an der Sonderanknüpfung festhalten wollen, soweit dieses mit individualschützenden Interessen kollidiert.[309] Dieses Vorgehen erscheint jedenfalls inkonsequent. Daher ist auch der Schluss, dass aus der Annäherung von Privat- und Wirtschaftsrecht ein Wegfallen der dogmatischen Grundlage für eine Sonderanknüpfung wirtschaftspolitischer Normen abgeleitet werden kann, nicht überzeugend. Denn die Logik dieser These ließe sich gleichsam ins Gegenteil verkehren: Wenn durch die zunehmende Einflussnahme ordnungspolitischer Steuerungsinteressen das Privatrecht dem ordnungspolitischen Recht immer mehr angeglichen wird, muss dies in der Konsequenz doch eher zu einem Entfallen der Gleichwertigkeit bzw. Austauschbarkeit des Privatrechts als zu einer plötzlichen Gleichwertigkeit ordnungspolitischen Rechts führen. Beide Annahmen sind aber zu weitgehend und daher in ihrer Radikalität abzulehnen.[310]

---

306 *Fezer/Koos* in: Staudinger, Neubearbeitung 2015, Internationales Wirtschaftsrecht, Rn. 25; ähnlich bereits *Siehr* RabelsZ 52 (1988), 41 (76); vgl. auch *Kronke* Rec. des cours 2000, 261 (284 ff.), der den individualschützenden oder ordnungspolitischen Zweck einer Norm als Abgrenzungsmerkmal vor dem Hintergrund sich ändernder gesetzgeberischer Ziele in Frage stellt; krit. hierzu etwa *von Hein* AG 2001, 213 (221).

307 Vgl. *Fezer/Koos* in: Staudinger, Neubearbeitung 2015, Internationales Wirtschaftsrecht, Rn. 29; *Siehr* RabelsZ 52 (1988), 41 (88) stellt bereits die Annahme der grundsätzlichen Gleichwertigkeit privatrechtlicher Bestimmungen in Frage.

308 Vgl. hierzu *Fezer/Koos* in: Staudinger, Neubearbeitung 2015, Internationales Wirtschaftsrecht, Rn. 27.

309 *Fezer/Koos* in: Staudinger, Neubearbeitung 2015, Internationales Wirtschaftsrecht, Rn. 27.

310 Vgl. *Kropholler*, Internationales Privatrecht, § 3 II.

Neben den dogmatischen Bedenken zeigt sich auch aus praktischer Sicht, dass eine klare Unterscheidung zur Vermeidung sachwidriger Ergebnisse zwingend erforderlich ist. Ordnungspolitische Regelungen verkörpern wirtschaftspolitische Ziele und Interessen des jeweils normsetzenden Staates. In aller Regel, wie etwa auch im Bereich des Kapitalmarktrechts, haben Verstöße gegen ordnungspolitische Vorschriften nicht bloß zivilrechtliche Konsequenzen. Im Gegenteil sind häufig aufsichtsrechtliche Sanktionen vorherrschend. Die jeweils zuständige Aufsichtsbehörde würde bei der Ermittlung von Verstößen und der Verhängung von Sanktionen die Anwendbarkeit der in Betracht kommenden ordnungspolitischen Norm jedoch wohl kaum nach Grundsätzen des Internationalen Privatrechts, welches im aufsichtsrechtlichen Bereich selbstverständlich keine Rolle spielt, bestimmen. Würde man nun im Bereich der Privatrechtsanwendung dennoch die Anwendbarkeit ordnungspolitischer Normen, welche etwa bei Fragen der Wirksamkeit eines Vertrags oder des Bestehens eines Unterlassungs- oder Schadensersatzanspruches relevant sein können, nach den Grundsätzen des Internationalen Privatrechts bestimmen, könnte dies zu gravierenden Widersprüchen führen. So wäre es denkbar, dass Unternehmen im haftungsrechtlichen Bereich Vorschriften einer anderen Rechtsordnung unterliegen als dies aufsichtsrechtlich der Fall ist. Möglicherweise wäre nach der haftungsrechtlich relevanten Rechtsordnung ein bestimmtes Verhalten geboten, was nach der aufsichtsrechtlich relevanten Rechtsordnung gerade verboten ist.

Letztlich sollte der Annäherung zwischen Privatrecht und ordnungspolitischem Recht wohl eher differenziert Rechnung getragen werden, indem kollisionsrechtliche Lösungen gefunden werden, welche die unterschiedlichen Ansätze bestmöglich in Einklang bringen.[311] Indes erscheint es schon aufgrund der oben dargestellten, grundlegenden konzeptionellen Unterschiede, insbesondere der Nichtaustauschbarkeit und der Instrumentalisierung ordnungspolitischen Rechts zur Durchsetzung nationaler Regelungsinteressen, nicht sachgerecht, individualschützende und ordnungspolitische Normen „in einen kollisionsrechtlichen Topf" zu werfen.[312]

Im Ergebnis bleibt es daher bei der inzwischen wohl überwiegend anerkannten Zweigleisigkeit des Kollisionsrechts und somit bei der Sonderanknüpfung ordnungspolitischer Normen nach den Grundsätzen des Wirtschaftskollisionsrechts.

---

311 Diese Aufgabe stellt sich auch im Rahmen der Lösung der in dieser Arbeit untersuchten Frage des auf Kapitalmarktinformationshaftungsansprüche anwendbaren Rechts.

312 So im Ergebnis auch *Basedow* RabelsZ 52 (1988), 8 (22).

(3) Verhältnis zwischen Internationalem Privatrecht und Wirtschaftskollisionsrecht – Versuch einer Grenzziehung

Da in wirtschaftsrechtlichen Sachverhalten häufig sowohl privatrechtliche als auch ordnungspolitisch motivierte Normen eine Rolle spielen, stellt sich die Frage, wie die Anwendungsbereiche von Wirtschaftskollisionsrecht und Internationalem Privatrecht voneinander abzugrenzen sind. Beide Rechtsgebiete sind faktisch eng miteinander verwoben, weshalb eine klare Grenzziehung naturgemäß schwer fallen muss.[313]

Aber auch die konzeptionellen Unterschiede führen zu Schwierigkeiten im Verhältnis zwischen Internationalem Privat- und Wirtschaftskollisionsrecht, insbesondere wenn innerhalb eines grundsätzlich privatrechtlichen Sachverhalts die Frage nach dem Anwendungsbereich ordnungspolitischer Normen, welche in diesen hineinwirken, beantwortet werden muss.[314] Damit eine eindeutige und vorhersehbare Beurteilung des Rechtsverhältnisses vorgenommen werden kann, muss auf eine im Ursprung dem Internationalen Wirtschaftsrecht (und damit dem Internationalen Öffentlichen Recht) zuzuordnende Fragestellung eine Antwort gefunden werden, die im Ergebnis den Maßstäben internationalprivatrechtlicher Rechtsanwendung gerecht wird.[315] In der Folge sind zahlreiche Kompatibilitätskonflikte denkbar. Wie soll sich ein Emittent verhalten, wenn beispielsweise nach dem Kapitalmarktrecht des Staates A die Veröffentlichung einer Information zwingend vorgeschrieben, nach dem Kapitalmarktrecht des Staates B jedoch untersagt ist?[316] Und wie ist dieser Fall zu bewerten, wenn ein Anleger in der unterlassenen oder vorgenommenen Publizierung der Information eine Pflichtverletzung erblickt und zivilrechtliche Schadensersatzansprüche geltend macht? Darüber hinaus ist es möglich, dass alle in Betracht kommenden Rechtsordnungen die Anwendung ihrer ordnungspolitischen Normen auf einen

---

313 In diesem Sinne auch *Lehmann* in: MüKo-BGB, 7. Aufl. 2018, Internationales Finanzmarktrecht, Rn. 178; *von Hein* AG 2001, 213 (220); *Herdegen,* Internationales Wirtschaftsrecht, § 3 Rn. 51; zum Ganzen auch *Winkelmann,* Aufsicht und anwendbares Recht bei grenzüberschreitenden Unternehmensübernahmen, S. 56 ff.

314 Zutreffend *Schneider* AG 2001, 269 (273f.); mit Verweis auf mehrere konkrete Beispiele auch *Schnyder* in: FS Buxbaum (2000), 515 (520).

315 Auf diesen Gegensatz weist auch *Siehr* RabelsZ 52 (1988), 41 (90) hin, der hier die „*introvertierte Unilateralität*" des Internationalen Öffentlichen Rechts hervorhebt.

316 Einen solchen Fall beschreibt *Schneider* AG 2001, 269 (272 ff.); vgl. auch *Kronke* Rec. des cours 2000, 261 (286).

bestimmten Sachverhalt ablehnen und so ein sogenanntes Normenvakuum entsteht.[317] Dieses könnten Wirtschaftsteilnehmer in ihrem Interesse ausnutzen.

Viele Detailfragen sind hier noch nicht zufriedenstellend erschlossen.[318] Dennoch soll der Versuch unternommen werden, eine für die Zwecke der hier vorliegenden Fragestellung arbeitsfähige Abgrenzung vorzunehmen. Dies ist alleine deshalb erforderlich, um aus praktischer Sicht dem Anwendungsbereich des europäischen Internationalen Privatrechts, welcher im Bereich der vertraglichen und außervertraglichen Schuldverhältnisse auf Zivil- und Handelssachen beschränkt ist, Rechnung zu tragen.[319] Grundsätzlicher gemeinsamer Ausgangspunkt des Wirtschaftskollisionsrechts und des Internationalen Privatrechts ist die Bestimmung der grenzüberschreitenden Anwendbarkeit einer Norm. Die Heranziehung der Begriffe Öffentliches Recht und Privatrecht zur Bestimmung der Anwendungsbereiche von Wirtschaftskollisionsrecht und Internationalem Privatrecht wird jedoch zu Recht als ungeeignet kritisiert, da diese Begriffe in den nationalen Rechtsordnungen unterschiedlich verstanden werden oder zum Teil sogar unbekannt sind.[320] Richtigerweise ist daher nach Sinn und Zweck der Norm zu differenzieren, also danach, ob eine Norm individuellen Interessen dient oder ob sie gleichzeitig bzw. sogar vorrangig gesamtstaatlichen bzw. gesellschaftlichen und damit ordnungspolitischen Interessen dient.[321] Die grenzüberschreitende Anwendbarkeit privatrechtlicher, also individualschützender Normen bestimmen die Verweisungsregeln des klassischen Internationalen Privatrechts, welche zusammen genommen eine eigene Kollisionsrechtsordnung mit in der Regel allseitigen Verweisungsnormen darstellen.

---

317 Vgl. *Kiel,* Internationales Kapitalanlegerschutzrecht, S. 207f.

318 Hierauf weist auch *Göthel* IPRax 2001, 411 (411) hin.

319 So zu Recht *Lehmann* in: MüKo-BGB, 7. Aufl. 2018, Internationales Finanzmarktrecht, Rn. 180.

320 Vgl. *Drobnig* RabelsZ 52 (1988), 1 (3); *Kronke* Rec. des cours 2000, 261 (280) ebenso *Schnyder,* Wirtschaftskollisionsrecht, Rn. 44 ff.; dem zustimmend *Kronke* AcP 1991, 171 (172); siehe auch *Göthel* IPRax 2001, 411 (414).

321 *Göthel* IPRax 2001, 411 (414); *Sonnenberger* in: MüKo-BGB, 5. Aufl. 2010, Einleitung IPR, Rn. 35; *Winkelmann,* Aufsicht und anwendbares Recht bei grenzüberschreitenden Unternehmensübernahmen, S. 61; krit. zu dieser Abgrenzung *Habermeier,* Neue Wege zum Wirtschaftskollisionsrecht, S. 112 ff., insb. S. 115; einen gänzlich anderen Ansatz wählt *Benzenberg,* Die Behandlung ausländischer Eingriffsnormen im Internationalen Privatrecht, S. 52 ff., die für die Abgrenzung stattdessen auf die aus dem materiellen öffentlichen Recht bekannte modifizierte Subjektstheorie zurückgreifen möchte.

c) *Fazit*

Die sich aus dem Verhältnis zwischen Internationalem Privatrecht und Wirtschaftskollisionsrecht ergebenden Problemkreise sind zum Teil noch ungeklärt und können im Rahmen der vorliegenden Arbeit nicht vollumfänglich gelöst werden.[322] Als Ausgangspunkt lässt sich aber für die Zwecke der vorliegenden Fragestellung mit der wohl herrschenden Meinung grundsätzlich annehmen, dass die internationale Reichweite der in Betracht kommenden ordnungspolitischen Normen nach den einseitigen Prinzipien des Wirtschaftskollisionsrechts, die anwendbaren individualschützenden Normen hingegen nach den allgemeinen Grundsätzen des Internationalen Privatrechts zu bestimmen ist.[323] Zur Abgrenzung der Anwendungsbereiche von Wirtschaftskollisionsrecht und Internationalem Privatrecht ist also danach zu fragen, ob die jeweilige Norm primär gesamtgesellschaftlichen bzw. ordnungspolitischen Interessen dient oder ob individuelle Interessen im Vordergrund stehen.

4. Bestimmung der internationalen Reichweite von Kapitalmarktrecht

a) *Rechtsnatur kapitalmarktrechtlicher Normen*

(1) *Grundsatz*

Die Anwendung der vorangehend erarbeiteten Abgrenzung auf kapitalmarktrechtliche Normen weist einige Besonderheiten auf. Denn die Rechtsnatur entsprechender Vorschriften ist nicht immer einfach zu bestimmen. Dies ist dem Umstand geschuldet, dass das Kapitalmarktrecht regelmäßig weder ausschließlich individualschützender noch ausschließlich ordnungspolitischer Natur ist.[324] Zur Einordung ist daher die primäre Eigenart einer

---

322 Siehe zu Konvergenzen zwischen Wirtschaftskollisionsrecht und Internationalem Privatrecht etwa *von Hein* AG 2001, 213 (220 ff.) m. w. Nachw.

323 Zu diesem Ergebnis kommt auch *Göthel* IPRax 2001, 411 (415f.); ebenso *Schnyder/Bopp* in: FS Zobl (2004), 391 (394); *Corneloup* in: Nuyts/Hatzimihail, Cross-border class actions, 291 (296).

324 *Göthel* IPRax 2001, 411 (415); *Schnyder/Bopp* in: FS Zobl (2004), 391 (395); *Merkt* in: Fassbender/Wendehorst/Wet u. a., Paradigmen im internationalen Recht, 283 (284); *Floer,* Internationale Reichweite der Prospekthaftung, S. 137; *Lehmann* in: MüKo-BGB, 7. Aufl. 2018, Internationales Finanzmarktrecht, Rn. 177f.; plastisch spricht *Kronke* AcP 1991, 171 (172) in diesem Zusammenhang von „*januskopfige[n] Normen*"; vgl. zu den Zielen des Kapitalmarktrechts bereits oben Abschnitt II.C.1.

kapitalmarktrechtlichen Norm im Einzelfall unter Abwägung ihrer Zielsetzungen zu bestimmen.[325] Hier kann es freilich bei einzelnen Normen zu Abgrenzungsschwierigkeiten kommen.

Grundsätzlich lässt sich aber sagen, dass der weit überwiegende Teil kapitalmarktrechtlicher Regelungen primär marktschützende und damit ordnungspolitische Interessen verfolgt, weshalb wohl davon ausgegangen werden kann, dass der Großteil der kapitalmarktrechtlichen Normen ordnungspolitischer Natur ist.[326] Denn Stoßrichtung dieser Normen ist weit überwiegend die Schaffung und Aufrechterhaltung der Kapitalmarktordnung, wohingegen der stets mitverwirklichte Anlegerschutz regelmäßig auf eine bloße Reflexwirkung beschränkt ist. In jedem Fall gilt dies für die im Rahmen der Kapitalmarktinformationshaftung relevanten Publizitätspflichten, welche jedenfalls primär marktschützenden bzw. ordnungspolitischen Interessen dienen und damit Teil des aufsichtsrechtlichen Kapitalmarktrechts sind.[327]

Diese grundsätzlichen Feststellungen ersparen aber keinesfalls eine eingehende Untersuchung jeder anzuwendenden kapitalmarktrechtlichen Norm im Einzelfall, um gesetzessystematisch im Kapitalmarktrecht enthaltene Regelungen individualschützender Natur nicht zu übersehen.[328]

---

325 So auch *Kronke* Rec. des cours 2000, 261 (285): „*Therefore, every time a regulator or a judge is called upon to evaluate a provision of capital markets law, careful analysis is needed to ascertain the degree of publicness or privatness and hence the possibility to true and neutral choice of the applicable law.*"

326 Vgl. zu den Zielen des Kapitalmarktrechts bereits oben Abschnitt II.C.1.; so im Ergebnis auch *Floer*, Internationale Reichweite der Prospekthaftung, S. 136; *Schnyder/Bopp* in: FS Zobl (2004), 391 (393); *Winkelmann*, Aufsicht und anwendbares Recht bei grenzüberschreitenden Unternehmensübernahmen, S. 59f.; als Beispiel kapitalmarktrechtlicher Normen, welche vorrangig dem Schutz der Anleger dienen und damit individualschützender Natur sind, werden etwa Verhaltenspflichten von Wertpapierdienstleistungsunternehmen gegenüber ihren Kunden genannt, vgl. *Göthel* IPRax 2001, 411 (415).

327 Vgl. *Einsele* ZEuP 2012, 23 (24); *Göthel* IPRax 2001, 411 (418); *Benicke* in: FS Jayme (2004), 25 (28); *Corneloup* in: Nuyts/Hatzimihail, Cross-border class actions, 291 (296); auch *von Hein* in: Baum/Fleckner/Hellgardt u. a., Perspektiven des Wirtschaftsrechts, 371 (387) stellt bezüglich der Anwendbarkeit der Prospektpflicht fest, dass diese nach der Prospekt-RL oder dem nationalen Gesetz zu bestimmen sei und nicht durch das Internationale Privatrecht (Rom II-Verordnung); so im Ergebnis auch *Hellgardt/Ringe* ZHR 2009, 802 (811).

328 So zu Recht *Göthel* IPRax 2001, 411 (415).

(2) Sonderfall: Spezialgesetzliche Haftungstatbestände

Einer eingehenderen Untersuchung bedürfen etwa Normen, welche für die Verletzung kapitalmarktrechtlicher Vorschriften individuelle zivilrechtliche Schadensersatzansprüche gewähren. Als Beispiele sind hier etwa die Haftung für fehlerhafte oder unterlassene Ad-hoc-Mitteilungen in §§ 97, 98 WpHG (§§ 37b, 37c WpHG a.F.) bzw. die Prospekthaftung in §§ 21, 22, und 24 WpPG aus dem deutschen Recht oder die in Sec. 90A i.V.m. Schedule 10A FSMA 2000 geregelte issuer liability aus dem britischen Recht zu nennen. Vor dem Hintergrund der individuellen Anspruchsgewährung stellt sich bei der Bestimmung der internationalen Reichweite bzw. Anwendbarkeit die grundsätzliche Frage, ob solche Vorschriften dennoch dem Kapitalmarktrecht oder nicht treffender dem allgemeinen zivilrechtlichen Haftungsrecht zuzuordnen sind. Letztlich ist auch hier eine Abwägung dahingehend vorzunehmen, ob individualschützende oder marktschützende Zwecke der Ansprüche höher zu gewichten sind.

Für den marktschützenden Charakter solcher Vorschriften könnte zunächst die unmittelbare Anknüpfung des Haftungstatbestands an die jeweilige Publizitätspflicht sprechen. Publizitätspflichten dienen jedenfalls primär dem Marktschutz und sind damit ordnungspolitischer Natur.[329] Da die zivilrechtlichen Haftungsnormen jedenfalls auch dazu geeignet sind, die Einhaltung der kapitalmarktrechtlichen Publizitätspflichten zu fördern, kommt ihnen eine aus Sicht der Emittenten abschreckende und insoweit marktschützende Wirkung zu.[330] Hieraus wird vereinzelt geschlossen, dass der gleichfalls verwirklichte Individualschutz im Ergebnis zurücksteht und die Haftung primär der Funktionsfähigkeit des Kapitalmarkts dient.[331] Dies kann indes nicht

---

329 *Möllers/Leisch* in: Kölner Kommentar zum WpHG, 2. Aufl. 2014, WpHG, §§ 37b, 37c Rn. 7, vgl. auch *Sonnenberger* in: MüKo-BGB, 5. Aufl. 2010, Einleitung IPR, Rn. 69.

330 Vgl. *Hellgardt* in: Assmann/Schneider/Mülbert, 7. Aufl. 2019, WpHG, § 97 Rn. 39 ff.; *Zimmer/Kruse* in: Kapitalmarktrechts-Kommentar, 4. Aufl. 2010, WpHG, § 15 Rn. 8.

331 So zu Ansprüchen aus §§ 97, 98 WpHG (§§ 37b, 37c WpHG a.F.) im Ergebnis etwa *OLG Frankfurt a.M.*, Beschluss v. 5.8.2010, NZG 2011, 32, welches den Ort des Verletzungserfolgs am Ort des betroffenen Marktes und nicht am Belegenheitsort des Anlegervermögens lokalisiert; zustimmend führt *Mankowski* EWiR 2010, 725 (726) hierzu aus: *„Der Individualschutz ist im Kern nur Instrument, um Anreize zur Verwirklichung des institutionellen Schutzes zu setzen. […] Der institutionelle Marktschutz ist der primäre Schutzzweck und definiert damit das primäre Schutzgut.*"; ebenso *Zimmer/Grotheer* in: Kapitalmarktrechts-Kommentar, 4. Aufl. 2010, WpHG, § 37c Rn. 5, welche das abstrakte und nicht etwa das individualisierte Anlegervertrauen als Schutzgut definieren; krit. gegenüber dieser Argumentation *von Hein* in: Fassbender/Wendehorst/Wet u. a., Paradigmen im internationalen Recht, 369 (399 ff.).

überzeugen.[332] Zunächst kann nicht darüber hinweg gegangen werden, dass unmittelbare Rechtsfolge solcher Normen unzweifelhaft ein zivilrechtlicher Schadensersatzanspruch des einzelnen Anlegers ist.[333] Ein bloßer Marktschutz hingegen könnte auch durch ausschließlich aufsichts- bzw. strafrechtliche Sanktionen erreicht werden. Die systematische Stellung spezifisch kapitalmarktrechtlicher Haftungstatbestände in Kapitalmarktgesetzen darf daher nicht über die klare Intention des Gesetzgebers, einzelnen Anlegern einen individuellen Schadensersatzanspruch zu gewähren, hinwegtäuschen.[334] Diese Annahme wird zudem auch dadurch bestätigt, dass in Art. 1 Marktmissbrauchs-VO nunmehr neben der Integrität der Finanzmärkte ausdrücklich auch der Anlegerschutz sowie das Vertrauen der Anleger in die Märkte als Zielbestimmungen des Marktmissbrauchsrechts genannt werden.[335] Außerdem können Schadensersatzansprüche einzelner Anleger auch auf allgemein zivilrechtliche Haftungsnormen gestützt werden[336], deren primärer Zweck zweifelsohne der Schutz individueller Interessen ist und welche daher unzweifelhaft nach den allgemeinen Grundsätzen des Internationalen Privatrechts anzuknüpfen sind.[337] Eine unterschiedliche

---

332 So auch *Fuchs* in: Fuchs, 2. Aufl. 2016, WpHG, §§ 37b, 37c Rn. 4; *Maier-Reimer/Seulen* in: Habersack/Mülbert/Schlitt, Handbuch der Kapitalmarktinformation, § 30 Rn. 56; *Möllers/Leisch* in: Kölner Kommentar zum WpHG, 2. Aufl. 2014, WpHG, §§ 37b, 37c Rn. 9f.

333 *Wendelstein* GPR 2016, 140 (141); *Möllers/Leisch* in: Kölner Kommentar zum WpHG, 2. Aufl. 2014, WpHG, §§ 37b, 37c Rn. 10 bezeichnen es vor diesem Hintergrund als ein „*Gebot zwingender Logik*", die Frage nach dem individualschützenden Charakter der §§ 37b, 37c WpHG a.F. (jetzt §§ 97, 98 WpHG) zu bejahen.

334 Vgl. etwa die Gesetzesbegründung zu §§ 37b, 37c WpHG a.F., welche zum Zweck der Vorschriften ausführt: „*Der neue Abschnitt 7 (§§ 37b und 37c) schafft zwei Anspruchsgrundlagen für Anleger, die durch die unterlassene oder verspätete Veröffentlichung oder die unrichtige Behauptung potentiell kurserheblicher Tatsachen durch den Emittenten bei ihren Wertpapiergeschäften einen Schaden erlitten haben. Die neuen Vorschriften sind erforderlich, da einerseits Anleger bei der unterlassenen oder verspäteten Veröffentlichung oder der unrichtigen Behauptung solcher Tatsachen bislang nur unzureichend geschützt sind und andererseits das Publizitätsverhalten einiger börsennotierter Unternehmen insoweit starke Mängel aufweist.*", BT-Drs. 14/8017, S. 93.

335 Vgl. hierzu *Poelzig* NZG 2016, 492 (501).

336 Als Beispiele sind etwa die vorsätzliche sittenwidrige Schädigung nach § 826 BGB oder die bürgerlich-rechtliche Prospekthaftung nach den Grundsätzen der *culpa in contrahendo* zu nennen.

337 *von Hein* in: Fassbender/Wendehorst/Wet u. a., Paradigmen im internationalen Recht, 369 (410); ebenso *Schnyder* in: MüKo-BGB, 5. Aufl. 2010, Internationales Kapitalmarktrecht, Rn. 156.

kollisionsrechtliche Behandlung abhängig davon, ob es sich um einen spezifisch kapitalmarktrechtlichen oder allgemein zivilrechtlichen Haftungstatbestand handelt, erscheint nicht sachgerecht.[338]

Im Vordergrund steht daher der Individualschutz, weshalb es sich auch bei spezifisch kapitalmarktrechtlichen Haftungsnormen unabhängig vom gesetzessystematischen Standort im Ergebnis um einen Teil des zivilrechtlichen Haftungsrechts handelt. Die grenzüberschreitende Anwendbarkeit solcher Vorschriften wird daher nach den allgemeinen Grundsätzen des Internationalen Privatrechts bestimmt.[339]

b) Internationale Reichweite kapitalmarktrechtlicher Normen

(1) Allgemein

Soweit durch Feststellung eines ordnungspolitischen Charakters die Zuordnung einer Kapitalmarktnorm in das einseitige Prinzip des Wirtschaftskollisionsrechts vorgenommen ist, ist unter Zugrundelegung der Maßstäbe juristischer Methodenlehre nach dem Anwendungswillen der Vorschrift zu fragen.[340] Es ist also von der Norm her deren internationale Reichweite zu bestimmen. In seltenen Fällen kann diese sich bereits aus dem Wortlaut, häufiger aber aus Historie, Systematik sowie Sinn und Zweck der Norm ergeben.

---

338 A.A. offenbar *Schnyder*, der einerseits annimmt, dass die §§ 37b, 37c WpHG a.F. (jetzt §§ 97, 98 WpHG) ihren extraterritorialen Anwendungsbereich unabhängig vom Internationalen Privatrecht einseitig selbst bestimmen (*Schnyder* in: MüKo-BGB, 5. Aufl. 2010, Internationales Kapitalmarktrecht, Rn. 153 ff.), aber andererseits „*[n]icht in Kapitalmarkterlassen normiertes Haftungsrecht*“ nach allgemeinem Internationalen Privatrecht anknüpfen möchte (*Schnyder* in: MüKo-BGB, 5. Aufl. 2010, Internationales Kapitalmarktrecht, Rn. 156).

339 So im Ergebnis auch *Sonnenberger* in: MüKo-BGB, 5. Aufl. 2010, Einleitung IPR, Rn. 66; *von Hein* in: Fassbender/Wendehorst/Wet u. a., Paradigmen im internationalen Recht, 369 (410); ebenso hinsichtlich der §§ 37b, 37c WpHG a.F. (jetzt §§ 97, 98 WpHG) *Maier-Reimer/Seulen* in: Habersack/Mülbert/Schlitt, Handbuch der Kapitalmarktinformation, § 30 Rn. 44; *LG Stuttgart*, Vorlagebeschluss v. 28.02.2017 – 22 AR 1/17 Kap, Rz. 138; für die im britischen Recht in Sec. 90A i.V.m. Schedule 10A FSMA 2000 geregelte issuer liability *Davies* CMLJ 2010, 443 (451); aus Sicht des Internationalen Zivilverfahrensrechts auch *Wendelstein* GPR 2016, 140 (141); anders bezüglich der britischen issuer liability aber offenbar *Gerner-Beuerle* RTDF 2011, 67 (69).

340 *Göthel* IPRax 2001, 411 (416f.); *Lehmann* in: MüKo-BGB, 7. Aufl. 2018, Internationales Finanzmarktrecht, Rn. 101, 103; *Steinrötter*, Beschränkte Rechtswahl im Internationalen Kapitalmarktprivatrecht und akzessorische Anknüpfung an das Kapitalmarktordnungsstatut, S. 63; *Einsele* ZEuP 2012, 23 (24).

(2) *Rechtliche Besonderheiten für Publizitätsvorschriften innerhalb der EU/ des EWR*

Eine Besonderheit ergibt sich aber für die Publizitätsvorschriften der Mitgliedstaaten bzw. Staaten des EWR. Zunächst sind die Publizitätsanforderungen, wie bereits eingehend dargestellt[341], mindestharmonisiert, womit in allen Mitgliedstaaten zumindest die gleichen Mindeststandards für Veröffentlichungen gelten. Hierdurch wurde eine jedenfalls nach unten hin begrenzte Gleichwertigkeit der mitgliedstaatlichen Publizitätsvorschriften hergestellt und so die Voraussetzung für die gegenseitige Anerkennung der jeweiligen Vorschriften geschaffen. Folge der Gleichwertigkeit der Publizitätsvorschriften aller Mitgliedstaaten ist, dass nicht jeder Mitgliedstaat zwingend seine eigenen Vorschriften angewendet wissen will, sondern es zum Schutz des Kapitalmarkts bereits ausreichend ist, wenn die Vorschriften eines anderen Mitgliedstaates greifen. Entsprechend konnte der europäische Gesetzgeber im Zuge der Harmonisierung der kapitalmarktrechtlichen Publizitätspflichten das Herkunftslandprinzip einführen.[342]

Für die Prospektpflicht äußert sich dieses insbesondere in der Einführung des sogenannten europäischen Passes. Diesem zugrunde liegt die Pflicht der Mitgliedstaaten, einen einmal in einem anderen Mitgliedstaat genehmigten Prospekt auch für die Börsenzulassung oder das öffentliche Angebot im Inland anzuerkennen.[343] In der Folge kann ein Emittent seine Wertpapiere mit einem einmal genehmigten Prospekt EU-weit anbieten, ohne in anderen Mitgliedstaaten ein erneutes Genehmigungsverfahren durchlaufen zu müssen. Durch die gegenseitige Anerkennungspflicht unterliegt der Emittent im Ergebnis nur den Prospektvorschriften seines Sitzstaates.[344] Das Herkunftslandprinzip gilt aber auch für die sonstigen kapitalmarktrechtlichen Publizitätspflichten auf dem Primär- und Sekundärmarkt.[345]

Im Ergebnis hat ein Emittent innerhalb der EU damit auch bei Tätigkeit in anderen Mitgliedstaaten regelmäßig nur die Publizitätsvorschriften seines Sitzstaates einzuhalten.[346] Der europäische Gesetzgeber rechtfertigt die Einführung dieses Anerkennungsregimes damit, dass der Herkunftsmitgliedstaat am besten

---

341 Siehe oben Abschnitt II.D.

342 Vgl. *Hellgardt/Ringe* ZHR 2009, 802 (811); für die Prospektpflicht *Einsele* ZEuP 2012, 23 (26).

343 Vgl. *Schnyder* in: MüKo-BGB, 5. Aufl. 2010, Internationales Kapitalmarktrecht, Rn. 81 ff.

344 Dies ergibt sich aus Art. 13 Abs. 1 i.V.m. Art. 2 Abs. 1 lit. m) Ziff. i) Prospekt-RL.

345 Vgl. *Hellgardt/Ringe* ZHR 2009, 802 (811).

346 *Hellgardt/Ringe* ZHR 2009, 802 (811).

geeignet ist, die Einhaltung der Publizitätsvorschriften zu überwachen. Dies kommt etwa in Erwägungsgrund (14) der Prospekt-RL zum Ausdruck: „*Die in der gesamten Gemeinschaft gültige Einmalzulassung von Emittenten und die Anwendung des Herkunftslandprinzips erfordern die eindeutige Bestimmung des Herkunftsmitgliedstaats als der Staat, der am besten in der Lage ist, den Emittenten im Sinne dieser Richtlinie zu regulieren.*“

Diese besondere rechtliche Situation hat unmittelbare Auswirkung auf die Bestimmung der internationalen Reichweite der europäischen Publizitätsvorschriften. Innerhalb der EU/des EWR ist die Anwendbarkeit kapitalmarktrechtlicher Publizitätspflichten an den Herkunftsmitgliedstaat, regelmäßig also an den Sitz des Emittenten gebunden. Hierdurch wird verhindert, dass mehrere mitgliedstaatliche Publizitätsvorschriften Geltung für ein und denselben internationalen Sachverhalt beanspruchen. In Bezug auf die maßgeblichen Publizitätsvorschriften sorgt dies für Rechtssicherheit und Vorhersehbarkeit sowohl für Emittenten als auch für Anleger. Kommt hingegen auch die Anwendbarkeit drittstaatlicher Publizitätsvorschriften in Betracht, gelten diesbezüglich die allgemeinen Ausführungen.

D. Internationales Privatrecht und Kapitalmarktrecht – Möglichkeiten der Anwendung und Berücksichtigung von Kapitalmarktrecht in grenzüberschreitenden privatrechtlichen Rechtsbeziehungen

1. Allgemein

Bisher wurden die sich aus grenzüberschreitenden Kapitalmarktsachverhalten ergebenden Problematiken lediglich einseitig aus der Sicht des Internationalen Kapitalmarktrechts dargestellt. Ein anderer Blickwinkel ergibt sich aber, wenn die internationale Anwendbarkeit von Kapitalmarktnormen im Privatrecht in Frage steht, die Anwendungsfrage des Kapitalmarktrechts also in das Internationale Privatrecht eingebettet ist.[347] Anwendungsfall hierfür sind auch Kapitalmarktinformationshaftungsansprüche, denn neben der internationalprivatrechtlichen Bestimmung des anwendbaren Haftungsrechts muss auch die anwendbare kapitalmarktrechtliche Publizitätspflicht, welche möglicherweise verletzt wurde, ermittelt werden.[348] In der Folge geht es im Falle der Einschlägigkeit ausländischer

---

347 So bereits *Göthel* IPRax 2001, 411 (416).

348 Treffend *Pfeiffer* IPRax 2003, 233 (234): „*Die Geltung des deutschen Deliktsstatuts erspart deshalb nicht die Prüfung des kollisionsrechtlichen Anwendungswillens der jeweiligen kapitalmarktrechtlichen Schutznorm.*“

Publizitätsvorschriften auch um die Anerkennung der privatrechtlichen Folgen ausländischen öffentlichen bzw. ordnungspolitischen Rechts. *Kropholler* spricht diesbezüglich treffend von *„privatrechtlicher Reflexwirkung [...] bei der Prüfung eines zivilrechtlichen Anspruchs“*.[349]

Bereits im Ausgangspunkt muss man sich allerdings vergegenwärtigen, dass völlig unabhängig von der konkreten Art und vom konkreten Umfang der Anwendung bzw. Berücksichtigung von Kapitalmarktnormen im Internationalen Privatrecht das schlussendliche Ergebnis einer solchen Einbeziehung nie sein kann, dass das Internationale Privatrecht Kapitalmarktnormen für anwendbar erklärt, welche selbst für den konkreten Fall keinen internationalen Anwendungswillen haben. Die Bestimmung der internationalen Reichweite muss – nach den dargestellten Grundsätzen – dem Internationalen Kapitalmarktrecht vorbehalten bleiben. Würde man davon ausgehen, dass innerhalb von Privatrechtsverhältnissen das Internationale Privatrecht die internationale Anwendbarkeit von Kapitalmarktnormen gewissermaßen mitbestimmt, hätte dies erhebliche Wertungswidersprüche zur Konsequenz. Der Emittent unterläge dann im Zivilprozess Kapitalmarktnormen, beispielsweise besonderen Publizitätsvorschriften, denen er aus aufsichtsrechtlicher Sicht, also etwa aus Sicht der zuständigen Behörden, nicht unterfällt. Die kapitalmarktrechtlichen Rahmenbedingungen für das Handeln von Emittenten müssen aber unmittelbar dem Kapitalmarktrecht zu entnehmen sein. Einer Norm, die für den konkreten Sachverhalt keinen internationalen Anwendungswillen hat, kann ein solcher daher nicht durch das Internationale Privatrecht aufgezwungen werden. Folglich ist – wie im Wirtschaftskollisionsrecht üblich –die Kapitalmarktnorm hinsichtlich ihrer internationalen Anwendbarkeit stets selbst zu befragen.[350] Das Internationale Privatrecht kann nicht den internationalen Anwendungsbereich von öffentlich-rechtlichen bzw. ordnungspolitischen Kapitalmarktnormen bestimmen.[351] Bei der Frage der Einbeziehung von Kapitalmarktrecht in Privatrechtsverhältnisse geht es daher letztlich darum, die rechtlichen Folgen der – aus Sicht des Internationalen Kapitalmarktrechts anwendbaren – Kapitalmarktnormen sachgerecht abzubilden. Steht das internationalprivatrechtliche Einfallstor fest, ist in

349 *Kropholler,* Internationales Privatrecht, § 52 X.

350 *Göthel* IPRax 2001, 411 (417); aus Sicht des Wettbewerbsrechts auch *Mankowski* in: MüKo-LauterkeitsR, 2. Aufl. 2014, Internationales Wettbewerbs- und Wettbewerbsverfahrensrecht, Rn. 279, 287.

351 So im Ergebnis auch *von Hein* in: Baum/Fleckner/Hellgardt u. a., Perspektiven des Wirtschaftsrechts, 371 (387); *Schnyder/Bopp* in: FS Zobl (2004), 391 (394).

einem zweiten Schritt der kollisionsrechtliche Anwendungswille der jeweiligen Kapitalmarktnorm zu ermitteln.[352]

Aus internationalprivatrechtlicher Sicht wird diese insbesondere im Internationalen Wirtschaftsrecht auftretende Problematik häufig unter dem Terminus „*Eingriffsrecht*“ behandelt.[353] Für die Fragestellung dieser Arbeit muss jedoch auch grundsätzlich geklärt werden, ob überhaupt und wenn ja, wie Publizitätspflichten aus der Sicht des Internationalen Privatrechts anzuwenden bzw. zu berücksichtigen sind. Hierzu sollen nachfolgend die verschiedenen Möglichkeiten, welche sich für eine solche Anwendung oder Berücksichtigung im Rahmen eines Privatrechtsverhältnisses ergeben, dargestellt werden. Inwiefern sich das anwendbare Haftungsrecht und das anwendbare Kapitalmarktrecht aus kollisionsrechtlicher Sicht gegenseitig bedingen oder voneinander abhängen, wird allerdings erst an späterer Stelle der Arbeit zu klären sein.[354] Besonders einzugehen sein wird auch auf die Berücksichtigung bzw. Anwendung ausländischen Kapitalmarktrechts, da sich hier gesondert zu betrachtende Probleme ergeben. In vielfältiger Weise kann hierbei auch auf Literatur aus anderen Bereichen ordnungspolitischen Rechts, wie etwa dem Kartell- oder Lauterkeitsrecht, zurückgegriffen werden, in denen sich die Problematik entsprechend stellt.

2. Anwendung und Berücksichtigung von Kapitalmarktnormen im Rahmen privatrechtlicher Haftungsansprüche

a) *Problemstellung*

Letztlich bestehen zwei prinzipielle Möglichkeiten, den anwendbaren Kapitalmarktnormen im Privatrechtsverhältnis Geltung zu verschaffen, was bereits in den in der Überschrift dieses Abschnitts verwendeten Begriffen – *Anwendung* und *Berücksichtigung* – zum Ausdruck kommt.

- Eine *Anwendung* von kapitalmarktrechtlichen Vorschriften im Rahmen der Prüfung eines zivilrechtlichen Anspruchs setzt bereits terminologisch voraus, dass die entsprechenden Normen zur Anwendung berufen, also nach den

352 Vgl. *Pfeiffer* IPRax 2003, 233 (234); *Göthel* IPRax 2001, 411 (417f.); für das Wettbewerbsrecht *Mankowski* in: MüKo-LauterkeitsR, 2. Aufl. 2014, Internationales Wettbewerbs- und Wettbewerbsverfahrensrecht, Rn. 279, 287; siehe auch *Sonnenberger* in: MüKo-BGB, 5. Aufl. 2010, Einleitung IPR, Rn. 60.

353 *Lehmann* in: MüKo-BGB, 7. Aufl. 2018, Internationales Finanzmarktrecht, Rn. 185; *Göthel* IPRax 2001, 411 (416f.); *Siehr* RabelsZ 52 (1988), 41 (41f.).

354 Siehe hierzu unten Abschnitt IV.D.2.c).

für sie geltenden kollisionsrechtlichen Grundsätzen gesondert angeknüpft werden.[355] Hierfür ist erforderlich, dass das internationalprivatrechtlich bestimmte Statut diesen Bereich entweder nicht abdeckt oder aber diesbezüglich gewissermaßen überlagert werden muss.[356] Die Prüfung der Anwendbarkeit vollzieht sich also auf kollisionsrechtlicher Ebene.
- Die bloße *Berücksichtigung* kapitalmarktrechtlicher Normen findet nicht auf kollisionsrechtlicher, sondern ausschließlich auf sachrechtlicher Ebene im Wege der Einbeziehung von Kapitalmarktnormen als *datum* statt.[357] Sie werden daher nicht als anwendbar berufen, sondern es wird lediglich ihr materiell-rechtlicher Regelungsgehalt im Rahmen der Anwendung des internationalprivatrechtlich bestimmten Statuts berücksichtigt. Selbstverständlich ist auch in diesem Rahmen der internationale Anwendungswille der jeweiligen Norm zu respektieren, sodass die Berücksichtigung einer international nicht anwendbaren Norm grundsätzlich nicht in Betracht kommen kann.

Die beiden Möglichkeiten stehen dabei nicht zwingend in einem Ausschließlichkeitsverhältnis. Vielmehr sind die Auswirkungen ordnungspolitischen Rechts auf zivilrechtliche Sachverhalte bei der Rechtsanwendung stets auf beiden Stufen, also sowohl auf sachrechtlicher als auch auf kollisionsrechtlicher Ebene, zu erwägen.[358]

b) Internationalprivatrechtliche Einbeziehung von Kapitalmarktnormen

(1) Kollisionsrechtliche Sonderanknüpfung von Kapitalmarktrecht

Aus Sicht des Internationalen Privatrechts stellt die Frage der im Einzelfall anwendbaren Kapitalmarktvorschriften eine öffentlich-rechtliche bzw. aufsichtsrechtliche Vorfrage dar.[359] Die Frage des anwendbaren Kapitalmarktrechts kann

---

355 *Göthel* IPRax 2001, 411 (417).

356 Grundlegend *von Hoffmann* in: FS Henrich (2000), 283 (285).

357 Hierzu *Göthel* IPRax 2001, 411 (419); *Siehr* RabelsZ 52 (1988), 41 (80); *von Hoffmann* in: FS Henrich (2000), 283 (288f.); *Herdegen*, Internationales Wirtschaftsrecht, § 3 Rn. 79.

358 *Siehr* RabelsZ 52 (1988), 41 (97f.); *Junker* JZ 1991, 699 (702); *Fezer/Koos* in: Staudinger, Neubearbeitung 2015, Internationales Wirtschaftsrecht, Rn. 98.

359 *Schneider*, Kapitalmarktrechtlicher Anlegerschutz und internationales Privatrecht, S. 281; *Spindler* ZHR 2001, 324 (350); im Ergebnis auch *Steinrötter*, Beschränkte Rechtswahl im Internationalen Kapitalmarktprivatrecht und akzessorische Anknüpfung an das Kapitalmarktordnungsstatut, S. 272; für die letztlich analoge Problematik bei wettbewerbsrechtlichen Ersatzansprüchen auch *Mankowski* in: MüKo-LauterkeitsR, 2. Aufl. 2014, Internationales Wettbewerbs- und Wettbewerbsverfahrensrecht,

sich sowohl als Vor- als auch als Erstfrage bzw. Vorfrage im engeren Sinne stellen, je nachdem ob die Frage der anwendbaren Kapitalmarktnormen bereits im Internationalen Privatrecht, also in der Kollisionsnorm selbst,[360] oder erst auf sachrechtlicher Ebene im Rahmen der Anwendung der Haftungsnorm auftritt. Innerhalb der Vorfragenanknüpfung muss das Kapitalmarktrecht dann als Eingriffsrecht angewendet, also gesondert nach wirtschaftskollisionsrechtlichen Grundsätzen angeknüpft werden.[361] Die nach internationalem öffentlichen Recht zu ermittelnde Anwendungswilligkeit der ordnungspolitischen Verbotsnorm stellt hierbei zugleich den äußeren Rahmen für die internationalprivatrechtlichen Kollisionsnormen des Haftungsrechts auf.[362] Soweit das ordnungspolitische Verbotsgesetz nicht zur Anwendung berufen ist, können auch die flankierenden zivilrechtlichen Haftungsvorschriften – mangels Verstoßes gegen ein Schutzgesetz – nicht eingreifen.[363]

Auch *Steinrötter* betrachtet die Bestimmung des anwendbaren Kapitalmarktrechts in Privatrechtsverhältnissen grundsätzlich als Vorfrage, und zwar als selbständig anzuknüpfende.[364] Die selbständige Anknüpfung begründet er damit, dass sich nach der von ihm favorisierten Lösung – der Anknüpfung des Kapitalmarkthaftungsstatuts an das Kapitalmarktordnungsstatut – nicht wie gewöhnlich

---

Rn. 287; vgl. hierzu auch *Sonnenberger* in: MüKo-BGB, 5. Aufl. 2010, Einleitung IPR, Rn. 421; *Drobnig* in: FS Neumayer (1985), 159 (175f.); *Basedow* RabelsZ 52 (1988), 8 (12); vgl. grundlegend zum Begriff der Vorfrage *Bernitt,* Die Anknüpfung von Vorfragen im europäischen Kollisionsrecht, S. 18 ff.

360 So etwa im schweizerischen IPR, welches mit Art. 156 schw. IPRG eine Kollisionsnorm für die Prospekthaftung enthält (vgl. hierzu *Schnyder/Bopp* in: FS Zobl (2004), 391 (399)); gleiches gilt für das IPR Liechtensteins mit Art. 237d liecht. PGR; vgl. zu beidem unten Abschnitt IV.D.2.

361 Vgl. *Göthel* IPRax 2001, 411 (416 ff., 418); *Schnyder/Bopp* in: FS Zobl (2004), 391 (394, 399); *Mankowski* in: MüKo-LauterkeitsR, 2. Aufl. 2014, Internationales Wettbewerbs- und Wettbewerbsverfahrensrecht, Rn. 287; im Ergebnis auch *Hellgardt/Ringe* ZHR 2009, 802 (811); *Pfeiffer* IPRax 2003, 233 (234); aus schweizerischer Sicht *Vischer* in: Zürcher Kommentar zum IPRG, 2. Aufl. 2004, IPRG, Art. 156 Rn. 10 ff.

362 *Schneider,* Kapitalmarktrechtlicher Anlegerschutz und internationales Privatrecht, S. 281; *Spindler* ZHR 2001, 324 (350).

363 *Schneider,* Kapitalmarktrechtlicher Anlegerschutz und internationales Privatrecht, S. 281; zustimmend *Spindler* ZHR 2001, 324 (350); für das Wettbewerbsrecht auch *Mankowski* in: MüKo-LauterkeitsR, 2. Aufl. 2014, Internationales Wettbewerbs- und Wettbewerbsverfahrensrecht, Rn. 280.

364 *Steinrötter,* Beschränkte Rechtswahl im Internationalen Kapitalmarktprivatrecht und akzessorische Anknüpfung an das Kapitalmarktordnungsstatut, S. 269.

nach Ermittlung des Hauptfragestatuts die Frage nach der Anknüpfung der Vorfrage stelle, sondern abweichend hiervon das Hauptfragestatut akzessorisch an das Recht der Vorfrage angeknüpft werde.[365] Nach Ansicht *Steinrötters* ist die selbständige Anknüpfung der Vorfrage nach diesem Vorgehen logisch zwingend.[366] Dies kann zwar im Ergebnis, nicht aber in der Begründung überzeugen. Methodisch mag es auf den ersten Blick zwar ungewöhnlich erscheinen, dass das Recht der Vorfrage zugleich über das Recht der Hauptfrage entscheidet und daher als erstes zu bestimmen ist. Letztlich ändert dies aber nichts an der jeweils eigenständigen kollisionsrechtlichen Beurteilung beider Fragen und damit an der gesonderten Anknüpfung des Haftungsrechts einerseits und des Kapitalmarktrechts andererseits. Zudem wird auch bei der Lösung *Steinrötters* die Hauptfrage aus methodischer Sicht letztlich nicht akzessorisch an die Vorfrage angeknüpft. Denn denknotwendig kann sich eine Vorfrage erst im Rahmen der Hauptfrage stellen. Vielmehr ist – favorisiert man eine akzessorische Anknüpfung des Haftungsrechts an das Kapitalmarktrecht[367] – bereits bei der Ermittlung des Hauptfragestatuts unabhängig von einer etwaigen Vorfrage das anwendbare Kapitalmarktrecht zu bestimmen. Hält dieses eine zivilrechtliche Haftungsnorm bereit, stellt sich sodann die – selbständig oder unselbständig anzuknüpfende – Vorfrage der Anwendbarkeit der möglicherweise verletzten Kapitalmarktnorm. Einzige Besonderheit bei Befürwortung einer selbständigen Vorfragenanknüpfung ist dann, dass das anwendbare Kapitalmarktrecht im Rahmen des Hauptfragestatuts bereits ermittelt ist.

Dennoch ist im Ergebnis eine selbständige Vorfragenanknüpfung vorzuziehen. Der Grund dafür ist in dem eingangs beschriebenen Umstand belegen, dass das Internationale Privatrecht im Ergebnis nicht über die internationale Anwendbarkeit einer Kapitalmarktnorm entscheiden kann.[368] Gerade dies würde eine unselbständige Vorfragenanknüpfung aber implizieren. In der Folge bestünde die Gefahr, dass die Kapitalmarktnormen der *lex causae*, welche aufgrund der unselbständigen Vorfragenanknüpfung anzuwenden wären, im konkreten Fall keinen internationalen Anwendungswillen haben. Kapitalmarktnormen anderer Rechtsordnungen, welche international anwendbar sein wollen und nach welchen sich der Emittent aus aufsichtsrechtlicher Sicht auch richten muss, blieben

365 *Steinrötter*, Beschränkte Rechtswahl im Internationalen Kapitalmarktprivatrecht und akzessorische Anknüpfung an das Kapitalmarktordnungsstatut, S. 272.

366 *Steinrötter*, Beschränkte Rechtswahl im Internationalen Kapitalmarktprivatrecht und akzessorische Anknüpfung an das Kapitalmarktordnungsstatut, S. 272.

367 Hierzu ausführlich unten Abschnitt IV.D.2.c).

368 Siehe hierzu oben Abschnitt III.C.3.

unberücksichtigt. Ein effektiver zivilrechtlicher Anlegerschutz wäre so nicht gewährleistet. Letztlich kann für öffentlich-rechtliche Vorfragen daher nur eine selbständige Vorfragenanknüpfung in Betracht kommen.[369]

(2) Einbeziehung von Kapitalmarktrecht auf sachrechtlicher Ebene

Grundsätzlich möglich erscheint auch die bloße Berücksichtigung kapitalmarktrechtlicher Normen auf sachrechtlicher Ebene.[370] Die Methodik eines solchen Vorgehens folgt der auf *Ehrenzweig* zurückgehenden *Datum*-Theorie, nach welcher ausländisches öffentliches Recht im Rahmen der materiell-rechtlichen Rechtsanwendung lediglich als Tatsache herangezogen, also gerade nicht als Rechtsnorm angewendet wird.[371] Insbesondere stellt sich bei der bloßen Berücksichtigung auf sachrechtlicher Ebene nicht die grundsätzliche Problematik der Anwendbarkeit ausländischen öffentlichen Rechts im Inland.[372] Konsequenz für Ansprüche aus Kapitalmarktinformationshaftung wäre etwa, dass im Rahmen der materiell-rechtlichen Prüfung des Vorliegens einer Pflichtverletzung nach der jeweiligen Haftungsnorm auch Verstöße gegen ausländisches Publizitätsrecht zu berücksichtigen wären.

Die *Datum*-Theorie wurde insbesondere in älterer Literatur vielfach als Umgehung der an sich gebotenen kollisionsrechtlichen Einordnung der Problematik kritisiert.[373] Andere wiederum halten die kollisionsrechtliche Berücksichtigung

---

369 So ausdrücklich *Schneider*, Kapitalmarktrechtlicher Anlegerschutz und internationales Privatrecht, S. 281; *Mankowski* in: MüKo-LauterkeitsR, 2. Aufl. 2014, Internationales Wettbewerbs- und Wettbewerbsverfahrensrecht, Rn. 287; ebenso wohl *Spindler* ZHR 2001, 324 (350); im Ergebnis auch *Steinrötter*, Beschränkte Rechtswahl im Internationalen Kapitalmarktprivatrecht und akzessorische Anknüpfung an das Kapitalmarktordnungsstatut, S. 272; anders aber *Zimmer*, Internationales Gesellschaftsrecht, S. 72.

370 Für eine solche Möglichkeit etwa *Göthel* IPRax 2001, 411 (419); ebenso – unter Heranziehung von Art. 17 Rom II-Verordnung – auch *Einsele* ZEuP 2012, 23 (39); *Garcimartín* LFMR 2011, 449 (456); *Freitag* WM 2015, 1165 (1173); *Lehmann* in: MüKo-BGB, 7. Aufl. 2018, Internationales Finanzmarktrecht, Rn. 555.

371 Vgl. *von Hein* in: MüKo-BGB, 7. Aufl. 2018, Einleitung IPR, Rn. 271; *Fezer/Koos* in: Staudinger, Neubearbeitung 2015, Internationales Wirtschaftsrecht, Rn. 83; *Siehr* RabelsZ 52 (1988), 41 (80f.).

372 *Fezer/Koos* in: Staudinger, Neubearbeitung 2015, Internationales Wirtschaftsrecht, Rn. 82; zur Problematik der Anwendbarkeit ausländischen öffentlichen Rechts nachfolgend unter Abschnitt III.D.2.c).

373 Vgl. etwa *Basedow* NJW 1989, 627 (633), der den von der *Datum*-Theorie eingeschlagenen Weg für *„umständlich, unvollständig und ungeeignet"* hält, *„weil er die spezifisch kollisionsrechtliche Fragestellung verdeckt"*; ebenso *Schurig* RabelsZ 54 (1990), 217 (241); *Junker* JZ 1991, 699 (701).

des Anwendungsanspruchs zwingender Normen für *„übermäßig kompliziert“*, da schon das Sachrecht selbst deren Berücksichtigung fordere und diese zudem nur berücksichtigt und nicht als Rechtsnorm angewendet werden müssten.[374] Inzwischen aber dürfte die grundsätzliche Möglichkeit einer rein sachrechtlichen Berücksichtigung ausländischen ordnungspolitischen Rechts weitgehend unbestritten sein. Nicht nur wird sie von der Rechtsprechung regelmäßig angewandt, seit Inkrafttreten der Rom II-Verordnung findet sich mit deren Art. 17 sogar eine auf der *Datum*-Theorie aufbauende gesetzliche Norm, welche die sachrechtliche Berücksichtigung – auch ordnungspolitischen[375] – statutfremden Rechts ausdrücklich gestattet.[376]

(3) Stellungnahme

Methodisch grundsätzlich möglich ist also eine Einbeziehung sowohl auf kollisions- als auch auf sachrechtlicher Ebene.

Es stellt sich aber die Frage, ob eine bloße Einbeziehung kapitalmarktrechtlicher Vorschriften auf Sachrechtsebene der Bedeutung der entsprechenden Normen, gerade in Fällen von auf Verstößen gegen Kapitalmarktrecht aufbauenden zivilrechtlichen Haftungsansprüchen, tatsächlich gerecht wird. Denn der *Datum*-Theorie immanent ist, dass das ausländische Recht zwar berücksichtigt werden darf, aber eben nicht muss.[377] Der Rechtssicherheit ist dies, insbesondere aus Sicht eines geschädigten Anlegers, abträglich. Vielmehr ist es für eine effektive Kapitalmarkthaftung erforderlich, dass Emittent und Anleger bereits im Vorfeld eines Gerichtsprozesses sicher vorhersehen können, welche inländischen und ausländischen Kapitalmarktvorschriften im Rahmen der Anspruchsprüfung Berücksichtigung finden.

Im Ergebnis erscheint daher die Anwendung von Kapitalmarktrecht in zivilrechtlichen Privatrechtsverhältnissen im Sinne einer kollisionsrechtlichen Sonderanknüpfung als vorzugswürdig. Dies geschieht im Wege der selbständigen Anknüpfung von Kapitalmarktnormen, welche sich innerhalb der

---

374 So *von Hoffmann* in: FS Henrich (2000), 283 (289).

375 *von Hein* in: MüKo-BGB, 7. Aufl. 2018, Einleitung IPR, Rn. 271; *Lehmann* in: Mansel/Hüßtege, Rom-Verordnungen, 2. Aufl. 2015, Rom II-VO, Art. 17 Rn. 64; *Engel* in: jurisPK-BGB, 8. Aufl. 2017, Rom II-VO, Art. 17 Rn. 1.

376 Vgl. *Junker* in: MüKo-BGB, 7. Aufl. 2018, Rom II-VO, Art. 17 Rn. 1.

377 Krit. daher bereits *Siehr* RabelsZ 52 (1988), 41 (80); für einen Beurteilungsspielraum des erkennenden Richters auch bei Anwendung von Art. 17 Rom II-Verordnung *von Hein* in: FS von Hoffmann (2011), 139 (153); *Junker* in: MüKo-BGB, 7. Aufl. 2018, Rom II-VO, Art. 17 Rn. 27 m. w. Nachw.

Privatrechtsverhältnisse als öffentlich-rechtliche bzw. kapitalmarktrechtliche Vorfrage stellt. Im Hinblick auf die Möglichkeit der bloßen sachrechtlichen Berücksichtigung ist zu bemerken, dass, soweit man eine kollisionsrechtliche Sonderanknüpfung vornimmt, eine solche Berücksichtigungsmöglichkeit regelmäßig ausscheiden dürfte. Denn in Folge der unmittelbaren Anwendung einer Norm wird eine sachrechtliche Berücksichtigung regelmäßig obsolet sein.[378]

c) *Folgeproblem: Anwendbarkeit ausländischer Kapitalmarktnormen im Inland*

Grundsätzlich keine besonderen Probleme wirft die Anwendung der Kapitalmarktnormen der *lex fori* – auch bei ausländischem Haftungsstatut – auf. Das aus Sicht des Rechtsanwenders inländische Eingriffsrecht kann stets angewendet werden.[379] Es stellt sich aber die Frage nach der Anwendbarkeit bzw. Berücksichtigungsfähigkeit ausländischer Kapitalmarktnormen im Inland. Lehnte man eine solche ab, führte dies dazu, dass ausschließlich inländische statutfremde Normen einer Sonderanknüpfung unterlägen und der Anwendungswille ausländischer Normen schlicht nicht beachtet würde. Umgekehrt hätte eine Bejahung dieser Frage zur Konsequenz, dass auch ausländische Kapitalmarktnormen im Inland anzuwenden bzw. wenigstens zu berücksichtigen wären, soweit diese an einer extraterritorialen Anwendung interessiert sind.

Früher wurde von einem Nichtanwendungsdogma, also der grundsätzlichen Nichtanwendbarkeit ausländischen öffentlichen Rechts im Inland ausgegangen.[380] Begründet wurde die Nichtanwendbarkeit insbesondere damit, dass ein Staat kein Interesse an der Durchsetzung ausländischer Staatsinteressen hat, also kein Grund bestehe, sich zum sprichwörtlichen Büttel fremder Staatsinteressen zu machen.[381] Das Nichtanwendungsdogma gilt inzwischen jedoch zu Recht als überwunden.[382] Dies ist zum Teil der zuvor bereits geschilderten Entwicklung

---

378 *Siehr* RabelsZ 52 (1988), 41 (97f.); *Fezer/Koos* in: Staudinger, Neubearbeitung 2015, Internationales Wirtschaftsrecht, Rn. 98.

379 Vgl. *Schurig* RabelsZ 54 (1990), 217 (233f.); *Kreuzer,* Ausländisches Wirtschaftsrecht vor deutschen Gerichten, S. 10; *Martiny* in: MüKo-BGB, 7. Aufl. 2018, Rom I-VO, Art. 9 Rn. 104; siehe auch *Göthel* IPRax 2001, 411 (416).

380 Vgl. hierzu *Fezer/Koos* in: Staudinger, Neubearbeitung 2015, Internationales Wirtschaftsrecht, Rn. 99f.; *Göthel* IPRax 2001, 411 (416).

381 *Siehr* RabelsZ 52 (1988), 41 (75); *Herdegen,* Internationales Wirtschaftsrecht, § 3 Rn. 74; *Sonnenberger* in: MüKo-BGB, 5. Aufl. 2010, Einleitung IPR, Rn. 53.

382 Vgl. nur *Fezer/Koos* in: Staudinger, Neubearbeitung 2015, Internationales Wirtschaftsrecht, Rn. 100; *Göthel* IPRax 2001, 411 (416); *Siehr* RabelsZ 52 (1988), 41 (75);

des Rechts hin zu einer zunehmenden Häufigkeit ordnungspolitischer Regelungsanliegen geschuldet, wodurch der Einfluss gesellschafts- und wirtschaftspolitischer Ziele auf das Privatrecht erheblich zugenommen hat.[383] Folge dieser Doppelfunktionalität des Privatrechts – nämlich der Berücksichtigung privater Interessen einerseits und der Berücksichtigung ordnungspolitischer Anliegen andererseits – ist aber, dass die Reflexwirkungen ordnungspolitischer bzw. öffentlich-rechtlicher Normen auf Privatrechtsverhältnisse auch grenzüberschreitend Berücksichtigung finden müssen.[384] Denn eine strikte Abgrenzung ist hier kaum mehr möglich.[385] Nicht übersehen werden darf in diesem Zusammenhang allerdings, dass in den hier untersuchten Fallgestaltungen nicht die unmittelbare Anwendung ausländischen öffentlichen Rechts im Wege der Ausübung hoheitlicher Befugnisse, sondern lediglich die Berücksichtigung von privatrechtlichen Reflexwirkungen in Rede steht, weshalb schon bezweifelt werden kann, ob dies überhaupt vom Nichtanwendungsdogma erfasst war.[386] Positiv wirkt sich eine grundsätzliche Anwendbarkeit bzw. Berücksichtigungsfähigkeit der Wirkungen ausländischen öffentlichen Rechts auf Privatrechtsverhältnisse zudem auch im Hinblick auf den internationalen Entscheidungseinklang aus, da so sich widersprechende Entscheidungen von Gerichten verschiedener Staaten vermieden werden können.[387]

Weiterer wichtiger Grund ist darüber hinaus das stetige Zusammenwachsen der Wirtschaftsordnungen im Zuge der Globalisierung, infolge derer die Anwendung ausländischen öffentlichen Rechts den eigenen Staatsinteressen regelmäßig nicht zuwider läuft, sondern im Gegenteil häufig sogar geeignet ist, auch die eigene Wirtschaftsverfassung zu stärken.[388] Ohnehin ist im Rahmen der

---

Kuckein, Die ‚Berücksichtigung' von Eingriffsnormen im deutschen und englischen internationalen Vertragsrecht, S. 100f.; *Zimmer*, Internationales Gesellschaftsrecht, S. 70; *Kreuzer*, Ausländisches Wirtschaftsrecht vor deutschen Gerichten, S. 77 ff.; *Habermeier*, Neue Wege zum Wirtschaftskollisionsrecht, S. 113f.; *Kropholler*, Internationales Privatrecht, § 52 X.

383 Hierzu bereits oben Abschnitt III.C.3.b)(1).

384 *Göthel* IPRax 2001, 411 (416); *Fezer/Koos* in: Staudinger, Neubearbeitung 2015, Internationales Wirtschaftsrecht, Rn. 25; *Siehr* RabelsZ 52 (1988), 41 (76).

385 *Siehr* RabelsZ 52 (1988), 41 (76); *Fezer/Koos* in: Staudinger, Neubearbeitung 2015, Internationales Wirtschaftsrecht, Rn. 25.

386 Ähnlich *Kuckein*, Die ‚Berücksichtigung' von Eingriffsnormen im deutschen und englischen internationalen Vertragsrecht, S. 101f.; *Göthel* IPRax 2001, 411 (416).

387 *Siehr* RabelsZ 52 (1988), 41 (76).

388 *Fezer/Koos* in: Staudinger, Neubearbeitung 2015, Internationales Wirtschaftsrecht, Rn. 100.

Anwendung ausländischen ordnungspolitischen Rechts im Inland stets auch zu fragen, ob das Regelungsanliegen der ausländischen Norm geteilt werden kann, sodass Widersprüche hier vermieden werden.[389] Gerade für den im Rahmen dieser Arbeit interessierenden Bereich des Kapitalmarktrechts wird eine Übereinstimmung der Wertungen regelmäßig vorliegen. Denn die Regelungsanliegen ausländischen Kapitalmarktrechts dürften weit überwiegend auch im Inland geteilt werden.[390] Hintergrund ist, dass sich durch die zunehmenden Verflechtungen der weltweiten Kapitalmärkte negative Einflüsse nicht mehr nur noch auf einen abgegrenzten Markt, sondern regelmäßig auf alle Märkte auswirken.[391] Als Beispiel mag hier etwa die jüngste Finanzkrise im Jahr 2008 dienen, wo ein Kollaps des US-amerikanischen Immobilienmarktes in kürzester Zeit zu weltweiten Turbulenzen an den Kapitalmärkten führte.[392] Die Einhaltung ausländischen Kapitalmarktrechts, etwa von Publizitätsvorschriften, dient daher auch dem inländischen Kapitalmarkt. Gerade im Bereich des internationalen Kapitalmarktrechts und insbesondere auch für den internationalen Anwendungsbereich von Publizitätsvorschriften muss das Nichtanwendungsdogma daher erst recht als überwunden gelten.[393]

Darüber hinaus können durch die Beachtung ausländischer Kapitalmarktnormen im Inland Regelungskonflikte vermieden werden. Diese können sich daraus ergeben, dass auf einen grenzüberschreitenden Sachverhalt trotz des Bestehens einer ausländischen Regelung, welche international angewendet werden möchte, inländisches Kapitalmarktrecht angewendet wird. Für einen Kapitalmarktteilnehmer, der in beiden Staaten tätig sein möchte, kann dies im Extremfall bedeuten, dass er durch die Regelung im ausländischen Staat zu

---

389 *Göthel* IPRax 2001, 411 (418); *Sonnenberger* in: MüKo-BGB, 5. Aufl. 2010, Einleitung IPR, Rn. 58.

390 *Göthel* IPRax 2001, 411 (418); *Zimmer*, Internationales Gesellschaftsrecht, S. 71; *Floer*, Internationale Reichweite der Prospekthaftung, S. 151.

391 So auch *Choi/Silberman* Wisconsin L. Rev. 2009, 465 (489f.); *Lehmann* in: MüKo-BGB, 7. Aufl. 2018, Internationales Finanzmarktrecht, Rn. 8.

392 Ausführlich hierzu *Grundmann/Hofmann/Möslein* in: Grundmann/Hofmann/Möslein, Finanzkrise und Wirtschaftsordnung, 1 (3 ff.).

393 *Zimmer*, Internationales Gesellschaftsrecht, S. 71f.; *Floer*, Internationale Reichweite der Prospekthaftung, S. 148f.; *Kiel*, Internationales Kapitalanlegerschutzrecht, S. 307 ff.; *Göthel* IPRax 2001, 411 (418); innerhalb des EWR besteht hier ohnehin die Besonderheit, dass das europäische Sekundärrecht die Anwendbarkeit der Publizitätsvorschriften nach dem Herkunftslandprinzip geregelt hat, was die Anerkennung mitgliedstaatlichen Kapitalmarktrechts im Inland voraussetzt, vgl. hierzu oben Abschnitt III.C.4.b)(2).

einem Verhalten gezwungen wäre, welches im Inland verboten ist und zu Sanktionen führen könnte. Durch die Anwendung ausländischer Kapitalmarktnormen auch im Inland kann solchen Jurisdiktionskonflikten zumindest zum Teil entgegengewirkt werden.

Im Ergebnis stehen einer Anwendung ausländischen öffentlichen Rechts im Inland daher im Grundsatz keine zwingenden Gründe entgegen, was erst recht für ausländisches Kapitalmarktrecht gelten muss.

3. Zusammenfassung

Kapitalmarktrecht wirkt auf vielfältige Art und Weise in Privatrechtsverhältnisse hinein. Beide Rechtsgebiete weisen daher auf sachrechtlicher Ebene Verbindungen auf, welche es auch auf kollisionsrechtlicher Ebene zu berücksichtigen gilt. Stellt sich aus internationalprivatrechtlicher Sicht die Frage des auf einen zivilrechtlichen Kapitalmarkthaftungsanspruch anwendbaren Rechts, so stellt sich zugleich immer auch die nach Internationalem Kapitalmarktrecht zu beantwortende Frage nach den jeweils anwendbaren Kapitalmarktnormen. Im Rahmen dieser Wechselwirkung ist der grundsätzlichen Eigenständigkeit der beiden kollisionsrechtlichen Bereiche Rechnung zu tragen, indem eine Sonderanknüpfung des Kapitalmarktrechts nach wirtschaftskollisionsrechtlichen Grundsätzen erfolgt. Aus Sicht des Internationalen Privatrechts stellt dies eine – konsequenterweise selbständig anzuknüpfende – öffentlich-rechtliche bzw. kapitalmarktrechtliche Vorfrage dar. Anzuwenden sind nicht nur inländische, sondern gleichermaßen auch ausländische Kapitalmarktnormen, da diese den inländischen Regelungsanliegen regelmäßig entsprechen werden. Eine sachrechtliche Berücksichtigung ausländischen Kapitalmarktrechts als bloßes *datum*, welche grundsätzlich zulässig ist, dürfte aufgrund der unmittelbaren Anwendung des entsprechenden Rechts im Wege der Sonderanknüpfung weit überwiegend nicht mehr erforderlich sein.

E. Zusammenfassung und Einordnung in die Fragestellung dieser Arbeit

Durch die generelle Zunahme von grenzüberschreitender Kapitalmarktaktivität gewinnt auch die grenzüberschreitende Kapitalmarktinformationshaftung zunehmend an Bedeutung. Durch die konzeptionellen Gegensätze zwischen Internationalem Privatrecht einerseits und Internationalem Kapitalmarktrecht als Wirtschaftskollisionsrecht andererseits steht die Kapitalmarktinformationshaftung in einem kollisionsrechtlichen Spannungsverhältnis, welchem es durch eine sinnvolle Abgrenzung zwischen beiden Rechtsgebieten zu begegnen gilt. Das Internationale Privatrecht folgt einem System regelmäßig allseitiger Kollisionsnormen, wohingegen das Internationale Kapitalmarktrecht keine eigene Kollisionsrechtsordnung kennt. Der internationale Anwendungsbereich von Kapitalmarktrecht ist einseitig von der Norm her zu ermitteln. Hieraus folgt, dass das zivilrechtliche Haftungsrecht einschließlich spezialgesetzlich geregelter Haftungstatbestände durch das Internationale Privatrecht berufen wird. Die anwendbaren Publizitätspflichten hingegen werden im Wege der Sonderanknüpfung durch das Internationale Kapitalmarktrecht bestimmt. Hier besteht insbesondere innerhalb des EWR die Besonderheit, dass Emittenten regelmäßig nur dem Publizitätsrecht ihres Herkunftsmitgliedstaats unterliegen, sodass es insoweit nicht zu Konflikten mitgliedstaatlicher publizitätsrechtlicher Regelungen kommt. Aus Sicht des Internationalen Privatrechts stellt die Frage nach der anzuwendenden Publizitätsnorm eine selbständig anzuknüpfende kapitalmarktrechtliche Vorfrage dar. Infolge der Sonderanknüpfung anzuwenden sind sowohl kapitalmarktrechtliche Regelungen der *lex fori* als auch ausländische Kapitalmarktnormen.

Mit Blick auf die Fragestellung dieser Arbeit liegt in dem vorangehend beschriebenen Verhältnis zwischen Internationalem Privatrecht und Internationalem Kapitalmarktrecht allerdings lediglich der Grundstein auf dem Weg zu einer sachgerechten Behandlung von grenzüberschreitenden Kapitalmarktinformationshaftungsansprüchen. Denn die schwierige Aufgabenstellung, welche es im weiteren Verlauf der Arbeit zu beantworten gilt, ist die Frage nach der sach- und interessengerechten internationalprivatrechtlichen Anknüpfung von Kapitalmarktinformationshaftungsansprüchen. Hierbei ist natürlich auch die Wechselbeziehung zwischen Internationalem Privatrecht und Internationalem Kapitalmarktrecht im Blick zu halten, nicht zuletzt, weil es Widersprüche zu vermeiden gilt und zudem eine zunehmend populärer werdende Ansicht eine akzessorische Anknüpfung von Haftungsansprüchen an das anwendbare Publizitätsrecht vertritt.[394]

394 Vgl. hierzu ausführlich unten Abschnitt IV.D.2.c).

IV. Die Kapitalmarktinformationshaftung im europäischen Internationalen Privatrecht

A. Vorbemerkungen

Kernstück der vorliegenden Arbeit ist die Untersuchung der Behandlung von Kapitalmarktinformationshaftungsansprüchen im europäischen Internationalen Privatrecht. Im Blickpunkt stehen muss hier die Rom II-Verordnung, welche das auf außervertragliche Schuldverhältnisse anwendbare Recht normiert. Einleitend stellt sich hier die Frage der Anwendbarkeit der Rom II-Verordnung auf Kapitalmarktinformationshaftungsansprüche. Aus inhaltlicher Sicht ist sodann weiter zu ergründen, wie Ansprüche aus Kapitalmarktinformationshaftung unter der Rom II-Verordnung anzuknüpfen sind. Im Anschluss an die hierauf folgende Untersuchung der Angemessenheit der im europäischen Internationalen Privatrecht gefundenen Anknüpfungsergebnisse für Kapitalmarktinformationshaftungsansprüche sollen dann die in der Literatur umfangreich diskutierten Ausweichstrategien und *de lege ferenda* Vorschläge dargestellt und bewertet werden.

Insgesamt ist bereits an dieser Stelle zu bemerken, dass die Behandlung von Kapitalmarktinformationshaftungsansprüchen im europäischen Internationalen Privatrecht keineswegs trivial ist. Treffend prognostizierte *Spindler* schon im Vorbereitungsstadium der Rom II-Verordnung, dass diese das ohnehin schon mit komplexen Auslegungsproblemen behaftete „*Kollisionsrecht des Kapitalmarktrechts noch weiter verkomplizieren*" wird.[395]

B. Anwendbarkeit der Rom II-Verordnung auf Kapitalmarktinformationshaftungsansprüche

1. Überblick über Regelungen und Systematik des Kollisionsrechts der außervertraglichen Schuldverhältnisse in der Rom II-Verordnung

Für eine Einordnung von Kapitalmarktinformationshaftungsansprüchen in den Kontext der Rom II-Verordnung ist ein grundlegender Überblick über diese unerlässlich.

---

395 *Spindler* ZHR 2001, 324 (361).

a) *Anwendungsbereich*

Die Rom II-Verordnung beinhaltet das harmonisierte Internationale Privatrecht für außervertragliche Schuldverhältnisse.[396] Ebenso wie die Rom I-Verordnung stellt die Rom II-Verordnung damit in sachlicher Hinsicht kollisionsrechtliche Regelungen für den übergeordneten Bereich der Zivil- und Handelssachen auf. Der Begriff der Zivil- und Handelssache ist unter Berücksichtigung der Rechtsprechung des *EuGH* zur EuGVO n.F.[397] bzw. deren Vorgängerverordnung[398] – welche den Begriff in analoger Weise verwenden – autonom zu bestimmen.[399] Nicht erfasst sind daher dem öffentlich-rechtlichen Bereich zuzuordnende Fragen wie Steuer-, Zoll- und Verwaltungsangelegenheiten oder Staatshaftungsansprüche infolge hoheitlicher Handlungen (*acta iure imperii*).[400] Eine weitere Abgrenzung erfährt der sachliche Anwendungsbereich durch den in Art. 1 Abs. 2 Rom II-Verordnung enthaltenen Ausnahmenkatalog, welcher bestimmte Sachgebiete vom Anwendungsbereich der Rom II-Verordnung ausnimmt.

Zeitlich ist die Rom II-Verordnung nach inzwischen erfolgter, höchstrichterlicher Klärung durch den *EuGH* auf schadensbegründende Ereignisse anzuwenden, die ab dem 11.01.2009 eingetreten sind.[401] Räumlich gilt die Verordnung in allen Mitgliedstaaten der Europäischen Union mit Ausnahme Dänemarks, Art. 1 Abs. 4 Rom II-Verordnung.

b) *Leitprinzipien und Inhalt der Rom II-Verordnung*

Um ein mitgliedstaatsübergreifendes Verständnis der Regelungen der Rom II-Verordnung zu gewährleisten, sind die in der Verordnung verwendeten Begrifflichkeiten grundsätzlich aus einem unionsrechtlich-autonomen, also vom

396 Näher zum Begriff des außervertraglichen Schuldverhältnisses nachfolgend unter Abschnitt IV.B.2.

397 Verordnung (EU) Nr. 1215/2012 des Europäischen Parlaments und des Rates vom 12. Dezember 2012 über die gerichtliche Zuständigkeit und die Anerkennung und Vollstreckung von Entscheidungen in Zivil- und Handelssachen, ABl. EU Nr. L 2012/351, 1 (EuGVO n.F.).

398 Verordnung (EG) Nr. 44/2001 des Rates vom 22. Dezember 2000 über die gerichtliche Zuständigkeit und die Anerkennung und Vollstreckung von Entscheidungen in Zivil- und Handelssachen, ABl. EG Nr. L 2001/12, 1 (EuGVO a.F.).

399 Siehe nur *Junker* in: MüKo-BGB, 7. Aufl. 2018, Rom II-VO, Art. 1 Rn. 11 m. w. Nachw.

400 *Wagner* IPRax 2008, 1 (2); *Kramer* NiPR 2008, 414 (415).

401 *EuGH* Urteil v. 17.11.2011 – Rs. C-412/10, ECLI:EU:C:2011:747 (Homawoo), Rz. 37; zum vorherigen Streitstand siehe nur *Junker* in: MüKo-BGB, 7. Aufl. 2018, Rom II-VO, Art. 32 Rn. 3f. m. w. Nachw.

jeweiligen nationalen Verständnis unabhängigen Blickwinkel aus zu verstehen und auszulegen.[402] Im Grundsatz folgen die Kollisionsnormen der Rom II-Verordnung dem Prinzip der engsten Verbindung.[403] Um eine rechtssichere Anwendung zu gewährleisten, stellt die Verordnung jeweils feste Anknüpfungsregeln in Form typisierter engster Verbindungen auf, wobei die zahlreichen Ausweichklauseln vielfach ein Abweichen zugunsten einer Rechtsordnung, mit welcher der Sachverhalt eine engere Verbindung aufweist, zulassen.[404] Die durch die Verordnung vorgenommenen Verweisungen sind nicht auf mitgliedstaatliches Recht beschränkt; vielmehr ist nach Art. 3 Rom II-Verordnung bei entsprechender Verweisung drittstaatliches Recht ebenso anzuwenden, was den universellen Charakter der Verordnung (*loi uniforme*) zum Ausdruck bringt.[405]

Weiterhin trägt die Verordnung auch dem kollisionsrechtlichen Grundsatz der Parteiautonomie Rechnung, indem dieser – zumindest unter bestimmten Voraussetzungen – Vorrang vor allen anderen Anknüpfungen eingeräumt wird.[406] Eine Rechtswahl der Parteien nach Eintritt des schadensbegründenden Ereignisses ist stets möglich (Art. 14 Abs. 1 lit. a)), eine vorherige Rechtswahl hingegen nur, soweit alle beteiligten Parteien einer kommerziellen Tätigkeit nachgehen und die Vereinbarung frei ausgehandelt wurde (Art. 14 Abs. 1 lit. b)).[407] Grundsätzlich ausgeschlossen ist eine Rechtswahl allerdings für Ansprüche aus der Verletzung von Rechten des geistigen Eigentums (Art. 8 Abs. 3) sowie für Ansprüche aus Wettbewerbsrecht (Art. 6 Abs. 4).

Bei Fehlen einer wirksamen Rechtswahl orientiert sich die Rom II-Verordnung ausweislich ihrer Erwägungsgründe (16), (17) und (18) an einer *lex loci damni*-Anknüpfung, also an einer Anknüpfung an das Recht des Erfolgseintritts.[408] Eine

---

402 *Junker* in: MüKo-BGB, 7. Aufl. 2018, Rom II-VO, Vorbem. zu Art. 1 Rn. 30; *Thorn* in: Palandt, 78. Aufl. 2019, Rom II-Verordnung, Vorb. zu Art. 1 Rn. 3.

403 *Junker* in: MüKo-BGB, 7. Aufl. 2018, Rom II-VO, Vorbem. zu Art. 1 Rn. 38; *von Hein* ZEuP 2009, 6 (9).

404 *Junker* in: MüKo-BGB, 7. Aufl. 2018, Rom II-VO, Vorbem. zu Art. 1 Rn. 38; *von Hein* ZEuP 2009, 6 (9).

405 *von Hein* ZEuP 2009, 6 (15); *Junker* NJW 2007, 3675 (3677); die Anwendbarkeit der Rom II-Verordnung auch bei überwiegendem Drittstaatenbezug bejahend *OGH*, Urteil v. 08.04.2014 – 3 Ob 8/14v.

406 *Junker* in: MüKo-BGB, 7. Aufl. 2018, Rom II-VO, Vorbem. zu Art. 1 Rn. 43; *Wagner* IPRax 2008, 1 (13).

407 *Junker* in: MüKo-BGB, 7. Aufl. 2018, Rom II-VO, Vorbem. zu Art. 1 Rn. 43f.; *Wagner* IPRax 2008, 1 (13).

408 *Spickhoff* in: BeckOK-BGB, 49. Ed. 01.02.2019, Rom II-VO, Art. 1 Rn. 7; *Wagner* IPRax 2008, 1 (4).

solche Anknüpfung normiert die allgemeine Kollisionsnorm des Art. 4 Rom II-Verordnung, allerdings mit vorrangiger Maßgeblichkeit des Rechts des gemeinsamen gewöhnlichen Aufenthalts von Schädiger und Geschädigtem (Abs. 2) sowie der Möglichkeit einer Korrektur bei offensichtlich engerer Verbindung zum Recht eines anderen Staates (Abs. 3). Die Anknüpfung an den Erfolgsort stellt damit die Grundregel dar.[409] Auch die besonderen Kollisionsnormen für spezielle Deliktstypen in den Art. 5–9 Rom II-Verordnung beinhalten zumindest teilweise Verweisungen auf das Recht des Erfolgsorts.[410] Besondere Kollisionsnormen existieren für außervertragliche Schuldverhältnisse aus Produkthaftung (Art. 5), Wettbewerbsrecht (Art. 6), Umweltschädigung (Art. 7), der Verletzung von Rechten des geistigen Eigentums (Art. 8) sowie Arbeitskampfmaßnahmen (Art. 9). Zudem enthält die Verordnung auch Regelungen für außervertragliche Schuldverhältnisse, welche keine unerlaubte Handlung darstellen, namentlich für Ansprüche aus ungerechtfertigter Bereicherung (Art. 10), Geschäftsführung ohne Auftrag (Art. 11) sowie Verschulden bei Vertragsverhandlungen (Art. 12).

2. Außervertragliche Qualifikation von Ansprüchen aus Kapitalmarktinformationshaftung

Der europäische Gesetzgeber hat keine spezielle Kollisionsnorm für Kapitalmarktinformationshaftungsansprüche geschaffen und entsprechende Ansprüche daher weder den vertraglichen noch den außervertraglichen Schuldverhältnissen im Sinne des europäischen Internationalen Privatrechts eindeutig zugeordnet. Vor der Bestimmung des anwendbaren Rechts ist folglich eine Qualifikation entsprechender Ansprüche nach allgemeinen Kriterien vorzunehmen.[411]

Im autonomen deutschen Internationalen Privatrecht war bzw. ist die Frage nach der rechtsdogmatischen Einordnung der Kapitalmarktinformationshaftung als vertraglich, quasi-vertraglich oder deliktisch seit jeher trefflich umstritten.[412] Für ihre Qualifikation im Sinne des europäischen Internationalen

---

409 Vgl. *von Hein* ZVglRWiss 2003, 528 (542f.).

410 So etwa Art. 5 Abs. 1 lit. c), Art. 6 Rom II-Verordnung (vgl. Erwägungsgrund (21): „*Präzisierung*“ der allgemeinen Regel nach Art. 4 Abs. 1) sowie Art. 7 Alt. 1 Rom II-Verordnung.

411 Hierzu *Garcimartín* LFMR 2011, 449 (451).

412 Vgl. ausführlich *Floer,* Internationale Reichweite der Prospekthaftung, S. 131 ff.; *Jäger,* Das Prospekthaftungsstatut, S. 112 ff., 121 ff.; siehe auch *Weber* WM 2008, 1581 (1582).

Privatrechts ist dieser Disput hingegen irrelevant.[413] Denn nach einhelliger Meinung in Schrifttum[414] und darüber hinaus auch in ständiger Rechtsprechung des *EuGH*[415] ist europäisches Recht autonom auszulegen, weswegen sich ein Rückgriff auf nationale Besonderheiten der rechtlichen Auslegung ohnehin verbietet.[416] Für die Abgrenzung des Anwendungsbereichs der Rom II-Verordnung von dem der Rom I-Verordnung wird der Grundsatz der autonomen Auslegung auch in den Erwägungsgründen der Verordnungen nochmals ausdrücklich klargestellt.[417] Maßgeblich sind folglich die europäischen Verordnungen selbst sowie deren Auslegung durch den *EuGH*. Nach dessen ständiger Rechtsprechung ist ein vertragliches Schuldverhältnis im Sinne des europäischen Kollisionsrechts *„jede freiwillig eingegangene Verpflichtung"*.[418] Die Reichweite des Begriffs der außervertraglichen Schuldverhältnisse ist hiervon negativ abzugrenzen, wobei auch auf die Kriterien zur Abgrenzung zwischen Art. 7 Nr. 1 und Nr. 2 EuGVO n.F. zurückgegriffen werden kann.[419] Weiter konkretisiert wird der Begriff des außervertraglichen Schuldverhältnisses außerdem in Art. 2 Rom II-Verordnung. Jedes Schuldverhältnis, das keine freiwillig eingegangene Verpflichtung darstellt, ist demnach als außervertragliches Schuldverhältnis anzusehen und die Bestimmung des hierauf anwendbaren Rechts ist, soweit nicht ausdrücklich

413 So auch *von Hein* in: Baum/Fleckner/Hellgardt u. a., Perspektiven des Wirtschaftsrechts, 371 (378).

414 Vgl. zur Rom II-Verordnung nur *Junker* in: MüKo-BGB, 7. Aufl. 2018, Rom II-VO, Vorbem. zu Art. 1 Rn. 30; *Spickhoff* in: BeckOK-BGB, 49. Ed. 01.02.2019, Rom II-VO, Art. 1 Rn. 4, jew. m. w. Nachw.

415 Grundlegend *EuGH* Urteil v. 22.11.1978 – Rs. 33/78, ECLI:EU:C:1978:205 (Somafer/Saar-Ferngas AG), Rz. 8.

416 Trotz dieser eigentlich einhelligen Auffassung ist die Trennlinie zwischen autonomer und an nationales Recht angelehnter Auslegung im deutschen Schrifttum mitunter unscharf, siehe etwa *Tschäpe/Kramer/Glück* RIW 2008, 657 (660).

417 Erwägungsgründe (7), (11) Rom II-Verordnung sowie Erwägungsgrund (7) Rom I-Verordnung; vgl. hierzu auch *von Hein* ZEuP 2009, 6 (13); *Kramer* NiPR 2008, 414 (416).

418 Grundlegend *EuGH* Urteil v. 17.06.1992 – Rs. 26/91, ECLI:EU:C:1992:268 (Handte), Rz. 15.

419 *Spickhoff* in: BeckOK-BGB, 49. Ed. 01.02.2019, Rom II-VO, Art. 1 Rn. 9; *Schaub* in: PWW, 13. Aufl. 2018, Rom II-VO, Art. 2 Rn. 1; *Thorn* in: Palandt, 78. Aufl. 2019, Rom II-Verordnung, Art. 1 Rn. 2; *Knöfel* in: Mansel/Hüßtege, Rom-Verordnungen, 2. Aufl. 2015, Rom II-VO, Art. 1 Rn. 3; *Lüttringhaus* RabelsZ 77 (2013), 31 (44 ff.); zur kongruenten Auslegung der EuGVO und der Rom II-Verordnung siehe auch Erwägungsgrund (7) Rom II-Verordnung.

vom Anwendungsbereich ausgeschlossen, nach der Rom II-Verordnung vorzunehmen.[420]

Nicht bezweifelt werden kann, dass Voraussetzung der Kapitalmarktinformationshaftung eine – wie auch immer einzuordnende – rechtliche Verbindung zwischen Emittent und Anleger ist. Diese zeigt sich in der Informationspflicht der Emittenten und dem Recht der Anleger, sich auf die Richtigkeit und Vollständigkeit dieser Veröffentlichungen verlassen zu können. Entscheidend für die Frage der Qualifikation als vertragliches oder außervertragliches Schuldverhältnis ist daher, ob diese rechtliche Sonderverbindung – aus der sich zweifelsohne Rechte und Pflichten ergeben – als freiwillig eingegangene Verpflichtung im Sinne der Rechtsprechung angesehen werden kann. Dies hat der *EuGH* in der Rs. *Kolassa*[421] mangels Freiwilligkeit der Verpflichtungen jedoch verneint. Hier führte er – freilich ohne dies allzu ausführlich zu begründen – aus, dass es in Prospekthaftungsfällen an einer von der Emittentin „*freiwillig eingegangenen rechtlichen Verpflichtung […] fehlt, auch wenn sie […] bestimmte Pflichten nach dem anwendbaren nationalen Recht hat.*“[422] Dem ist im Ergebnis beizupflichten. Denn die Sonderverbindung zwischen Emittent und Anleger, aus welcher die Haftung für fehlerhafte oder unvollständige Kapitalmarktinformation folgt, besteht unabhängig vom Willen der beteiligten Parteien aufgrund unabdingbarer kapitalmarktrechtlicher Vorschriften.[423] Entsprechend hat der *EuGH* – vorbehaltlich einer freiwilligen Übernahme sonstiger Verpflichtungen gegenüber dem Anleger – die Anwendbarkeit von Art. 5 Nr. 1 EuGVO a.F. auf Prospekthaftungsfälle verneint und in der Folge den Deliktsgerichtsstand des Art. 5 Nr. 3 EuGVO a.F. für maßgeblich erklärt.[424]

---

420 Vgl. etwa *Junker* in: MüKo-BGB, 7. Aufl. 2018, Rom II-VO, Art. 1 Rn. 5; *Schaub* in: PWW, 13. Aufl. 2018, Rom II-VO, Art. 2 Rn. 1; *Dickinson*, The Rome II Regulation, Rn. 3.104 ff.; *Spickhoff* in: BeckOK-BGB, 49. Ed. 01.02.2019, Rom II-VO, Art. 1 Rn. 9; *Thorn* in: Palandt, 78. Aufl. 2019, Rom II-Verordnung, Art. 1 Rn. 2; kritisch zu dieser Abgrenzung *Knöfel* in: Mansel/Hüßtege, Rom-Verordnungen, 2. Aufl. 2015, Rom II-VO, Art. 1 Rn. 5; ebenso *Freitag* in: FS Spellenberg (2010), 169 (171 ff.), der aber einräumt, dass sich praktisch „*die allermeisten Schuldverhältnisse […] innerhalb des Systems von Rom I- oder Rom II-VO sachgemäß qualifizieren*“ lassen.

421 *EuGH* Urteil v. 28.01.2015 – Rs. C-375/13, ECLI:EU:C:2015:37 (Kolassa).

422 *EuGH* Urteil v. 28.01.2015 – Rs. C-375/13, ECLI:EU:C:2015:37 (Kolassa), Rz. 40.

423 Vgl. hierzu auch *Wendelstein* GPR 2016, 140 (142f.).

424 *EuGH* Urteil v. 28.01.2015 – Rs. C-375/13, ECLI:EU:C:2015:37 (Kolassa), Rz. 41, 44; für Ansprüche aus §§ 37b, 37c WpHG a.F. (jetzt §§ 97, 98 WpHG) ebenso *OLG Frankfurt a.M.*, Beschluss v. 5.8.2010, NZG 2011, 32 (32f.).

Freilich ist es nicht ausgeschlossen, dass im Einzelfall eine freiwillig eingegangene Verpflichtung in Form eines Vertragsverhältnisses unmittelbar zwischen Emittent und Anleger besteht. Der Regelfall ist dies aber gerade nicht. Denn beim Handel am Sekundärmarkt besteht zwischen Emittent und Anleger selbst typischerweise gar kein unmittelbarer Kontakt. Auch auf dem Primärmarkt ist durch die im Vergleich zur Eigenemission durch den Emittenten deutlich üblichere Fremdemission ein unmittelbarer Kontakt bzw. ein unmittelbares vertragliches Verhältnis oftmals nicht gegeben. Konsequenterweise ist eine vertragliche Verbindung in diesem Sinne auch gerade keine Voraussetzung für das Bestehen von Kapitalmarktinformationshaftungsansprüchen und hierfür damit grundsätzlich nicht erforderlich.[425] Dies ist Ausdruck der besonderen Natur der Kapitalmarktinformationshaftung als Haftung für die Verletzung des Vertrauens in den Markt bzw. in die Richtigkeit und Vollständigkeit der veröffentlichten Kapitalmarktinformationen und gerade nicht als Haftung für eine lediglich *inter partes* wirkende, vertragliche Verpflichtung.[426]

Im Ergebnis sind Ansprüche aus Kapitalmarktinformationshaftung daher im Einklang mit der Rechtsprechung des *EuGH* zur EuGVO auch im europäischen Internationalen Privatrecht als außervertragliche Schuldverhältnisse zu qualifizieren[427] und das auf sie anwendbare Recht – vorbehaltlich der weiteren Anwendbarkeitsvoraussetzungen – nach der Rom II-Verordnung zu bestimmen.

3. Bereichsausnahmen

Die Rom II-Verordnung ist nicht *per se* auf sämtliche Schuldverhältnisse, welche nach den Grundsätzen des europäischen Internationalen Privatrechts als außervertraglich zu qualifizieren sind, anwendbar. In Art. 1 Abs. 1 S. 2 und Abs. 2 Rom II-Verordnung sind Tatbestände statuiert, welche den Anwendungsbereich der Rom II-Verordnung einschränken. Diese sogenannten Bereichsausnahmen

---

425 So auch *Einsele* ZEuP 2012, 23 (27); *Schmitt* BKR 2010, 366 (368).

426 *Garcimartín* LFMR 2011, 449 (451).

427 Ebenso *Lehmann* IPRax 2012, 399 (400); *Einsele* ZEuP 2012, 23 (27); *Weber* WM 2008, 1581 (1584); *Schmitt* BKR 2010, 366 (368); *von Hein* in: Baum/Fleckner/Hellgardt u. a., Perspektiven des Wirtschaftsrechts, 371 (378); *Jäger* DAJV-NL 2010, 64 (67f.); *Arons* NiPR 2008, 481 (482); *Tison/Ravelingien*, Roma locuta, causa finita?, S. 16, http://ssrn.com/abstract=1510075 (zuletzt aufgerufen am 31.12.2017); *Hellgardt/Ringe* ZHR 2009, 802 (823); *Garcimartín* LFMR 2011, 449 (451); *Tschäpe/Kramer/Glück* RIW 2008, 657 (660); *Mankowski* RIW 2009, 98 (116); speziell im Hinblick auf §§ 37b, 37c WpHG a.F. (jetzt §§ 97, 98 WpHG) *Maier-Reimer/Seulen* in: Habersack/Mülbert/Schlitt, Handbuch der Kapitalmarktinformation, § 30 Rn. 45.

sind, ebenso wie andere in der Verordnung verwendeten Begriffe, autonom zu qualifizieren[428] und überdies grundsätzlich restriktiv auszulegen, um der Verordnung zu einer größtmöglichen Anwendbarkeit zu verhelfen[429]. Soweit das fragliche außervertragliche Schuldverhältnis unter eine dieser Ausnahmen fällt, kann das hierauf anwendbare Recht nicht nach harmonisiertem Internationalem Privatrecht bestimmt werden, sondern ist nach dem nationalen Internationalen Privatrecht der jeweiligen *lex fori* zu ermitteln.[430]

Für das Internationale Privatrecht der Kapitalmarktinformationshaftung folgt hieraus, dass zunächst zu prüfen ist, ob diesbezügliche Ansprüche einem von der Anwendbarkeit der Rom II-Verordnung ausgeschlossenen Bereich zuzuordnen sind. In Betracht kommen hier insbesondere die Bereichsausnahmen für handelbare Wertpapiere in Art. 1 Abs. 2 lit. c) sowie für Gesellschaftsrecht in Art. 1 Abs. 2 lit. d) Rom II-Verordnung.

a) Bereichsausnahme des Art. 1 Abs. 2 lit. c) Rom II-Verordnung

(1) Allgemeines

Vom Anwendungsbereich der Rom II-Verordnung ausgenommen sind nach Art. 1 Abs. 2 lit. c) Rom II-Verordnung *„außervertragliche Schuldverhältnisse aus Wechseln, Schecks, Eigenwechseln und anderen handelbaren Wertpapieren, sofern die Verpflichtungen aus diesen anderen Wertpapieren aus deren Handelbarkeit entstehen"*. Bereits der Wortlaut der Bereichsausnahme zeigt, dass auch Wechsel, Schecks und Eigenwechsel dem Oberbegriff der *handelbaren Wertpapiere* zuzuordnen sind. Dies kann an der Formulierung der *„anderen handelbaren Wertpapiere[]"* abgelesen werden.[431] Dennoch hat die Aufzählung gerade dieser drei handelbaren Wertpapiere auch eine inhaltliche Relevanz. Denn der Zusatz, dass sich die Verpflichtung gerade aus der Handelbarkeit des Wertpapieres ergeben muss, bezieht sich lediglich auf sonstige handelbare Wertpapiere, nicht aber auf die ausdrücklich genannten Wechsel, Schecks und Eigenwechsel. Die Bereichsausnahme in Art. 1 Abs. 2 lit. c) Rom II-Verordnung behandelt damit zwei

---

428 Vgl. *Hohloch* IPRax 2012, 110 (112); *Schaub* in: PWW, 13. Aufl. 2018, Rom II-VO, Art. 1 Rn. 2.

429 So bereits ausdrücklich die Begründung zum Verordnungsvorschlag KOM(2003) 427 endg., S. 10; vgl. auch *Knöfel* in: Mansel/Hüßtege, Rom-Verordnungen, 2. Aufl. 2015, Rom II-VO, Art. 1 Rn. 34.

430 Ausführlich *Hohloch* IPRax 2012, 110 (112); *Junker* in: MüKo-BGB, 7. Aufl. 2018, Rom II-VO, Art. 1 Rn. 26.

431 Zutreffend *Müller*, Finanzinstrumente in der Rom I-VO, S. 151.

zwar miteinander verwandte, grundsätzlich aber eigenständig zu betrachtende Materien, nämlich *erstens* außervertragliche Schuldverhältnisse aus Wechseln, Schecks oder Eigenwechseln, unabhängig davon, ob die Verpflichtung aus der Handelbarkeit dieser Papiere folgt und *zweitens* außervertragliche Schuldverhältnisse aus allen anderen handelbaren Wertpapieren, sofern sich die Verpflichtung gerade aus der Handelbarkeit dieser ergibt.[432]

Vorbild für diese Bereichsausnahme war ein entsprechender Ausschluss im EVÜ (Art. 1 Abs. 2 lit. c) EVÜ), welcher wortwörtlich in die Rom II-Verordnung übernommen wurde. Im autonomen deutschen Internationalen Privatrecht war die Vorgabe des EVÜ im vormaligen Art. 37 S. 1 Nr. 1 EGBGB umgesetzt worden.[433] Die Regelung des Art. 1 Abs. 2 lit. c) Rom II-Verordnung war bereits im initialen Verordnungsentwurf der Kommission enthalten und wurde, soweit aus den vorbereitenden Unterlagen ersichtlich, zu keiner Zeit ernsthaft in Zweifel gezogen.[434]

Trotz seiner nunmehr über 30-jährigen Geschichte ist der Anwendungsbereich des Ausschlusstatbestandes bis heute nicht zufriedenstellend erschlossen und auch die genaue Bedeutung der hierin verwendeten Begriffe wie *Wertpapiere* oder *Handelbarkeit* ist keineswegs klar. Schon zum EVÜ wurde hierüber trefflich gestritten und auch die Übernahme in die Rom II- bzw. Rom I-Verordnung hatte diesbezüglich keine erhellende Wirkung. Umfang und Bedeutung der Bereichsausnahme bedürfen daher einer eingehenden Untersuchung.

---

432 Als Beispiel für *andere handelbare Wertpapiere* nennt Erwägungsgrund (9) Rom I-Verordnung Konnossemente.

433 Bei der Umsetzung in Art. 37 S. 1 Nr. 1 EGBGB war der Begriff der *„handelbaren Wertpapiere[]“* aus Art. 1 Abs. 2 lit. c) EVÜ durch *„Inhaber- oder Orderpapiere[]“* ersetzt worden; diese bloß sprachliche Abweichung sollte aber nach allgemeiner Meinung nicht zu einem inhaltlichen Unterschied führen, vgl. nur *Kieninger* in: Ferrari, u.a., Internationales Vertragsrecht, 3. Aufl. 2018, Rom I-VO, Art. 1 Rn. 15; *Martiny* in: MüKo-BGB, 7. Aufl. 2018, Rom I-VO, Art. 1 Rn. 58; *Magnus* in: Staudinger, Neubearbeitung 2016, Rom I-VO, Art. 1 Rn. 63.

434 Siehe den Verordnungsvorschlag der Kommission KOM(2003) 427 endg., S. 37; lediglich die italienische Delegation forderte mit der Begründung, dass die Bereichsausnahmen insgesamt zu umfangreich seien, die Streichung von Art. 1 Abs. 2 lit. c) und d) (vgl. Ratsdokument 9009/04 ADD 17), konnte sich hiermit aber offensichtlich nicht durchsetzen.

(2) Prämissen der Auslegung

Ebenso wie andere Begriffe im Unionsrecht sind auch die in Art. 1 Abs. 2 lit. c) Rom II-Verordnung verwendeten Begriffe Wechsel, Schecks, Eigenwechsel und andere handelbare Wertpapiere unionsautonom auszulegen und so die Reichweite der Bereichsausnahme zu bestimmen.[435] Aus systematischer Sicht kann hierfür insbesondere auch auf Quellen zur Rom I-Verordnung zurückgegriffen werden, in deren Art. 1 Abs. 2 lit. d) ebenfalls eine dem EVÜ nachempfundene Bereichsausnahme für außervertragliche Schuldverhältnisse aus handelbaren Wertpapieren Eingang gefunden hat. Eine solche rechtsaktübergreifende Auslegung ist vom europäischen Gesetzgeber ausdrücklich erwünscht.[436] Zwar zeigt die deutsche Sprachfassung der Rom I-Verordnung eine geringfügige Abweichung, da es hier im zweiten Halbsatz *„soweit die Verpflichtungen"* statt, wie im EVÜ und der Rom II-Verordnung, *„sofern die Verpflichtungen"* heißt. Jedoch zeigt bereits ein Blick in die englische und französische Sprachfassung der jeweiligen Rechtsinstrumente, dass dies keine inhaltliche Abweichung zum Ausdruck bringt, sondern lediglich einer uneinheitlichen Übersetzung geschuldet ist: Hier heißt es sowohl im EVÜ als auch in der Rom I- sowie II-Verordnung einheitlich jeweils *„to the extent that the obligations"* bzw. *„dans la mesure où les obligations"*. Einer Berücksichtigung von Quellen zur Rom I-Verordnung im Rahmen einer systematischen Auslegung steht daher nichts im Wege. Ebenso wie der *EuGH* dies in ständiger Rechtsprechung zum Verhältnis zwischen EuGVO und EuGVÜ[437] handhabt[438], können auch Quellen zum EVÜ, welches Vorbild für die entsprechende Bereichsausnahme in den Rom I- und Rom II-Verordnungen war, zur Auslegung der Rom I bzw. II-Verordnung herangezogen werden.[439]

---

435 Vgl. nur *Leible* in: Mansel/Hüßtege, Rom-Verordnungen, 2. Aufl. 2015, Rom I-VO, Art. 1 Rn. 30.

436 Vgl. Erwägungsgrund (7) Rom I-Verordnung; allgemein hierzu *Spickhoff* in: BeckOK-BGB, 49. Ed. 01.02.2019, Rom I-VO, Art. 1 Rn. 20; *Martiny* in: MüKo-BGB, 7. Aufl. 2018, Rom I-VO, Vorbem. zu Art. 1 Rn. 26.

437 Übereinkommen von Brüssel über die gerichtliche Zuständigkeit und die Vollstreckung gerichtlicher Entscheidungen in Zivil- und Handelssachen vom 27. September 1968, ABl. EG Nr. L 1972/299, 32 (EuGVÜ).

438 Ständige Rspr. des *EuGH*, vgl. nur *EuGH* Urteil v. 23.04.2009 – Rs. C-533/07, ECLI:EU:C:2009:257 (Falco Privatstiftung und Rabitsch), Rz. 51; *EuGH* Urteil v. 16.7.2009 – Rs. C-189/08, ECLI:EU:C:2009:475 (Zuid-Chemie), Rz. 18, jew. m. w. Nachw.

439 Dies zeigt sich schon darin, dass auch die Begründung der Kommission zur Rom II-Verordnung ausdrücklich auf den Bericht von *Giuliano/Lagarde* zum EVÜ verweist, vgl. KOM(2003) 427 endg., S. 9; vgl. für den umgekehrten Fall der Auslegung

(3) Reichweite der Bereichsausnahme

Weitgehend unerheblich für die Frage der Anwendbarkeit der Rom II-Verordnung auf Kapitalmarktinformationshaftungsansprüche ist der Ausschluss von außervertraglichen Schuldverhältnissen aus Wechseln, Schecks und Eigenwechseln, da sich aus diesen Papieren keine Haftungsansprüche im hier untersuchten Sinne ergeben. Einer näheren Betrachtung bedarf aber der Ausschluss von außervertraglichen Schuldverhältnissen aus *„anderen handelbaren Wertpapieren, sofern die Verpflichtungen aus diesen anderen Wertpapieren aus deren Handelbarkeit entstehen"*. Hierfür ist zunächst zu klären, was unter *handelbaren Wertpapieren* im Sinne der Rom II-Verordnung zu verstehen ist und welche Verpflichtungen sich gerade aus der *Handelbarkeit* eines Wertpapiers ergeben.

(a) Handelbare Wertpapiere

Der zentrale Oberbegriff der Bereichsausnahme ist, wie bereits ausgeführt, der der *handelbaren Wertpapiere*. Zunächst unklar ist indes, wie dieser Begriff zu verstehen ist und welche Finanzprodukte genau hiervon erfasst sein sollen. Aus der Systematik des Art. 1 Abs. 2 lit. c) Rom II-Verordnung wird lediglich deutlich, dass die ausdrücklich genannten Wechsel, Schecks und Eigenwechsel offenbar zur Kategorie der *handelbaren Wertpapiere* gehören. Zusätzlich schreibt Erwägungsgrund (9) Rom I-Verordnung auch Konnossemente den *handelbaren Wertpapiere* zu.[440]

(i) Begründung der Kommission

Nicht erhellend wirkt die im Zusammenhang der Auslegung der Verordnung grundsätzlich berücksichtigungsfähige Begründung der Kommission zum Verordnungsvorschlag. Diese verweist hinsichtlich der Hintergründe des Art. 1 Abs. 2 lit. c) Rom II-Verordnung lediglich auf die im Bericht von *Giuliano/Lagarde* zur Parallelvorschrift im EVÜ genannten Gründe: Erstens passe die Verordnung nicht auf diese Art von Schuldverhältnissen, zweitens seien die ausgenommenen Materien größtenteils bereits durch die Übereinkommen von

des EVÜ unter Heranziehung der entsprechenden Regelung der Rom I-Verordnung *EuGH* Urteil v. 15. 03. 2011 – Rs. C-29/10, ECLI:EU:C:2011:151 (Koelzsch), Rz. 46.

440 Erwägungsgrund (9) Rom I-Verordnung lautet: *„Unter Schuldverhältnisse aus Wechseln, Schecks, Eigenwechseln und anderen handelbaren Wertpapieren sollten auch Konnossemente fallen, soweit die Schuldverhältnisse aus dem Konnossement aus dessen Handelbarkeit entstehen."*

Genf[441] geregelt und drittens sei die Zuordnung dieser Schuldverhältnisse in den verschiedenen Mitgliedstaaten nicht einheitlich.[442]

Bezweifeln kann man bereits, ob sich die genannten Gründe überhaupt auf den Begriff der „*anderen handelbaren Wertpapiere*" beziehen. Denn ein Blick in den Bericht von *Giuliano/Lagarde* offenbart, dass diese lediglich in Bezug auf den Ausschluss von Schuldverhältnissen aus Wechseln, Schecks und Eigenwechseln aufgeführt waren, während allgemeine Ausführungen zur Ausnahme von Verpflichtungen aus der Handelbarkeit anderer Wertpapiere erst im nächsten Absatz folgen.[443] Deutlich wird dies auch in dem Umstand, dass sich die Bezugnahme auf bestehende völkerrechtliche Übereinkommen ersichtlich nur auf die Ausnahme von Wechseln, Schecks und Eigenwechseln beziehen kann, da für andere handelbare Wertpapiere gerade keine entsprechenden Übereinkommen bestehen. Hier zeigt sich also einmal mehr, dass die Bereichsausnahme in Art. 1 Abs. 2 lit. c) Rom II-Verordnung, wie eingangs bereits festgestellt, zwei grundsätzlich eigenständig zu betrachtende Materien betrifft, weshalb auch die jeweiligen gesetzgeberischen Begründungen nicht ohne weiteres für beide Bereiche herangezogen werden können.

(ii) Auslegungszusammenhang zum europäischen Kapitalmarktrecht

Denkbar erscheint weiter, zur Auslegung der Bereichsausnahme auf den im europäischen Kapitalmarktrecht entwickelten Wertpapierbegriff zurückzugreifen, welcher sich in zahlreichen kapitalmarktrechtlichen Richtlinien und Verordnungen findet. Ein solcher Rückgriff ist im Rahmen der Auslegung nicht nur zulässig, sondern unter Umständen sogar geboten, soweit ein Begriff innerhalb des Unionsrechts bereits in einem bestimmten Sinne definiert ist.[444]

Eine grundlegende Umschreibung des Wertpapierbegriffs, auf welche auch in anderen Rechtsakten häufig Bezug genommen wird, enthält die MiFID II. Als übertragbare Wertpapiere gelten danach alle Gattungen von Wertpapieren, die auf dem Kapitalmarkt gehandelt werden können, wie zum Beispiel Aktien, Schuldverschreibungen, andere verbriefte Schuldtitel einschließlich Zertifikate und alle sonstigen Wertpapiere, die zum Kauf oder Verkauf solcher Wertpapiere

441 Genfer Abkommen über Bestimmungen auf dem Gebiet des internationalen Wechselprivatrechts vom 7. Juni 1930, RGBl. 1933 II S. 444; Genfer Abkommen über Bestimmungen auf dem Gebiet des internationalen Scheckprivatrechts vom 19. März 1931, RGBl. 1933 II S. 494.

442 Vgl. KOM(2003) 427 endg., S. 9.

443 Siehe *Giuliano/Lagarde*-Bericht, S. 11.

444 Vgl. hierzu *Wegener* in: Calliess/Ruffert, 5. Aufl. 2016, EUV, Art. 19 Rn. 13.

berechtigen.[445] Die MiFID II enthält somit keine abstrakte Definition des Wertpapierbegriffs, sondern begnügt sich mit einer beispielhaften Aufzählung entsprechender Produkte.[446] Bei Vorliegen eines nicht nur verordnungs-, sondern sogar unionsautonomen Wertpapierbegriffs könnte das durch kapitalmarktrechtliche Regelungen geprägte Verständnis daher für die Rom II-Verordnung übernommen werden. In der Folge würde die Bereichsausnahme in Art. 1 Abs. 2 lit. c) Rom II-Verordnung, vorbehaltlich des Vorliegens der weiteren Voraussetzungen, grundsätzlich für all jene Produkte des Kapitalmarkts Geltung beanspruchen, auf welche auch die oben (II. Kapitel) beschriebenen Publizitätsvorschriften anwendbar sind.[447]

Gegen eine solche Bedeutungsübertragung sprechen indes gleich mehrere Gründe. Zunächst ist zu beachten, dass der Begriff hier nicht in einem spezifisch kapitalmarktrechtlichen Zusammenhang benutzt wurde, sondern innerhalb einer das Internationale Privatrecht regelnden Verordnung. Daher erscheint es durchaus denkbar, dass der europäische Gesetzgeber hier einen selbständigen Wertpapierbegriff schaffen wollte, dessen Bedeutung sich vom kapitalmarktrechtlichen Begriffsverständnis unterscheidet.[448] Weiterhin spricht gegen eine einheitliche Bedeutung, dass die Rom II-Verordnung keine ausdrückliche Bezugnahme auf die kapitalmarktrechtlichen Begriffsdefinitionen der MiFID II enthält. Eine explizite Anordnung wäre zwar nicht unbedingt erforderlich gewesen, hätte aber zumindest nahe gelegen, da der europäische Gesetzgeber eine solche im Rahmen der parallelen Rom I-Verordnung gleich mehrfach vorgenommen hat.[449] Für den Begriff der „*handelbaren Wertpapiere*“, welcher sowohl

---

445 Vgl. Art. 4 Abs. 1 Nr. 44 MiFID II.

446 *Veil* in: Veil, Europäisches Kapitalmarktrecht, § 5 Rn. 9.

447 Diese gelten durch entsprechende Verweise in den jeweiligen Richtlinien und Verordnungen jedenfalls auch für *Wertpapiere* im Sinne der MiFID II (teilweise wird auch an den Begriff des Finanzinstruments im Sinne der MiFID II angeknüpft, von welchem ausweislich Art. 4 Abs. 1 Nr. 15 i.V.m. Anhang I Abschnitt C MIFID II aber auch Wertpapiere im Sinne der MiFID II umfasst sind).

448 Eine entsprechende Unterscheidung ist etwa auch dem deutschen Recht bekannt, in welchem dem Wertpapierbegriff im kapitalmarktrechtlichen und zivilrechtlichen Zusammenhang divergierende Bedeutungen zukommen; vgl. zu dieser „*Spaltung des Wertpapierbegriffs*“ *Lehmann,* Finanzinstrumente, S. 14f.

449 Hier verweisen die Erwägungsgründe (18) und (30) hinsichtlich der Bedeutung der in der Verordnung mehrfach verwendeten Begriffe der „*multilateralen Systeme[]*“, „*Finanzinstrumente*“ und „*übertragbare[n] Wertpapiere*“ auf die Begriffsdefinitionen der MiFID. In Art. 4 Abs. 1 lit. h) Rom I-Verordnung ist sogar im Verordnungstext selbst von „*Finanzinstrumenten, im Sinne von Artikel 4 Absatz 1 Nummer 17 der*

in Art. 1 Abs. 2 lit. d) Rom I-Verordnung als auch in Art. 1 Abs. 2 lit. c) Rom II-Verordnung verwendet wird, enthält jedoch weder die Rom I- noch die Rom II-Verordnung eine entsprechende Bezugnahme. *E contrario* legt dies nahe, dass hier gerade kein Rückgriff auf im europäischen Kapitalmarktrecht vorhandene Begriffsbildungen erfolgen sollte.[450] Dies erscheint auch sinnvoll, da sich Erwägungsgrund (30) Rom I-Verordnung offensichtlich nur auf finanzmarktbezogene Wertpapiere und nicht, wie jedenfalls im Grundsatz die Bereichsausnahme in Art. 1 Abs. 2 lit. d) Rom I-Verordnung, auch auf Warenpapiere wie etwa Konnossemente bezieht.[451] Ohnehin waren die Begriffsbestimmungen des europäischen Kapitalmarktrechts im Zeitpunkt der erstmaligen Kodifikation der Bereichsausnahme in Art. 1 Abs. 2 lit. c) EVÜ im Jahre 1980 deutlich weniger differenziert, weshalb sich eine unmittelbare Bezugnahme nicht anbot.[452]

Vor diesem Hintergrund kann ein direkter Auslegungszusammenhang zwischen *handelbaren Wertpapieren* im Sinne der Rom II-Verordnung und dem durch das europäische Kapitalmarktrecht geprägten Begriff des Wertpapiers nicht angenommen werden. Auch wenn möglicherweise im Ergebnis einzelne Papiere beiden Begriffen zugeordnet werden können, also eine Schnittmenge besteht, ist deren Bedeutungsgehalt im Ausgangspunkt selbständig zu bestimmen.

(iii) Entwicklung eines verordnungsautonomen Begriffs der handelbaren Wertpapiere

Der Rom II-Verordnung ist folglich ein autonomer Wertpapierbegriff zu Grunde zu legen.[453] Mangels normierter Definition muss dies unter Heranziehung des

---

Richtlinie 2004/39/EG", also der MiFID (jetzt MiFID II), die Rede, wenngleich dies vor dem Hintergrund des Erwägungsgrundes (30) wohl nicht zwingend erforderlich gewesen wäre und im übrigen Verordnungstext auch nicht konsequent durchgehalten wird (vgl. Art. 6 Abs. 4 lit. d) Rom I-Verordnung); zum Ganzen *Müller,* Finanzinstrumente in der Rom I-VO, S. 146; *Garcimartín* Yb. Pr. Int. L. 2008, 245 (251 ff.); krit. hinsichtlich dieser Spezialregelungen für Finanzinstrumente in der Rom I-Verordnung *Lehmann* in: Ferrari/Leible, Rome I Regulation, 85 (85 ff.); differenziert *Mankowski* RIW 2009, 98 (98 ff.).

450 Zutreffend zur Rom I-Verordnung *Müller,* Finanzinstrumente in der Rom I-VO, S. 146.

451 *Mankowski* TransportR 2008, 417 (421); vgl. zur begrifflichen Einbeziehung von Konnossementen in handelbare Wertpapiere Erwägungsgrund (9) Rom I-Verordnung.

452 Siehe zur Entwicklung des europäischen Kapitalmarktrechts oben Abschnitt II.B.

453 Dafür auch *Kieninger* in: Ferrari, u.a., Internationales Vertragsrecht, 3. Aufl. 2018, Rom I-VO, Art. 1 Rn. 15; *Magnus* in: Staudinger, Neubearbeitung 2016, Rom I-VO, Art. 1

Auslegungszusammenhangs zum EVÜ, der Systematik sowie dem Sinn und Zweck der Rom II- bzw. Rom I-Verordnung erfolgen.

Unter einem Wertpapier ist, wie schon unter Geltung des EVÜ, jede Urkunde zu verstehen, welche ein Recht dergestalt verbrieft, dass der Inhaber der Urkunde zur Geltendmachung des Rechts befähigt ist.[454] Für dieses weite Verständnis spricht schon die exemplarische Aufzählung von Wertpapieren in der Bereichsausnahme selbst bzw. in den Erwägungsgründen, wonach klargestellt ist, dass jedenfalls Wechsel, Schecks, Eigenwechsel und Konnossemente Wertpapiere im Sinne der Vorschrift sind.

Darüber hinaus muss das Wertpapier *handelbar* sein. Zum EVÜ war anerkannt, dass die Handelbarkeit eines Wertpapiers nicht im Übereinkommen selbst geregelt ist, sondern nach dem Internationalen Privatrecht der *lex fori* bestimmt werden muss.[455] Im Geltungsbereich der Rom II-Verordnung ist nun richtigerweise ein weitgehend verordnungsautonomes Begriffsverständnis zu Grunde zu legen.[456] Erforderlich für die Handelbarkeit ist zunächst die Transportfunktion des Wertpapiers, also die besondere Eigenschaft, dass mit der Übertragung der Urkunde zugleich das darin verbriefte Recht übergeht.[457] Die bloße Übertragbarkeit ist für die Handelbarkeit aber nicht ausreichend.[458] Der Bericht von *Giuliano/Lagarde* zum EVÜ führt hierzu aus: *„Ist ein Anspruch übertragbar, das Dokument, aus dem er sich ergibt, jedoch nicht handelbar, so fällt dieses Dokument nicht unter diesen Ausschluß.*“[459] Hinzukommen muss daher

Rn. 67; *Mankowski* IHR 2008, 133 (134); *Martiny* in: MüKo-BGB, 7. Aufl. 2018, Rom I-VO, Art. 1 Rn. 58; *Müller,* Finanzinstrumente in der Rom I-VO, S. 185.

454 *Leible* in: Mansel/Hüßtege, Rom-Verordnungen, 2. Aufl. 2015, Rom I-VO, Art. 1 Rn. 56; *Kieninger* in: Ferrari, u.a., Internationales Vertragsrecht, 3. Aufl. 2018, Rom I-VO, Art. 1 Rn. 15; *Martiny* in: MüKo-BGB, 7. Aufl. 2018, Rom I-VO, Art. 1 Rn. 58; ausführlich auch *Müller,* Finanzinstrumente in der Rom I-VO, S. 136 ff.

455 *Martiny* in: MüKo-BGB, 7. Aufl. 2018, Rom I-VO, Art. 1 Rn. 59; *Magnus* in: Staudinger, Neubearbeitung 2016, Rom I-VO, Art. 1 Rn. 66, jeweils m. w. Nachw.; vgl. auch *Giuliano/Lagarde*-Bericht, S. 11.

456 *Martiny* in: MüKo-BGB, 7. Aufl. 2018, Rom I-VO, Art. 1 Rn. 59; *von Hein* in: Rauscher, EuZPR/EuIPR, 4. Aufl. 2016, Rom I-VO, Art. 1 Rn. 32; *Leible* in: Mansel/Hüßtege, Rom-Verordnungen, 2. Aufl. 2015, Rom I-VO, Art. 1 Rn. 57; *Magnus* in: Staudinger, Neubearbeitung 2016, Rom I-VO, Art. 1 Rn. 67.

457 *Mankowski* TransportR 2008, 417 (421); *Magnus* in: Staudinger, Neubearbeitung 2016, Rom I-VO, Art. 1 Rn. 67, 65; zustimmend *Staudinger* in: HK-BGB, 10. Aufl. 2019, Rom I-VO, Art. 1 Rn. 8.

458 *Müller,* Finanzinstrumente in der Rom I-VO, S. 146f.

459 Vgl. *Giuliano/Lagarde*-Bericht, S. 11.

noch, dass das Wertpapier im Interesse der Verkehrsfähigkeit besonders ausgestaltet ist.[460] In diesem Zusammenhang wird aus deutscher Sicht häufig von der *Umlauffähigkeit* des Wertpapiers gesprochen.[461] Hiermit gemeint sind *„die spezifisch wertpapierrechtlichen Funktionen dieser Urkunden“*[462], also beispielsweise die durch die Übertragung des Papiers zustande kommenden, wertpapierrechtlichen Verpflichtungen[463]. Nur Wertpapiere, welche sowohl übertragbar sind, als auch von besonderen, die Umlauffähigkeit fördernden Regelungen profitieren, sind also handelbare Wertpapiere im Sinne von Art. 1 Abs. 2 lit. c) Rom II-Verordnung.[464]

Unterschiedlich beurteilt wird hingegen die Frage, wie über die *Handelbarkeit* eines konkreten Wertpapiers zu befinden ist. Zum EVÜ stellte der Bericht von *Giuliano/Lagarde* klar: *„Die Frage, ob ein Dokument als handelbares Papier einzustufen ist oder nicht, wird nicht durch dieses Übereinkommen geregelt, sondern hängt von dem am Gerichtsstand geltenden Recht (einschließlich des dort geltenden internationalen Privatrechts) ab.“*[465] Teilweise wird daraus geschlossen, dass auch im Geltungsbereich der Rom II- bzw. Rom I-Verordnung nach wie vor die *lex fori*, unter Einschluss des Internationalen Privatrechts, darüber entscheiden soll, ob im konkreten Fall ein (nach verordnungsautonomem Begriffsverständnis definiertes) handelbares Wertpapier vorliegt.[466] Dies kann indes nicht

---

460 *Spickhoff* in: BeckOK-BGB, 49. Ed. 01.02.2019, Rom I-VO, Art. 1 Rn. 38; *von Hein* in: Fassbender/Wendehorst/Wet u. a., Paradigmen im internationalen Recht, 369 (390); *Knöfel* in: Mansel/Hüßtege, Rom-Verordnungen, 2. Aufl. 2015, Rom II-VO, Art. 1 Rn. 43; *Thorn* in: Palandt, 78. Aufl. 2019, Rom I-Verordnung, Art. 1 Rn. 10; *Magnus* in: Staudinger, Neubearbeitung 2016, Rom I-VO, Art. 1 Rn. 69.

461 *Martiny* in: MüKo-BGB, 7. Aufl. 2018, Rom I-VO, Art. 1 Rn. 59; *Magnus* in: Staudinger, Neubearbeitung 2016, Rom I-VO, Art. 1 Rn. 65; *Staudinger* in: HK-BGB, 10. Aufl. 2019, Rom I-VO, Art. 1 Rn. 8; *Müller*, Finanzinstrumente in der Rom I-VO, S. 147.

462 *Martiny* in: MüKo-BGB, 7. Aufl. 2018, Rom I-VO, Art. 1 Rn. 60.

463 *Kieninger* in: Ferrari, u.a., Internationales Vertragsrecht, 3. Aufl. 2018, Rom I-VO, Art. 1 Rn. 16; *von Hein* in: Fassbender/Wendehorst/Wet u. a., Paradigmen im internationalen Recht, 369 (390).

464 Zahlreiche Beispiele finden sich etwa bei *Magnus* in: Staudinger, Neubearbeitung 2016, Rom I-VO, Art. 1 Rn. 68.

465 *Giuliano/Lagarde*-Bericht, S. 11; vgl. hierzu auch *Martiny* in: MüKo-BGB, 7. Aufl. 2018, Rom I-VO, Art. 1 Rn. 59; *Magnus* in: Staudinger, Neubearbeitung 2016, Rom I-VO, Art. 1 Rn. 66, jeweils m. w. Nachw.

466 So etwa *Müller*, Finanzinstrumente in der Rom I-VO, S. 150; *Brödermann/Wegen* in: PWW, 13. Aufl. 2018, Rom I-VO, Art. 1 Rn. 16; *Leible* in: Mansel/Hüßtege,

überzeugen. Zunächst erscheint eine solche Einschätzungsprärogative der mitgliedstaatlichen Gesetzgeber, welche damit mittelbar über die Anwendbarkeit der Rom I- bzw. II-Verordnung bestimmen könnten, kaum mit den Grundgedanken des europäischen Internationalen Privatrechts vereinbar.[467] Die Erforderlichkeit und Sinnhaftigkeit des Grundsatzes der autonomen Auslegung ist unbestritten und gilt, abgesehen von ausdrücklich durch die Verordnung angeordneten Ausnahmen, absolut. In der Folge muss auch die Qualifikation im Rahmen des europäischen Internationalen Privatrechts grundsätzlich losgelöst von den mitgliedstaatlichen Rechtsordnungen erfolgen.[468] Andernfalls würde der Nutzen, den die autonome Auslegung auf erster Stufe bringt, auf der nächsten Stufe gleich wieder zunichte gemacht. Es ist nicht ersichtlich, warum, erforderlichenfalls unter Einbeziehung der Auslegungskompetenz des *EuGH*, die Frage nach dem Vorliegen eines handelbaren Wertpapiers nicht ausschließlich autonom erfolgen können sollte. Auch dass im Bereich der Wertpapiere zwischen den Rechten der Mitgliedstaaten teilweise erhebliche Unterschiede bestehen, kann dem nicht entgegengehalten werden.[469] Eine autonome Begriffsbildung ist, notfalls unter Einbeziehung eines Vorlageersuchens an den *EuGH*, dennoch möglich. Auch die von *M. Müller* konstatierte Nähe des Wertpapierrechts zum Sachenrecht und der beiden Rechtsgebieten eigene *numerus clausus* hindert eine verordnungsautonome Begriffsausfüllung nicht.[470] Denn selbst der in Art. 24 Nr. 1 EuGVO n.F. verwendete Begriff der *„dingliche[n] Rechte“*, welche im nationalen Recht ebenfalls dem sachenrechtlichen *numerus clausus* unterliegen, wird nach der insoweit eindeutigen Rechtsprechung des *EuGH* autonom qualifiziert.[471] Zudem bestünde aufgrund des unvereinheitlichten Kollisionsrechts der *anderen handelbaren Wertpapiere* die Gefahr, dass je nach Gerichtsstaat

---

Rom-Verordnungen, 2. Aufl. 2015, Rom I-VO, Art. 1 Rn. 57; *Hohloch* in: Erman, BGB, 15. Aufl. 2017, Rom I-VO, Art. 1 Rn. 8b.

467 A.A. *Müller*, Finanzinstrumente in der Rom I-VO, S. 150.

468 *Junker* in: MüKo-BGB, 7. Aufl. 2018, Rom II-VO, Vorbem. zu Art. 1 Rn. 30; *Martiny* in: MüKo-BGB, 7. Aufl. 2018, Rom I-VO, Vorbem. zu Art. 1 Rn. 23; *Magnus* in: Staudinger, Neubearbeitung 2016, Rom I-VO, Einl Rn. 57; *Schaub* in: PWW, 13. Aufl. 2018, Rom II-VO, Vorbem. Rn. 7.

469 So aber *Müller*, Finanzinstrumente in der Rom I-VO, S. 149f.

470 *Müller*, Finanzinstrumente in der Rom I-VO, S. 150f.

471 *EuGH* Urteil v. 10.01.1990 – Rs. C-115/88, ECLI:EU:C:1990:3 (Reichert und Kockler), Rz. 8; *EuGH* Urteil v. 18.05.2006 – Rs. C-343/04, ECLI:EU:C:2006:330 (ČEZ), Rz. 25; vgl. *von Hein* in: Kropholler/von Hein, 9. Aufl. 2011, EuGVO a.F., Art. 22 Rn. 13 m. w. Nachw.

unterschiedliche Ergebnisse hinsichtlich der Handelbarkeit eines Wertpapiers erzielt werden und in der Folge Unterschiede bei der Anwendbarkeit der Rom II- bzw. Rom I-Verordnung auftreten. Dies gilt es im Sinne der einheitlichen Anwendung in jedem Fall zu vermeiden. Darüber hinaus liegt auch im Sinne der Handhabbarkeit eine rein verordnungsautonome Bestimmung nahe. Andernfalls müsste bereits bei der Frage der Anwendbarkeit der Rom II-Verordnung auf ein konkretes außervertragliches Schuldverhältnis aufwändig das jeweilige Wertpapierstatut bestimmt und das anwendbare materielle Wertpapierrecht angewendet werden.[472]

Insgesamt erscheint daher eine rein verordnungsautonome Begriffsausfüllung ohne Rückgriff auf das Recht der *lex fori* vorzugswürdig.[473] Welche konkreten Eigenschaften ein Wertpapier besitzt, bestimmt selbstverständlich nach wie vor der nationale Gesetzgeber. Ob ein mit diesen bestimmten Eigenschaften ausgestattetes Wertpapier aber als handelbar im Sinne der Rom II- bzw. Rom I-Verordnung einzustufen ist, ist ausschließlich unionsrechtlich-autonom zu bestimmen.

(iv) Zwischenergebnis

Der Begriff des *handelbaren Wertpapiers* ist in seiner Gesamtheit verordnungsautonom und ohne Rückgriff auf mitgliedstaatliche Rechtsordnungen zu bestimmen. Vor dem Hintergrund der oben gewonnenen Auslegungsergebnisse könnten für die Zwecke der Rom II-Verordnung die Begriffe des *Wertpapiers im Sinne eines handelbaren Wertpapiers* und des *handelbaren Wertpapiers* wie folgt gefasst werden[474]:

> *Ein **Wertpapier im Sinne eines handelbaren Wertpapiers** ist jede Urkunde, welche ein Recht dergestalt verbrieft, dass der Inhaber der Urkunde zur Geltendmachung und Übertragung des Rechts befähigt ist. Ein solches Papier ist darüber hinaus ein **handelbares Wertpapier** im Sinne der Rom II- bzw. Rom I-Verordnung, wenn es zum Zwecke der Verkehrsfähigkeit mit spezifisch wertpapierrechtlichen Funktionen ausgestattet ist.*

---

472 So etwa *Hohloch* in: Erman, BGB, 15. Aufl. 2017, Rom I-VO, Art. 1 Rn. 8b.

473 So ausdrücklich auch *Mankowski* TransportR 2008, 417 (418); *Mankowski* IHR 2008, 133 (134); in diesem Sinne wohl auch *Martiny* in: MüKo-BGB, 7. Aufl. 2018, Rom I-VO, Art. 1 Rn. 59; *Magnus* in: Staudinger, Neubearbeitung 2016, Rom I-VO, Art. 1 Rn. 67; *Garcimartín* EuLF 2008, I-61-I-79 (I-63 Fn. 16); *Kieninger* in: Ferrari, u.a., Internationales Vertragsrecht, 3. Aufl. 2018, Rom I-VO, Art. 1 Rn. 15.

474 Ein alternativer Definitionsvorschlag findet sich bei *Müller,* Finanzinstrumente in der Rom I-VO, S. 185.

(v) Folgerungen für Ansprüche aus Kapitalmarktinformationshaftung

Diesem Verständnis folgend fällt ein erheblicher Teil der Wertpapiere und Finanzinstrumente im Sinne der Prospekt- bzw. Transparenz-RL sowie der Marktmissbrauchs-VO auch unter den Begriff der *handelbaren Wertpapiere* im Sinne des Art. 1 Abs. 2 lit. c) Rom II-Verordnung. Zu nennen sind hier etwa Aktien, aktienvertretende Zertifikate oder auch Anleihen. Eine Relevanz von Art. 1 Abs. 2 lit. c) Rom II-Verordnung für außervertragliche Ansprüche aus Kapitalmarktinformationshaftung, welche regelmäßig aus einer Verletzung der im Ursprung in der Prospekt- bzw. Transparenz-RL sowie der Marktmissbrauchs-VO statuierten Publizitätspflichten resultieren, ist insoweit nicht ausgeschlossen.

(b) Verpflichtungen aus der Handelbarkeit des Wertpapiers

Um die Ausschlussfolge des Art. 1 Abs. 2 lit. c) Rom II-Verordnung auszulösen, muss sich die maßgebliche außervertragliche *Verpflichtung* allerdings nicht nur aus grundsätzlich handelbaren Wertpapieren, sondern gerade *aus deren Handelbarkeit* ergeben. Was hierunter zu verstehen ist, ist der Verordnung nicht unmittelbar zu entnehmen. Dies führt zu erheblichen Auslegungsschwierigkeiten und Rechtsunsicherheiten hinsichtlich des konkreten Anwendungsbereichs von Art. 1 Abs. 2 lit. c) Rom II-Verordnung.[475]

(i) Eigenständige Bedeutung des Kriteriums der Handelbarkeit

Bereits der Wortlaut von Art. 1 Abs. 2 lit. c) Rom II-Verordnung indiziert, dass nicht alle, sondern nur ganz bestimmte Verpflichtungen gerade aus der Handelbarkeit eines Wertpapiers resultieren und in der Folge vom Anwendungsbereich der Rom II-Verordnung ausgenommen werden sollen. Andernfalls wäre der letzte Halbsatz („*sofern die Verpflichtungen aus diesen anderen Wertpapieren aus deren Handelbarkeit entstehen*“) schlicht überflüssig. Für eine selbständige Bedeutung des Handelbarkeits-Kriteriums bzw. eine insoweit einschränkende Auslegung spricht auch der Sinn und Zweck der Bereichsausnahme. Denn diese sind grundsätzlich restriktiv auszulegen, um dem unionsweit harmonisierten Internationalen Privatrecht eine größtmögliche Anwendbarkeit zu sichern.[476] Eine Ausnahme vom Anwendungsbereich und ein hierdurch erforderlicher

---

475 Kritisch zur wortgleichen Parallelvorschrift des Art. 1 Abs. 2 lit. d) Rom I-Verordnung etwa *Lehmann* in: Ferrari/Leible, Rome I Regulation, 85 (93f.); ebenso *Staudinger* in: HK-BGB, 10. Aufl. 2019, Rom I-VO, Art. 1 Rn. 8; *Mankowski* IHR 2008, 133 (134); *Thorn* in: Palandt, 78. Aufl. 2019, Rom I-Verordnung, Art. 1 Rn. 10.

476 Vgl. zur gebotenen restriktiven Auslegung bereits oben Abschnitt IV.B.3.

Rückgriff auf internationale Abkommen oder nationales Kollisionsrecht bedürfen daher der Rechtfertigung.[477] Das mit dem absoluten Anwendungsanspruch des europäischen Internationalen Privatrechts kollidierende Schutzgut ist die Handelbarkeit der Wertpapiere. Diese ist zur Funktion und Aufrechterhaltung der Kapitalmärkte unabdingbar. Das Wertpapierrecht als spezielles Rechtsgebiet trägt dem Erfordernis der Handelbarkeit besonders Rechnung und folgt entsprechend auch eigenen kollisionsrechtlichen Regelungen. Das Deliktskollisionsrecht der Rom II-Verordnung wäre hierfür schlicht unpassend.[478] Letztlich dient die Bereichsausnahme in Art. 1 Abs. 2 lit. c) Rom II-Verordnung damit dem Schutz der Handelbarkeit von Wertpapieren und daher im Ergebnis dem Schutz der Funktionsfähigkeit des Kapitalmarktes.[479] Im Hinblick darauf ist der Ausschluss bestimmter Verpflichtungen aus Wertpapieren also gerechtfertigt, soweit dies zur Sicherung der Handelbarkeit dieser Wertpapiere erforderlich ist.[480]

Eine weitere Stütze findet diese Auslegung in systematischer Hinsicht auch in Art. 6 Abs. 4 lit. d) Rom I-Verordnung, welcher bestimmte Finanzmarktverträge vom Anwendungsbereich der besonderen Kollisionsnorm für Verbraucherverträge (Art. 6 Rom I-Verordnung) ausnimmt und folglich der allgemeinen Anknüpfung nach Art. 3, 4 Rom I-Verordnung zuschreibt.[481] Die Tatsache, dass hier innerhalb einer besonderen Kollisionsnorm ein ausdrücklicher Ausschluss von „*Rechten und Pflichten im Zusammenhang mit einem Finanzinstrument*“

---

477 In diesem Sinne auch *Knöfel* in: Mansel/Hüßtege, Rom-Verordnungen, 2. Aufl. 2015, Rom II-VO, Art. 1 Rn. 33.

478 Treffend erscheint hier auch wieder die Begründung der Kommission, „*die Verordnung [passe] nicht auf diese Art von Schuldverhältnissen*“ (vgl. KOM(2003) 427 endg., S. 9), auch wenn sich diese wohl nur auf den Ausschluss von außervertraglichen Schuldverhältnissen aus Wechseln, Schecks und Eigenwechseln bezog (vgl. hierzu oben Abschnitt IV.B.3.a)(3)(a)(i)).

479 Ähnlich *Garcimartín* LFMR 2011, 449 (452): „*This exclusion only protects the circulatory function of negotiable instruments.*“; vgl. auch *Knöfel* in: Mansel/Hüßtege, Rom-Verordnungen, 2. Aufl. 2015, Rom II-VO, Art. 1 Rn. 33.

480 Vgl. zum Ganzen *Knöfel* in: Mansel/Hüßtege, Rom-Verordnungen, 2. Aufl. 2015, Rom II-VO, Art. 1 Rn. 33.

481 Art. 6 Abs. 4 lit. d) Rom I-Verordnung lautet: „*Die Absätze 1 und 2 gelten nicht für: […] d) Rechte und Pflichten im Zusammenhang mit einem Finanzinstrument sowie Rechte und Pflichten, durch die die Bedingungen für die Ausgabe oder das öffentliche Angebot und öffentliche Übernahmeangebote bezüglich übertragbarer Wertpapiere und die Zeichnung oder den Rückkauf von Anteilen an Organismen für gemeinsame Anlagen in Wertpapieren festgelegt werden, sofern es sich dabei nicht um die Erbringung von Finanzdienstleistungen handelt.*“

enthalten ist, legt aus regelungssystematischer Sicht den Schluss nahe, dass diese nicht bereits *a priori* durch die Bereichsausnahme in Art. 1 Abs. 2 lit. d) Rom I-Verordnung vollumfänglich vom Anwendungsbereich der Rom I-Verordnung ausgeschlossen sein können.[482] Gleichwohl gilt es bei dieser Argumentation zu beachten, dass die inhaltliche Bedeutung des Art. 6 Abs. 4 lit. d) Rom I-Verordnung keinesfalls klar und in der Literatur auch ernstzunehmender Kritik ausgesetzt ist. Sie wird zum Teil für weitgehend überflüssig[483] oder zumindest redundant[484] gehalten, da derartige Ansprüche ohnehin schon durch die Bereichsausnahme für Wertpapiere in Art. 1 Abs. 2 lit. d) Rom I-Verordnung vom Anwendungsbereich der Rom I-Verordnung ausgeschlossen seien. Die Kritik an Art. 6 Abs. 4 lit. d) Rom I-Verordnung unterstellt allerdings jedenfalls implizit, dass der europäische Gesetzgeber die Bereichsausnahme bei der Einführung des Art. 6 Abs. 4 lit. d) Rom I-Verordnung nicht bedacht[485] oder bewusst eine doppelte Regelung geschaffen[486] hätte, was aber eher fernliegend erscheint. Deutlich überzeugender und im Übrigen auch möglich ist es hingegen, Art. 6 Abs. 4 lit. d) Rom I-Verordnung so auszulegen, dass ihm neben Art. 1 Abs. 2 lit. d) Rom I-Verordnung ein eigener Bedeutungsgehalt und Anwendungsbereich zukommt.[487] Dem systematischen Zusammenhang mit Art. 6 Abs. 4 lit. d) Rom I-Verordnung kann für die Auslegung des Begriffs der *Verpflichtungen aus der Handelbarkeit eines Wertpapiers* daher jedenfalls entnommen werden, dass hierdurch nicht sämtliche, sondern nur ganz bestimmte Verpflichtungen im Zusammenhang mit dem Handel von Wertpapieren vom Anwendungsbereich der Rom I- bzw. Rom II-Verordnung ausgenommen werden sollten.[488]

Wortlaut, *ratio* und Systematik der Bereichsausnahme bzw. der Rom II-Verordnung folgend sind daher lediglich Verpflichtungen, welche unmittelbar aus der Handelbarkeit des betreffenden Wertpapiers folgen, vom

---

482 *von Hein* in: Baum/Fleckner/Hellgardt u. a., Perspektiven des Wirtschaftsrechts, 371 (380); *Müller*, Finanzinstrumente in der Rom I-VO, S. 163.

483 *Lehmann* in: Ferrari/Leible, Rome I Regulation, 85 (92 ff., 98); *Garcimartín* Yb. Pr. Int. L. 2008, 245 (252).

484 *Garcimartín* JPIL 2009, 85 (91).

485 In diesem Sinne wohl *Lehmann* in: Ferrari/Leible, Rome I Regulation, 85 (92 ff.).

486 So *Garcimartín* JPIL 2009, 85 (91).

487 Dass eine solche Auslegung durchaus möglich ist zeigt insbesondere *Mankowski* RIW 2009, 98 (98 ff.); *Mankowski* in: Reithmann/Martiny, Internationales Vertragsrecht, Rn. 6.1667 ff.

488 So im Ergebnis auch *von Hein* in: Baum/Fleckner/Hellgardt u. a., Perspektiven des Wirtschaftsrechts, 371 (380); *Müller*, Finanzinstrumente in der Rom I-VO, S. 163f.

Anwendungsbereich der Rom II-Verordnung ausgenommen. Alle sonstigen aus handelbaren Wertpapieren herrührenden Verpflichtungen verbleiben hingegen im Anwendungsbereich der Rom II-Verordnung, soweit sie nicht von einer anderen Bereichsausnahme betroffen sind. Dies gilt grundsätzlich für Verpflichtungen, welche nicht wertpapierrechtlich, sondern transaktionsbezogen sind.[489] Beispiele hierfür sind etwa „*Verträge, aufgrund derer diese Papiere ausgestellt werden*" oder „*Verträge über den Kauf oder Verkauf solcher Papiere*".[490]

(ii) Auslegung

Als *Verpflichtungen* in Betracht kommen grundsätzlich wohl alle schuldrechtlichen Ansprüche, nicht aber sachenrechtliche Fragen, da diese ohnehin nicht in den Anwendungsbereich der Rom I- bzw. II-Verordnung fallen.[491] Unter dem Begriff der *Handelbarkeit* ist, wie vorangehend festgestellt[492], die zum Zwecke der Verkehrsfähigkeit erfolgende Ausstattung eines Wertpapiers mit spezifisch wertpapierrechtlichen Funktionen zu verstehen. Folglich ergibt sich eine Verpflichtung immer dann aus der Handelbarkeit eines Wertpapiers, wenn es sich um schuldrechtliche Folgen der spezifisch wertpapierrechtlichen Funktion handelt.[493] Denkbare Beispiele hierfür sind etwa die aus der Übertragung des Wertpapiers folgenden Verpflichtungen, welche sich gerade aus dem Wertpapiercharakter ergeben.[494] Negativ formuliert verbleiben lediglich solche Verpflichtungen im Anwendungsbereich der Rom II-Verordnung, welche keinerlei Bezug zur besonderen Ausgestaltung des Wertpapiers im Sinne seiner Umlauffähigkeit bzw. Verkehrsfähigkeit haben.[495]

(iii) Folgerungen für Ansprüche aus Kapitalmarktinformationshaftung

Ansprüche aus Kapitalmarktinformationshaftung haben ihren Ursprung in der Verletzung kapitalmarktrechtlicher Publizitätspflichten. Es handelt sich dabei

489 *von Hein* in: Baum/Fleckner/Hellgardt u. a., Perspektiven des Wirtschaftsrechts, 371 (380); *Weber* WM 2008, 1581 (1584).

490 *Giuliano/Lagarde*-Bericht, S. 11.

491 *Staudinger* in: HK-BGB, 10. Aufl. 2019, Rom I-VO, Art. 1 Rn. 8.

492 Siehe zum Begriff der Handelbarkeit oben unter Abschnitt IV.B.3.a)(3)(a)(iii) sowie IV.B.3.a)(3)(a)(iv).

493 So auch *Staudinger* in: HK-BGB, 10. Aufl. 2019, Rom I-VO, Art. 1 Rn. 8; *Martiny* in: MüKo-BGB, 7. Aufl. 2018, Rom I-VO, Art. 1 Rn. 60; *von Hein* in: Baum/Fleckner/Hellgardt u. a., Perspektiven des Wirtschaftsrechts, 371 (380).

494 *Kieninger* in: Ferrari, u.a., Internationales Vertragsrecht, 3. Aufl. 2018, Rom I-VO, Art. 1 Rn. 16; *Hohloch* in: Erman, BGB, 15. Aufl. 2017, Rom I-VO, Art. 1 Rn. 8b.

495 *Knöfel* in: Mansel/Hüßtege, Rom-Verordnungen, 2. Aufl. 2015, Rom II-VO, Art. 1 Rn. 43.

um eine transaktionsbezogene Pflicht zur Veröffentlichung bestimmter Informationen und nicht um eine zum Zwecke der Verkehrsfähigkeit verliehene, spezifisch wertpapierrechtliche Funktion des betreffenden Wertpapiers.[496] Dies zeigt sich insbesondere in dem Umstand, dass Kapitalmarktinformationsansprüche wie solche aus Prospekthaftung oder Haftung wegen falscher Ad-hoc-Mitteilungen bei einer Übertragung des Wertpapiers nicht auf den Empfänger übergehen.[497] Vielmehr verbleiben sie beim ursprünglichen Anspruchsinhaber, der zu deren Geltendmachung nicht weiter im Besitz des zugrunde liegenden Wertpapiers sein muss.[498] In der Folge entsteht die Verpflichtung auch nicht aus der Handelbarkeit eines Wertpapiers und ist daher nicht durch Art. 1 Abs. 2 lit. c) vom Anwendungsbereich der Rom II-Verordnung ausgeschlossen.

Ein weiteres Argument in diesem Sinne lässt sich noch dem Wortlaut des Art. 1 Abs. 2 lit. c) Rom II-Verordnung entnehmen. Denn systematisch betrachtet entspringt die Schadensersatzpflicht nicht dem Wertpapier- sondern dem allgemeinen (Kapitalmarkt-)Deliktsrecht. Aus wertpapierrechtlicher Sicht könnte man die kapitalmarktrechtlichen Publizitätspflichten quasi als eine Art Nebenpflicht einordnen. Entsprechend handelt es sich schon nicht, wie von Art. 1 Abs. 2 lit. c) Rom II-Verordnung gefordert, um *„außervertragliche Schuldverhältnisse […]* ***aus*** *anderen handelbaren Wertpapieren“*, da Kapitalmarktinformationshaftungsansprüche nicht in der Urkunde selbst verbrieft sind.[499]

(4) Ergebnis

Handelbare Wertpapiere im Sinne des Art. 1 Abs. 2 lit. c) Rom II-Verordnung sind zwar grundsätzlich geeignet, Ansprüche aus Kapitalmarktinformationshaftung auszulösen, die Haftung entspringt aber nicht der Handelbarkeit dieser Wertpapiere. Die – soweit ersichtlich – einhellige Ansicht in der Literatur geht daher im Ergebnis zu Recht davon aus, dass Art. 1 Abs. 2 lit. c) die Anwendbarkeit

---

496 *von Hein* in: Baum/Fleckner/Hellgardt u. a., Perspektiven des Wirtschaftsrechts, 371 (381); *von Hein* in: Fassbender/Wendehorst/Wet u. a., Paradigmen im internationalen Recht, 369 (410f.); *Garcimartín* LFMR 2011, 449 (452); *Kiesselbach* JIBFL 2011, 25 (25); im Ergebnis auch *LG Stuttgart*, Vorlagebeschluss v. 28.02.2017 – 22 AR 1/17 Kap, Rz. 140.

497 *Weber* WM 2008, 1581 (1584); ebenso *LG Stuttgart*, Vorlagebeschluss v. 28.02.2017 – 22 AR 1/17 Kap, Rz. 140.

498 *Schmitt* BKR 2010, 366 (368); ebenso *LG Stuttgart*, Vorlagebeschluss v. 28.02.2017 – 22 AR 1/17 Kap, Rz. 140.

499 Vgl. *Schmitt* BKR 2010, 366 (368); *Weber* WM 2008, 1581 (1584); *Tschäpe/Kramer/Glück* RIW 2008, 657 (661).

der Rom II-Verordnung auf Prospekthaftungs- sowie sonstige Kapitalmarktinformationshaftungsansprüche nicht ausschließt.[500]

b) Bereichsausnahme des Art. 1 Abs. 2 lit. d) Rom II-Verordnung

(1) Allgemeines

Weiter vom Anwendungsbereich der Rom II-Verordnung ausgeschlossen sind nach Art. 1 Abs. 2 lit. d) Rom II-Verordnung „*außervertragliche Schuldverhältnisse, die sich aus dem Gesellschaftsrecht, dem Vereinsrecht und dem Recht der juristischen Personen ergeben*“. Eine entsprechende Bereichsausnahme fand sich bereits im EVÜ (Art. 1 Abs. 2 lit. e) EVÜ).[501] Auch in die Rom I-Verordnung (Art. 1 Abs. 2 lit. f) Rom I-Verordnung) wurde ein gleichlautender Ausschluss übernommen. Abweichend von seinen Vorgängerregelungen führt Art. 1 Abs. 2 lit. d) Rom II-Verordnung als beispielhaft ausgeschlossene Frage auch die persönliche Haftung der Rechnungsprüfer auf. Abgesehen von dieser Ergänzung ist die Bereichsausnahme aber gleichlautend, weshalb ein Rückgriff auf Materialien zum EVÜ sowie zur Rom I-Verordnung hier ebenso möglich ist wie im Rahmen der Auslegung des Art. 1 Abs. 2 lit. c) Rom II-Verordnung.[502]

---

500 Ausführlich *von Hein* in: Baum/Fleckner/Hellgardt u. a., Perspektiven des Wirtschaftsrechts, 371 (379 ff.); *Weber* WM 2008, 1581 (1584); ebenso *Dickinson*, The Rome II Regulation, Rn. 3.172; *Knöfel* in: Mansel/Hüßtege, Rom-Verordnungen, 2. Aufl. 2015, Rom II-VO, Art. 1 Rn. 44; *Hohloch* IPRax 2012, 110 (117); *Staudinger* in: HK-BGB, 10. Aufl. 2019, Rom I-VO, Art. 1 Rn. 8; *Spickhoff* in: BeckOK-BGB, 49. Ed. 01.02.2019, Rom II-VO, Art. 1 Rn. 14; *Junker* in: MüKo-BGB, 7. Aufl. 2018, Rom II-VO, Art. 1 Rn. 35; *von Hein* in: Fassbender/Wendehorst/Wet u. a., Paradigmen im internationalen Recht, 369 (410f.); *Steinrötter*, Beschränkte Rechtswahl im Internationalen Kapitalmarktprivatrecht und akzessorische Anknüpfung an das Kapitalmarktordnungsstatut, S. 144; *Lehmann* IPRax 2012, 399 (400); *Tschäpe/Kramer/Glück* RIW 2008, 657 (661); *Kiesselbach* JIBFL 2011, 195 (195); *Jäger* DAJV-NL 2010, 64 (67); *Arons* NiPR 2008, 481 (482); *Hellgardt/Ringe* ZHR 2009, 802 (823); *Garcimartín* LFMR 2011, 449 (452); *Freitag* in: Reithmann/Martiny, Internationales Vertragsrecht, Rn. 6.566; *Tison/Ravelingien*, Roma locuta, causa finita?, S. 17, http://ssrn.com/abstract=1510075 (zuletzt aufgerufen am 31.12.2017); *Thorn* in: Palandt, 78. Aufl. 2019, Rom II-Verordnung, Art. 1 Rn. 3; *Neumayr* in: Kurzkommentar ABGB, 4. Aufl. 2014, Rom II-VO, Art. 1 Rn. 8; siehe auch *LG Stuttgart*, Vorlagebeschluss v. 28.02.2017 – 22 AR 1/17 Kap, Rz. 140.

501 Diese war im deutschen Internationalen Privatrecht in Art. 37 S. 1 Nr. 2 EGBGB umgesetzt.

502 Vgl. zur Zulässigkeit dieser rechtsaktübergreifenden Auslegung bereits oben unter Abschnitt IV.B.3.a)(2).

Der weitreichend kritisierte und im Detail unklare[503] Regelungsgehalt der Vorschrift ist – ebenso wie der anderer Bereichsausnahmen – durch autonome Auslegung zu bestimmen.[504]

(2) Auslegung

Ausweislich der Begründung der Kommission zum Verordnungsvorschlag ist Zweck der Bereichsausnahme, die außervertragliche Haftung im Zusammenhang mit dem Betrieb von Gesellschaften, Vereinen und juristischen Personen insoweit vom Anwendungsbereich der Rom II-Verordnung auszunehmen, als diese untrennbar mit dem für die jeweilige Unternehmensform geltenden Recht – also dem Gesellschaftsstatut – verbunden sind.[505] Art. 1 Abs. 2 lit. d) Rom II-Verordnung soll folglich verhindern, dass die für das Recht der außervertraglichen Schuldverhältnisse ersonnenen Anknüpfungsregelungen der Rom II-Verordnung in die kollisionsrechtliche Sonderbehandlung gesellschaftsrechtlicher Fragen eingreifen.[506] Denn das Internationale Gesellschaftsrecht wird nach den hierfür geltenden, besonderen kollisionsrechtlichen Regeln angeknüpft.[507] Diese sind allerdings weder im deutschen noch im europäischen Recht kodifiziert, sondern lediglich durch in jüngerer Zeit ergangene, wegweisende Urteile des *EuGH* in Grundzügen ausgeformt worden.[508] Entsprechend unklar ist auch die exakte Reichweite des Internationalen Gesellschaftsrechts, was die Abgrenzung

---

503 Siehe nur *Knöfel* in: Mansel/Hüßtege, Rom-Verordnungen, 2. Aufl. 2015, Rom II-VO, Art. 1 Rn. 45, 47.

504 Zur autonomen Auslegung der Bereichsausnahmen bereits eingangs des Abschnitts IV.B.3.

505 Vgl. KOM(2003) 427 endg., S. 10.

506 Ähnlich *Knöfel* in: Mansel/Hüßtege, Rom-Verordnungen, 2. Aufl. 2015, Rom II-VO, Art. 1 Rn. 45; siehe auch *Hohloch* IPRax 2012, 110 (117f.); *Hohloch* in: Erman, BGB, 15. Aufl. 2017, Rom II-VO, Art. 1 Rn. 9.

507 *Hohloch* IPRax 2012, 110 (117); *Müller,* Finanzinstrumente in der Rom I-VO, S. 170.

508 Insbesondere *EuGH* Urteil v. 27.09.1988 – Rs. C-81/87, ECLI:EU:C:1988:456 (Daily Mail); *EuGH* Urteil v. 09.03.1999 – Rs. C-212/97, ECLI:EU:C:1999:126 (Centros); *EuGH* Urteil v. 05.11.2002 – Rs. C-208/00, ECLI:EU:C:2002:632 (Überseering); *EuGH* Urteil v. 30.09.2003 – Rs. C-167/01, ECLI:EU:C:2003:512 (Inspire Art); *EuGH* Urteil v. 16.12.2008 – Rs. C-210/06, ECLI:EU:C:2008:723 (Cartesio); *EuGH* Urteil v. 29.11.2011 – Rs. C-371/10, ECLI:EU:C:2011:785 (National Grid Indus); *EuGH* Urteil v. 12.07.2012 – Rs. C-378/10, ECLI:EU:C:2012:440 (VALE Építési).

im Verhältnis zum Recht der außervertraglichen Schuldverhältnisse zusätzlich erschwert.[509]

Die Rom II-Verordnung kodifiziert das auf *außervertragliche Schuldverhältnisse* anwendbare Recht. Eine Abgrenzung zum Internationalen Gesellschaftsrecht wird daher insbesondere dann erforderlich, wenn sich Fragen der Haftung stellen.[510] Welche Aspekte der europäische Gesetzgeber vom Anwendungsbereich der Rom II-Verordnung ausgenommen wissen wollte, gibt der Verordnungstext selbst vor. Art. 1 Abs. 2 lit. d) Rom II-Verordnung nennt als Beispiele ausgeschlossener Fragen hinsichtlich Gesellschaften, Vereinen und juristischen Personen insbesondere deren Errichtung, Rechts- und Handlungsfähigkeit, innere Verfassung und Auflösung, den Haftungsdurchgriff auf Gesellschafter und Organe sowie die Haftung der Rechnungsprüfer gegenüber einer Gesellschaft oder den Gesellschaftern. Haftungsfragen, welche diesen Bereichen entspringen bzw. einen engen Bezug hierzu aufweisen, sollen nicht der Rom II-Verordnung unterfallen. Zur Entscheidung, ob der Anwendungsbereich der Rom II-Verordnung eröffnet ist oder nicht, ist daher – vereinfacht ausgedrückt – zu bestimmen, ob ein als außervertraglich zu qualifizierender Haftungsanspruch seinem Ursprung nach einen engen gesellschaftsrechtlichen Bezug aufweist, der eine vom Gesellschaftsstatut abweichende Anknüpfung nicht zulässt oder ob dieser Anspruch dem allgemeinen Deliktsrecht entsprungen ist und daher keiner kollisionsrechtlichen Sonderbehandlung bedarf.[511] Im Einzelfall wirft eine solche Differenzierung, welche konsequenterweise unabhängig von nationalen Vorstellungen unionsrechtlich-autonom vorzunehmen ist[512], freilich schwierige

509 Vgl. zur Abgrenzung des Gesellschafts- vom Deliktsstatut ausführlich *Kindler* in: MüKo-BGB, 7. Aufl. 2018, Internationales Handels- und Gesellschaftsrecht, Rn. 641 ff.; *von Bar,* Internationales Privatrecht, Rn. 641; eine umfassende tabellarische Übersicht zur Reichweite des Gesellschaftsstatuts findet sich etwa bei *Brödermann/Wegen* in: PWW, 13. Aufl. 2018, IntGesR, Rn. 10.

510 So auch *Hohloch* IPRax 2012, 110 (117); Ansprüche aus ungerechtfertigter Bereicherung, Geschäftsführung ohne Auftrag oder Verschulden bei Vertragsverhandlungen dürften im gesellschaftsrechtlichen Bereich dagegen weniger praxisrelevant sein.

511 Ähnlich *Junker* in: MüKo-BGB, 7. Aufl. 2018, Rom II-VO, Art. 1 Rn. 36; *Spickhoff* in: BeckOK-BGB, 49. Ed. 01.02.2019, Rom II-VO, Art. 1 Rn. 15; *Thorn* in: Palandt, 78. Aufl. 2019, Rom II-Verordnung, Art. 1 Rn. 12; in diesem Sinne auch *Hohloch* in: Erman, BGB, 15. Aufl. 2017, Rom II-VO, Art. 1 Rn. 9; *Wagner* IPRax 2008, 1 (2).

512 Zur parallelen Fragestellung im Vertragskollisionsrecht der Rom I-Verordnung ausdrücklich etwa *Leible* in: Mansel/Hüßtege, Rom-Verordnungen, 2. Aufl. 2015, Rom I-VO, Art. 1 Rn. 64.

Abgrenzungsfragen auf, auf welche hier nicht umfassend eingegangen werden kann.[513]

(3) Folgerungen für Ansprüche aus Kapitalmarktinformationshaftung

(a) Grundsätzliche Folgerungen

Ansprüche aus Kapitalmarktinformationshaftung sind zunächst Haftungsansprüche, welche aus der Verletzung kapitalmarktrechtlicher Transparenzvorschriften folgen. Gerade im Bereich der Transparenz ist die Abgrenzung zwischen Kapitalmarkt- und Gesellschaftsrecht aber schwierig. Denn neben den bestehenden kapitalmarktrechtlichen Publizitätspflichten kann ein Unternehmen nach nationalem Recht auch gesellschaftsrechtlich dazu verpflichtet sein, bestimmte Informationen zu veröffentlichen. Inhaltlich sind die kapitalmarkt- und gesellschaftsrechtlichen Veröffentlichungspflichten teilweise deckungsgleich, was die Grenzen auf den ersten Blick oft verschwimmen lässt. Unterscheiden lassen sich die Pflichten aber jedenfalls ihrem Sinn und Zweck nach.[514] Gesellschaftsrechtliche Veröffentlichungspflichten sollen insbesondere Anteilseigner, Gläubiger oder Arbeitnehmer des Unternehmens, aber auch die gesamte Öffentlichkeit dazu befähigen, eine fundierte Einschätzung zur wirtschaftlichen Situation, Strategie und Führung des Unternehmens zu treffen.[515] Dagegen haben kapitalmarktrechtliche Publizitätspflichten primär den Zweck, die am Kapitalmarkt bestehende Informationssymmetrie auszugleichen, um Anleger oder potentielle Anleger in die Lage zu versetzen, eine fundierte Anlageentscheidung zu treffen.[516] Zwar besteht für beide Adressatengruppen grundsätzlich die wechselseitige Möglichkeit, sich an beiden Informationsquellen zu bedienen. Dies ändert jedoch nichts an der vorgegebenen Schutzrichtung der Informationspflichten und der daraus folgenden Einordnung als gesellschafts- oder kapitalmarktrechtlich. Dieser Unterscheidung folgend erfüllen kapitalmarktrechtliche Publizitätspflichten, aus deren Verletzung Ansprüche aus Kapitalmarktinformationshaftung folgen können, keine primär gesellschaftsrechtlichen Zwecke. Korrespondierende

---

513 Vgl. ausführlich *Knöfel* in: Mansel/Hüßtege, Rom-Verordnungen, 2. Aufl. 2015, Rom II-VO, Art. 1 Rn. 47, 48; *Junker* in: MüKo-BGB, 7. Aufl. 2018, Rom II-VO, Art. 1 Rn. 38 ff.; *Schaub* in: PWW, 13. Aufl. 2018, Rom II-VO, Art. 1 Rn. 5.

514 Ausführlich *Arons* NiPR 2008, 481 (483).

515 Hierzu *Kalss/Klampfl* in: Dauses/Ludwigs, Handbuch des EU-Wirtschaftsrechts, 46. EL Januar 2019, E. III. Rn. 205 ff.

516 Zum Zweck von Publizitätspflichten und Haftung bereits oben Abschnitt II.C.2.

Haftungsansprüche sind daher auch im grenzüberschreitenden Kontext nicht dem Gesellschaftsstatut, sondern dem allgemeinen Deliktskollisionsrecht zuzuordnen.[517] Ihr Ursprung ist nicht im Gesellschaftsrecht belegen.[518]

Darüber hinaus ist die Eigenständigkeit von Gesellschafts- und Kapitalmarktrecht trotz bestehender, vielfältiger Wechselbeziehungen und Überschneidungen sowohl im Sachrecht als auch im Kollisionsrecht allgemein anerkannt.[519] Auch das europäische Sekundärrecht unterscheidet bei der Anknüpfung von Rechtsfragen zwischen beiden Gebieten. Dies zeigt sich besonderes plastisch im europäischen Übernahmerecht, namentlich in Art. 4 Abs. 2 der Übernahme-RL, wo verschiedene, im Rahmen von Übernahmen auftretende Fragen ausdrücklich entweder dem Gesellschaftsstatut oder dem Recht des Staates, dessen Kapitalmarkt betroffen ist, zugeordnet werden.[520] Insbesondere die Vorschriften betreffend den Inhalt der Angebotsunterlage, welche ähnlich den Publizitätspflichten der Information der Anleger dient, werden in Art. 4 Abs. 2 lit. b) und e) der Übernahme-RL vom Gesellschaftsstatut ausgenommen, was für eine parallele Wertung bei der Auslegung der Bereichsausnahme in Art. 1 Abs. 2 lit. d) Rom II-Verordnung spricht.[521]

Für eine klare Zuordnung zum Kapitalmarktrecht und folglich gegen einen Ausschluss aus der Rom II-Verordnung durch Art. 1 Abs. 2 lit. d) spricht weiter, dass Prospekt- und sonstige Kapitalmarktinformationshaftungsansprüche grundsätzlich unabhängig von der konkreten Rechtsform des Unternehmens bestehen können.[522] Anknüpfend an die eingangs bereits erwähnte Argumentation der Kommission in der Begründung zum Verordnungsvorschlag lässt sich die Kapitalmarktinformationshaftung daher ohne größere Schwierigkeiten

---

517 *Arons* NiPR 2008, 481 (483); *Weber* WM 2008, 1581 (1584).

518 *Arons* NiPR 2008, 481 (483); *Bach* in: Huber, 2011, Rome II Regulation, Art. 1 Rn. 48; *von Hein* in: Baum/Fleckner/Hellgardt u. a., Perspektiven des Wirtschaftsrechts, 371 (382); vgl. auch *Schaub* in: PWW, 13. Aufl. 2018, Rom II-VO, Art. 1 Rn. 5: „*genuin haftungsrechtliche Fragestellung*".

519 Für das Sachrecht *Habersack* in: MüKo-AktG, 5. Aufl. 2019, Einleitung, Rn. 87f.; zum Kollisionsrecht etwa *Kindler* in: MüKo-BGB, 7. Aufl. 2018, Internationales Handels- und Gesellschaftsrecht, Rn. 26f.

520 *von Hein* in: Baum/Fleckner/Hellgardt u. a., Perspektiven des Wirtschaftsrechts, 371 (383); zustimmend *Steinrötter*, Beschränkte Rechtswahl im Internationalen Kapitalmarktprivatrecht und akzessorische Anknüpfung an das Kapitalmarktordnungsstatut, S. 146f.

521 *von Hein* in: Baum/Fleckner/Hellgardt u. a., Perspektiven des Wirtschaftsrechts, 371 (383).

522 *Bach* in: Huber, 2011, Rome II Regulation, Art. 1 Rn. 48; *Schmitt* BKR 2010, 366 (368).

von dem für die jeweilige Unternehmensform geltenden Recht trennen.[523] Eine Zuordnung unmittelbar zum auf die Gesellschaft anwendbaren Recht erscheint daher nicht gerechtfertigt. Darüber hinaus müssen grundsätzlich auch ausländische Gesellschaften, welche im Inland Wertpapiere begeben, sich den inländischen kapitalmarktrechtlichen Publizitätsvorschriften unterwerfen und können sich nicht auf ihr (regelmäßig) ausländisches Personalstatut berufen.[524] Etwas anderes kann nur in Sonderfällen gelten, wenn – wie etwa innerhalb der EU durch den Europäischen Pass – eine Anerkennung des ausländischen Publizitätsregimes im Inland erfolgt.[525] Diese Sonderfälle sind dann allerdings kapitalmarkt- und nicht gesellschaftsrechtlich begründet.

Schließlich lässt sich aus systematischer Sicht mit Blick auf die Rom I-Verordnung wiederum anführen, dass Art. 6 Abs. 4 lit. d) Rom I-Verordnung, durch welchen bestimmte Finanzmarktverträge dem Anwendungsbereich der besonderen Kollisionsnorm für Verbraucherverträge entzogen werden, leerliefe, wären derartige kapitalmarktrechtliche Fragen ohnehin bereits durch die Bereichsausnahme für Gesellschaftsrecht (Art. 1 Abs. 2 lit. f) Rom I-Verordnung) von der Rom I-Verordnung ausgenommen.[526]

(b) Sonderfall: Außenhaftung von Gesellschaftern und Gesellschaftsorganen

Eine in der einschlägigen Literatur bislang vergleichsweise wenig thematisierte Frage ist, ob Art. 1 Abs. 2 lit. d) Rom II-Verordnung speziell die unmittelbare Haftung eines Gesellschafters oder eines Organs der Gesellschaft für unrichtige oder unterlassene Kapitalmarktinformation vom Anwendungsbereich der Rom II-Verordnung ausschließt. Denn als ausgeschlossene Materie in Art. 1 Abs. 2 lit. d) Rom II-Verordnung ausdrücklich aufgeführt ist auch „*die persönliche Haftung der Gesellschafter und der Organe für die Verbindlichkeiten einer Gesellschaft, eines Vereins oder einer juristischen Person*“. Selbst wenn man – wie hier – Ansprüche aus Kapitalmarktinformationshaftung grundsätzlich losgelöst vom

---

523 Vgl. KOM(2003) 427 endg., S. 10.

524 *von Hein* in: Baum/Fleckner/Hellgardt u. a., Perspektiven des Wirtschaftsrechts, 371 (382); *Junker* in: MüKo-BGB, 7. Aufl. 2018, Rom II-VO, Art. 1 Rn. 40.

525 Zum Europäischen Pass bereits oben Abschnitt II.D.3.b)(1) sowie III.C.4.b)(2).

526 *von Hein* in: Baum/Fleckner/Hellgardt u. a., Perspektiven des Wirtschaftsrechts, 371 (383); zustimmend *Steinrötter,* Beschränkte Rechtswahl im Internationalen Kapitalmarktprivatrecht und akzessorische Anknüpfung an das Kapitalmarktordnungsstatut, S. 147; ausführlich zu diesem Argument (auch zur Kritik an der Regelung des Art. 6 Abs. 4 lit. d) Rom I-Verordnung) oben unter Abschnitt IV.B.3.a)(3)(b)(i).

Gesellschaftsstatut betrachtet und einen Ausschluss entsprechender Ansprüche durch Art. 1 Abs. 2 lit. d) Rom II-Verordnung folglich verneint, muss dies nicht automatisch analog auch für die Haftung der Organe und Gesellschafter gelten. Denn hierbei stellen sich zwangsläufig auch Fragen zum Verhältnis der Gesellschafter bzw. Organe zur Gesellschaft sowie zum Verhältnis der verschiedenen Ansprüche untereinander, weshalb die Haftung der Gesellschafter und Organe zumindest partiell gesellschaftsrechtlich determiniert ist. Die Auswirkungen der Bereichsausnahme des Art. 1 Abs. 2 lit. d) Rom II-Verordnung auf die Haftung von Gesellschaftern und Organen bedarf daher einer näheren Betrachtung, zumal diese im Bereich der Kapitalmarktinformationshaftung durchaus praxisrelevant ist. Denn aus materiell-rechtlicher Sicht ist im Rahmen der Prospekthaftung eine Außenhaftung der Gesellschafter und Organe regelmäßig gegeben, da diese häufig Prospektveranlasser und damit unmittelbare Haftungsadressaten sind.[527] Möglich, wenn praktisch auch deutlich seltener, ist eine Außenhaftung von Gesellschaftern und Organen aber auch bei fehlerhafter oder unterlassener Sekundärmarktpublizität.[528]

Sinn und Zweck der Bereichsausnahme ist, wie oben bereits dargestellt, diejenigen Haftungsfragen vom Anwendungsbereich der Rom II-Verordnung auszunehmen, die typischerweise nicht vom Gesellschaftsstatut getrennt werden können oder sollen.[529] Übertragen auf den besonderen Fall der Gesellschafter- bzw. Organhaftung bedeutet dies, dass nicht alle, sondern nur *„spezifisch gesellschaftsrechtlich ausgeprägte[…]“* Haftungsansprüche gegen Gesellschafter

527 Zum deutschen Recht *Kumpan* in: Baumbach/Hopt, HGB, 38. Aufl. 2018, WpPG, § 21 Rn. 5; *Habersack* in: Habersack/Mülbert/Schlitt, Handbuch der Kapitalmarktinformation, § 29 Rn. 29; rechtsvergleichender Überblick bei *Hopt/Voigt* in: Hopt/Voigt, Prospekt- und Kapitalmarktinformationshaftung, 9 (67f.).

528 Vgl. exemplarisch zur Haftung im deutschen Recht *Maier-Reimer/Seulen* in: Habersack/Mülbert/Schlitt, Handbuch der Kapitalmarktinformation, § 30 Rn. 32 ff.; auch rechtsvergleichend ist festzustellen, dass die Außenhaftung von Organen bzw. Gesellschaftern für fehlerhafte oder unterlassene Sekundärmarktpublizität weit überwiegend anerkannt ist, vgl. den Überblick bei *Hopt/Voigt* in: Hopt/Voigt, Prospekt- und Kapitalmarktinformationshaftung, 9 (120f.); ein gegenteiliger Trend scheint sich allerdings im Vereinigten Königreich abzuzeichnen, wo die Organhaftung von der seit dem Jahr 2010 speziell geregelten issuer liability (Sec. 90A i.V.m. Schedule 10A FSMA 2000) ausdrücklich ausgenommen ist, vgl. hierzu *Davies* CMLJ 2010, 443 (449f.).

529 Siehe zur *ratio* von Art. 1 Abs. 2 lit. d) Rom II-Verordnung bereits oben unter Abschnitt IV.B.3.b)(2).

oder Organe dem harmonisierten Deliktskollisionsrecht entzogen sind.[530] Alle übrigen Ansprüche unterfallen nicht dem Gesellschaftsstatut, sondern sind dem Deliktsstatut zuzuordnen.[531] Entsprechend ist also auch hier darauf abzustellen, ob die Haftung der Gesellschafter bzw. Organe für unterlassene oder unrichtige Kapitalmarktinformation gesellschaftsrechtlich oder allgemein (kapitalmarkt-) deliktsrechtlich zu qualifizieren ist. In Betracht kommt eine Qualifikation der Prospekt- bzw. sonstigen Kapitalmarktinformationshaftungsansprüche gegen Gesellschafter und Organe als Haftungsdurchgriff, also als persönliche Inanspruchnahme für eine Verbindlichkeit der Gesellschaft. Die Durchgriffshaftung, welche wesentlich auch das Verhältnis zwischen Gesellschaft und deren Gesellschaftern bzw. Organen betrifft, ist dem Internationalen Gesellschaftsrecht und damit dem Gesellschaftsstatut zuzuordnen.[532]

Gegen eine Einordung dieser Fragestellung als gesellschaftsrechtliche Durchgriffshaftung spricht aber zunächst, dass die Haftung der Gesellschafter und Organe bereits im europäischen Sekundärrecht der Kapitalmarktpublizität angelegt ist und nicht erst aus deren gesellschaftsrechtlicher Stellung folgt. Die entsprechenden Rechtsakte nennen im Hinblick auf die Haftungsadressaten neben dem Emittenten ausdrücklich auch dessen „*Verwaltungs-, Leitungs- oder Aufsichtsorgan*“[533], bzw. im Falle der Prospekthaftung daneben auch den „*Anbieter, die Person, die die Zulassung zum Handel an einem geregelten Markt beantragt, oder de[n] Garantiegeber für die in einem Prospekt enthaltenen Angaben*“[534]. Hieraus folgt, dass die Gesellschafter und Organe eines Emittenten auch selbst zur Einhaltung der jeweiligen Publizitätsvorschriften verpflichtet sind und folglich für einen Verstoß gegen diese unmittelbar und nicht nur im Wege einer gesellschaftsrechtlichen Durchgriffshaftung verantwortlich sind.[535] Es liegt

530 *Hohloch* IPRax 2012, 110 (117); *Wagner* IPRax 2008, 1 (2); aus französischer Perspektive auch *Pietrancosta* RTDF 2011, 70 (72); in diesem Sinne wohl auch der *BGH*, der – allerdings noch vor Geltung der Rom II-Verordnung zum deutschen Internationalen Privatrecht – die Haftung des Gesellschafters für den fehlenden Rechtsformzusatz im Geschäftsverkehr einer Kapitalgesellschaft deliktisch qualifiziert hat, da die Haftung nicht an die Verletzung spezifischer Organpflichten anknüpfe, vgl. *BGH* NJW 2007, 1529 (1530).

531 Instruktiv *von Bar*, Internationales Privatrecht, Rn. 641f.

532 Vgl. zum Kollisionsrecht der Durchgriffshaftung nur *Kindler* in: MüKo-BGB, 7. Aufl. 2018, Internationales Handels- und Gesellschaftsrecht, Rn. 614 ff.; *von Bar*, Internationales Privatrecht, Rn. 642.

533 Art. 7 Transparenz-RL und ähnlich in Art. 6 Abs. 1 S. 1 Prospekt-RL.

534 Art. 6 Abs. 1 S. 1 Prospekt-RL.

535 Zu einem ähnlichen Ergebnis kommt auch *Arons* NiPR 2008, 481 (483).

folglich – anders als bereits vom Wortlaut des Art. 1 Abs. 2 lit. d) Rom II-Verordnung gefordert – keine bloße Inanspruchnahme *für die Verbindlichkeiten einer Gesellschaft*, sondern eine deliktische Verantwortlichkeit der Gesellschafter und Organe selbst vor. Es handelt sich daher um eine deliktische Eigenhaftung der Gesellschafter bzw. Organe, welche richtigerweise rein deliktsrechtlich zu qualifizieren ist.[536]

Zudem erscheint eine restriktive Auslegung von Art. 1 Abs. 2 lit. d) Rom II-Verordnung auch im Sinne der Handhabbarkeit geboten. Denn der Großteil der Prospekt- und sonstiger Kapitalmarktinformationshaftungsansprüche ist, wie vorangehend gezeigt, weder durch Art. 1 Abs. 2 lit. c) noch Art. 1 Abs. 2 lit. d) vom Anwendungsbereich der Rom II-Verordnung ausgenommen. Eine kollisionsrechtliche Zersplitterung entsprechender Ansprüche, abhängig davon, ob der Emittent selbst oder ein Gesellschafter oder Gesellschaftsorgan als Haftungsadressat in Anspruch genommen werden, erscheint aber wenig wünschenswert, zumal in der Praxis häufig alle oder zumindest mehrere in Betracht kommende Haftungsadressaten gemeinsam mit einer Klage in Anspruch genommen werden.

Die Haftung der Gesellschafter bzw. Organe für unterlassene oder falsche Kapitalmarktinformation ist folglich auch im Rahmen der Rom II-Verordnung als deliktische Eigenhaftung zu qualifizieren, welche nicht dem Gesellschaftsstatut, sondern dem Deliktsstatut unterworfen ist.[537] Der *ratio* von Art. 1 Abs. 2 lit. d) Rom II-Verordnung folgend sind solche Ansprüche daher nicht vom Anwendungsbereich der Rom II-Verordnung ausgeschlossen.

(4) Ergebnis

Im Ergebnis hindert die Bereichsausnahme für Gesellschaftsrecht in Art. 1 Abs. 2 lit. d) die Anwendung der Rom II-Verordnung auf Kapitalmarktinformationshaftungsansprüche daher nicht.[538]

---

536 Instruktiv *von Bar*, Internationales Privatrecht, Rn. 641.

537 Ebenso *Arons* NiPR 2008, 481 (483); *Weber* WM 2008, 1581 (1584); für einen Ausschluss vom Anwendungsbereich aber *Corneloup* in: Nuyts/Hatzimihail, Cross-border class actions, 291 (298).

538 Ausführlich *von Hein* in: Baum/Fleckner/Hellgardt u. a., Perspektiven des Wirtschaftsrechts, 371 (381 ff.); ebenso *Lehmann* IPRax 2012, 399 (400); *Ringe/Hellgardt* OJLS 2011, 23 (43); *Garcimartín* LFMR 2011, 449 (452); *Schmitt* BKR 2010, 366 (368); *Knöfel* in: Mansel/Hüßtege, Rom-Verordnungen, 2. Aufl. 2015, Rom II-VO, Art. 1 Rn. 46; *Junker* in: MüKo-BGB, 7. Aufl. 2018, Rom II-VO, Art. 1 Rn. 40; *Spickhoff* in: BeckOK-BGB, 49. Ed. 01.02.2019, Rom II-VO, Art. 1 Rn. 15; *Schaub* in: PWW, 13. Aufl. 2018, Rom II-VO, Art. 1 Rn. 5; *Einsele* ZEuP 2012, 23 (28); *Steinrötter*, Beschränkte

c) *Sonstiger Anwendungsausschluss*

Zu erwägen ist schließlich noch, ob Ansprüche aus Kapitalmarktinformationshaftung nicht unter sonstigen Gesichtspunkten vom Anwendungsbereich der Rom II-Verordnung ausgeschlossen sein könnten. Für einen solchen sonstigen Ausschluss könnte zunächst sprechen, dass die Rom II-Verordnung für Ansprüche aus Kapitalmarktinformationshaftung trotz deren besonderen Eigenarten keine besondere Kollisionsnorm kennt, was durchaus zu erwarten gewesen wäre. Zudem scheint die Geeignetheit der Regelanknüpfung des Art. 4 Abs. 1 Rom II-Verordnung zumindest fraglich.[539] Zu hinterfragen ist jedoch schon im Ausgangspunkt, ob neben den normierten Bereichsausnahmen ein sonstiger Anwendungsausschluss überhaupt in Betracht kommen kann. Für die Möglichkeit ausgesprochen hat sich insbesondere *Hohloch*.[540] Vor dem Hintergrund des umfassenden Regelungsansatzes des europäischen Gesetzgebers in Bezug auf den Anwendungsbereich der Verordnung und der daher gebotenen restriktiven Auslegung selbst ausdrücklich normierter Bereichsausnahmen[541] kann ein solcher sonstiger Anwendungsausschluss – wenn überhaupt – aber wohl nur für sehr außergewöhnliche Konstellationen in Betracht kommen.

Eine solche ist für Ansprüche aus Kapitalmarktinformationshaftung aber jedenfalls nicht gegeben. Klar gegen einen solchen sonstigen Anwendungsausschluss spricht nämlich die Entstehungsgeschichte der Rom II-Verordnung. Bereits während der Verhandlungen zur Rom II-Verordnung schlug die finnische Delegation vor, außervertragliche Schuldverhältnisse im Zusammenhang mit Börsen vom Anwendungsbereich der Rom II-Verordnung auszunehmen, was bei den übrigen Delegationen jedoch auf Zurückhaltung stieß.[542] Im weiteren Verlauf wollte die britische Delegation sogar einen ausdrücklichen Ausschluss von Ansprüchen aus Kapitalmarktinformationshaftung als Bereichsausnahme Art. 1 Abs. 2 lit. d) *bis* in die Rom II-Verordnung aufnehmen lassen.[543] Diese sollte lauten:

Rechtswahl im Internationalen Kapitalmarktprivatrecht und akzessorische Anknüpfung an das Kapitalmarktordnungsstatut, S. 147; *Kontogeorgou*, Das IPR der Kapitalmarktdelikte, S. 163f.; siehe auch *LG Stuttgart*, Vorlagebeschluss v. 28.02.2017 – 22 AR 1/17 Kap, Rz. 140.

539 Näher hierzu unter Abschnitt IV.C.2.c).

540 Vgl. *Hohloch* IPRax 2012, 110 (112f.).

541 Vgl. zur gebotenen restriktiven Auslegung bereits oben unter Abschnitt IV.B.3.

542 Ratsdokument 7551/06 vom 22.03.2006, S. 5.

543 Ein entsprechender Formulierungsvorschlag wurde durch die britische Delegation in den Sitzungen des Ausschusses für zivile Angelegenheiten am 27./28.03.2006 als

> *„Non-contractual obligations arising out of transactions, such as issuing, admission to trading, offering or marketing, relating to financial instruments, including transferable securities, moneymarket instruments, units in collective investment undertakings, options, futures and other derivatives instruments.“*[544]

Der Vorschlag stieß allerdings auf ein geteiltes Echo: Einige Delegationen sahen in diesem Bereich ebenfalls Regelungsbedarf und betrachteten den britischen Vorschlag als sinnvollen Ausgangspunkt hierfür; andere Delegationen sahen den Vorschlag einer weiteren Bereichsausnahme insbesondere vor dem Hintergrund des bereits fortgeschrittenen Verhandlungsstadiums eher kritisch.[545] Letztlich konnte der Vorschlag jedoch keine Mehrheit finden und wurde nicht weiter verfolgt.[546] Insgesamt lässt sich aufgrund dieser Entwicklung jedenfalls konstatieren, dass ein Ausschluss von Ansprüchen aus Kapitalmarktinformationshaftung vom Anwendungsbereich der Rom II-Verordnung in ihrer finalen Fassung nicht beabsichtigt war.[547] Denn bei den Verhandlungen der Rom II-Verordnung ging man im Ausgangspunkt offensichtlich davon aus, dass diese trotz der bestehenden Bereichsausnahmen für Wertpapiere und Gesellschaftsrecht grundsätzlich auch auf Ansprüche aus Kapitalmarktinformationshaftung anwendbar sein soll. Darüber hinaus konnte für einen ausdrücklichen Ausschluss von Ansprüchen aus Kapitalmarktinformationshaftung offenbar keine Mehrheit gefunden werden, was – unabhängig von den genauen Gründen hierfür – im Umkehrschluss bedeutet, dass der überwiegende Teil der Delegationen eine Anwendung der Rom II-Verordnung auf derartige Ansprüche favorisierte oder zumindest in Kauf nahm.

Vor dem Hintergrund der Gesetzgebungshistorie lässt sich ein sonstiger Anwendungsausschluss für Ansprüche aus Kapitalmarktinformationshaftung daher im Ergebnis keinesfalls rechtfertigen.

Arbeitspapier ausgegeben (veröffentlicht als Ratsdokument 7928/06 ADD 1 vom 30.03.2006).

544 Ratsdokument 7928/06 ADD 1 vom 30.03.2006, S. 1.

545 Vgl. Protokoll der Sitzungen des Ausschusses für zivile Angelegenheiten am 27./28.03.2006, Ratsdokument 7709/06 vom 03.05.2006, S. 7.

546 Vgl. etwa Ratsdokument 8076/06 vom 10.04.2006, S. 2.

547 Vgl. *Dickinson,* The Rome II Regulation, Rn. 3.171f.; *Hellgardt/Ringe* ZHR 2009, 802 (823); *Ringe/Hellgardt* OJLS 2011, 23 (42f.); *Schaeken Willemaers,* The EU Issuer-Disclosure Regime, S. 260; zustimmend auch *Steinrötter,* Beschränkte Rechtswahl im Internationalen Kapitalmarktprivatrecht und akzessorische Anknüpfung an das Kapitalmarktordnungsstatut, S. 147f., der sich hierbei auf ein persönliches Gespräch mit einem deutschen Delegationsmitglied bezieht.

d) *Zwischenergebnis*

Festzuhalten bleibt daher, dass weder eine in Art. 1 Abs. 2 Rom II-Verordnung enthaltene Bereichsausnahme noch ein sonstiger Ausschluss außervertragliche Ansprüche aus Kapitalmarktinformationshaftung von der Anwendbarkeit der Rom II-Verordnung ausnehmen.

4. Fazit

Nach den Ergebnissen des vorangehenden Abschnitts steht fest, dass die Antwort auf die Frage nach dem auf Kapitalmarktinformationshaftungsansprüche anwendbaren Recht in der Rom II-Verordnung als hierfür maßgebliche Rechtsquelle zu suchen ist, wenngleich diese Suche mehr einer Odyssee als der bloßen Rechtsanwendung gleicht, wie im weiteren Verlauf dieser Arbeit zu zeigen sein wird.

C. Anknüpfung der Kapitalmarktinformationshaftung nach der Rom II-Verordnung – *status quo*

Eine Antwort auf die Frage nach der Anknüpfung von Ansprüchen aus Kapitalmarktinformationshaftung innerhalb des Systems der Rom II-Verordnung könnte sowohl in den besonderen als auch in den allgemeinen Anknüpfungsvorschriften zu finden sein.

1. Besondere Anknüpfungsvorschriften

a) *Kollisionsrechtliche Regelungen in anderen Gemeinschaftsrechtsakten (Art. 27 Rom II-Verordnung)*

Nach Art. 27 Rom II-Verordnung berühren die Anknüpfungsvorschriften der Rom II-Verordnung nicht die Anwendung von Kollisionsnormen für besondere Gegenstände, welche in Vorschriften des Unionsrechts enthalten sind. Entsprechend ist zunächst zu untersuchen, ob sich solche Kollisionsnormen auch für Haftungsansprüche wegen unrichtiger oder unterlassener Kapitalmarktinformationen in Vorschriften des Unionsrechts finden lassen und diese entsprechend vorranging anzuwenden sind.

(1) *Kollisionsrechtlicher Gehalt von Art. 6 Abs. 2 UA 1 Prospekt-RL und Art. 7 Transparenz-RL*

(a) Problemstellung

In der Literatur verschiedentlich diskutiert wird die Frage, ob Art. 6 Abs. 2 UA 1 Prospekt-RL eine kollisionsrechtliche Regelung für die Prospekthaftung enthält.[548] Eine solche ginge nach Art. 27 Rom II-Verordnung als besondere Vorschrift des Unionsrechts den allgemeinen internationalprivatrechtlichen Regelungen der Rom II-Verordnung vor. Art. 6 Abs. 2 UA 1 Prospekt-RL verpflichtet die Mitgliedstaaten sicherzustellen, „*dass ihre Rechts- und Verwaltungsvorschriften im Bereich der Haftung für die Personen gelten, die für die in einem Prospekt enthaltenen Angaben verantwortlich sind.*" Die Problematik stellt sich aber nicht nur im Bereich der Prospekt-RL. Im Gesamtkontext der Kapitalmarktinformationshaftung betrachtet könnte entsprechend auch ein kollisionsrechtlicher Gehalt von Art. 7 Transparenz-RL erwogen werden.[549] Denn auch dieser fordert die Mitgliedstaaten auf, sicherzustellen, „*dass ihre Rechts- und Verwaltungsvorschriften über die Haftung auf die Emittenten, die in diesem Artikel genannten Organe oder die beim Emittenten verantwortlichen Personen anwendbar sind.*" Der Regelungsgehalt von Art. 7 Transparenz-RL ist daher mit dem von Art. 6 Abs. 2 UA 1 Prospekt-RL identisch[550] und wirft letztlich die gleichen Fragen auf, auch wenn sich an Art. 7 Transparenz-RL bisher keine entsprechende Debatte entzündet hat. In der ab dem 03.07.2016 geltenden Marktmissbrauchs-VO, welche grundsätzlich ebenfalls Relevanz für die Kapitalmarktinformationshaftung hat, ist hingegen keine entsprechende Regelung bezüglich der Haftung getroffen worden.[551] Die Annahme eines kollisionsrechtlichen Gehalts scheidet für diese Instrumente daher *a priori* aus.

Eine kollisionsrechtliche Lesart der genannten Regelungen der Prospekt- und Transparenz-RL hätte zur Folge, dass die Mitgliedstaaten stets ihr eigenes Haftungsrecht, also *ihre* Rechts- und Verwaltungsvorschriften, anwenden müssten, auch wenn das Internationale Privatrecht (Rom II-Verordnung) an sich auf eine

---

548 *Kuntz* WM 2007, 432 (433); *Benicke* in: FS Jayme (2004), 25 (35f.); *von Hein* in: Baum/Fleckner/Hellgardt u. a., Perspektiven des Wirtschaftsrechts, 371 (385 ff.); *von Hein* in: Fassbender/Wendehorst/Wet u. a., Paradigmen im internationalen Recht, 369 (411); *Oulds* WM 2008, 1573 (1574); *Einsele* ZEuP 2012, 23 (31 ff.).

549 Dies bemerkt auch *Engel* in: jurisPK-BGB, 8. Aufl. 2017, Rom II-VO, Art. 27 Rn. 13.

550 Ebenso *Hellgardt*, Kapitalmarktdeliktsrecht, S. 226f.

551 Zu Sanktionen der Marktmissbrauchs-VO siehe bereits oben Abschnitt II.D.4.d).

andere Rechtsordnung verweist.[552] Anzuwenden wäre im Ergebnis also immer das Haftungsrecht der *lex fori*. Diese Lesart erscheint jedoch keineswegs zwingend, könnte man die Vorschriften doch ebenso als bloße Aufforderung an die Mitgliedstaaten verstehen, überhaupt nationale Haftungsvorschriften vorzuhalten.

(b) Auslegung

Nach dem Wortlaut von Art. 6 Abs. 2 UA 1 Prospekt-RL sowie Art. 7 Transparenz-RL erscheint eine kollisionsrechtliche Auslegung dieser Vorschriften zunächst aber keineswegs ausgeschlossen.[553] Diese ließen sich durchaus in dem Sinne interpretieren, dass die Mitgliedstaaten stets *ihre* die Haftung regelnden Rechts- und Verwaltungsvorschriften anwenden sollen. Auch der Umstand, dass die Vorschriften nicht ausdrücklich als Kollisionsnormen bezeichnet sind, spricht nicht zwingend gegen jedweden kollisionsrechtlichen Gehalt.[554] Zutreffend wird in diesem Zusammenhang darauf hingewiesen, dass der *EuGH* in seiner viel beachteten *Ingmar*-Entscheidung[555] auch Art. 17 und 18 der

552 Krit. gegenüber einer kollisionsrechtlichen Lesart *von Hein* in: Baum/Fleckner/Hellgardt u. a., Perspektiven des Wirtschaftsrechts, 371 (385); *Oulds* WM 2008, 1573 (1574); *Benicke* in: FS Jayme (2004), 25 (35f.); *Steinrötter*, Beschränkte Rechtswahl im Internationalen Kapitalmarktprivatrecht und akzessorische Anknüpfung an das Kapitalmarktordnungsstatut, S. 148; hingegen möchte *Schnyder* in: MüKo-BGB, 5. Aufl. 2010, Internationales Kapitalmarktrecht, Rn. 119 der Regelung des Art. 6 Abs. 2 UA 1 Prospekt-RL aber zumindest die Verpflichtung der Mitgliedstaaten entnehmen, ihr Haftungsrecht gegebenenfalls auch „*extraterritorial*" anzuwenden.

553 So auch *von Hein* in: Baum/Fleckner/Hellgardt u. a., Perspektiven des Wirtschaftsrechts, 371 (386); *von Hein* in: Fassbender/Wendehorst/Wet u. a., Paradigmen im internationalen Recht, 369 (411); *Benicke* in: FS Jayme (2004), 25 (36); *Kuntz* WM 2007, 432 (433); *Oulds* WM 2008, 1573 (1574); *Steinrötter*, Beschränkte Rechtswahl im Internationalen Kapitalmarktprivatrecht und akzessorische Anknüpfung an das Kapitalmarktordnungsstatut, S. 148; anders allerdings *Einsele* ZEuP 2012, 23 (32), welche der Ansicht ist, dass bereits dem Wortlaut keine kollisionsrechtliche Aussage entnommen werden könne; ähnlich *Junker* in: MüKo-BGB, 7. Aufl. 2018, Rom II-VO, Art. 27 Rn. 12, der einen kollisionsrechtlichen Gehalt nach dem Wortlaut der Vorschrift zumindest für „*nicht hinreichend erkennbar*" hält.

554 So aber *Oulds* WM 2008, 1573 (1574); *Kuntz* WM 2007, 432 (433); *Benicke* in: FS Jayme (2004), 25 (36).

555 *EuGH* Urteil v. 09.11.2000 – Rs. C-381/98, ECLI:EU:C:2000:605 (Ingmar).

Handelsvertreter-RL[556] kollisionsrechtliche Bedeutung im Sinne einer Rechtswahlfestigkeit zugemessen hat, obwohl sich weder im Wortlaut der Vorschriften selbst, noch im Gesamtkontext der Richtlinie ein Hinweis auf ein kollisionsrechtliches Regelungsanliegen findet.[557] Dies bestätigt gleichzeitig den Befund, dass dem allgemeinen Internationalen Privatrecht auch „versteckte" Kollisionsnormen nicht fremd sind.[558]

Dennoch müssen an der Richtigkeit einer solchen Auslegung erhebliche Zweifel bestehen. Denn welchen Sinn würde eine ausschließliche Anknüpfung der Kapitalmarktinformationshaftung an die *lex fori* machen? Zunächst ist festzustellen, dass jedenfalls für den Bereich des Internationalen Zivilverfahrensrechts keine vergleichbare Regelung besteht, weshalb durchaus die Zuständigkeit der Gerichte mehrerer Mitgliedstaaten für Ansprüche aus Kapitalmarktinformationshaftung in Betracht kommt. Eine hiervon unabhängige, zwingende Anwendung des Haftungsrechts der *lex fori* würde dem Geschädigten so die Möglichkeit des sogenannten *forum shopping* eröffnen, da er die Gerichte des Mitgliedstaats mit dem für ihn am günstigsten erscheinenden Haftungsrecht auswählen könnte. Zudem wäre auch der internationale Entscheidungseinklang nicht gewährleistet und es bestünde die Gefahr sich widersprechender Entscheidungen. Weiterhin wäre mit dieser Regelung weder den Interessen der Anleger, welche für die Anwendung des Heimatrechts des geschädigten Anlegers sprächen, noch den Interessen der Emittenten, welche für die Anwendung des Sitzstaates des Emittenten sprächen, Rechnung getragen. Interessengerechte Ergebnisse könnten so nicht erzielt werden. Auch widerspräche eine entsprechende Auslegung dem Grundgedanken des europäischen Passes, welcher jedenfalls auf der Seite der anwendbaren Prospektpflicht gerade die Anwendung nur einer Rechtsordnung vorsieht.[559] Diese „Errungenschaft" der Prospekt-RL nun auf Seiten des Haftungsrechts ins Gegenteil zu verkehren und gleichsam jedes mitgliedstaatliche Haftungsrecht für potentiell anwendbar zu erklären, wäre sinnwidrig, zumal

556 Richtlinie 86/653/EWG des Rates vom 18. Dezember 1986 zur Koordinierung der Rechtsvorschriften der Mitgliedstaaten betreffend die selbständigen Handelsvertreter, ABl. EWG Nr. L 1986/382, 17.

557 *von Hein* in: Baum/Fleckner/Hellgardt u. a., Perspektiven des Wirtschaftsrechts, 371 (386); zustimmend *Steinrötter*, Beschränkte Rechtswahl im Internationalen Kapitalmarktprivatrecht und akzessorische Anknüpfung an das Kapitalmarktordnungsstatut, S. 150.

558 Zutreffend *von Hein* in: Baum/Fleckner/Hellgardt u. a., Perspektiven des Wirtschaftsrechts, 371 (386); allgemein hierzu *Kropholler*, Internationales Privatrecht, § 13 IV.

559 Zum europäischen Pass bereits oben unter Abschnitt II.D.3.b)(1) sowie III.C.4.b)(2).

dies regelmäßig auch zu einem Auseinanderfallen von anwendbarer Publizitätspflicht und anwendbarem Haftungsrecht führen würde. Eine zwingende Anwendung der *lex fori* erscheint vielmehr völlig willkürlich und wäre wohl kaum dazu geeignet, im Sinne der Prospekt- bzw. Transparenz-RL die Vollendung des Binnenmarktes zu fördern[560] oder die Regelungsanliegen des Anlegerschutzes und der Markteffizienz sicherzustellen[561]. Eine nachvollziehbare Anknüpfungsregel ergibt sich hieraus jedenfalls nicht.[562] Vor diesem Hintergrund erscheint es wenig wahrscheinlich, dass der europäische Gesetzgeber mit Art. 6 Abs. 2 UA 1 Prospekt-RL bzw. Art. 7 Transparenz-RL eine kollisionsrechtliche Regelung treffen wollte.

(c) Entstehungsgeschichte von Art. 7 Transparenz-RL

Ein weiteres, soweit ersichtlich bisher unbeachtet gebliebenes Argument gegen einen kollisionsrechtlichen Gehalt von Art. 6 Abs. 2 UA 1 Prospekt-RL sowie Art. 7 Transparenz-RL kann der Entstehungsgeschichte der Transparenz-RL entnommen werden.

Im Rahmen des Gesetzgebungsverfahrens wurde der von der Kommission erstellte Vorschlag für eine Transparenzrichtlinie[563] in verschiedenen Ausschüssen des Europäischen Parlaments unter Federführung des Ausschusses für Wirtschaft und Währung beraten. Dem federführenden Ausschuss oblag es auch, einen abschließenden Bericht[564] für die parlamentarischen Beratungen zu erstellen. Bestandteil dieses Berichts war der Entwurf einer legislativen Entschließung, welcher eine Änderung des im Richtlinienvorschlag der Kommission enthaltenen Art. 7 dahingehend empfahl, die Haftungsansprüche für Verstöße gegen die Publizitätsvorschriften der Richtlinie an das Recht des Herkunftsmitgliedstaates anzuknüpfen.[565] Intendiert war also die Ergänzung von Art. 7 um eine kollisionsrechtliche Regelung. Hierfür sollte Art. 7 Transparenz-RL abweichend vom Kommissionsvorschlag wie folgt gefasst werden:

560 Vgl. Erwägungsgrund (4) Prospekt-RL sowie Erwägungsgrund (1) Transparenz-RL.
561 Vgl. Erwägungsgrund (10) Prospekt-RL sowie Erwägungsgrund (1) Transparenz-RL.
562 Ebenso *Junker* RIW 2010, 257 (261); *Junker* in: MüKo-BGB, 7. Aufl. 2018, Rom II-VO, Art. 27 Rn. 12.
563 KOM(2003) 138 endg.
564 Bericht des Ausschusses für Wirtschaft und Währung vom 25.02.2004, A5-0079/2004.
565 Vgl. Änderungsanträge 69 und 70 des Entwurfs einer legislativen Entschließung des Europäischen Parlaments im Bericht des Ausschusses für Wirtschaft und Währung vom 25.02.2004, A5-0079/2004.

> *„Die Mitgliedstaaten sorgen* **nach ihrem innerstaatlichen Recht und für den Fall, dass sie der Herkunftsmitgliedstaat sind (jedoch nicht anderenfalls),** *dafür, dass* **angemessene Verwaltungsmaßnahmen ergriffen werden können oder diejenigen** *Personen* **haftbar gemacht werden können,** *die für die nach* **Artikel 4 Absatz 2, Artikel** *5 und 6* offen gelegten *Informationen verantwortlich sind, […].*"[566]

Zur Begründung des Änderungsvorschlags wird ausgeführt, dass *„das Haftungsrecht des Herkunftsmitgliedstaats Anwendung finden sollte, damit verhindert wird, dass ein Emittent in mehreren Mitgliedstaaten haftbar sein kann.*"[567] Die Ergänzung wurde auf Betreiben der britischen Regierung aufgenommen, welche durch die Einführung eines kollisionsrechtlichen Herkunftslandprinzips das Haftungsrisiko im Interesse der Emittenten beschränken wollte.[568]

Im Ergebnis konnte sich dieser Vorschlag im Rahmen weiterer Verhandlungen des Europäischen Parlaments über den Richtlinientext, auch unter Einbeziehung von Vertretern der Europäischen Kommission, jedoch nicht durchsetzen. Grund hierfür waren wohl Bedenken einiger Mitgliedstaaten sowie der Kommission, dass durch eine ausschließliche Anwendung des Haftungsrechts des Sitzstaates des Emittenten der Anlegerschutz ausgehöhlt würde.[569] Zudem sollte

---

566 Änderungsantrag 70 des Entwurfs einer legislativen Entschließung des Europäischen Parlaments im Bericht des Ausschusses für Wirtschaft und Währung vom 25.02.2004, A5-0079/2004 (Hervorhebungen im Original).

567 Begründung zu Änderungsanträgen 69 und 70 des Entwurfs einer legislativen Entschließung des Europäischen Parlaments im Bericht des Ausschusses für Wirtschaft und Währung vom 25.02.2004, A5-0079/2004.

568 Vgl. Brief des Financial Secretary des britischen Finanzministeriums an das *European Union Committee* des House of Lords vom 22.03.2004: *„In our negotiations we have aimed to provide greater certainty for market participants by pressing for a provision in the Directive that would require cross-border civil liability disputes to be resolved within the civil liability regime of the issuer's home Member State.*", House of Lords, European Union Committee Publications, 15th Report of Session 2003–04 vom 19.05.2004, Directors' and Auditors' Liability, HL Paper 89, Written Evidence, S. 8.

569 Diese Bedenken wurden bereits in einem Brief des damaligen Direktors der Abteilung Finanzmärkte, Generaldirektion Binnenmarkt der Europäischen Kommission, Herrn David Wright, an das *European Union Committee* des britischen House of Lords vom 25.02.2004 geäußert, in welchem es zum britischen Regelungsanliegen heißt: *„First reactions by many Member States demonstrated fundamental concerns that such a principle would erode investor protection throughout Europe.*", House of Lords, European Union Committee Publications, 15th Report of Session 2003–04 vom 19.05.2004, Directors' and Auditors' Liability, HL Paper 89, Written Evidence, S. 6; vgl. auch den Brief des Financial Secretary des britischen Finanzministeriums an das *European Union Committee* des House of Lords vom 22.03.2004: *„However,*

eine kollisionsrechtliche Regelung der Haftungsthematik nach Ansicht der Kommission nur nach Konsultation aller betroffenen Personengruppen und darüber hinaus auch nicht im Rahmen der Transparenz-RL geschaffen werden, da die Frage der Haftung bei den Verhandlungen zur Rom II-Verordnung einbezogen würde.[570] Der entsprechende Änderungsvorschlag hinsichtlich des anwendbaren Haftungsrechts fand sich folglich in der Textfassung, welche das Europäische Parlament schließlich am 30.03.2004 angenommen hat, nicht mehr.[571]

Dieser Sachverhalt spricht klar gegen die Annahme eines kollisionsrechtlichen Gehalts von Art. 7 Transparenz-RL: Wenn nach Ansicht der Kommission eine Beschränkung des anwendbaren Haftungsrechts auf das Recht des Herkunftsmitgliedstaates, wie von der britischen Regierung vorgeschlagen, eine vorherige Konsultation der betroffenen Interessengruppen erfordert hätte, hätte eine Ausweitung des Anwendungsbereichs im Sinne einer zwingenden Anwendung der jeweiligen *lex fori* erst recht einer offenen Diskussion bedurft. Diese wollte man offenbar nicht im Rahmen der Verhandlungen zur Transparenz-RL führen. In den Beweggründen der europäischen Kommission für die Ablehnung des Änderungsvorschlags kommt zum Ausdruck, dass der europäische Gesetzgeber mit der Transparenz-RL keine Regelung hinsichtlich des anwendbaren

---

other Member States and the Commission have expressed strong opposition to such a provision on the grounds that it would reduce investor protection in the EU. A European Parliament amendment that would have enshrined the home Member State principle is unlikely to be adopted into the final text of the Directive.", House of Lords, European Union Committee Publications, 15th Report of Session 2003–04 vom 19.05.2004, Directors' and Auditors' Liability, HL Paper 89, Written Evidence, S. 8.

570 Vgl. den Brief des damaligen Direktors der Abteilung Finanzmärkte, Generaldirektion Binnenmarkt der Europäischen Kommission, Herrn David Wright, an das *European Union Committee* des britischen House of Lords vom 25.02.2004, in welchem darauf hingewiesen wird, dass die Regelung dieser Frage eine ausführliche Konsultation aller betroffenen Personengruppen erfordere und dieses Thema zudem im Rahmen der Verhandlungen der Rom II-Verordnung diskutiert würde: „*This is not only a question for lawyers. If Community action is necessary, it should be prepared by a broad debate in which issuers, investors and others have the opportunity to express their views. This is the core of the Lamfalussy Process on securities markets and it is a substantial factor of trust, which should be maintained. Finally, the liability issue is also being currently discussed on the basis of the Commission proposal for a Rome II-Regulation.*", House of Lords, European Union Committee Publications, 15th Report of Session 2003–04 vom 19.05.2004, Directors' and Auditors' Liability, HL Paper 89, Written Evidence, S. 6.

571 Vgl. Standpunkt des Europäischen Parlaments festgelegt in erster Lesung am 30. März 2004, ABl. C 2004/103E, 377.

Haftungsrechts gleich welcher Art treffen wollte. Vielmehr sollte dies im Rahmen der Rom II-Verordnung geschehen. Entsprechend findet sich weder im Richtlinienvorschlag der Kommission noch in den Dokumenten zur finalen Transparenz-RL ein Hinweis darauf, dass Art. 7 Transparenz-RL kollisionsrechtliche Wirkung entfalten sollte.

Dies spricht aber gleichzeitig auch gegen eine entsprechende Auslegung von Art. 6 Abs. 2 UA 1 Prospekt-RL. Denn beide Vorschriften sind im Wortlaut sehr ähnlich und haben offensichtlich das gleiche Regelungsanliegen. Die Mitgliedstaaten sollen sicherstellen, dass ihre „*Rechts- und Verwaltungsvorschriften*" über die „*Haftung*" für Verstöße gegen die entsprechenden Veröffentlichungspflichten anwendbar sind.[572] Da sich der europäische Gesetzgeber bei der Fassung der Transparenz-RL im Jahr 2004 wohl bewusst gegen die Aufnahme einer kollisionsrechtlichen Regelung entschieden hat, kann aus dem Umstand, dass bei der letztendlichen Fassung der Transparenz-RL der nahezu identische Wortlaut und jedenfalls die gleiche Regelungstechnik wie in Art. 6 Abs. 2 Prospekt-RL gewählt wurde, geschlossen werden, dass auch im Rahmen der Prospekt-RL bereits keine kollisionsrechtliche Regelung intendiert war. Auch aus methodischer Sicht erschiene es zweifelhaft, zwei so ähnliche Vorschriften derart unterschiedlich auszulegen, zumal beide dem europäischen Kapitalmarktrecht und daher auch dem gleichen Regelungsgebiet entstammen. Insgesamt liegt daher vor dem Hintergrund der Historie der Transparenz-RL der Schluss nahe, dass weder Art. 6 Abs. 2 Prospekt-RL noch Art. 7 Transparenz-RL eine kollisionsrechtliche Regelung der Haftung für Verstöße gegen die entsprechenden Publizitätsvorschriften entnommen werden kann.

(d) Ergebnis

Sowohl die Entstehungsgeschichte der Transparenz-RL als auch Sinn und Zweck der Regelungen sprechen klar gegen die Annahme eines kollisionsrechtlichen Gehalts von Art. 7 Transparenz-RL sowie Art. 6 Abs. 2 Prospekt-RL. Richtigerweise ist eine solche Auslegung daher im Ergebnis abzulehnen.[573]

---

572 Vgl. Art. 6 Abs. 2 Prospekt-RL und Art. 7 Transparenz-RL.

573 So auch die wohl h.M., vgl. *Junker* RIW 2010, 257 (261); *Junker* in: MüKo-BGB, 7. Aufl. 2018, Rom II-VO, Art. 27 Rn. 12; *Tschäpe/Kramer/Glück* RIW 2008, 657 (663f.); *Weber* WM 2008, 1581 (371); *Mankowski* in: Reithmann/Martiny, Internationales Vertragsrecht, Rn. 6.1773; *Oulds* WM 2008, 1573 (1574); *Benicke* in: FS Jayme (2004), 25 (36); *Steinrötter,* Beschränkte Rechtswahl im Internationalen Kapitalmarktprivatrecht und akzessorische Anknüpfung an das Kapitalmarktordnungsstatut, S. 151; *Kuntz* WM 2007, 432 (433); *Einsele* ZEuP 2012, 23 (31f.); *Kreuzer/Wagner/Reder* in: Dauses/

(2) Herkunftslandprinzip der Prospekt- und Transparenz-RL

(a) Problemstellung

Wenn man – wie hier – Art. 7 Transparenz-RL sowie Art. 6 Abs. 2 Prospekt-RL keinen unmittelbaren kollisionsrechtlichen Regelungsgehalt im Sinne einer zwingenden Anwendung des Haftungsrechts der *lex fori* zusprechen möchte, stellt sich im Anschluss daran die Frage, ob die Kapitalmarktinformationshaftung nicht durch das Herkunftslandprinzip, auf welchem sowohl die Prospekt- als auch die Transparenz-RL ersichtlich basieren[574], eine kollisionsrechtliche Regelung erfährt.[575] Soweit dem Richtlinienrecht eine dahingehende kollisionsrechtliche Aussage entnommen werden könnte, wäre diesem gemäß Art. 27 Rom II-Verordnung vorrangig vor den sonstigen Anknüpfungsregeln der Rom II-Verordnung zur Geltung zu verhelfen.[576] Der kollisionsrechtliche Geltungsbereich des Herkunftslandprinzips würde damit im Ergebnis von der bloßen Bestimmung der anwendbaren Publizitätspflichten auf das diese flankierende, zivilrechtliche Haftungsrecht ausgeweitet. Methodisch ließe sich dies etwa durch eine am Herkunftslandprinzip orientierte, erweiternde Auslegung von Art. 7 Transparenz-RL bzw. Art. 6 Abs. 2 Prospekt-RL erreichen.[577]

(b) Diskussion und *eDate*-Rechtsprechung des *EuGH*

Erster Anknüpfungspunkt für die Diskussion könnte die ausdrückliche Erwähnung der *e-commerce*-RL in Erwägungsgrund (35) der Rom II-Verordnung sein.[578] Diese basiert ebenso wie die Transparenz- und Prospekt-RL auf dem Herkunftslandprinzip. Erwägungsgrund (35) der Rom II-Verordnung erläutert Art. 27 Rom II-Verordnung und ist daher zu seiner Interpretation

---

Ludwigs, Handbuch des EU-Wirtschaftsrechts, 46. EL Januar 2019, R. Rn. 431; *Engel* in: jurisPK-BGB, 8. Aufl. 2017, Rom II-VO, Art. 27 Rn. 13.

574 Vgl. nur Erwägungsgrund (14) Prospekt-RL sowie Erwägungsgründe (7) und (8) Transparenz-RL.

575 Erwogen bei *von Hein* in: Baum/Fleckner/Hellgardt u. a., Perspektiven des Wirtschaftsrechts, 371 (386f.).

576 Vgl. *Schmitt* BKR 2010, 366 (370); *von Hein* in: Baum/Fleckner/Hellgardt u. a., Perspektiven des Wirtschaftsrechts, 371 (385f.); siehe auch *Ohly* in: Ohly/Sosnitza, UWG, 7. Aufl. 2016, UWG, Einf. B. Rn. 13c.

577 Differenzierend *von Hein* in: Baum/Fleckner/Hellgardt u. a., Perspektiven des Wirtschaftsrechts, 371 (387); *von Hein* in: Fassbender/Wendehorst/Wet u. a., Paradigmen im internationalen Recht, 369 (411).

578 Ebenso erwähnt ist die *e-commerce*-RL in Erwägungsgrund (40) Rom I-Verordnung.

heranzuziehen.[579] Der Erwägungsgrund spiegelt einen mit Verfechtern des Herkunftslandprinzips erzielten Kompromiss wieder, welcher, wenngleich heftig kritisiert[580], letztlich dennoch Eingang in die Rom II-Verordnung gefunden hat.[581] Bedeutung und Tragweite des Erwägungsgrunds sind jedoch weitgehend unklar[582], sodass es kaum verwundert, dass er auch im vorliegenden Kontext letztlich zu keiner zufriedenstellenden Klärung beitragen kann.

Einerseits könnte der ausdrückliche Rekurs auf die *e-commerce*-RL so gedeutet werden, dass auch das ihr innewohnende Herkunftslandprinzip der angesprochenen *„Freiheit des Waren- und Dienstleistungsverkehrs"* zuzurechnen ist und folglich durch die Rom II-Verordnung nicht beschränkt werden soll.[583] Hiermit würde dem in der Richtlinie verankerten Herkunftslandprinzip im Ergebnis kollisionsrechtliche Wirkung zuerkannt. Verallgemeinert könnte dies auch für eine kollisionsrechtliche Interpretation des Herkunftslandprinzips der Transparenz- bzw. Prospekt-RL sprechen und eine entsprechende Anknüpfung von Kapitalmarktinformationshaftungsansprüchen rechtfertigen.[584] Gleichwohl kann Erwägungsgrund (35) eine kollisionsrechtliche Deutung des Herkunftslandprinzips keinesfalls eindeutig entnommen werden. Vielmehr kann nicht geleugnet werden, dass der Wortlaut durchaus zwischen Kollisionsrecht einerseits und dem Herkunftslandprinzip andererseits zu differenzieren scheint.[585] Ebenfalls gegen eine kollisionsrechtliche Lesart spricht der Kompromisscharakter, welcher Erwägungsgrund (35) Rom II-Verordnung innewohnt.[586] Denn letztlich konnten sich

---

579 Vgl. nur *Junker* in: MüKo-BGB, 7. Aufl. 2018, Rom II-VO, Art. 27 Rn. 4f.

580 Vgl. etwa *Kieninger* in: Ferrari, u.a., Internationales Vertragsrecht, 3. Aufl. 2018, Rom I-VO, Art. 23 Rn. 9; *Wagner* IPRax 2008, 1 (3).

581 Vgl. *Junker* in: MüKo-BGB, 7. Aufl. 2018, Rom II-VO, Art. 27 Rn. 4f.; *Wagner* in: FS Kropholler (2008), 715 (725).

582 Mit zahlreichen Nachweisen *Junker* in: MüKo-BGB, 7. Aufl. 2018, Rom II-VO, Art. 27 Rn. 5.

583 In diesem Sinne etwa *Spickhoff* in: BeckOK-BGB, 49. Ed. 01.02.2019, Rom II-VO, Art. 27 Rn. 1.

584 Vgl. *von Hein* in: Baum/Fleckner/Hellgardt u. a., Perspektiven des Wirtschaftsrechts, 371 (387); *von Hein* in: Fassbender/Wendehorst/Wet u. a., Paradigmen im internationalen Recht, 369 (411); *Schmitt* BKR 2010, 366 (370); *Steinrötter*, Beschränkte Rechtswahl im Internationalen Kapitalmarktprivatrecht und akzessorische Anknüpfung an das Kapitalmarktordnungsstatut, S. 152f.; *Einsele* ZEuP 2012, 23 (32).

585 So *Ohly* in: Ohly/Sosnitza, UWG, 7. Aufl. 2016, UWG, Einf. C. Rn. 80.

586 *von Hein* in: Baum/Fleckner/Hellgardt u. a., Perspektiven des Wirtschaftsrechts, 371 (387); *von Hein* in: Fassbender/Wendehorst/Wet u. a., Paradigmen im internationalen Recht, 369 (411); *Schmitt* BKR 2010, 366 (371).

die Befürworter des Herkunftslandprinzips, welche dieses als generelles Prinzip des europäischen Deliktskollisionsrechts statuiert sehen wollten, in den Verhandlungen zur Rom II-Verordnung nicht durchsetzen.[587] Es liegt daher nahe, diesbezüglich eine restriktive Lesart von Art. 27 Rom II-Verordnung zu fordern, um nicht vorschnell vom Grundsatz der Erfolgsortanknüpfung abzuweichen.[588]

Erhellend wirkt in diesem Zusammenhang aber ein Blick in die Rechtsprechung des *EuGH* zur kollisionsrechtlichen Bedeutung der *e-commerce*-RL. Auf ein Vorlageersuchen des *BGH*[589] hin hat der *EuGH* in der Rs. *eDate*[590] nun hinsichtlich des Herkunftslandprinzips der *e-commerce*-RL eindeutig klargestellt, dass *„eine Auslegung der Binnenmarktregel des Art. 3 Abs. 1 der Richtlinie dahin, dass sie zu einer Anwendung des im Sitzmitgliedstaat geltenden Sachrechts führt, nicht ihre Einordnung als Regel im Bereich des internationalen Privatrechts nach sich zieht.*"[591] Damit ist nun auch höchstrichterlich festgestellt, dass die in Art. 1 Abs. 4 *e-commerce*-RL enthaltene Aussage, dass die Richtlinie keine *„zusätzliche[n] Regeln im Bereich des internationalen Privatrechts*" schaffe, auch tatsächlich ernst zu nehmen ist.[592] Dem in der *e-commerce*-RL verankerten Herkunftslandprinzip kann folglich keine kollisionsrechtliche Wirkung entnommen werden. Der zuvor noch vertretenen, gegenteiligen Ansicht[593] ist damit endgültig die Grundlage entzogen worden.[594]

---

587 *Wagner* IPRax 2008, 1 (3); *von Hein* in: Baum/Fleckner/Hellgardt u. a., Perspektiven des Wirtschaftsrechts, 371 (387); *von Hein* in: Fassbender/Wendehorst/Wet u. a., Paradigmen im internationalen Recht, 369 (411).

588 *von Hein* in: Baum/Fleckner/Hellgardt u. a., Perspektiven des Wirtschaftsrechts, 371 (387); *von Hein* in: Fassbender/Wendehorst/Wet u. a., Paradigmen im internationalen Recht, 369 (411); *Schmitt* BKR 2010, 366 (371); *Einsele* ZEuP 2012, 23 (32).

589 *BGH* NJW 2010, 1232.

590 *EuGH* Urteil v. 25.10.2011 – verb. Rs. C-509/09 und C-161/10, ECLI:EU:C:2011:685 (eDate Advertising u.a.).

591 Vgl. *EuGH* Urteil v. 25.10.2011 – verb. Rs. C-509/09 und C-161/10, ECLI:EU:C:2011:685 (eDate Advertising u.a.), Rz. 61.

592 So auch *Roth* IPRax 2013, 215 (226); *Ohly* in: Ohly/Sosnitza, UWG, 7. Aufl. 2016, UWG, Einf. C. Rn. 80; *Picht* GRUR-Int 2013, 19 (17); *von Hinden* ZEuP 2012, 948 (952); *Sack* EWS 2011, 513 (514); kritisch scheinbar *Leible* LMK 2012, 329468, der ausführt, dass sich der *EuGH „vielmehr durch den Wortlaut des Art. 1 IV RL 2000/31/ EG beeindrucken*" ließ.

593 Vgl. den ausführlichen Überblick über den früheren Meinungsstand bei *Roth* IPRax 2013, 215 (224 ff.).

594 Vgl. *Ohly* in: Ohly/Sosnitza, UWG, 7. Aufl. 2016, UWG, Einf. C. Rn. 79; *Brand* NJW 2012, 127 (130); *Hess* JZ 2012, 189 (192); *Sack* EWS 2011, 513 (514); a.A. wohl *Brenn* ÖJZ 2012, 493 (496).

Mit seinen Ausführungen zur *e-commerce*-RL hat der *EuGH* zugleich auch entsprechende Diskussionen bezüglich anderer auf dem Herkunftslandprinzip basierender Richtlinien, namentlich auch der Transparenz- und der Prospekt-RL, beantwortet: Auch hier muss eine Auslegung im Sinne eines kollisionsrechtlichen Herkunftslandprinzips ausscheiden.[595] Ohnehin würde die Anwendung des Herkunftslandprinzips im Kollisionsrecht, welche auf dem Gedanken der gegenseitigen Anerkennung und des gegenseitigen Vertrauens beruht, die Gleichwertigkeit der materiell-rechtlichen Regelungslage wenigstens in Gestalt einer Mindestharmonisierung der Rechtsvorschriften voraussetzen.[596] Dies ist zwar hinsichtlich der Publizitätsvorschriften selbst, nicht aber für die Haftungsvorschriften für unterlassene oder fehlerhafte Publizität der Fall.[597] Zweifelhaft erscheint zudem, ob das Herkunftslandprinzip überhaupt für eine Anwendung im europäischen Deliktskollisionsrecht geeignet ist. Denn ursprünglich entwickelt wurde es für den Bereich der staatlichen Aufsicht über die Wirtschaft, nicht für privatrechtliche Haftungsfragen.[598]

Darüber hinaus spricht auch die vorangehend bereits ausführlich beschriebene Gesetzgebungshistorie der Transparenz-RL klar gegen eine Anknüpfung der Kapitalmarktinformationshaftung an ein der Prospekt- bzw. Transparenz-RL zu entnehmendes Herkunftslandprinzip. Die britische Regierung hatte hier im Rahmen der Verhandlungen versucht, eine kollisionsrechtliche Regelung der Haftung im Sinne einer ausschließlichen Anwendung des Rechts des Herkunftsmitgliedstaats des Emittenten in Art. 7 Transparenz-RL vorzunehmen, ist aufgrund tiefgreifender Bedenken anderer Mitgliedstaaten sowie der Kommission hinsichtlich der Sicherstellung eines angemessenen Anlegerschutzes hiermit aber gescheitert.[599] Für eine Auslegung, welche der Prospekt- bzw. der Transparenz-RL nun dennoch eine kollisionsrechtliche Regelung der Haftung im Sinne des Herkunftslandprinzips entnehmen möchte, bleibt vor diesem Hintergrund kein Raum.

---

595 So auch *von Hein* in: MüKo-BGB, 7. Aufl. 2018, EGBGB, Art. 3 Rn. 83; *Steinrötter*, Beschränkte Rechtswahl im Internationalen Kapitalmarktprivatrecht und akzessorische Anknüpfung an das Kapitalmarktordnungsstatut, S. 156.

596 Vgl. *Ohly* in: Ohly/Sosnitza, UWG, 7. Aufl. 2016, UWG, Einf. C. Rn. 67f.; *Einsele* ZEuP 2012, 23 (33); *Schaub* RabelsZ 66 (2002), 18 (31f.).

597 *Einsele* ZEuP 2012, 23 (33).

598 Vgl. *Wagner* IPRax 2008, 1 (3); *Schaub* RabelsZ 66 (2002), 18 (33).

599 Vgl. ausführlich oben Abschnitt IV.C.1.a)(1)(c).

Da der kollisionsrechtlichen Deutung des im Richtlinienrecht enthaltenen Herkunftslandprinzips durch den *EuGH* eine klare Absage erteilt wurde und auch im Übrigen die besseren Gründe gegen diese Annahme sprechen, ist die Anknüpfung von Haftungsansprüchen wegen unterlassener oder fehlerhafter Kapitalmarktinformation an ein der Transparenz- bzw. der Prospekt-RL entnommenes Herkunftslandprinzip im Ergebnis abzulehnen.

(c) Folgeproblem der *eDate*-Rechtsprechung des *EuGH*: Der Rom II-Verordnung vorrangige nationale Kollisionsnormen für die Kapitalmarktinformationshaftung?

(i) Ausgangspunkt

Auf den ersten Blick scheint die Frage nach der Anknüpfung der Kapitalmarktinformationshaftung an ein der Prospekt- bzw. der Transparenz-RL entnommenes Herkunftslandprinzip damit geklärt. Bei genauerer Betrachtung wirft das *EuGH*-Urteil in der Rs. *eDate* jedoch ein erhebliches Folgeproblem auf. Denn neben der klaren Aussage des *EuGH* zum kollisionsrechtlichen Gehalt der Vorschriften der *e-commerce*-RL findet sich weiter die etwas nebulös wirkende Aussage, dass es den Mitgliedstaaten gemäß Art. 1 Abs. 4 i.V.m. Erwägungsgrund (23) *e-commerce*-RL *„grundsätzlich freisteht, das anwendbare Sachrecht anhand ihres internationalen Privatrechts zu bestimmen“*.[600] Dies unterstreicht der *EuGH* nochmals mit der Aussage, dass Art. 3 Abs. 2 *e-commerce*-RL keine Umsetzung in Form einer speziellen Kollisionsregel *„verlangt“*.[601] Verboten ist dies also offenbar nicht.[602] Es liegt damit in den Händen der mitgliedstaatlichen Gesetzgeber, bei der Umsetzung der Richtlinie eine Entscheidung hinsichtlich der kollisionsrechtlichen Tragweite des Herkunftslandprinzips zu treffen.[603] Der *EuGH*

---

600 Vgl. *EuGH* Urteil v. 25.10.2011 – verb. Rs. C-509/09 und C-161/10, ECLI:EU:C:2011:685 (eDate Advertising u.a.), Rz. 62.

601 Vgl. *EuGH* Urteil v. 25.10.2011 – verb. Rs. C-509/09 und C-161/10, ECLI:EU:C:2011:685 (eDate Advertising u.a.), Rz. 63.

602 Ebenso *von Hein* in: MüKo-BGB, 7. Aufl. 2018, EGBGB, Art. 3 Rn. 82; *Leible* LMK 2012, 329468; *Picht* GRUR-Int 2013, 19 (21); *Melcher* ÖJZ 2013, 270 (271).

603 So *von Hein* in: MüKo-BGB, 7. Aufl. 2018, EGBGB, Art. 3 Rn. 82; *Engel* in: jurisPK-BGB, 8. Aufl. 2017, Rom II-VO, Art. 27 Rn. 6; *Roth* IPRax 2013, 215 (227); eine kollisionsrechtliche Umsetzung ausdrücklich befürwortend *Leible* LMK 2012, 329468; a.A. offenbar *Pfeiffer* IPRax 2014, 360 (363), der im Ergebnis von der Unzulässigkeit einer kollisionsrechtlichen Deutung ausgeht.

hat die Kollisionsrechtsproblematik des Herkunftslandprinzips damit nicht gelöst, sondern vielmehr auf das Sachrecht verlagert.[604] So kann es sein, dass in einigen Mitgliedstaaten im Rahmen der Richtlinienumsetzung spezielle, auf dem Herkunftslandprinzip beruhende kollisionsrechtliche Regelungen getroffen werden, während andere Mitgliedstaaten hierauf verzichten. Eben dieses Risiko hat sich im Nachgang zur *eDate*-Rechtsprechung im Bereich der Umsetzung von Art. 3 *e-commerce*-RL in nationales Recht auch realisiert: Während der *BGH* § 3 TMG als lediglich sachrechtliches Beschränkungsverbot ohne kollisionsrechtliche Wirkung interpretiert,[605] hält der *OGH* in einem Urteil vom 09.05.2012 die bereits vom österreichischen Gesetzgeber intendierte[606] kollisionsrechtliche Deutung von § 20 österr. E-Commerce-Gesetz im Sinne einer Sachnormverweisung für mit den Maßstäben der *eDate*-Entscheidung vereinbar[607]. Aus gesamteuropäischer Perspektive entsteht hierdurch freilich eine missliche Gemengelage nationaler und europäischer Vorschriften, was, wie von *Sonnenberger* zutreffend konstatiert wurde, geradezu *„grotesk"* erscheint.[608]

Grundsätzlich wirft dies daher die – soweit ersichtlich bisher wenig diskutierte[609] – Frage nach dem Verhältnis zwischen entsprechenden nationalen Umsetzungskollisionsnormen und dem harmonisierten Internationalen Privatrecht auf. Ist einer nationalen Kollisionsnorm, welche eine ausdrückliche oder auch nur implizite Regelung im Sinne des Herkunftslandprinzips trifft, nicht nur Vorrang vor nationalem IPR, sondern auch Vorrang vor den Regelungen der Rom I- bzw. Rom II-Verordnung einzuräumen?[610] Wäre diese Frage zu bejahen, hätte dies zur Konsequenz, dass dem mitgliedstaatlichen Gesetzgeber nicht nur

604 So *Engel* in: jurisPK-BGB, 8. Aufl. 2017, Rom II-VO, Art. 27 Rn. 6.

605 *BGH* NJW 2012, 2197; vgl. hierzu ausführlich *Martiny* in: MüKo-BGB, 7. Aufl. 2018, TMG, § 3 Rn. 24; so bereits unmittelbar im Nachgang zum *eDate*-Urteil *Sack* EWS 2011, 513 (515).

606 Vgl. mit Verweis auf die Regierungsbegründung zum E-Commerce-Gesetz *Lurger/Vallant* MMR 2002, 203 (204).

607 *OGH*, Urteil v. 9.5.2012 – 7 Ob 189/11m; zustimmend *Roth* IPRax 2013, 215 (227); *Brenn* ÖJZ 2012, 493 (498); in diesem Sinne bereits vor der eDate-Entscheidung *OGH*, Urteil v. 21.11.2006 – 4 Ob 62/06f; beachte aber auch *OGH*, Urteil v. 23.5.2013 – 4 Ob 29/13p, GRUR Int. 2013, 1163 (hierzu sogleich); zum Ganzen auch *von Hein* in: MüKo-BGB, 7. Aufl. 2018, EGBGB, Art. 3 Rn. 80 ff.; *Sonnenberger* IPRax 2011, 325 (329).

608 So *Sonnenberger* IPRax 2011, 325 (329).

609 Vgl. aber *Pfeiffer* IPRax 2014, 360 (360 ff.); *Cach* ZfRV 2014, 219 (219 ff.).

610 Eine entsprechende Vorrangstellung solcher *leges speciales* ließe sich über Art. 27 Rom II-Verordnung begründen, hierzu sogleich.

die kollisionsrechtliche Umsetzung des Herkunftslandprinzip anheimgestellt wäre, sondern er damit zugleich auch über Anwendungsbereich und Reichweite des harmonisierten Internationalen Privatrechts verfügen könnte. Im Ergebnis hätten die Mitgliedstaaten damit die Möglichkeit, gleichwohl aber nicht die Pflicht, eine der Rom II-Verordnung vorrangige nationale Kollisionsnorm zu schaffen. Der *EuGH* hat sich hierzu in seiner *eDate*-Entscheidung nicht geäußert. Auch der *OGH* musste sich mit dieser Frage in seinem bereits erwähnten Urteil vom 09.05.2012[611] nicht beschäftigen, da Gegenstand des Rechtsstreits Ansprüche aus der Verletzung von Persönlichkeitsrechten waren, welche ohnehin vom Anwendungsbereich der Rom II-Verordnung ausgenommen sind.[612] Im Rahmen der Umsetzung der *e-commerce*-RL stellt sich dieses Problem aber beispielsweise, soweit das auf Ansprüche aus unlauterem Wettbewerb anwendbare Recht in Frage steht, da diese grundsätzlich in den Anwendungsbereich der Rom II-Verordnung fallen, die hierfür in Art. 6 sogar eine besondere Kollisionsnorm vorhält.[613]

Auch für die Fragestellung der vorliegenden Arbeit – der Haftung wegen unterlassener oder fehlerhafter Kapitalmarktinformation – besteht eine analoge Problematik. Denn die Rom II-Verordnung ist, wie oben bereits festgestellt[614], grundsätzlich auch auf derartige Haftungsansprüche anwendbar. Zudem basieren die die Publizitätspflichten statuierenden Richtlinien – ebenso wie die *e-commerce*-RL – auf dem Herkunftslandprinzip. Soweit nationalen Umsetzungsnormen, etwa in Umsetzung der Transparenz- oder Prospekt-RL, durch den nationalen Gesetzgeber oder ein nationales Gericht ein kollisionsrechtlicher Regelungsgehalt zugesprochen wird (wie auch im Falle des § 20 österr. E-Commerce-Gesetz geschehen), würde sich in der Folge ebenso die Frage nach dem Verhältnis dieser nationalen Kollisionsnormen zu den Anknüpfungsvorschriften der Rom II-Verordnung stellen. Auch hier wäre bejahendenfalls dem mitgliedstaatlichen Gesetzgeber faktisch die Möglichkeit zur Schaffung einer der Rom II-Verordnung vorrangigen, nationalen Kollisionsnorm für die Kapitalmarktinformationshaftung eröffnet.

611 *OGH*, Urteil v. 9.5.2012 – 7 Ob 189/11m.

612 Vgl. Art. 1 Abs. 2 lit. g) Rom II-Verordnung.

613 Vgl. *Eichel* in: Mansel/Hüßtege, Rom-Verordnungen, 2. Aufl. 2015, Rom II-VO, Art. 27 Rn. 6; *Brand* NJW 2012, 127 (130); dazu nun *OGH*, Urteil v. 23.5.2013 – 4 Ob 29/13p, GRUR Int. 2013, 1163.

614 Vgl. zur Anwendbarkeit der Rom II-Verordnung oben Abschnitt IV.B.

(ii) Verhältnis der Rom II-Verordnung zu kollisionsrechtlich umgesetztem Richtlinienrecht

Entscheidende Bedeutung kommt daher dem Verhältnis zwischen harmonisiertem Internationalem Privatrecht und kollisionsrechtlich umgesetztem, originär aber nur sachrechtlichem Richtlinienrecht zu. Im Grundsatz geht harmonisiertes Internationales Privatrecht dem mitgliedstaatlichen Kollisionsrecht aufgrund des unionsrechtlichen Anwendungsvorrangs vor.[615] Partiell durchbrochen wird dieses Prinzip aber durch Art. 27 Rom II-Verordnung bzw. Art. 23 Rom I-Verordnung. Denn weitgehend unstrittig ist, dass „*Vorschriften des Gemeinschaftsrechts*“ im Sinne dieser Vorschriften nicht nur unmittelbar geltende Verordnungen, sondern auch Richtlinien umfassen.[616] Weiterhin anerkannt ist, dass sich der in Art. 27 Rom II-Verordnung bzw. Art. 23 Rom I-Verordnung enthaltene Verweis im Falle von Richtlinienkollisionsrecht nicht auf Vorschriften der Richtlinie selbst, sondern auf die jeweiligen nationalen Umsetzungs(-kollisions)normen bezieht, welche dann ungeachtet ihrer systematischen Stellung vorrangig vor den harmonisierten Regelungen der Rom I- bzw. II-Verordnung Anwendung finden.[617] Begründet wird diese weite Auslegung primär damit, dass Richtlinienkollisionsrecht, welches in den Mitgliedstaaten naturgemäß nicht

615 Art. 3 EGBGB ist insoweit nur deklaratorischer Natur, hierzu *von Hein* in: MüKo-BGB, 7. Aufl. 2018, EGBGB, Art. 3 Rn. 1; *Lorenz* in: BeckOK-BGB, 49. Ed. 01.02.2019, EGBGB, Art. 3 Rn. 3.

616 Vgl. nur *Junker* in: MüKo-BGB, 7. Aufl. 2018, Rom II-VO, Art. 27 Rn. 7; *Engel* in: jurisPK-BGB, 8. Aufl. 2017, Rom II-VO, Art. 27 Rn. 2; *Hohloch* in: Erman, BGB, 15. Aufl. 2017, Rom II-VO, Art. 27 Rn. 1; *Ringe* in: jurisPK-BGB, 8. Aufl. 2017, Rom I-VO, Art. 23 Rn. 7; *Spickhoff* in: BeckOK-BGB, 49. Ed. 01.02.2019, Rom I-VO, Art. 23 Rn. 1; *Martiny* in: MüKo-BGB, 7. Aufl. 2018, Rom I-VO, Art. 23 Rn. 10; *Kieninger* in: Ferrari, u.a., Internationales Vertragsrecht, 3. Aufl. 2018, Rom I-VO, Art. 23 Rn. 2; *Leible* in: Mansel/Hüßtege, Rom-Verordnungen, 2. Aufl. 2015, Rom I-VO, Art. 23 Rn. 3; *Sonnenberger* IPRax 2011, 325 (329); *Wagner* IPRax 2008, 1 (3).

617 So die wohl überwiegende Ansicht, vgl. nur *Eichel* in: Mansel/Hüßtege, Rom-Verordnungen, 2. Aufl. 2015, Rom II-VO, Art. 27 Rn. 2; *Junker* in: MüKo-BGB, 7. Aufl. 2018, Rom II-VO, Art. 27 Rn. 8; *Jakob/Picht* in: Rauscher, EuZPR/EuIPR, 4. Aufl. 2016, Rom II-VO, Art. 27 Rn. 4; *Ringe* in: jurisPK-BGB, 8. Aufl. 2017, Rom I-VO, Art. 23 Rn. 8; *Staudinger* in: HK-BGB, 10. Aufl. 2019, Rom I-VO, Art. 23 Rn. 1; *Leible* in: Mansel/Hüßtege, Rom-Verordnungen, 2. Aufl. 2015, Rom I-VO, Art. 23 Rn. 5; *Kieninger* in: Ferrari, u.a., Internationales Vertragsrecht, 3. Aufl. 2018, Rom I-VO, Art. 23 Rn. 7; *Sonnenberger* IPRax 2011, 325 (329); *Leible/Lehmann* RIW 2008, 528 (531).

unmittelbar gilt, andernfalls keine Berücksichtigung fände und in der Folge möglicherweise leer laufen würde.[618]

Ausgehend hiervon wird im Schrifttum teilweise gefolgert, dass auch nationale Kollisionsnormen, welche auf der Umsetzung der *e-commerce*-RL beruhen und im Einklang mit dieser das Herkunftslandprinzip statuieren, gemäß Art. 27 Rom II-Verordnung vorrangig vor den sonstigen Kollisionsnormen der Rom II-Verordnung anzuwenden seien.[619] Auch das Urteil des *OGH* vom 09.05.2012 könnte wohl in diesem Sinne interpretiert werden.[620] Dennoch ist dieser Ansatz kritisch zu sehen. Kann es wirklich sein, dass die mitgliedstaatlichen Gesetzgeber die Geltung des harmonisierten Internationalen Privatrechts im Rahmen der Umsetzung grundsätzlich kollisionsrechtsfreier Richtlinien einschränken können?

Diese Bedenken teilt ausgerechnet auch der *OGH*, allerdings in Gestalt des 4. Senats, welcher seine hierzu ergangene Entscheidung[621] ausdrücklich vom bereits angesprochenen Urteil des 7. Senats vom 09.05.2012[622] abgegrenzt wissen möchte.[623] Zum grundsätzlichen Vorrang von umgesetztem Richtlinienkollisionsrecht führt der 4. Senat des *OGH* aus, dass dieser nur gelten kann, soweit *„die Bestimmungen des nationalen Rechts tatsächlich zur Umsetzung einer gegenüber der Rom II-VO spezielleren Regelung des Unionsrechts erforderlich ist* [sic!]. *Soweit hingegen die Umsetzung überschießend erfolgte, besteht kein Grund, die allgemeine Regelung der Rom II-VO ihnen gegenüber zurücktreten zu lassen. Der Vorrang auch des „überschießenden" Teils der Umsetzung würde das Rangverhältnis zwischen Unionsrecht (Rom II-VO) und nationalem Recht (dem von der spezielleren Norm des Unionsrechts nicht geforderten Teil des Umsetzungsgesetzes) in sein Gegenteil verkehren.*"[624] Auch § 20 österr. E-Commerce-Gesetz ist nach

618 Vgl. etwa *Junker* in: MüKo-BGB, 7. Aufl. 2018, Rom II-VO, Art. 27 Rn. 8; *Eichel* in: Mansel/Hüßtege, Rom-Verordnungen, 2. Aufl. 2015, Rom II-VO, Art. 27 Rn. 2.

619 So ausdrücklich *Eichel* in: Mansel/Hüßtege, Rom-Verordnungen, 2. Aufl. 2015, Rom II-VO, Art. 27 Rn. 6; wohl auch *Sonnenberger* IPRax 2011, 325 (329); *Pfeiffer* IPRax 2014, 360 (363); *Brenn* ÖJZ 2012, 493 (498).

620 So verstanden jedenfalls in *OGH*, Urteil v. 23.5.2013 – 4 Ob 29/13p, Gliederungspunkt 1.2.(e), GRUR Int. 2013, 1163 (1166).

621 *OGH*, Urteil v. 23.5.2013 – 4 Ob 29/13p, GRUR Int. 2013, 1163; bestätigt in *OGH*, Urteil v. 17.12.2013 – 4 Ob 153/13y.

622 *OGH*, Urteil v. 9.5.2012 – 7 Ob 189/11m.

623 *OGH*, Urteil v. 23.5.2013 – 4 Ob 29/13p, Gliederungspunkt 1.2.(e), GRUR Int. 2013, 1163 (1166).

624 *OGH*, Urteil v. 23.5.2013 – 4 Ob 29/13p, Gliederungspunkt 1.2.(c), GRUR Int. 2013, 1163 (1166).

Ansicht des befassten Senats eine solche überschießende Richtlinienumsetzung, da, wie der *EuGH* in seiner *eDate*-Entscheidung ausdrücklich festgestellt habe, Art. 3 *e-commerce*-RL die Mitgliedstaaten nicht zu einer kollisionsrechtlichen Umsetzung verpflichte.[625] Im Ergebnis soll § 20 österr. E-Commerce-Gesetz daher nicht über Art. 27 Rom II-Verordnung vorrangig anzuwenden, sondern das Herkunftslandprinzip der *e-commerce*-RL erst auf der Ebene des materiellen Rechts umzusetzen sein.[626] Allenfalls außerhalb des Anwendungsbereichs des europäischen Kollisionsrechts, wie etwa bei der Verletzung von Persönlichkeitsrechten, könne § 20 österr. E-Commerce-Gesetz als unmittelbar anwendbare Sachnormverweisung berücksichtigt werden.[627]

Der vom 4. Senat des *OGH* durch seine ausführliche und wohlbegründete Entscheidung vom 23.05.2013 vorgenommenen Kurskorrektur ist im Ergebnis zuzustimmen.[628] Schon im Ausgangspunkt erscheint fraglich, ob mit der wohl herrschenden Meinung in der Literatur davon auszugehen ist, dass Art. 27 Rom II-Verordnung bzw. Art. 23 Rom I-Verordnung nicht unmittelbar auf Richtlinienkollisionsrecht, sondern auf die nationalen Umsetzungsnormen verweisen. Grundsätzlich richtig ist zwar, dass Richtlinien in den Mitgliedstaaten keine unmittelbare Wirkung entfalten, sondern der Umsetzung in nationales Recht bedürfen. Für in Richtlinien enthaltene Kollisionsnormen könnte aber aufgrund Art. 27 Rom II-Verordnung durchaus auch etwas anderes gelten. Denn schon dem Wortlaut nach verweist Art. 27 Rom II-Verordnung ausdrücklich auf „*Vorschriften des Gemeinschaftsrechts, die [...] Kollisionsnormen [...] enthalten*“. Die Anwendbarkeit des Richtlinienkollisionsrechts wird daher von einer in den Mitgliedstaaten ohne Umsetzungsakt geltenden Verordnung unmittelbar angeordnet, weshalb sich der Vorrang des Verordnungsrechts auch auf die in Richtlinien enthaltenen Kollisionsnormen erstrecken könnte. Es ließe sich daher entgegen der wohl herrschenden Meinung gut vertreten, dass zur unmittelbaren Geltung kollisionsrechtlicher Richtlinienvorschriften in den Mitgliedstaaten eine Umsetzung in nationales Recht gar nicht erforderlich ist. Damit entfiele gleichfalls das wesentliche Argument für die doch sehr weitgehende (und daher

---

625 *OGH*, Urteil v. 23.5.2013 – 4 Ob 29/13p, Gliederungspunkt 1.2.(d), GRUR Int. 2013, 1163 (1166).

626 *OGH*, Urteil v. 23.5.2013 – 4 Ob 29/13p, Gliederungspunkt 1.2.(e), GRUR Int. 2013, 1163 (1166).

627 *OGH*, Urteil v. 23.5.2013 – 4 Ob 29/13p, Gliederungspunkt 1.2.(e), GRUR Int. 2013, 1163 (1166).

628 Ebenso *Cach* ZfRV 2014, 219 (221); *Ofner* ZfRV 2013, 227 (227); kritisch *Melcher* ÖJZ 2013, 270 (271f.).

zumindest zweifelhaft erscheinende) Auslegung von Art. 27 Rom II-Verordnung und würde diese überflüssig machen.

Aber selbst wenn man trotz der geäußerten Bedenken die Vorschriften im Lichte der Vorgängerbestimmung in Art. 20 EVÜ interpretieren möchte[629], welche ausdrücklich auch auf die Geltung nationaler Umsetzungsnormen Bezug nahm, folgt daraus für die vorliegende Fragestellung nichts anderes. Denn auch dann kann sich der in Art. 27 Rom II-Verordnung enthaltene Verweis nur auf solche nationale Normen beziehen, welche eine in einer Richtlinie auch tatsächlich enthaltene Kollisionsnorm umsetzen, nicht aber, wie der 4. Senat des *OGH* zutreffend festgestellt hat[630], auf die überschießende Umsetzung rein sachrechtlicher Richtlinienvorschriften in nationale Kollisionsnormen.[631] Eine dahingehende Interpretation würde das Vorrangverhältnis zwischen harmonisiertem Internationalem Privatrecht und nationalem Kollisionsrecht praktisch auf den Kopf und in der Konsequenz zur vollständigen Disposition der mitgliedstaatlichen Gesetzgeber stellen. Dies ist wohl kaum mit den Zielen europäischer Kollisionsrechtsvereinheitlichung zu vereinbaren und war durch Art. 27 Rom II-Verordnung sicher nicht bezweckt worden.

Etwas anderes folgt auch nicht aus den Ausführungen des *EuGH*, dass es den Mitgliedstaaten gemäß Art. 1 Abs. 4 i.V.m. Erwägungsgrund (23) *e-commerce*-RL „*grundsätzlich freisteht, das anwendbare Sachrecht anhand ihres internationalen Privatrechts zu bestimmen*“[632].[633] Auch wenn der *EuGH* dies bedauerlicherweise (aber vermutlich mangels Entscheidungsrelevanz) nicht ausdrücklich klarstellt, müssen die Regelungen der Richtlinie selbstverständlich im historischen Kontext gesehen werden: Zum Zeitpunkt des Erlasses der *e-commerce*-RL im Jahr 2000 gab es noch kein europäisches Kollisionsrecht, weshalb die Richtlinie, welche nach eigener (und nunmehr durch den *EuGH* auch bestätigten) Aussage selbst keine Regelungen im Bereich des Internationalen Privatrechts schafft, folgerichtig auf die Geltung mitgliedstaatlichen Internationalen Privatrechts Bezug

---

629 So ohne nähere Begründung *Leible/Lehmann* RIW 2008, 528 (531); *Leible* in: Mansel/Hüßtege, Rom-Verordnungen, 2. Aufl. 2015, Rom I-VO, Art. 23 Rn. 5.

630 *OGH*, Urteil v. 23.5.2013 – 4 Ob 29/13p, Gliederungspunkt 1.2.(c), GRUR Int. 2013, 1163 (1166).

631 So bereits zur Frage des kollisionsrechtlichen Gehalts der Vorschriften des TMG *Fezer/Koos* in: Staudinger, Neubearbeitung 2015, Internationales Wirtschaftsrecht, Rn. 602.

632 Vgl. *EuGH* Urteil v. 25.10.2011 – verb. Rs. C-509/09 und C-161/10, ECLI:EU:C:2011:685 (eDate Advertising u.a.), Rz. 62.

633 In diese Richtung geht etwa die Argumentation bei *Eichel* in: Mansel/Hüßtege, Rom-Verordnungen, 2. Aufl. 2015, Rom II-VO, Art. 27 Rn. 6; *Brenn* ÖJZ 2012, 493 (498).

nimmt.[634] Durch die europäische Kollisionsrechtsvereinheitlichung wurde nun aber ein neues, den mitgliedstaatlichen Regelungen vorrangiges Internationales Privatrecht geschaffen.[635] Die in der *e-commerce*-RL enthaltene Bezugnahme auf nationales Kollisionsrecht muss insoweit dynamisch verstanden werden, verweist nun also auf eben diese harmonisierten Vorschriften. Auf den Anwendungsvorrang des harmonisierten Kollisionsrechts hat dies aber keinen Einfluss. Soweit das anwendbare Recht also durch harmonisiertes Internationales Privatrecht (etwa die Rom I- oder Rom II-Verordnung) geregelt ist, muss dieses daher selbstverständlich vorgehen.[636] Für Bereiche, in denen keine harmonisierten Anknüpfungsregeln existieren, wie etwa für Ansprüche aus der Verletzung von Persönlichkeitsrechten[637], ist der Hinweis der *e-commerce*-RL aber nach wie vor zutreffend. Hier sind die mitgliedstaatlichen Gesetzgeber noch immer frei, im Rahmen der Richtlinienumsetzung entsprechende (überschießende) Kollisionsnormen zu schaffen. In diesem Kontext sind auch die leicht missverständlichen Ausführungen des *EuGH* zu sehen, bezog sich das Urteil in der Rs. *eDate* doch gerade auf Ansprüche aus der Verletzung von Persönlichkeitsrechten, welche nicht der Rom II-Verordnung unterfallen. Auch der 4. Senat des *OGH* kommt zu einem ähnlichen Ergebnis, wenn er ausführt, dass § 20 österr. E-Commerce-Gesetz allenfalls außerhalb des Anwendungsbereichs des harmonisierten Internationalen Privatrechts kollisionsrechtliche Wirkung entfalten könne, insoweit also einschränkend zu interpretieren sei.[638]

Überzeugende Gründe sprechen daher gegen eine Ausdehnung des Anwendungsbereichs von Art. 27 Rom II-Verordnung bzw. Art. 23 Rom I-Verordnung auf mitgliedstaatliche Kollisionsnormen, welche in Umsetzung grundsätzlich kollisionsrechtsfreiem Richtlinienrecht ergangen sind. Vielmehr muss es

634 So auch *Pfeiffer* IPRax 2014, 360 (362).

635 Vgl. allgemein *von Hein* in: MüKo-BGB, 7. Aufl. 2018, EGBGB, Art. 3 Rn. 29 ff.; *Kreuzer/Wagner/Reder* in: Dauses/Ludwigs, Handbuch des EU-Wirtschaftsrechts, 46. EL Januar 2019, R. Rn. 1 ff.

636 Vgl. *Pfeiffer* IPRax 2014, 360 (362); *Sack* EWS 2011, 513 (515); *Fezer/Koos* in: Staudinger, Neubearbeitung 2015, Internationales Wirtschaftsrecht, Rn. 602.

637 Vgl. Art. 1 Abs. 2 lit. g) Rom II-Verordnung.

638 *OGH*, Urteil v. 23.5.2013 – 4 Ob 29/13p, Gliederungspunkt 1.2.(e), GRUR Int. 2013, 1163 (1166); a.A. *Ofner* ZfRV 2013, 227 (227f.), der in § 20 österr. E-Commerce-Gesetz ein die Rom II-Verordnung ergänzendes kollisionsrechtliches Günstigkeitsprinzip erblicken möchte; *Pfeiffer* IPRax 2014, 360 (363) hingegen geht aufgrund des weiten Wortlauts von § 20 österr. E-Commerce-Gesetz sogar von der generellen Unzulässigkeit einer kollisionsrechtlichen Interpretation aus.

diesbezüglich beim Vorrang des harmonisierten Internationalen Privatrechts bleiben.

(iii) Zwischenergebnis

Wie am Beispiel der *e-commerce*-RL verdeutlicht wurde, folgt auch unter Berücksichtigung der *eDate*-Rechtsprechung des *EuGH* aus Art. 27 Rom II-Verordnung keine vorrangige Anwendung einer nationalen Kollisionsnorm, welche in (zulässiger) Umsetzung einer nicht kollisionsrechtlich zu interpretierenden Richtlinienvorschrift ergangen ist. Der Geltungsbereich einer solchen nationalen Kollisionsnorm muss auf außerhalb des harmonisierten Rechts liegende Rechtsverhältnisse beschränkt bleiben.

Da Ansprüche aus Kapitalmarktinformationshaftung in den Anwendungsbereich der Rom II-Verordnung fallen, bliebe eine entsprechende nationale Kollisionsnorm stets unberücksichtigt. Die in der Überschrift aufgeworfene Frage nach der Möglichkeit der Schaffung einer der Rom II-Verordnung vorgehenden nationalen Kollisionsnorm für die Kapitalmarktinformationshaftung kann daher überzeugend verneint werden. Gleichwohl zeigt die vorstehende Diskussion die Misslichkeit des *eDate*-Urteils des *EuGH* in Bezug auf die kollisionsrechtliche Bedeutung des Herkunftslandprinzips. Die hierdurch entstehende Unsicherheit auch für die Frage der Anknüpfung der Kapitalmarktinformationshaftung unterstreicht umso mehr die Notwendigkeit einer klaren Regelung in diesem Bereich.

(d) Ergebnis

Im Ergebnis bleibt festzuhalten, dass die Ausrichtung der Transparenz- bzw. der Prospekt-RL nach dem Herkunftslandprinzip keine, weder unmittelbar noch mittelbar unter Art. 27 Rom II-Verordnung zu fassenden Konsequenzen für die Anknüpfung von Haftungsansprüchen wegen fehlerhafter oder unterlassener Kapitalmarktinformation entfaltet. Es besteht daher keine kollisionsrechtliche Regelung der Kapitalmarktinformationshaftung durch ein sekundärrechtliches Herkunftslandprinzip.

(3) Primärrechtliches Herkunftslandprinzip

Soweit ersichtlich lediglich in einem – allerdings viel beachteten – Beitrag von *Tschäpe/Kramer/Glück* wird die Ansicht vertreten, die Prospekt- bzw. Kapitalmarktinformationshaftung sei an ein primärrechtlich hergeleitetes Herkunftslandprinzip anzuknüpfen.[639]

---

639 *Tschäpe/Kramer/Glück* RIW 2008, 657 (664 ff.); vgl. allgemein zur Diskussion um ein primärrechtliches Herkunftslandprinzip *Sonnenberger* in: MüKo-BGB, 5. Aufl. 2010, Einleitung IPR, Rn. 136 ff.

Als „Einfallstor“ für eine derartige Anknüpfung haben *Tschäpe/Kramer/Glück* Art. 27 der Rom II-Verordnung ausgemacht.[640] Dem wird bereits aus methodischer Sicht entgegengehalten, dass es bei Existenz eines primärrechtlichen Herkunftslandprinzips gar keines Rückgriffs auf Art. 27 Rom II-Verordnung bedürfte, da primäres Unionsrecht dem sekundären Unionsrecht schon aus normhierarchischen Gründen vorgehe.[641] Diese dogmatischen Bedenken können indes nicht überzeugen. Denn aus dem in Art. 27 Rom II-Verordnung verwendeten Begriff der *Vorschriften des Gemeinschaftsrechts* ergibt sich keineswegs zwingend, dass hiermit nur Sekundärrechtsakte gemeint sind. Diesen Schluss könnte allenfalls ziehen, wer die lediglich in der Überschrift zu Art. 27 Rom II-Verordnung angesprochenen Gemeinschaftsrechtsakte mit Rechtsakten im Sinne des Art. 288 AEUV gleichsetzt[642], was allerdings weder im Verordnungstext noch in den Erwägungsgründen eine Stütze findet. Wenngleich die praktische Bedeutung des Primärrechts in diesem Bereich eher gering sein dürfte[643], ist nicht ersichtlich, warum sich der Regelungsbereich des Art. 27 Rom II-Verordnung nicht auch auf europäisches Primärrecht erstrecken sollte[644], sei es mit deklaratorischer oder mit konstitutiver Wirkung. Die aus methodischer Sicht geäußerten Bedenken gegen eine Erstreckung von Art. 27 Rom II-Verordnung

640 *Tschäpe/Kramer/Glück* RIW 2008, 657 (666).

641 *Mankowski* in: Reithmann/Martiny, Internationales Vertragsrecht, Rn. 6.1774; dem zustimmend *Steinrötter*, Beschränkte Rechtswahl im Internationalen Kapitalmarktprivatrecht und akzessorische Anknüpfung an das Kapitalmarktordnungsstatut, S. 158.

642 So zur Parallelvorschrift im europäischen Vertragskollisionsrecht (Art. 23 Rom I-Verordnung) offenbar *Kieninger* in: Ferrari, u.a., Internationales Vertragsrecht, 3. Aufl. 2018, Rom I-VO, Art. 23 Rn. 2; zutreffend relativiert dies im Hinblick auf die unterschiedlichen Sprachfassungen *Nehne*, Methodik und allgemeine Lehren des europäischen Internationalen Privatrechts, S. 144.

643 Entsprechend finden sich in den meisten Kommentierungen zu Art. 27 Rom II- und Art. 23 Rom I-Verordnung nur Ausführungen zu europäischen Sekundärrechtsakten; primäres Unionsrecht wird im Hinblick auf einen möglichen kollisionsrechtlichen Bedeutungsgehalt nur selten angesprochen, etwa bei *Junker* in: MüKo-BGB, 7. Aufl. 2018, Rom II-VO, Art. 27 Rn. 10; vgl. auch *Sonnenberger* in: MüKo-BGB, 5. Aufl. 2010, Einleitung IPR, Rn. 135 ff.

644 So im Ergebnis auch *Junker* in: MüKo-BGB, 7. Aufl. 2018, Rom II-VO, Art. 27 Rn. 7; *Eichel* in: Mansel/Hüßtege, Rom-Verordnungen, 2. Aufl. 2015, Rom II-VO, Art. 27 Rn. 2; *Magnus* in: Staudinger, Neubearbeitung 2016, Rom I-VO, Art. 23 Rn. 15; *Jakob/Picht* in: Rauscher, EuZPR/EuIPR, 4. Aufl. 2016, Rom II-VO, Art. 27 Rn. 4; ebenso *Nehne*, Methodik und allgemeine Lehren des europäischen Internationalen Privatrechts, S. 145.

auf primäres Europarecht können den Vorschlag von *Tschäpe/Kramer/Glück* daher nicht entkräften. Allerdings sprechen andere gewichtige Gründe gegen die Anknüpfung der Kapitalmarktinformationshaftung an ein primärrechtliches Herkunftslandprinzip.

Tschäpe/Kramer/Glück stützen ihre These im Wesentlichen auf eine Auslegung der nun in Art. 63 AEUV geregelten Kapitalverkehrsfreiheit, welcher das Herkunftslandprinzip als „*wesentlicher Bestandteil der Grundfreiheitsdogmatik*" und „*integraler Grundsatz des Binnenmarktes*" entnommen werden könne.[645] Dieses primärrechtlich hergeleitete Herkunftslandprinzip soll, in Ermangelung einer ausdrücklichen Regelung in der Rom II-Verordnung oder sonstigen Sekundärrechtsakten, als für Prospekthaftungsansprüche passendes Anknüpfungsmoment herangezogen werden.[646] Schon im Ausgangspunkt erscheint aber fraglich, ob ein primärrechtliches Herkunftslandprinzip in diesem Sinne überhaupt existiert.[647] Denn der *EuGH* hat – wenn auch in anderem Zusammenhang – ausdrücklich festgestellt, dass es sich beim Herkunftslandprinzip nicht um ein „*im Vertrag verankertes Prinzip*"[648] handelt, was wohl auch der überwiegend vertretenen Ansicht in der Literatur entspricht.[649]

Speziell im Hinblick auf die Rom II-Verordnung gilt es ferner zu berücksichtigen, dass sich hier Befürworter einer kollisionsrechtlichen Kodifikation des Herkunftslandprinzips gerade nicht durchsetzen konnten.[650] Dieser Umstand

645 *Tschäpe/Kramer/Glück* RIW 2008, 657 (665).

646 *Tschäpe/Kramer/Glück* RIW 2008, 657 (667).

647 Krit. etwa *Mankowski* in: Reithmann/Martiny, Internationales Vertragsrecht, Rn. 6.1774; *Lehmann* in: MüKo-BGB, 7. Aufl. 2018, Internationales Finanzmarktrecht, Rn. 125; *Steinrötter*, Beschränkte Rechtswahl im Internationalen Kapitalmarktprivatrecht und akzessorische Anknüpfung an das Kapitalmarktordnungsstatut, S. 158; *Junker* RIW 2010, 257 (261).

648 *EuGH* Urteil v. 13.05.1997 – Rs. C-233/94, ECLI:EU:C:1997:231 (Deutschland/Parlament und Rat), Rz. 64.

649 So etwa *Sonnenberger* in: MüKo-BGB, 5. Aufl. 2010, Einleitung IPR, Rn. 136; *Fezer/Koos* in: Staudinger, Neubearbeitung 2015, Internationales Wirtschaftsrecht, Rn. 425; *Einsele* ZEuP 2012, 23 (33); *Lehmann* in: MüKo-BGB, 7. Aufl. 2018, Internationales Finanzmarktrecht, Rn. 125; *Steinrötter*, Beschränkte Rechtswahl im Internationalen Kapitalmarktprivatrecht und akzessorische Anknüpfung an das Kapitalmarktordnungsstatut, S. 158; *Mankowski* in: Reithmann/Martiny, Internationales Vertragsrecht, Rn. 6.1774; *Ohly* in: Ohly/Sosnitza, UWG, 7. Aufl. 2016, UWG, Einf. C. Rn. 66; *von Hein* ZVglRWiss 2003, 528 (540).

650 *Wagner* IPRax 2008, 1 (3); *von Hein* in: Baum/Fleckner/Hellgardt u. a., Perspektiven des Wirtschaftsrechts, 371 (387); *von Hein* in: Fassbender/Wendehorst/Wet u. a., Paradigmen im internationalen Recht, 369 (411).

erschiene höchst widersprüchlich, sollte bereits dem Primärrecht ein entsprechendes kollisionsrechtliches Gebot für das Deliktsrecht zu entnehmen sein. Auch wäre – was sehr fernliegend erscheint – in diesem Fall wohl nahezu die gesamte Rom II-Verordnung, deren besondere Kollisionsnormen logischerweise auch grundfreiheitsnahe Sachverhaltskonstellationen zum Gegenstand haben, primärrechtswidrig, da diese im Grundsatz das Recht des Erfolgsorts und gerade nicht das Recht des Herkunftslandes für maßgeblich erklären.[651] Ohnehin erscheint die unterschiedslose Anknüpfung an den gewöhnlichen Aufenthalt oder den Wohnsitz des Schädigers wenig sachgerecht und ist dem Internationalen Deliktsrecht konsequenterweise eher fremd.[652] Weiterhin ist nach der Entscheidung des *EuGH* in der Rs. *eDate* klar, dass eine kollisionsrechtliche Lesart des Binnenmarktprinzips auch nicht auf die Erwähnung der *e-commerce*-RL in Erwägungsgrund (35) der Rom II-Verordnung gestützt werden kann.[653] Aber auch über diesen Aspekt hinaus kann die Entscheidung hier argumentativ nutzbar gemacht werden: Denn wenn es ein primärrechtliches Herkunftslandprinzip, welches kollisionsrechtliche Wirkung für das Deliktsrecht entfaltet, tatsächlich gäbe, hätte es keiner Entscheidung über ein etwaiges sekundärrechtliches Herkunftslandprinzip der *e-commerce*-RL bedurft[654] und erst recht hätte die Existenz eines solchen nicht verneint werden dürfen.

Im Ergebnis kann dem europäischen Primärrecht daher keine Aussage im Sinne eines deliktskollisionsrechtlich zwingend zu berücksichtigenden Herkunftslandprinzips entnommen werden.[655] Der Vorschlag von *Tschäpe/Kramer/Glück* ist entsprechend abzulehnen.

---

651 Konsequenterweise zweifeln *Tschäpe/Kramer/Glück* RIW 2008, 657 (666) an der zutreffenden Erfassung der Produkthaftung in Art. 5 Rom II-Verordnung, da hier *„vorrangig die Warenverkehrsfreiheit und das Herkunftslandprinzip berührt"* seien. Auch dem ist freilich entgegenzuhalten, dass den Grundfreiheiten (hier: der Warenverkehrsfreiheit) ein entsprechendes kollisionsrechtliches Herkunftslandprinzip für das Deliktsrecht nicht entnommen werden kann und die Anknüpfungsleiter des Art. 5 Rom II-Verordnung zwar inhaltlich, jedenfalls aber nicht aus diesem Grunde kritisiert werden kann.

652 Siehe hierzu *Schaub* RabelsZ 66 (2002), 18 (33f.); ebenso *Einsele*, Bank- und Kapitalmarktrecht, § 7 Rn. 93.

653 So aber noch *Tschäpe/Kramer/Glück* RIW 2008, 657 (666).

654 *von Hein* in: MüKo-BGB, 7. Aufl. 2018, EGBGB, Art. 3 Rn. 83.

655 *von Hein* in: MüKo-BGB, 7. Aufl. 2018, EGBGB, Art. 3 Rn. 83; *Schaub* RabelsZ 66 (2002), 18 (34).

(4) *Ergebnis*

Letztlich kann damit die Relevanz von Art. 27 Rom II-Verordnung für die Anknüpfung von Ansprüchen aus Kapitalmarktinformationshaftung verneint werden, da weder dem europäischen Primär- noch Sekundärrecht für diesen Bereich kollisionsrechtliche Normen entnommen werden können. Insbesondere ein – wie auch immer hergeleitetes –Herkunftslandprinzip ist nicht als kollisionsrechtliche Regelung für derartige Ansprüche heranzuziehen.[656]

b) *Eingriffsrechtliche Anknüpfung der Kapitalmarktinformationshaftung (Art. 16 Rom II-Verordnung)*

In Betracht zu ziehen ist weiter, ob Vorschriften über die Haftung für unterlassene und falsche Kapitalmarktinformationen international zwingenden Charakter haben und daher im Wege einer Sonderanknüpfung zu berücksichtigen sind. Beispielsweise im deutschen Schrifttum wurde noch vor Geltung der Rom II-Verordnung vereinzelt eine Einordnung von bestimmten Prospekthaftungsansprüchen als Eingriffsrecht befürwortet.[657]

Im Rahmen der Rom II-Verordnung ließe sich eine entsprechende eingriffsrechtliche Sonderanknüpfung auf Art. 16 Rom II-Verordnung stützen. Danach schließen die Anknüpfungsvorschriften nicht die Anwendung der Vorschriften der *lex fori*, die ohne Rücksicht auf das an sich anwendbare Recht den Sachverhalt zwingend regeln, aus. Da die Rom II-Verordnung keine eigene Umschreibung

---

656 In diesem Zusammenhang wird vielfach darauf hingewiesen, dass die am Herkunftslandprinzip orientierte Regelung der Publizitätspflichten – wenn auch nicht im Rahmen von Art. 27 Rom II-Verordnung – jedenfalls aber bei der sonstigen Anwendung der Rom II-Verordnung zu berücksichtigen sei, vgl. etwa *von Hein* in: MüKo-BGB, 7. Aufl. 2018, EGBGB, Art. 3 Rn. 83; *Steinrötter*, Beschränkte Rechtswahl im Internationalen Kapitalmarktprivatrecht und akzessorische Anknüpfung an das Kapitalmarktordnungsstatut, S. 160; inwiefern dies die Anknüpfung von Ansprüchen aus Kapitalmarktinformationshaftung tatsächlich beeinflusst, wird an späterer Stelle behandelt (siehe unten Abschnitt IV.D.2.c)).

657 So zur börsengesetzlichen Prospekthaftung *Kiel*, Internationales Kapitalanlegerschutzrecht, S. 241 ff., 295; zur allgemeinen zivilrechtlichen Prospekthaftung zumindest hilfsweise erwogen bei *Hopt* in: FS Lorenz (1991), 413 (422), ausführlich (aber im Ergebnis ablehnend) hierzu *Schneider*, Kapitalmarktrechtlicher Anlegerschutz und internationales Privatrecht, S. 267 ff., welcher dies für die investmentrechtliche Prospekthaftung aber bejaht, vgl. *Schneider*, Kapitalmarktrechtlicher Anlegerschutz und internationales Privatrecht, S. 264f. (krit. hierzu *Jäger*, Das Prospekthaftungsstatut, S. 152 ff.).

von Eingriffsnormen vorhält, muss insoweit auf die in Art. 9 Abs. 1 Rom I-Verordnung vorhandene Definition zurückgegriffen werden.[658] Danach ist eine Eingriffsnorm eine *„zwingende Vorschrift, deren Einhaltung von einem Staat als so entscheidend für die Wahrung seines öffentlichen Interesses, insbesondere seiner politischen, sozialen oder wirtschaftlichen Organisation, angesehen wird, dass sie ungeachtet des nach Maßgabe dieser Verordnung auf den Vertrag anzuwendenden Rechts auf alle Sachverhalte anzuwenden ist, die in ihren Anwendungsbereich fallen.“*[659]

Dass kapitalmarktrechtliche Vorschriften häufig zwingend sind und der wirtschaftlichen Organisation, nämlich der Funktionsfähigkeit der Kapitalmärkte dienen, dürfte unbestritten sein.[660] Entsprechend ist jedenfalls für Publizitätspflichten davon auszugehen, dass diese grundsätzlich international zwingend sind.[661] Aber auch hinsichtlich flankierender zivilrechtlicher Haftungsvorschriften erscheint nach deren Sinn und Zweck, nämlich der Durchsetzung der international zwingenden Publizitätspflichten, eine eingriffsrechtliche Einordnung auf

---

658 Allg. M., siehe nur *von Hein* in: Calliess, Rome Regulations, 2. Aufl. 2015, Rome II, Art. 16 Rn. 12; *Spickhoff* in: BeckOK-BGB, 49. Ed. 01.02.2019, Rom II-VO, Art. 16 Rn. 2; *Dörner* in: HK-BGB, 10. Aufl. 2019, Rom II-VO, Art. 16 Rn. 1; *Junker* in: MüKo-BGB, 7. Aufl. 2018, Rom II-VO, Art. 16 Rn. 13; *Knöfel* in: Mansel/Hüßtege, Rom-Verordnungen, 2. Aufl. 2015, Rom II-VO, Art. 16 Rn. 8; *Hohloch* in: Erman, BGB, 15. Aufl. 2017, Rom II-VO, Art. 16 Rn. 5; *Engel* in: jurisPK-BGB, 8. Aufl. 2017, Rom II-VO, Art. 16 Rn. 5; *Remien* in: PWW, 13. Aufl. 2018, Rom II-VO, Art. 16 Rn. 2; *Magnus* in: Staudinger, Neubearbeitung 2016, Rom I-VO, Art. 9 Rn. 48; *Junker* RIW 2010, 257 (268); *von Hein* ZEuP 2009, 6 (24), vgl. auch Erwägungsgrund (7) Rom II-Verordnung.

659 Vgl. Art. 9 Abs. 1 Rom I-Verordnung; die hier enthaltene Definition hat der europäische Gesetzgeber der bestehenden Rechtsprechung des *EuGH* entnommen, vgl. *EuGH* Urteil v. 23.11.1999 – verb. Rs. C-369/96 und C-376/96, ECLI:EU:C:1999:575 (Arblade), Rz. 30, siehe hierzu *Hohloch* in: Erman, BGB, 15. Aufl. 2017, Rom II-VO, Art. 16 Rn. 5; *Junker* in: MüKo-BGB, 7. Aufl. 2018, Rom II-VO, Art. 16 Rn. 13; *Kadner Graziano* RabelsZ 73 (2009), 1 (72).

660 Siehe hierzu bereits oben Abschnitt III.C.4.a).

661 In diesem Sinne auch *Steinrötter*, Beschränkte Rechtswahl im Internationalen Kapitalmarktprivatrecht und akzessorische Anknüpfung an das Kapitalmarktordnungsstatut, S. 166; *Lehmann* in: MüKo-BGB, 7. Aufl. 2018, Internationales Finanzmarktrecht, Rn. 554; *Grundmann* RabelsZ 54 (1990), 283 (300); *Corneloup* in: Nuyts/Hatzimihail, Cross-border class actions, 291 (303); aus schweizerischer Sicht *Schnyder/Bopp* in: FS Zobl (2004), 391 (398); *Vischer* in: Zürcher Kommentar zum IPRG, 2. Aufl. 2004, IPRG, Art. 156 Rn. 10.

den ersten Blick durchaus denkbar.[662] Denn Ansprüche aus Kapitalmarktinformationshaftung dienen neben dem individuellen Schadensausgleich selbstverständlich auch der Durchsetzung der entsprechenden kapitalmarktrechtlichen Publizitätspflichten und tragen so zur Steigerung des Vertrauens aller Anleger in die Transparenz der Märkte, also zugleich zur Funktionsfähigkeit des Kapitalmarktes insgesamt bei.[663]

Dem wird entgegengehalten, dass die Verfolgung zivilrechtlicher Haftungsansprüche auch in anderen Bereichen – etwa im Wettbewerbs- oder Umweltrecht – über den individuellen Kompensationsgedanken hinaus Gemeinwohlinteressen dient.[664] Dennoch findet hier eine Anknüpfung über die hierfür speziell geschaffenen, besonderen Kollisionsnormen – etwa Art. 6 oder Art. 7 Rom II-Verordnung – und nicht eine einseitige eingriffsrechtliche Anwendung der nationalen Vorschriften statt.[665] Die bloße Existenz besonderer Kollisionsnormen für Schuldverhältnisse aus bestimmten Rechtsgebieten schließt allerdings nicht *per se* aus, dass einzelne mitgliedstaatliche Normen aus diesen Bereichen dennoch als Eingriffsnormen anzuwenden sind.[666] Denn die Entscheidung, ob

---

662 Vgl. *von Hein* in: Baum/Fleckner/Hellgardt u. a., Perspektiven des Wirtschaftsrechts, 371 (388); *von Hein* in: Fassbender/Wendehorst/Wet u. a., Paradigmen im internationalen Recht, 369 (412); *Kuntz* WM 2007, 432 (439); *Tison/Ravelingien*, Roma locuta, causa finita?, S. 27, http://ssrn.com/abstract=1510075 (zuletzt aufgerufen am 31.12.2017); *Remien* in: PWW, 13. Aufl. 2018, Rom II-VO, Art. 16 Rn. 3; *Schnyder/Bopp* in: FS Zobl (2004), 391 (398); *Verschraegen*, Internationales Privatrecht, Rn. 723; in der britischen Literatur wird teilweise sogar angenommen, dass die Sonderanknüpfung von Eingriffsnormen prinzipiell auch auf die diese flankierenden, deliktischen Haftungsnormen durchschlägt, vgl. den Hinweis bei *Pfeiffer* IPRax 2003, 233 (234 (Fn. 8)); dagegen wohl *von Hoffmann* in: FS Henrich (2000), 283 (288).

663 Siehe zum Zweck der Kapitalmarktinformationshaftung oben Abschnitt II.C.2.

664 *von Hein* in: Baum/Fleckner/Hellgardt u. a., Perspektiven des Wirtschaftsrechts, 371 (388).

665 *von Hein* in: Baum/Fleckner/Hellgardt u. a., Perspektiven des Wirtschaftsrechts, 371 (388f.); *von Hein* in: Fassbender/Wendehorst/Wet u. a., Paradigmen im internationalen Recht, 369 (412).

666 A.A. offenbar *Steinrötter*, Beschränkte Rechtswahl im Internationalen Kapitalmarktprivatrecht und akzessorische Anknüpfung an das Kapitalmarktordnungsstatut, S. 165 sowie *Knöfel* in: Mansel/Hüßtege, Rom-Verordnungen, 2. Aufl. 2015, Rom II-VO, Art. 16 Rn. 9, die davon ausgehen, dass eine eingriffsrechtliche Durchsetzung nicht in Betracht kommt, soweit die jeweilige Fallgruppe im Anwendungsbereich der Rom II-Verordnung liegt. Diese Ansicht übersieht jedoch den eindeutigen Wortlaut von Art. 16 Rom II-Verordnung („*Diese Verordnung berührt nicht die Anwendung […]*“) sowie die Tatsache, dass Art. 16 Rom II-Verordnung bei einer solchen

einer Norm international zwingender Charakter zukommen soll oder nicht, liegt – wie schon der Wortlaut von Art. 16 Rom II-Verordnung bzw. Art. 9 Rom I-Verordnung nahelegt – letztlich im Ermessen der mitgliedstaatlichen Gesetzgeber.[667] Diese sind hierbei selbstverständlich an Unionsrecht gebunden, allerdings können die Motive des mitgliedstaatlichen Gesetzgebers als Ausnahmen von den grundsätzlichen Bestimmungen der Grundfreiheiten und gegebenenfalls als zwingende Gründe des Allgemeininteresses berücksichtigt werden.[668] Trifft ein mitgliedstaatlicher Gesetzgeber eine entsprechende (europarechtskonforme) Entscheidung, so geht die international zwingende Norm dem nach den Anknüpfungsvorschriften der Rom II-Verordnung bestimmten anwendbaren Recht vor, unabhängig davon, ob eine besondere Kollisionsnorm der Art. 5–9 Rom II-Verordnung oder die allgemeine Kollisionsnorm in Art. 4 Rom II-Verordnung einschlägig ist.[669] Die Existenz besonderer Kollisionsnormen für

---

Auslegung – entweder aufgrund einer Regelung in den Anknüpfungsvorschriften oder mangels Anwendbarkeit der Verordnung – praktisch leer laufen würde.

667 Vgl. *EuGH* Urteil v. 17.10.2013 – Rs. C-184/12, ECLI:EU:C:2013:66 (Unamar), Rz. 50, 52; ebenso *Junker* in: MüKo-BGB, 7. Aufl. 2018, Rom II-VO, Art. 16 Rn. 12; *Doehner* in: Mansel/Hüßtege, Rom-Verordnungen, 2. Aufl. 2015, Rom I-VO, Art. 9 Rn. 21; *Ringe* in: jurisPK-BGB, 8. Aufl. 2017, Rom I-VO, Art. 9 Rn. 11; *Magnus* in: Staudinger, Neubearbeitung 2016, Rom I-VO, Art. 9 Rn. 66.

668 Vgl. *EuGH* Urteil v. 23.11.1999 – verb. Rs. C-369/96 und C-376/96, ECLI:EU:C:1999:575 (Arblade), Rz. 31; *EuGH* Urteil v. 17.10.2013 – Rs. C-184/12, ECLI:EU:C:2013:66 (Unamar), Rz. 46; siehe hierzu auch *Junker* in: MüKo-BGB, 7. Aufl. 2018, Rom II-VO, Art. 16 Rn. 12; *Magnus* in: Staudinger, Neubearbeitung 2016, Rom I-VO, Art. 9 Rn. 66.

669 In diesem Sinne bereits der Wortlaut von Art. 16 Rom II-Verordnung („*Diese Verordnung berührt nicht die Anwendung […]*") sowie der Parallelbestimmung in Art. 9 Rom I-Verordnung („*[…] ungeachtet des nach Maßgabe dieser Verordnung auf den Vertrag anzuwendenden Rechts […]*"; ebenso *Junker* in: MüKo-BGB, 7. Aufl. 2018, Rom II-VO, Art. 16 Rn. 29; *Spickhoff* in: BeckOK-BGB, 49. Ed. 01.02.2019, Rom II-VO, Art. 16 Rn. 3; *Dörner* in: HK-BGB, 10. Aufl. 2019, Rom II-VO, Art 16 Rn. 1; *Staudinger* in: HK-BGB, 10. Aufl. 2019, Rom I-VO, Art. 9 Rn. 7; *Hohloch* in: Erman, BGB, 15. Aufl. 2017, Rom II-VO, Art. 16 Rn. 7; *Staudinger* in: Ferrari, u.a., Internationales Vertragsrecht, 3. Aufl. 2018, Rom I-VO, Art. 9 Rn. 23, 29; gleichwohl ist die Anwendung von Eingriffsnormen in Bereichen besonderer Kollisionsnormen – aber auch generell – restriktiv zu handhaben, um die sich hierin widerspiegelnden Werteentscheidungen des europäischen Gesetzgebers nicht zu konterkarieren. Eingriffsrechtlich eingeordnet werden können daher aufgrund des unionsrechtlichen Anwendungsvorrangs nur einzelne, primär sachrechtliche Normen, nicht aber einseitige nationale Kollisionsnormen, wie etwa § 185 Abs. 2 GWB (§ 130 Abs. 2 GWB a.F.), welche bei eingriffsrechtlicher Berufung die harmonisierten Anknüpfungsvorschriften (hier Art. 6 Abs. 3 Rom II-Verordnung) letztlich aushöhlen würden (zutreffend

außervertragliche Schuldverhältnisse, welchen auch Gemeinwohlinteressen zugrunde liegen, spricht daher nicht zwingend gegen eine eingriffsrechtliche Qualifikation von Haftungsansprüchen aus der Verletzung kapitalmarktrechtlicher Informationspflichten.[670]

Bei der Diskussion zu berücksichtigen ist auch, dass kapitalmarktrechtliche Publizitätspflichten und damit auch die korrespondierenden Haftungsnormen nicht mehr im nationalen, sondern im gesamteuropäischen Kontext zu betrachten sind.[671] Allerdings steht der Anwendung von Prospekthaftungsvorschriften als Eingriffsnormen noch nicht entgegen, dass der europäische Gesetzgeber die Prospektvorschriften durch die Prospekt-RL vereinheitlicht und mit dem Europäischen Pass ein Anerkennungsregime geschaffen hat, was die Mehrfachprüfung eines Prospekts gerade entbehrlich machen soll.[672] Denn hieran würde eine eingriffsrechtliche Berufung von Prospekthaftungsvorschriften gar nichts ändern. Der Emittent unterläge dennoch nur der Prospektpflicht seines Herkunftsmitgliedstaates, was im Rahmen der Prüfung von Prospekthaftungsansprüchen mittels Sonderanknüpfung oder durch Anwendung auf der Ebene des Sachrechts (etwa durch Art. 17 Rom II-Verordnung) zu berücksichtigen wäre. Eine eingriffsrechtliche Berufung des Prospekthaftungsrechts würde den Emittenten folglich keinen anderen Prospektvorschriften unterwerfen und daher auch nicht entgegen dem Gedanken des europäischen Passes zusätzlich belasten. Im Gegenteil ist die Prospekthaftung inhaltlich gerade nicht vereinheitlicht. Denn Art. 6 Prospekt-RL schreibt den Mitgliedstaaten lediglich vor, dass diese überhaupt Prospekthaftungsvorschriften vorhalten müssen. Hinsichtlich sonstiger Kapitalmarktinformationshaftungsansprüche, etwa wegen der Verletzung von Ad-hoc- oder Regelpublizitätspflichten, liegt die Schaffung zivilrechtlicher

---

Fezer/Koos in: Staudinger, Neubearbeitung 2015, Internationales Wirtschaftsrecht, Rn. 343).

670 Erst recht abzulehnen ist auch der Schluss, das Fehlen einer besonderen Kollisionsnorm spreche gerade für die eingriffsrechtliche Qualifikation von Kapitalmarktinformationshaftungsansprüchen (erwogen bei *Steinrötter*, Beschränkte Rechtswahl im Internationalen Kapitalmarktprivatrecht und akzessorische Anknüpfung an das Kapitalmarktordnungsstatut, S. 165f.); denn ob eine Norm als international zwingend einzuordnen ist oder nicht, kann sich nur aus der Norm selbst ergeben und nicht aus einer Art Günstigkeitsvergleich mit dem nach Art. 4 Rom II-Verordnung ermittelten Recht.

671 Vgl. *Kuntz* WM 2007, 432 (439).

672 So aber *Kuntz* WM 2007, 432 (439); diesem zustimmend *Steinrötter*, Beschränkte Rechtswahl im Internationalen Kapitalmarktprivatrecht und akzessorische Anknüpfung an das Kapitalmarktordnungsstatut, S. 166f.

Haftungsvorschriften sogar vollständig im Ermessen der Mitgliedstaaten. Es ist daher nicht ersichtlich, inwiefern die eingriffsrechtliche Anwendung nationaler Prospekt- oder sonstiger Kapitalmarktinformationshaftungsvorschriften nicht mit Unionsrecht vereinbar sein sollte. Im Gegenteil scheinen die gemeinwohlorientierten Anliegen der Kapitalmarktinformationshaftung im Sinne des Marktfunktionsschutzes und der Steigerung des Vertrauens der Anleger in die Transparenz der Märkte zur Erhöhung der Markteffizienz durchaus geeignet, – entsprechend der vom *EuGH* aufgestellten Anforderungen an Eingriffsnormen – zwingende Gründe des Allgemeininteresses zu konstituieren.[673]

Grundsätzlich erscheint die Einordnung nationaler Haftungsvorschriften, welche an die Verletzung kapitalmarktrechtlicher Informationspflichten anknüpfen, als Eingriffsnormen im Sinne des Art. 16 Rom II-Verordnung daher *de lege lata* keinesfalls ausgeschlossen. Insbesondere in Drittstaatensachverhalten könnte so den Interessen des europäischen Kapitalmarkts, jedenfalls soweit ein für die Anwendung einer Eingriffsnorm ausreichender Bezug hierzu besteht, Rechnung getragen werden. Da kapitalmarktrechtliche Informationspflichten jedoch regelmäßig auch aufsichts- bzw. strafrechtlich durchgesetzt werden und einige Mitgliedstaaten hinsichtlich zwingender Sekundärmarktpublizität sogar vollständig auf zivilrechtliche Haftungsvorschriften verzichten, dürfte die tatsächliche Relevanz von Art. 16 Rom II-Verordnung für Kapitalmarktinformationshaftungsansprüche aber eher gering sein. Die Durchsetzung entsprechender zivilrechtlicher Ansprüche wird von den mitgliedstaatlichen Gesetzgebern offenbar regelmäßig als nicht so entscheidend für die Wahrung ihrer öffentlichen Interessen angesehen, dass sich diese als Eingriffsnormen gegen das an sich anwendbare Recht durchsetzen sollten. Umso wichtiger erscheint es daher unter Anlegerschutzgesichtspunkten auch die Vereinheitlichung des Haftungsrechts weiter voranzutreiben.

c) Wahl des anwendbaren Rechts (Art. 14 Rom II-Verordnung)

(1) Zulassen einer Rechtswahl?

Ob und wenn ja in welchem Rahmen im europäischen Internationalen Privatrecht eine Rechtswahl für Ansprüche aus Kapitalmarktinformationshaftung zugelassen werden soll, wird unterschiedlich beurteilt. Möglich ist eine Rechtswahl für außervertragliche Schuldverhältnisse nach Art. 14 Rom II-Verordnung

---

673 Ähnlich wohl *Schnyder/Bopp* in: FS Zobl (2004), 391 (398), die von einem „*qualifiziert zwingenden Charakter*" der Prospekthaftung sprechen.

einerseits nachträglich, also nach Eintritt des schadensbegründenden Ereignisses (Art. 14 Abs. 1 lit. a) Rom II-Verordnung), sowie andererseits zwischen Unternehmern auch durch vorherige Vereinbarung, soweit diese frei ausgehandelt wurde (Art. 14 Abs. 1 lit. b) Rom II-Verordnung).[674] Vor dem Hintergrund der Anwendbarkeit der Rom II-Verordnung auf Kapitalmarktinformationshaftungsansprüche und der Existenz der in Art. 14 Rom II-Verordnung enthaltenen Regelungen zur Rechtswahl bedarf eine hiervon abweichende Einschränkung oder gänzliche Ablehnung der Rechtswahlmöglichkeit jedenfalls der Rechtfertigung, zumal die Parteiautonomie als allgemeines Anknüpfungsprinzip im Internationalen Privatrecht – wenn auch nicht schrankenlos – weithin anerkannt ist.[675] Entsprechend wird eine Anwendbarkeit von Art. 14 Rom II-Verordnung in Kapitalmarktinformationshaftungsfällen vielfach für möglich gehalten.[676]

Insbesondere *von Hein* schlägt mit Blick auf den für das Wettbewerbsrecht geltenden Art. 6 Abs. 4 Rom II-Verordnung aber vor, eine Rechtswahl zumindest im Bereich der Börsenprospekthaftung generell nicht zuzulassen.[677] Dies sei mit der marktordnenden sowie marktstabilisierenden Funktion der Börsenprospekthaftung – vergleichbar mit der Interessenlage im Wettbewerbsrecht – nicht vereinbar.[678] Zur Umsetzung könne Art. 6 Abs. 4 Rom II-Verordnung anlog angewendet werden.[679] Dem wird allerdings entgegengehalten, dass die ordnungspolitische Steuerungsfunktion der Kapitalmarktpublizität im Vergleich zum Wettbewerbsrechts aufgrund der präventiven aufsichtsbehördlichen

---

674 Näher hierzu *von Hein* ZEuP 2009, 6 (19 ff.); *Junker* NJW 2007, 3675 (3677).

675 Grundlegend zur Parteiautonomie im Internationalen Privatrecht *von Hein* in: MüKo-BGB, 7. Aufl. 2018, Einleitung IPR, Rn. 35 ff.; vgl. in Bezug auf die Rom II-Verordnung auch Erwägungsgrund (31) Rom II-Verordnung.

676 *Junker* RIW 2010, 257 (262); *Schmitt* BKR 2010, 366 (369); *Kiesselbach* JIBFL 2011, 195 (197); *Neumayr* in: Kurzkommentar ABGB, 4. Aufl. 2014, Rom II-VO, Art. 1 Rn. 8.

677 *von Hein* in: Baum/Fleckner/Hellgardt u. a., Perspektiven des Wirtschaftsrechts, 371 (395); *von Hein* in: Fassbender/Wendehorst/Wet u. a., Paradigmen im internationalen Recht, 369 (413); skeptisch auch *Grundmann* RabelsZ 54 (1990), 283 (310).

678 *von Hein* in: Baum/Fleckner/Hellgardt u. a., Perspektiven des Wirtschaftsrechts, 371 (395); *von Hein* in: Fassbender/Wendehorst/Wet u. a., Paradigmen im internationalen Recht, 369 (413); ebenso *Corneloup* in: Nuyts/Hatzimihail, Cross-border class actions, 291 (305); im Ergebnis auch *Kronke/Haubold* in: Kronke/Melis/Kuhn, Handbuch internationales Wirtschaftsrecht, Teil L Rn. 409.

679 *von Hein* in: Baum/Fleckner/Hellgardt u. a., Perspektiven des Wirtschaftsrechts, 371 (395).

Kontrolle der Wertpapierprospekte wohl schwächer ausgeprägt sei.[680] Schwierigkeiten könnte aufgrund des Ausnahmecharakters von Art. 6 Abs. 4 Rom II-Verordnung jedenfalls auch eine entsprechende Anwendung des hierin enthaltenen Regelungsgedanken bereiten, da der europäische Gesetzgeber eine Ausnahme von der grundsätzlichen Gestattung der Rechtswahl in den Grenzen des Art. 14 Rom II-Verordnung, deren Bedeutung auch in Erwägungsgrund (31) Rom II-Verordnung nochmals ausdrücklich hervorgehoben ist, für Kapitalmarktinformationshaftungsansprüche gerade nicht vorgesehen hat.[681]

Einen gänzlich anderen Ansatz wählt *Steinrötter*. Dieser möchte die Rechtswahlmöglichkeiten der Beteiligten im Wege der teleologischen Reduktion des Art. 14 Rom II-Verordnung auf bestimmte Rechtsordnungen beschränken.[682] Zuzulassen sei lediglich eine Wahl von Rechtsordnungen, welche eine gewichtige Verbindung zum Sachverhalt aufweisen.[683] Für Prospekthaftungsfälle sei dies das Recht der Mitgliedstaaten, in welchen der Emittent prospektpflichtig ist.[684] Die Wahl drittstaatlichen Rechts soll dagegen grundsätzlich nicht möglich sein, da das Vorhandensein von Haftungsnormen hier – im Gegensatz zur Lage in den Mitgliedstaaten[685] – nicht sichergestellt sei.[686] Die Beschränkung der Rechtswahlmöglichkeit auf diejenigen Rechtsordnungen, in denen der Emittent prospektpflichtig ist, wird maßgeblich mit einer besseren Vorhersehbarkeit für

---

680 *Junker* RIW 2010, 257 (262); *„grundsätzliche Unterschiede"* zwischen Kapitalmarktrecht und Wettbewerbsrecht sieht auch *Lehmann* IPRax 2012, 399 (402); in diesem Sinne auch *Kuntz* WM 2007, 432 (436).

681 In diese Richtung argumentiert auch *Steinrötter*, Beschränkte Rechtswahl im Internationalen Kapitalmarktprivatrecht und akzessorische Anknüpfung an das Kapitalmarktordnungsstatut, S. 170.

682 *Steinrötter*, Beschränkte Rechtswahl im Internationalen Kapitalmarktprivatrecht und akzessorische Anknüpfung an das Kapitalmarktordnungsstatut, S. 173; *Steinrötter* RIW 2015, 407 (412).

683 *Steinrötter*, Beschränkte Rechtswahl im Internationalen Kapitalmarktprivatrecht und akzessorische Anknüpfung an das Kapitalmarktordnungsstatut, S. 173; *Steinrötter* RIW 2015, 407 (412).

684 *Steinrötter*, Beschränkte Rechtswahl im Internationalen Kapitalmarktprivatrecht und akzessorische Anknüpfung an das Kapitalmarktordnungsstatut, S. 173; *Steinrötter* RIW 2015, 407 (412).

685 Vgl. für die Prospekthaftung Art. 6 Abs. 2 UA 1 Prospekt-RL.

686 *Steinrötter*, Beschränkte Rechtswahl im Internationalen Kapitalmarktprivatrecht und akzessorische Anknüpfung an das Kapitalmarktordnungsstatut, S. 173.

die Beteiligten begründet.[687] Dies vermag jedoch nicht zu überzeugen. Denn auch wenn die Vorhersehbarkeit des anwendbaren Rechts zutreffenderweise als übergeordnetes Prinzip des Kollisionsrechts hervorgehoben wird, ist nicht verständlich, inwiefern eine von den Beteiligten selbst gewählte Rechtsordnung für diese nicht vorhersehbar sein soll. Die Inanspruchnahme der Parteiautonomie schließt eine Unvorhersehbarkeit des anwendbaren Rechts für die Parteien gerade aus und kann daher wohl kaum aus Gründen der Vorhersehbarkeit beschränkt werden. Auch unter Anlegerschutzgesichtspunkten lässt sich eine entsprechende Beschränkung nicht rechtfertigen, da sich der geschädigte Anleger auch durch die Wahl einer mitgliedstaatlichen Rechtsordnung durchaus schlechter stellen kann als bei objektiver Anknüpfung.[688] Problematisch erscheint vor dem Hintergrund des *loi uniforme*-Charakters der Rom II-Verordnung zudem, die Rechtswahlmöglichkeit ausschließlich auf mitgliedstaatliches Recht zu begrenzen. Überzeugen kann der Vorschlag einer nur beschränkten Rechtswahlmöglichkeit daher im Ergebnis nicht.

Aus Gründen des Schutzes der Funktionsfähigkeit des Kapitalmarkts möchte *Einsele* lediglich eine vorherige Rechtswahl nicht zulassen.[689] Denn der Schutz des Kapitalmarkts sei für die Beteiligten nicht disponibel, weshalb hier selbst die lediglich unter den strengen Voraussetzungen des Art. 14 Abs. 1 lit. b) Rom II-Verordnung zulässige, vorherige Rechtswahl keinen Platz haben dürfe.[690] Unwirksam sollen insbesondere Rechtswahlklauseln in Wertpapierprospekten sein, da gerade hier nicht nur Individual- sondern auch die Schutzinteressen des Kapitalmarkts betroffen seien.[691] In Fällen nachträglicher Rechtswahl seien aber nur noch Individualinteressen tangiert, weshalb eine solche Rechtswahl grundsätzlich zulässig sein soll.[692] Ein vollständiger Ausschluss der Rechtswahl sei im Lichte der Regelung des Art. 14 Rom II-Verordnung hingegen nicht

---

687 *Steinrötter*, Beschränkte Rechtswahl im Internationalen Kapitalmarktprivatrecht und akzessorische Anknüpfung an das Kapitalmarktordnungsstatut, S. 173; *Steinrötter* RIW 2015, 407 (412).

688 Grundlegend zu diesem Nachteil einer beschränkten Rechtswahl *Rühl* in: FS von Hoffmann (2011), 364 (370).

689 *Einsele* ZEuP 2012, 23 (42f.); ähnlich *Lehmann* IPRax 2012, 399 (405) in Erläuterung von Art. 6a Abs. 5 des Vorschlags der Spezialkommission „Finanzmarktrecht" des Deutschen Rates für IPR (abgedruckt in IPRax 2012, 470 ff.), zum Vorschlag ausführlich unter Abschnitt IV.D.2.a)(1)(e).

690 *Einsele* ZEuP 2012, 23 (42).

691 *Einsele* ZEuP 2012, 23 (42).

692 *Einsele* ZEuP 2012, 23 (43).

gerechtfertigt.[693] Offen lässt *Einsele* aber, wie eine entsprechende Nichtanwendung von Art. 14 Abs. 1 lit. b) Rom II-Verordnung dogmatisch vollzogen werden kann. Denkbar wäre hier wohl nur eine teleologische Reduktion der Norm, welcher aber wiederum entgegengehalten werden könnte, dass der europäische Gesetzgeber die Problematik einer Rechtswahl im Bereich des Wettbewerbsrechts durchaus gesehen, für Kapitalmarktdelikte aber keine Beschränkung der Rechtswahlmöglichkeiten normiert hat.

(2) Bewertung

In Abwesenheit zwingender dogmatischer Gründe ist es damit letztlich eine Wertungsfrage, ob die Besonderheiten des Kapitalmarktdeliktsrechts hier eine Einschränkung der in Erwägungsgrund (31) Rom II-Verordnung hervorgehobenen Parteiautonomie rechtfertigen können.

Zunächst ist unabhängig von einer weitergehenden inhaltlichen Bewertung festzuhalten, dass Art. 14 Rom II-Verordnung in Kapitalmarktinformationshaftungsfällen überhaupt nur ausgesprochen selten zur Anwendung kommen kann. Denn aufgrund des Fehlens einer vertraglichen Verbindung zwischen Emittent und Anleger wird eine vorherige Rechtswahl von Schädiger und Geschädigtem häufig nicht existieren.[694] Ohnehin dürften auch die übrigen Voraussetzungen für eine vorherige Rechtswahl im Sinne des Art. 14 Abs. 1 lit. b) Rom II-Verordnung nur in den seltensten Fällen vorliegen, da jedenfalls Privatanleger beim Erwerb von Finanzprodukten keiner kommerziellen Tätigkeit nachgehen[695] und auch eine frei ausgehandelte Vereinbarung nur schwer vorstellbar ist[696]. Die vorherige Rechtswahl hat daher in Fällen der Kapitalmarktinformationshaftung kaum praktische Relevanz.[697] Darüber hinaus werden geschädigte Anleger auch einer nachträglichen Rechtswahl wohl nur in den wenigsten Fällen zustimmen.[698] Denn Emittenten würden sich hierauf wohl nur einlassen, wenn sie durch das

---

693 *Einsele* ZEuP 2012, 23 (42).

694 *Kiesselbach* JIBFL 2011, 195 (197); *Schmitt* BKR 2010, 366 (369); *von Hein* in: Fassbender/Wendehorst/Wet u. a., Paradigmen im internationalen Recht, 369 (412f.).

695 *Junker* RIW 2010, 257 (262); *Kiesselbach* JIBFL 2011, 195 (197); *Schmitt* BKR 2010, 366 (369); *Einsele* ZEuP 2012, 23 (42f.).

696 *Kiesselbach* JIBFL 2011, 195 (197); *Einsele* ZEuP 2012, 23 (42f.).

697 *Kiesselbach* JIBFL 2011, 195 (197).

698 Diesbezüglich weist *Schmitt* BKR 2010, 366 (369) auf den beim Anleger aufgrund der kapitalmarktrechtlichen Fehlinformation entstehenden Vertrauensverlust hin; vgl. auch *Steinrötter*, Beschränkte Rechtswahl im Internationalen Kapitalmarktprivatrecht und akzessorische Anknüpfung an das Kapitalmarktordnungsstatut, S. 169.

gewählte Recht günstiger gestellt wären, als nach dem objektiv berufenen Recht, woran geschädigte Anleger naturgemäß kein Interesse haben können. Insgesamt dürfte Art. 14 Rom II-Verordnung für Ansprüche aus Kapitalmarktinformationshaftung daher eine eher untergeordnete Rolle spielen.[699]

Betrachtet man nun die wenigen verbleibenden Fälle, in denen eine Rechtswahl nach Art. 14 Rom II-Verordnung relevant werden kann, ergibt sich Folgendes:

Denkbar erscheint eine vorherige Rechtswahl nur in Fällen, in denen der Anleger die Finanzprodukte unmittelbar vom prospektpflichtigen Emittenten erwirbt, mit diesem eine Rechtswahl vereinbart und zusätzlich im Rahmen seiner kommerziellen Tätigkeit handelt. Eine Begrenzung der Rechtswahlmöglichkeit zum Schutz des Anlegers ist hier ersichtlich nicht erforderlich, da bei kommerziellen Anlegern davon ausgegangen werden kann, dass diese praktisch „auf Augenhöhe“ mit den emittierenden Gesellschaften verhandeln und sich nicht auf die Wahl einer ihnen nachteiligen Rechtsordnung einlassen. Bliebe nur noch die Frage, ob zum Schutz des Kapitalmarktes hier die Parteiautonomie der Beteiligten eingeschränkt werden sollte, um sicherzustellen, dass Emittenten aufgrund der ihnen drohenden Haftung ihren Kapitalmarktinformationspflichten ordnungsgemäß nachkommen und so die Transparenz der Märkte gefördert wird.[700] Dass ein professioneller Anleger sich auf die Wahl einer Rechtsordnung einlässt, welche eine Haftung des Emittenten nur unter sehr hohen Voraussetzungen oder sogar gar nicht ermöglicht, erscheint – wie bereits angesprochen – allerdings mehr als unwahrscheinlich. Zudem findet eine aufsichtsrechtliche Kontrolle der Ordnungsgemäßheit von Kapitalmarktveröffentlichungen (Prospekte, Ad-hoc-Mitteilungen) durch die zuständigen Behörden ohnehin statt, sodass ein Emittent sich durch eine entsprechende Rechtswahl von der Einhaltung der Publizitätsvorschriften auch nicht „freizeichnen“ kann.[701] Grundsätzlich festzuhalten bleibt in diesem Zusammenhang auch, dass eine Rechtswahl zulasten Dritter nach Art. 14 Abs. 1 UA 2 Rom II-Verordnung nicht zulässig ist, weshalb eine (wirksame) Rechtswahl zwischen Anleger und Finanzintermediär, von welchem die Finanzprodukte erworben wurden, den haftenden Emittenten

---

699 So jedenfalls im Ergebnis auch *Garcimartín* LFMR 2011, 449 (452 (Fn. 16)); *Schmitt* BKR 2010, 366 (369); *Steinrötter*, Beschränkte Rechtswahl im Internationalen Kapitalmarktprivatrecht und akzessorische Anknüpfung an das Kapitalmarktordnungsstatut, S. 169.

700 In diesem Sinne *Einsele* ZEuP 2012, 23 (42f.).

701 Ähnlich *Junker* RIW 2010, 257 (262).

nicht binden könnte.[702] Im Ergebnis kann die Annahme, dass zum Schutz des Kapitalmarkts eine Einschränkung der Parteiautonomie notwendig ist, daher nicht überzeugen.

Erst recht müssen die vorstehenden Erwägungen für eine nachträgliche Rechtswahlmöglichkeit gelten, weil nach Eintritt des schadensbegründenden Ereignisses – also Veröffentlichung der fehlerhaften oder Zurückhalten einer zwingenden Kapitalmarktinformation – ohnehin nur noch Individualinteressen betroffen sind[703], da die Beeinträchtigung des Marktes nicht umgekehrt werden kann. Um die Einhaltung der Publizitätsvorschriften zum Schutz des Marktes kann es zu diesem Zeitpunkt daher denknotwendigerweise nicht mehr gehen.[704] In diesem Zusammenhang sind – gewissermaßen als Gegenpol zum Marktfunktionsschutz – umso mehr auch die Interessen der Emittenten und Anleger zu berücksichtigen. Diese können aus prozessökonomischen Gründen durchaus ein legitimes Interesse daran haben, sich nach Eintritt der vermeintlichen Schädigung durch falsche oder unterlassene Kapitalmarktinformationen auf eine materielle Rechtsordnung zu einigen, nach welcher sich die Ersatzansprüche des Anlegers richten sollen.

Letztlich besteht daher wohl weder ein praktisches Bedürfnis noch eine durchgreifende Rechtfertigung für eine von den Regelungen der Rom II-Verordnung abweichende Einschränkung der Parteiautonomie in Kapitalmarktinformationshaftungsfällen. Die Möglichkeit einer nachträglichen Rechtswahl sowie die einer nur unter strengen Voraussetzungen zulässigen vorherigen Rechtswahl sind mit den Zielen und Interessen der Kapitalmarktinformationshaftung in Einklang zu bringen.

(3) Ergebnis

Eine Rechtswahl nach Art. 14 Rom II-Verordnung ist aus den vorgenannten Erwägungen daher auch in Fällen der Kapitalmarktinformationshaftung grundsätzlich zuzulassen, wenngleich ihre praktische Relevanz in diesem Bereich – wie ausgeführt – eher gering sein dürfte.

---

702 *Junker* RIW 2010, 257 (264f.); zu entsprechenden Befürchtungen noch zum deutschen Recht *Bischoff* AG 2002, 489 (492).

703 So auch *Einsele* ZEuP 2012, 23 (43); *Lehmann* IPRax 2012, 399 (405).

704 *Lehmann* IPRax 2012, 399 (405); ebenso *Sánchez Fernández*, Ley aplicable a la responsabilidad derivada del folleto, S. 310.

d) *Kapitalmarktinformationshaftung als Verschulden bei Vertragsverhandlungen (Art. 12 Rom II-Verordnung)*

Ansprüche aus Kapitalmarktinformationshaftung könnten als Ansprüche aus Verschulden bei Vertragsverhandlungen zu qualifizieren und folglich nach Art. 12 Rom II-Verordnung anzuknüpfen sein. Hierfür ist zunächst der – nicht unumstrittene – Anwendungsbereich von Art. 12 Rom II-Verordnung näher zu betrachten, um dann eine Relevanz für Ansprüche aus Kapitalmarktinformationshaftung untersuchen zu können.

(1) Anwendungsbereich von Art. 12 Rom II-Verordnung

Für das europäische Internationale Privatrecht sind Ansprüche aus Verschulden bei Vertragsverhandlungen als außervertraglich zu qualifizieren und fallen daher grundsätzlich in den Anwendungsbereich der Rom II-Verordnung.[705] Der Begriff des Verschuldens bei Vertragsverhandlungen ist autonom auszulegen.[706] Er erfasst die Verletzung von Offenlegungspflichten sowie den Abbruch von Vertragsverhandlungen, soweit diese „*in unmittelbarem Zusammenhang mit den Verhandlungen vor Abschluss eines Vertrags*" stehen.[707] Erforderlich ist also ein funktionaler Zusammenhang zwischen Anspruch und Vertragsverhandlungen.[708] Konsequenz dieser Auslegung ist, dass Art. 12 Rom II-Verordnung nicht alle Fälle des deutschen Verständnisses der *culpa in contrahendo* erfasst, sondern deutlich enger gefasst ist.[709] Alle übrigen Fälle, welche nach deutschem Verständnis ein vorvertragliches Schuldverhältnis im Sinne einer *culpa in contrahendo* begründen, fallen nicht in den Anwendungsbereich von Art. 12 Rom

---

705 So ausdrücklich Art. 2 Abs. 1 Rom II-Verordnung; vgl. auch Erwägungsgrund (10) Rom I-Verordnung; zur außervertraglichen Qualifikation von Ansprüchen aus Verschulden bei Vertragsverhandlungen im Bereich des internationalen Zivilprozessrechts (Art. 5 Nr. 3 EuGVÜ) bereits *EuGH* Urteil v. 17.09.2002 – Rs. C-334/00, ECLI:EU:C:2002:499 (Tacconi).

706 *Kadner Graziano* RabelsZ 73 (2009), 1 (65); *Schaub* in: PWW, 13. Aufl. 2018, Rom II-VO, Art. 12 Rn. 2; *Thorn* in: Palandt, 78. Aufl. 2019, Rom II-Verordnung, Art. 12 Rn. 2; siehe auch Erwägungsgrund (30) S. 1 Rom II-Verordnung.

707 Vgl. Erwägungsgrund (30) S. 2, 3 Rom II-Verordnung.

708 *Volders* Yb. Pr. Int. L. 2007, 128 (131) spricht in diesem Zusammenhang von „*claims which are functionally connected*".

709 *Spickhoff* in: BeckOK-BGB, 49. Ed. 01.02.2019, Rom II-VO, Art. 12 Rn. 3; *Volders* Yb. Pr. Int. L. 2007, 128 (131).

II-Verordnung, sondern sind nach den allgemeinen Vorschriften über unerlaubte Handlungen, den Art. 4–9 Rom II-Verordnung, anzuknüpfen.[710]

Nicht entscheidend für die Frage der Anwendbarkeit von Art. 12 Rom II-Verordnung ist, wie sich bereits aus dessen Wortlaut in Abs. 1 ergibt, ob ein Vertrag schlussendlich tatsächlich geschlossen wurde oder nicht. Führen Vertragsverhandlungen nicht auch zum Abschluss eines Vertrags, ist das Vertragsstatut hypothetisch zu bestimmen.[711] Sogar bei folgendem Vertragsschluss sind Ansprüche aus Verschulden im Rahmen der vorangegangenen Vertragsverhandlungen als außervertragliche Schuldverhältnisse im Sinne der Rom II-Verordnung zu qualifizieren und nicht etwa unmittelbar nach der Rom I-Verordnung anzuknüpfen, auch wenn Art. 12 Abs. 1 Rom II-Verordnung im Ergebnis wiederum auf das Vertragsstatut verweist.[712]

Schließlich sieht Art. 12 Abs. 2 Rom II-Verordnung für Fälle, in denen das anwendbare Recht nicht nach Abs. 1 bestimmt werden kann, eine Anknüpfungsleiter[713] vor, welche im Ergebnis weitgehend der Anknüpfung nach Art. 4 Rom II-Verordnung entspricht. Der Anwendungsbereich dieser Auffangklausel ist jedoch sehr begrenzt, da die Bestimmung des tatsächlichen oder hypothetischen Vertragsstatus nach Art. 12 Abs. 1 Rom II-Verordnung in nahezu allen Fällen möglich sein sollte.[714] Bedeutung könnte Abs. 2 etwa in Fällen erlangen, in welchen der Tatsachenvortrag der Parteien zu den Vertragsverhandlungen derart oberflächlich oder unvollständig ist, dass eine Subsumtion unter die einschlägigen Kollisionsnormen des Vertragskollisionsrechts nicht möglich ist.

Jedenfalls erforderlich ist aber eine im Rahmen der Qualifikation vorzunehmende Zuordnung des außervertraglichen Schuldverhältnisses entweder zu Art. 12 Abs. 2 oder Art. 4 Rom II-Verordnung, welche keinesfalls dahinstehen

---

710 Vgl. *Junker* in: MüKo-BGB, 7. Aufl. 2018, Rom II-VO, Art. 12 Rn. 33.

711 Ausführlich hierzu *Hage-Chahine* Nw. J. Int. L. & Bus. 2012, 451 (505 ff.).

712 Hierauf weist *von Hein* in: Fassbender/Wendehorst/Wet u. a., Paradigmen im internationalen Recht, 369 (381) hin.

713 So die h.M., vgl. nur *Junker* in: MüKo-BGB, 7. Aufl. 2018, Rom II-VO, Art. 12 Rn. 25; *Spickhoff* in: BeckOK-BGB, 49. Ed. 01.02.2019, Rom II-VO, Art. 12 Rn. 9; *Dörner* in: HK-BGB, 10. Aufl. 2019, Rom II-VO, Art. 12 Rn. 5; eine alternative Anknüpfung befürwortend hingegen *Hage-Chahine* Nw. J. Int. L. & Bus. 2012, 451 (530) m. w. Nachw.

714 *Volders* Yb. Pr. Int. L. 2007, 128 (134); *Hage-Chahine* Nw. J. Int. L. & Bus. 2012, 451 (534f.); *Dickinson,* The Rome II Regulation, Rn. 12.21; *Schaub* in: PWW, 13. Aufl. 2018, Rom II-VO, Art. 12 Rn. 6; *Hohloch* in: Erman, BGB, 15. Aufl. 2017, Rom II-VO, Art. 12 Rn. 1; *Junker* in: MüKo-BGB, 7. Aufl. 2018, Rom II-VO, Art. 12 Rn. 30.

kann.[715] Zunächst stellt Art. 12 Abs. 2 lit. b) Rom II-Verordnung hinsichtlich des gemeinsamen gewöhnlichen Aufenthalts auf den *„Zeitpunkt des Eintritts des schadensbegründenden Ereignisses“* ab, während Art. 4 Abs. 2 Rom II-Verordnung auf den *„Zeitpunkt des Schadenseintritts“* Bezug nimmt.[716] Viel entscheidender ist aber noch, dass im Falle einer Qualifikation als unerlaubte Handlung vorrangig vor Art. 4 Rom II-Verordnung die besonderen Kollisionsnormen der Art. 5–9 Rom II-Verordnung anzuwenden sind, welche zum Teil erheblich von Art. 4 Rom II-Verordnung abweichende Verweisungen vornehmen. Qualifiziert man das Schuldverhältnis hingegen als Verschulden bei Vertragsverhandlungen und ist mangels Bestimmbarkeit des anwendbaren Rechts nach Art. 12 Abs. 1 Rom II-Verordnung Abs. 2 anzuwenden, sind die Art. 5–9 Rom II-Verordnung systematisch nicht vorrangig zu berücksichtigen.

(2) Anwendbarkeit auf Ansprüche aus Kapitalmarktinformationshaftung

Grundsätzlich irrelevant für die Frage der Anwendbarkeit von Art. 12 Rom II-Verordnung ist, ob Ansprüche aus Kapitalmarktinformationshaftung nach nationalem Recht als vorvertragliche Pflichtverletzungen eingeordnet werden.[717] Eine Antwort muss in unionsrechtlich-autonomer Auslegung des Art. 12 Rom II-Verordnung gefunden werden. Im Folgenden soll zwischen zwei unterschiedlichen Erwerbssituationen unterschieden werden: Dem Erwerb unter Zwischenschaltung von Intermediären (Dritterwerb) einerseits sowie dem Direkterwerb unmittelbar vom Emittenten andererseits.

(a) Regelfall: Erwerb von einem Dritten

Ein tatsächlich erfolgter Vertragsschluss zwischen Haftendem und Geschädigtem ist für die Anwendbarkeit des Art. 12 Rom II-Verordnung – wie bereits ausgeführt – nicht erforderlich. Daher kann aus der bloßen Tatsache, dass im Falle des Dritterwerbs kein Vertrag unmittelbar zwischen Emittent und Anleger geschlossen wird, noch nicht zwangsläufig auf die Nichtanwendbarkeit

---

715 So aber offenbar *Spickhoff* in: BeckOK-BGB, 49. Ed. 01.02.2019, Rom II-VO, Art. 12 Rn. 9, der ausführt, die *„Parallelität zur Grundanknüpfung des Art 4“* mache *„ggf die bisweilen heikle Abgrenzung überflüssig, welche Tatbestände „rein“ deliktsrechtlich zu verstehen, also von vornherein unter Art 4 zu subsumieren sind, und welche Tatbestände (noch) unter den Anwendungsbereich des Art 12 (Abs 2) fallen.“*

716 Hierauf weist *Volders* Yb. Pr. Int. L. 2007, 128 (134f.) hin.

717 Diese Grenze verschwimmt etwa bei *Tschäpe/Kramer/Glück* RIW 2008, 657 (662f. bzw. 660); *Schütze* in: Assmann/Schütze, Handbuch des Kapitalanlagerechts, § 7 Rn. 20; zutreffend hingegen *Weber* WM 2008, 1581 (1584f.).

von Art. 12 Abs. 1 Rom II-Verordnung auf Ansprüche aus Kapitalmarktinformationshaftung geschlossen werden. Richtigerweise wird aber vielfach darauf hingewiesen, dass es bereits an Vertragsverhandlungen zwischen Emittent und Anleger fehle, da im Falle des Dritterwerbs typischerweise kein unmittelbarer Kontakt zwischen diesen stattfindet bzw. dieser jedenfalls nicht die Möglichkeit eines Vertragsschlusses zum Gegenstand hat.[718] Ein vorvertragliches Schuldverhältnis im Sinne des Art. 12 Rom II-Verordnung, welches eine Vertragsanbahnung zwischen Haftendem und Geschädigtem voraussetzt, liegt folglich schon gar nicht vor. Ansprüche aus Kapitalmarktinformationshaftung in Fällen des Dritterwerbs können daher nicht als außervertragliches Schuldverhältnis aus Verschulden bei Vertragsverhandlung im Sinne des Art. 12 Rom II-Verordnung qualifiziert werden, dessen Anwendbarkeit hierfür folglich ausscheidet.[719]

Fehl geht hingegen der von *Jäger* gezogene Schluss, dass bei Nichtanwendbarkeit von Art. 12 Abs. 1 Rom II-Verordnung die maßgebliche Rechtsordnung nach Art. 12 Abs. 2 Rom II-Verordnung bestimmt werden müsse, welcher wiederum inhaltlich im Wesentlichen auf die Regelanknüpfung nach Art. 4 Rom II-Verordnung verweise.[720] Denn die in Art. 12 Abs. 2 Rom II-Verordnung enthaltene Bezugnahme auf Abs. 1 zeigt, dass auch hierfür ein Schuldverhältnis aus Verschulden bei Vertragsverhandlungen erforderlich ist.[721] Art. 12 Abs. 2 Rom II-Verordnung trifft keine Regelung für den Fall der Unanwendbarkeit von Abs. 1, sondern lediglich für den Fall, dass Abs. 1 zwar anwendbar, eine Bestimmung des auf das Rechtsverhältnis anwendbaren Rechts hiernach aber nicht möglich ist. Kommt man also zu dem Schluss, dass mangels unmittelbaren Kontakts

---

718 Vgl. *Einsele* ZEuP 2012, 23 (27); *Jäger* DAJV-NL 2010, 64 (67); *Kurt,* Culpa in contrahendo im europäischen Kollisionsrecht der vertraglichen und außervertraglichen Schuldverhältnisse, S. 236; *Ringe/Hellgardt* OJLS 2011, 23 (43); *Schmitt* BKR 2010, 366 (369); *Dickinson,* The Rome II Regulation, Rn. 12.07; *Corneloup* in: Nuyts/Hatzimihail, Cross-border class actions, 291 (300).

719 A.A. *Tison/Ravelingien,* Roma locuta, causa finita?, S. 18 ff., http://ssrn.com/abstract=1510075 (zuletzt aufgerufen am 31.12.2017), die Publizitätspflichtverletzungen offenbar als vorvertragliche Pflichtverletzungen einstufen und die Anwendbarkeit von Art. 12 Rom II-Verordnung folglich für möglich halten; etwas unklar auch *Schmitt* BKR 2010, 366 (367f.).

720 *Jäger* DAJV-NL 2010, 64 (67); ungenau auch *Steinrötter,* Beschränkte Rechtswahl im Internationalen Kapitalmarktprivatrecht und akzessorische Anknüpfung an das Kapitalmarktordnungsstatut, S. 175 (Fn. 660); zu den beachtenswerten Unterschieden zwischen einer Anknüpfung nach Art. 12 Abs. 2 bzw. Art. 4 Rom II-Verordnung vgl. bereits oben Abschnitt IV.C.1.d)(1).

721 *Volders* Yb. Pr. Int. L. 2007, 128 (134).

zwischen Anspruchsteller und Anspruchsgegner schon gar kein Schuldverhältnis aus Verschulden bei Vertragsverhandlungen vorliegt, kann folglich auch Abs. 2 nicht einschlägig sein. Vielmehr ist das anwendbare Recht in diesen Fällen richtigerweise nach den Art. 4 ff. Rom II-Verordnung zu bestimmen.

(b) Sonderfall des Direkterwerbs vom Emittenten

Etwas anderes könnte aber für den – wenn auch seltener vorkommenden – Fall des Direkterwerbs vom Emittenten gelten. Hier erfolgt der Vertragsschluss unmittelbar zwischen Emittent und Anleger, weshalb grundsätzlich auch vom Vorliegen von Vertragsverhandlungen ausgegangen werden kann. Die obige Argumentation zu Fällen des Dritterwerbs schließt die Anwendbarkeit von Art. 12 Rom II-Verordnung daher noch nicht aus.[722]

Dennoch ist die Einschlägigkeit von Art. 12 Rom II-Verordnung im Ergebnis zu verneinen. Denn dieser bezieht sich ausweislich der Erwägungsgründe zur Rom II-Verordnung nur auf „*außervertragliche Schuldverhältnisse, die in unmittelbarem Zusammenhang mit den Verhandlungen vor Abschluss eines Vertrags stehen*“[723], mithin nur auf die Verletzung von vertragsbezogenen Verpflichtungen.[724] Kapitalmarktrechtliche Publizitätspflichten, deren Verletzung Ansprüche aus Kapitalmarktinformationshaftung überhaupt erst begründen, ergeben sich aber gerade nicht aus einem möglicherweise bereits im Vertragsverhandlungsstadium bestehenden Schuldverhältnis zwischen den Parteien, sondern bestehen von diesem vollkommen unabhängig aufgrund spezialgesetzlicher kapitalmarktrechtlicher Vorschriften.[725] Selbst beim Direkterwerb existiert daher kein unmittelbarer, sondern allenfalls ein mittelbarer Zusammenhang zwischen dem außervertraglichen Schuldverhältnis und den Verhandlungen vor Abschluss eines Vertrags.

---

722 Dennoch findet bei der Frage der Anwendbarkeit von Art. 12 Rom II-Verordnung eine Differenzierung zwischen Direkt- und Dritterwerb häufig nicht statt, siehe etwa *Kurt,* Culpa in contrahendo im europäischen Kollisionsrecht der vertraglichen und außervertraglichen Schuldverhältnisse, S. 236; *Ringe/Hellgardt* OJLS 2011, 23 (43); *Tschäpe/Kramer/Glück* RIW 2008, 657 (662f.); *Schmitt* BKR 2010, 366 (369).

723 Vgl. Erwägungsgrund (30) S. 3 Rom II-Verordnung.

724 *Spickhoff* in: BeckOK-BGB, 49. Ed. 01.02.2019, Rom II-VO, Art. 12 Rn. 3.

725 In diesem Sinne für die Einordnung von Ansprüchen aus Kapitalmarktinformationshaftung als außervertragliche Schuldverhältnisse auch *Wendelstein* GPR 2016, 140 (143).

(c) Ergebnis

Insgesamt ergibt sich also, dass Kapitalmarktinformationshaftungsansprüche im hier verstandenen Sinne nicht als Schuldverhältnisse aus Verschulden bei Vertragsverhandlungen unter der Rom II-Verordnung zu qualifizieren sind. Für eine Anwendung von Art. 12 Rom II-Verordnung bleibt folglich kein Raum.[726]

Zweifel begegnen hingegen dem Hinweis, dass speziell im Fall der Kapitalmarktinformationshaftung eine Qualifikation als Verschulden bei Vertragsverhandlungen ohnehin nicht zu anderen Ergebnissen führen würde, da eine Bestimmung des anwendbaren Rechts nach Art. 12 Abs. 1 Rom II-Verordnung nicht möglich sei und Art. 12 Abs. 2 Rom II-Verordnung der Grundanknüpfung des Art. 4 Rom II-Verordnung inhaltlich entspräche.[727] Denn auch wenn sich die Vorschriften auf den ersten Blick gleichen, bestehen im Detail durchaus Unterschiede. Dies gilt sowohl in Bezug auf den maßgeblichen Zeitpunkt hinsichtlich des gemeinsamen gewöhnlichen Aufenthalts als auch hinsichtlich des Vorrangs der besonderen Kollisionsnormen vor Art. 4 Rom II-Verordnung.[728] Auch wenn die Unterschiede zugegebenermaßen marginaler Natur sind, sind Fallkonstellationen, in denen Art. 12 Abs. 2 und Art. 4 Rom II-Verordnung zu unterschiedlichen Ergebnissen kommen, durchaus denkbar. Eine klare Positionierung zugunsten der Qualifikation als unerlaubte Handlung im Sinne des II. Kapitels der Rom II-Verordnung erscheint daher vorzugswürdig und geboten.

---

726 So im Ergebnis auch *Weber* WM 2008, 1581 (1585); *Einsele* ZEuP 2012, 23 (27); *Tschäpe/Kramer/Glück* RIW 2008, 657 (663); *Ringe/Hellgardt* OJLS 2011, 23 (43); *Garcimartín* LFMR 2011, 449 (452); *Weber* WM 2008, 1581 (1584f.); *Junker* RIW 2010, 257 (262); a.A. *Tison/Ravelingien,* Roma locuta, causa finita?, S. 18 ff., http://ssrn.com/abstract=1510075 (zuletzt aufgerufen am 31.12.2017); *Thorn* in: Palandt, 78. Aufl. 2019, Rom II-Verordnung, Art. 12 Rn. 2; *Schütze* in: Assmann/Schütze, Handbuch des Kapitalanlagerechts, § 7 Rn. 20.

727 So etwa *Einsele* ZEuP 2012, 23 (27); dem zustimmend *Steinrötter,* Beschränkte Rechtswahl im Internationalen Kapitalmarktprivatrecht und akzessorische Anknüpfung an das Kapitalmarktordnungsstatut, S. 177.

728 Vgl. zu beiden Aspekten bereits oben Abschnitt IV.C.1.d)(1); auch wenn im speziellen Fall der Kapitalmarktinformationshaftung eine besondere Kollisionsnorm in den Art. 5–9 Rom II-Verordnung nicht vorhanden ist, wird teilweise die analoge Anwendung einzelner Vorschriften erwogen (hierzu sogleich unter Abschnitt IV.C.1. e)).

e) Analoge Anwendung der Kollisionsnorm für Produkthaftung (Art. 5 Rom II-Verordnung)

Soweit ersichtlich wird lediglich von *Tschäpe/Kramer/Glück* erwogen, die Kollisionsnorm für Produkthaftungsansprüche in Art. 5 Rom II-Verordnung analog auf Ansprüche aus Prospekthaftung anzuwenden.[729] Diese Erwägung erscheint auf den ersten Blick fernliegend. Zuzugeben ist ihr aber, dass die besondere Kollisionsnorm für Produkthaftung jedenfalls im Ausgangspunkt auch Sachverhaltskonstellationen betrifft, in denen eine Person oder ein Unternehmen dem Markt ein Handelsgut anbietet und hierbei sowohl im Vorfeld als auch nach Markteinführung bestimmte Standards bzw. Vorgaben einhalten muss. Auch hier besteht also eine Sonderrechtsbeziehung zwischen Verkäufer und Käufer, welche keine vertragliche Bindung voraussetzt. Zudem ist eine Vorhersehbarkeit des Schadenseintrittsorts für den Hersteller eines Produkts durch die globalen Warenflüsse nahezu unmöglich[730], was jedenfalls ähnlich auch für die Kapitalmarktinformationshaftung der Fall ist, da auch hier durch den elektronischen Handel und den ausgeprägten Sekundärmarkt eine Vorhersehbarkeit für den Emittenten praktisch sehr schwierig ist. Dennoch offenbart eine nähere Betrachtung, dass die in Art. 5 Rom II-Verordnung getroffene Regelung nicht auf die Prospekthaftungs- oder sonstige Kapitalmarktinformationshaftungsansprüche übertragbar ist.

Zunächst erscheint es schon im Ausgangspunkt äußerst fragwürdig, eine besondere Kollisionsnorm der Art. 5–9 Rom II-Verordnung analog auf andere Deliktstypen anzuwenden.[731] Denn im Grundsatz gilt, dass eine in den Anwendungsbereich der Rom II-Verordnung fallende unerlaubte Handlung, welche keiner besonderen Kollisionsnorm der Art. 5–9 Rom II-Verordnung unterfällt, nach der allgemeinen Kollisionsnorm des Art. 4 Rom II-Verordnung anzuknüpfen ist.[732] Diese dient insofern als eine Art Generalklausel für nicht

---

729 *Tschäpe/Kramer/Glück* RIW 2008, 657 (663).

730 Hierzu *Thorn* in: Palandt, 78. Aufl. 2019, Rom II-Verordnung, Art. 5 Rn. 5.

731 Zur grundsätzlichen Zulässigkeit von Analogiebildungen im europäischen Recht siehe *Pieper* in: Dauses/Ludwigs, Handbuch des EU-Wirtschaftsrechts, 46. EL Januar 2019, B. I. Rn. 185.

732 *Junker* in: MüKo-BGB, 7. Aufl. 2018, Rom II-VO, Vorbem. zu Art. 1 Rn. 46; *Hohloch* Yb. Pr. Int. L. 2007, 1 (15); diese systematische Stellung lässt sich auch unmittelbar dem Wortlaut von Art. 4 Abs. 1 Rom II-Verordnung entnehmen: *„Soweit in dieser Verordnung nichts anderes vorgesehen ist, ist auf ein außervertragliches Schuldverhältnis aus unerlaubter Handlung das Recht des Staates anzuwenden […]"*.

speziell geregelte unerlaubte Handlungen.[733] Es fehlt daher schon am Vorliegen einer für die Analogie zwingend erforderlichen Regelungslücke. Selbst wenn man der Systematik des II. Kapitels der Rom II-Verordnung weniger Gewicht beimessen wollte, stellen die Art. 5–9 Rom II-Verordnung im Verhältnis zur Grundanknüpfung des Art. 4 Rom II-Verordnung jedenfalls Ausnahmevorschriften dar, welchen in der Folge jedenfalls grundsätzlich die Analogiefähigkeit fehlt.[734] Schließlich wäre eine analoge Anwendung dieser Vorschriften auch der Vorhersehbarkeit des anwendbaren Rechts und damit der Rechtssicherheit abträglich.[735] Einer analogen Anwendung der besonderen Kollisionsnormen der Art. 5–9 Rom II-Verordnung auf andere Deliktstypen stehen daher erhebliche Bedenken entgegen.

Aber selbst wenn man von einer grundsätzlichen Zulässigkeit eines Analogieschlusses und dem Vorliegen einer Regelungslücke ausginge, fehlt es jedenfalls an einer unmittelbar vergleichbaren Interessenlage. Dies gilt insbesondere für die Wahl der Anknüpfungspunkte in Art. 5 Rom II-Verordnung, welche speziell auf Produkthaftungsfälle zugeschnitten sind und den offensichtlichen Kompromisscharakter der Norm widerspiegeln.[736] Auch *Tschäpe/Kramer/Glück* kommen im Ergebnis zu dem zutreffenden Schluss, dass mangels Übertragbarkeit eine analoge Anwendung von Art. 5 Rom II-Verordnung auf Prospekthaftungsansprüche ausscheide.[737] Die komplizierte[738] Regelung des Art. 5 Rom

---

733 So etwa auch *Lehmann* in: Mansel/Hüßtege, Rom-Verordnungen, 2. Aufl. 2015, Rom II-VO, Art. 4 Rn. 2.

734 Zudem sieht gerade Art. 5 Rom II-Verordnung eine dreisprossige Anknüpfungsleiter vor, welche lediglich auf letzter Stufe (Art. 5 Abs. 1 lit. c) Rom II-Verordnung) das Recht des Staates, in dem der Verletzungserfolg eingetretenen ist, für anwendbar erklärt und dies nur unter dem doppelten Vorbehalt, dass das Produkt in diesem Staat in Verkehr gebracht wurde und die haftende Person dies vernünftigerweise vorhersehen konnte. Damit weicht Art. 5 Rom II-Verordnung wesentlich von dem der gesamten Verordnung innewohnenden Grundsatz der Erfolgsortanknüpfung (vgl. Erwägungsgrund (17) Rom II-Verordnung) ab und kann nicht nur als Präzisierung der allgemeinen Regel nach Artikel 4 Abs. 1 Rom II-Verordnung angesehen werden, wie etwa Art. 6 Rom II-Verordnung (vgl. Erwägungsgrund (21) Rom II-Verordnung). Dies unterstreicht den eklatanten Ausnahmecharakter der Vorschrift, welcher einer Analogie klar entgegensteht.

735 Die Wichtigkeit dessen hebt Erwägungsgrund (6) Rom II-Verordnung explizit hervor.

736 Vgl. nur *Spickhoff* in: FS Kropholler (2008), 671 (683 ff.).

737 *Tschäpe/Kramer/Glück* RIW 2008, 657 (663).

738 *Junker* NJW 2007, 3675 (3679) resümiert, Art. 5 Rom II-Verordnung enthalte *„ein hoch komplexes (aber dennoch lückenhaftes) System von Anknüpfungskriterien, deren Zusammenspiel sich nur schwer erschließt."*

II-Verordnung ist Ausdruck einer umfassenden Interessenabwägung, welche speziell für das Produkthaftungsrecht vorgenommen wurde und im Ergebnis eine „*gerechte Verteilung der Risiken einer modernen, hochtechnisierten Gesellschaft*“[739] anstrebt. Dass ein solches Abwägungsergebnis nicht auf andersartige Deliktstypen, wie etwa die Kapitalmarktinformationshaftung im Allgemeinen oder die Prospekthaftung im Speziellen, übertragbar ist, liegt daher eigentlich auf der Hand. Dennoch erscheint es nicht ausgeschlossen, dass die Regelung des Art. 5 Rom II-Verordnung aufgrund der einleitend beschriebenen Ähnlichkeiten zwischen Produkthaftungs- und Kapitalmarktinformationshaftungsfällen im Rahmen einer Lösungsfindung für die Anknüpfung der Kapitalmarktinformationshaftung zumindest wertungsmäßig herangezogen werden kann.[740]

f) Ergebnis

Wie vorstehend gezeigt, ist den besonderen Anknüpfungsvorschriften der Rom II-Verordnung – abgesehen von der grundsätzlichen Möglichkeit der Rechtswahl nach Art. 14 Rom II-Verordnung – keine kollisionsrechtliche Regelung der Kapitalmarktinformationshaftung zu entnehmen.

2. Regelanknüpfung nach Art. 4 Rom II-Verordnung

Jedenfalls *de lege lata* ist das anwendbare Recht folglich nach der allgemeinen Kollisionsnorm des Art. 4 Rom II-Verordnung zu bestimmen. Entsprechend der Systematik von Art. 4 Rom II-Verordnung hat das Recht des gemeinsamen gewöhnlichen Aufenthalts von Schädiger und Geschädigtem Vorrang (Abs. 2). Soweit ein solcher nicht besteht, ist nach der Grundregel das Recht des Staates anzuwenden, in dem der Schaden eintritt (Abs. 1). Beide Anknüpfungsmöglichkeiten stehen unter dem Vorbehalt einer möglichen Korrektur im Falle einer offensichtlich engeren Verbindung der unerlaubten Handlung mit dem Recht eines anderen Staates (Abs. 3).

a) Gemeinsamer gewöhnlicher Aufenthalt (Abs. 2)

(1) Allgemeines

Nach Art. 4 Abs. 2 Rom II-Verordnung ist, soweit Schädiger und Geschädigter zum Zeitpunkt des Schadenseintritts ihren gewöhnlichen Aufenthalt in demselben Staat haben, auf ein außervertragliches Schuldverhältnis aus unerlaubter

---

739 Vgl. Erwägungsgrund (20) Rom II-Verordnung.

740 Siehe hierzu unten Abschnitt V.B.2.c).

Handlung das Recht dieses Staates anwendbar. Soweit die Voraussetzungen gegeben sind, verdrängt die Anknüpfung an den gemeinsamen gewöhnlichen Aufenthalt nach Art. 4 Abs. 2 Rom II-Verordnung die Anknüpfung an den Erfolgsort nach Art. 4 Abs. 1 Rom II-Verordnung. Dieser Vorrang dient der möglichst einfachen und zügigen Abwicklung entsprechender Fälle und bedient die berechtigten Erwartungen der beteiligten Personen nach der Anwendung derjenigen Rechtsordnung, mit welcher sich beide am engsten verbunden fühlen.[741] Als gewöhnlicher Aufenthalt eines Unternehmens bzw. einer juristischen Person ist gemäß Art. 23 Abs. 1 S. 1 Rom II-Verordnung der Ort der Hauptverwaltung, also der Ort, an dem die wesentlichen unternehmerischen Entscheidungen getroffen werden (sog. effektiver Verwaltungssitz), anzusehen.[742] Resultiert der Schaden aber aus dem Betrieb einer Niederlassung, so ist nach Art. 23 Abs. 1 S. 2 Rom II-Verordnung auf den Ort dieser Niederlassung abzustellen.[743] Der gewöhnliche Aufenthalt einer natürlichen Person, welche nicht in Ausübung ihrer beruflichen Tätigkeit handelt, ist in der Verordnung nicht näher beschrieben. Es hat sich aber ein autonomes Begriffsverständnis herausgebildet, nach dem maßgebend für den gewöhnlichen Aufenthalt die soziale Integration einer Person, letztlich also ihr tatsächlicher Lebensmittelpunkt ist.[744]

(2) Eignung der Anknüpfung für die Kapitalmarktinformationshaftung

Eine Anknüpfung nach Art. 4 Abs. 2 Rom II-Verordnung kommt entsprechend auch in Betracht, wenn Emittent und geschädigter Anleger ihren gewöhnlichen Aufenthalt in demselben Staat haben. Für Emittenten und institutionelle Anleger

---

741 Vgl. hierzu *Junker* in: MüKo-BGB, 7. Aufl. 2018, Rom II-VO, Art. 4 Rn. 37; *Lehmann* in: Mansel/Hüßtege, Rom-Verordnungen, 2. Aufl. 2015, Rom II-VO, Art. 4 Rn. 119; *Dörner* in: HK-BGB, 10. Aufl. 2019, Rom II-VO, Art. 4 Rn. 4; *Hohloch* in: Erman, BGB, 15. Aufl. 2017, Rom II-VO, Art. 4 Rn. 11; *von Hein* ZEuP 2009, 6 (17); *Kadner Graziano* RabelsZ 73 (2009), 1 (18); siehe auch den Verordnungsvorschlag der Kommission KOM(2003) 427 endg., S. 13.

742 Vgl. *Spickhoff* in: BeckOK-BGB, 49. Ed. 01.02.2019, Rom II-VO, Art. 23 Rn. 2; *Junker* in: MüKo-BGB, 7. Aufl. 2018, Rom II-VO, Art. 23 Rn. 10; *Engel* in: jurisPK-BGB, 8. Aufl. 2017, Rom II-VO, Art. 23 Rn. 7; *Schulze* in: Mansel/Hüßtege, Rom-Verordnungen, 2. Aufl. 2015, Rom II-VO, Art. 23 Rn 7.

743 Vgl. *Junker* in: MüKo-BGB, 7. Aufl. 2018, Rom II-VO, Art. 23 Rn. 11 ff.; *Schulze* in: Mansel/Hüßtege, Rom-Verordnungen, 2. Aufl. 2015, Rom II-VO, Art. 23 Rn. 8 ff.; *Spickhoff* in: BeckOK-BGB, 49. Ed. 01.02.2019, Rom II-VO, Art. 23 Rn. 3.

744 Vgl. *Spickhoff* in: BeckOK-BGB, 49. Ed. 01.02.2019, Rom II-VO, Art. 23 Rn. 4; *Engel* in: jurisPK-BGB, 8. Aufl. 2017, Rom II-VO, Art. 23 Rn. 5; *Schulze* in: Mansel/Hüßtege, Rom-Verordnungen, 2. Aufl. 2015, Rom II-VO, Art. 23 Rn. 14 ff.

ist hier regelmäßig auf den Ort der Hauptverwaltung bzw. der Niederlassung abzustellen, für Privatanleger hingegen auf ihren tatsächlichen Lebensmittelpunkt. Das Anknüpfungsergebnis ist entsprechend leicht und unproblematisch zu ermitteln.[745] Es gilt jedoch zu hinterfragen, ob die für eine Anknüpfung an den gemeinsamen gewöhnlichen Aufenthalt vorgebrachten Gründe auf Ansprüche aus Kapitalmarktinformationshaftung übertragbar sind und eine Anwendung von Art. 4 Abs. 2 Rom II-Verordnung in diesen Fällen zu sachgerechten Ergebnissen führt. Denn auch der europäische Gesetzgeber hat bei der Schaffung der Kollisionsnormen für besondere Deliktstypen zum Teil von der Möglichkeit einer Anknüpfung an den gemeinsamen gewöhnlichen Aufenthalt abgesehen, diesen also offenbar nicht für jede Deliktsart als geeignet angesehen.[746] Im Rahmen der Regelanknüpfung nach Art. 4 Rom II-Verordnung können nicht sachgerecht erscheinende Anknüpfungen an den gemeinsamen gewöhnlichen Aufenthalt zudem über die Ausweichklausel in Art. 4 Abs. 3 Rom II-Verordnung korrigiert werden.[747]

In der Literatur divergieren die Ansichten darüber, ob eine Anknüpfung an den gemeinsamen gewöhnlichen Aufenthalt auch für Ansprüche aus Kapitalmarktinformationshaftung sinnvoll erscheint.[748] Für eine solche Anknüpfung

---

745 So *Junker* RIW 2010, 257 (262).

746 Hierzu etwa *Junker* in: MüKo-BGB, 7. Aufl. 2018, Rom II-VO, Art. 4 Rn. 39; *von Hein* ZEuP 2009, 6 (18).

747 Vgl. *Junker* in: MüKo-BGB, 7. Aufl. 2018, Rom II-VO, Art. 4 Rn. 46; *Dörner* in: HK-BGB, 10. Aufl. 2019, Rom II-VO, Art. 4 Rn. 6; *Spickhoff* in: BeckOK-BGB, 49. Ed. 01.02.2019, Rom II-VO, Art. 4 Rn. 11; *Wagner* IPRax 2008, 1 (6); für zulässig erachtet wird auch trotz eines gemeinsamen gewöhnlichen Aufenthalts von Schädiger und Geschädigtem über die Ausweichklausel das Recht des Erfolgsorts entsprechend Art. 4 Abs. 1 Rom II-Verordnung zu berufen, vgl. *von Hein* ZEuP 2009, 6 (19); *Junker* in: MüKo-BGB, 7. Aufl. 2018, Rom II-VO, Art. 4 Rn. 58.

748 Offen hierfür etwa *Junker* RIW 2010, 257 (262); *von Hein* in: Fassbender/Wendehorst/Wet u. a., Paradigmen im internationalen Recht, 369 (413f.); *Tison/Ravelingien,* Roma locuta, causa finita?, S. 24, http://ssrn.com/abstract=1510075 (zuletzt aufgerufen am 31.12.2017); *Maier-Reimer/Seulen* in: Habersack/Mülbert/Schlitt, Handbuch der Kapitalmarktinformation, § 30 Rn. 46 ff.; *Schütze* in: Assmann/Schütze, Handbuch des Kapitalanlagerechts, § 7 Rn. 22; *Neumayr* in: Kurzkommentar ABGB, 4. Aufl. 2014, Rom II-VO, Art. 1 Rn. 8; *Corneloup* in: Nuyts/Hatzimihail, Cross-border class actions, 291 (303f.); ablehnend hingegen *Lehmann* IPRax 2012, 399 (401); *Lehmann* in: MüKo-BGB, 7. Aufl. 2018, Internationales Finanzmarktrecht, Rn. 551; *Einsele* ZEuP 2012, 23 (30); *Einsele* RabelsZ 81 (2017), 781 (787f.); *Weber* WM 2008, 1581 (1586); *Steinrötter,* Beschränkte Rechtswahl im Internationalen Kapitalmarktprivatrecht und

spricht – wie bereits erwähnt – zunächst die einfache und unproblematische Ermittlung des anwendbaren Rechts[749], wenngleich hieraus freilich noch nicht auf die Angemessenheit des Anknüpfungsergebnisses geschlossen werden kann. Gegen eine Anknüpfung an den gemeinsamen gewöhnlichen Aufenthalt könnte allerdings die marktschützende Steuerungsfunktion der Kapitalmarktinformationshaftung sprechen.[750] Bedenken bestehen hier insbesondere für Fälle, in denen ein inländischer Anleger Wertpapiere eines gleichfalls inländischen Emittenten erwirbt, diese aber ausschließlich an einem ausländischen Handelsplatz platziert sind.[751] Eine Anwendung von Art. 4 Abs. 2 Rom II-Verordnung führt hier zur Anwendung des inländischen Rechs, obwohl der inländische Markt nicht betroffen ist.[752] In diesem Sinne ließe sich auch die besondere Kollisionsnorm für Wettbewerbsrecht in Art. 6 Rom II-Verordnung anführen, welche eine Anknüpfung an den gemeinsamen gewöhnlichen Aufenthalt – vorbehaltlich einer Ausnahme für rein bilaterales Wettbewerbsverhalten in Art. 6 Abs. 2 Rom II-Verordnung – grundsätzlich nicht vorsieht.[753] Zur Begründung führt der Kommissionsentwurf zur Rom II-Verordnung aus, dass *„die Vorschriften über die akzessorische Anknüpfung, den gemeinsamen Aufenthalt und die Ausnahmeklausel im Allgemeinen“* nicht passend seien, da das Wettbewerbsrecht auf den *„Schutz eines Marktes“* abstelle und die Kollisionsnorm entsprechend *„vor allem die Gleichbehandlung der Wirtschaftsteilnehmer auf einem bestimmten Markt“* sichern solle.[754] Ob die Wertungen des Internationalen Wettbewerbsrechts auf die Kapitalmarktinformationshaftung übertragen werden können, erscheint jedoch zweifelhaft. Denn die Kapitalmarktinformationshaftung dient zu einem erheblichen Teil auch dem individuellen Schutz der Anleger, weshalb

---

akzessorische Anknüpfung an das Kapitalmarktordnungsstatut, S. 180; *Floer,* Internationale Reichweite der Prospekthaftung, S. 140.

749 Vgl. *Junker* RIW 2010, 257 (262); *Corneloup* in: Nuyts/Hatzimihail, Cross-border class actions, 291 (304).

750 In diesem Sinne *Einsele* ZEuP 2012, 23 (30); *Weber* WM 2008, 1581 (1586); *Steinrötter,* Beschränkte Rechtswahl im Internationalen Kapitalmarktprivatrecht und akzessorische Anknüpfung an das Kapitalmarktordnungsstatut, S. 179; *Floer,* Internationale Reichweite der Prospekthaftung, S. 141.

751 Vgl. *Weber* WM 2008, 1581 (1586); *Lehmann* IPRax 2012, 399 (401); *Floer,* Internationale Reichweite der Prospekthaftung, S. 141.

752 Dies kritisiert *Weber* WM 2008, 1581 (1586).

753 Erwogen bei *von Hein* in: Fassbender/Wendehorst/Wet u. a., Paradigmen im internationalen Recht, 369 (413).

754 Vgl. Verordnungsvorschlag der Kommission KOM(2003) 427 endg., S. 18.

der Marktschutzgedanke hier wohl schwächer ausgeprägt ist als im Wettbewerbsrecht[755] und eine Abweichung hiervon daher eher gerechtfertigt erscheint. Zudem wird in diesem Zusammenhang zu Recht darauf hingewiesen, dass auch die besondere Kollisionsnorm für Produkthaftung in Art. 5 Rom II-Verordnung ausweislich Erwägungsgrund (20) zur Rom II-Verordnung dem Schutz des Wettbewerbs dienen soll, dennoch aber vorrangig[756] an den gemeinsamen gewöhnlichen Aufenthalt der Parteien angeknüpft wird.[757]

Darüber hinaus kommen auch im Kontext der Kapitalmarktinformationshaftung die Vorteile, welche allgemein für eine Anknüpfung an den gemeinsamen gewöhnlichen Aufenthalt ins Feld geführt werden, zum Tragen. Namentlich sind dies die Prozessökonomie im Sinne einer zügigen Schadensabwicklung, der regelmäßige Gleichlauf des anwendbaren Rechts mit der internationalen Zuständigkeit sowie die berechtigten Erwartungen der Parteien nach der Anwendung ihres Heimatrechts.[758] Insbesondere gegen den letzten Punkt wird eingewandt, dass die Anwendung des Rechts am gewöhnlichen Aufenthalt des Anlegers für diesen nicht notwendigerweise besser sein müsse, da eine ausländische Rechtsordnung gegebenenfalls ein höheres Schutzniveau für Anleger aufweise.[759] Auch wäre es Anlegern bei Anwendung von Art. 4 Abs. 2 Rom II-Verordnung verwehrt, sich mit Blick auf das anwendbare Haftungsrecht bewusst für den Erwerb eines Wertpapiers an einem ausländischen Kapitalmarkt zu entschließen.[760] Es dürfte jedoch kaum dem Typus eines durchschnittlichen verständigen Anlegers entsprechen, im Vorfeld einer Anlageentscheidung verschiedene nationale Haftungsrechte zu untersuchen, um sich auf dieser Grundlage sodann bewusst an einen ausländischen Kapitalmarkt zu begeben. Im Gegenteil wird ein Anleger, welcher Wertpapiere eines Emittenten mit Sitz im Staat seines gewöhnlichen Aufenthalts erwirbt, wenn überhaupt regelmäßig nur über Kenntnisse des

---

755 So *Junker* RIW 2010, 257 (262); a.A. *Einsele* ZEuP 2012, 23 (38); hierzu ausführlich unten Abschnitt IV.D.2.a)(1)(b).

756 Vgl. den Wortlaut von Art. 5 Abs. 1 Rom II-Verordnung: „*Unbeschadet des Art. 4 Abs. 2 […]*“.

757 Vgl. *von Hein* in: Fassbender/Wendehorst/Wet u. a., Paradigmen im internationalen Recht, 369 (413f.).

758 Ausführlich hierzu *von Hein* in: Fassbender/Wendehorst/Wet u. a., Paradigmen im internationalen Recht, 369 (413).

759 So *Lehmann* IPRax 2012, 399 (401); zustimmend *Steinrötter,* Beschränkte Rechtswahl im Internationalen Kapitalmarktprivatrecht und akzessorische Anknüpfung an das Kapitalmarktordnungsstatut, S. 179.

760 Vgl. *Lehmann* IPRax 2012, 399 (401).

eigenen Haftungsrechts verfügen und deren Geltung unabhängig vom Platzierungsort des Wertpapiers erwarten.[761] Aber auch im Übrigen dürfte der Hinweis auf den Schutz der Anleger am Kern des Problems vorbeigehen. Denn die vorrangige Anknüpfung an den gemeinsamen gewöhnlichen Aufenthalt findet ihre Rechtfertigung in den vorgenannten allgemeinen Erwägungen und dient nicht der materiell-rechtlichen Besserstellung eines der Beteiligten, auch nicht des Geschädigten. Dass das Recht am gemeinsamen gewöhnlichen Aufenthalt im Vergleich zum ansonsten berufenen Recht des Erfolgsorts regelmäßig zugunsten oder zulasten des Geschädigten oder des Schädigers abweicht, ist dabei stete Konsequenz und keineswegs ein Spezifikum der Kapitalmarktinformationshaftung. Eine entsprechende Argumentation ist daher nicht geeignet, gerade die Anwendung von Art. 4 Abs. 2 Rom II-Verordnung auf die Kapitalmarktinformationshaftung in Zweifel zu ziehen, sondern stellt letztlich die Anknüpfung an den gemeinsamen gewöhnlichen Aufenthalt von Schädiger und Geschädigtem als solche in Frage. Dies kann vor dem Hintergrund der klaren Befürwortung einer solchen Anknüpfung durch den europäischen Gesetzgeber, welcher sich hierfür zudem auf die gemeinsame Rechtstradition der meisten Mitgliedstaaten berufen kann[762], nur schwerlich gelingen.

(3) Ergebnis

Insgesamt ist daher nicht ersichtlich, warum in Fällen der Kapitalmarktinformationshaftung vom Grundsatz der Anknüpfung an den gemeinsamen gewöhnlichen Aufenthalt von Schädiger und Geschädigtem abgewichen werden sollte. Vielmehr entspricht eine solche auch hier regelmäßig den Erwartungen der am Delikt Beteiligten. Für Extremfälle besteht gleichwohl die Möglichkeit einer Korrektur des Anknüpfungsergebnisses über Art. 4 Abs. 3 Rom II-Verordnung, sodass Art. 4 Abs. 2 Rom II-Verordnung grundsätzlich angewendet werden könnte.

---

761 So im Ergebnis auch *von Hein* in: Fassbender/Wendehorst/Wet u. a., Paradigmen im internationalen Recht, 369 (414); ähnlich bereits *Zimmer,* Internationales Gesellschaftsrecht, S. 64, der auf die Zufälligkeit und Flüchtigkeit des Platzierungsorts im Vergleich zum gemeinsamen Zugehörigkeitsrecht hinweist; a.A. offenbar *Steinrötter,* Beschränkte Rechtswahl im Internationalen Kapitalmarktprivatrecht und akzessorische Anknüpfung an das Kapitalmarktordnungsstatut, S. 178.

762 *von Hein* ZEuP 2009, 6 (17); *Kadner Graziano* RabelsZ 73 (2009), 1 (18); *Lehmann* in: Mansel/Hüßtege, Rom-Verordnungen, 2. Aufl. 2015, Rom II-VO, Art. 4 Rn. 25f.; vgl. hierzu auch den Verordnungsvorschlag der Kommission KOM(2003) 427 endg., S. 13.

b) Anknüpfung an den Erfolgsort

In Fällen, in denen kein gemeinsamer gewöhnlicher Aufenthalt von Emittent und geschädigtem Anleger besteht, bedarf es entsprechend der Systematik der Rom II-Verordnung einer Anwendung der Grundregel in Art. 4 Abs. 1 Rom II-Verordnung.

(1) Der Erfolgsort in Art. 4 Abs. 1 Rom II-Verordnung

Die allgemeine Kollisionsnorm in Art. 4 Abs. 1 Rom II-Verordnung verweist auf das *„Recht des Staates […], in dem der Schaden eintritt, unabhängig davon, in welchem Staat das schadensbegründende Ereignis oder indirekte Schadensfolgen eingetreten sind.“* Mit dieser auf den ersten Blick etwas umständlich wirkenden Formulierung möchte der europäische Gesetzgeber klarstellen, dass auf das Recht am Ort der Rechtsgutverletzung verwiesen wird.[763] Nach herkömmlicher deutscher Terminologie ist dies der Erfolgsort.[764] Hiervon abzugrenzen sind hingegen der Ort, an dem die maßgebliche Schädigungshandlung vorgenommen wurde (Handlungsort), sowie Orte, an denen lediglich indirekte Schäden eingetreten sind (Schadensort).[765] Für Personen- oder Sachschäden stellt Erwägungsgrund (17) der Rom II-Verordnung klar, dass der Erfolgsort dort zu lokalisieren ist, wo die Verletzung erlitten beziehungsweise die Sache beschädigt wurde. Zur näheren Bestimmung des Erfolgsorts kann auch auf die zu Art. 7 Nr. 2 EuGVO n.F. bzw. dessen Vorgängerregelungen ergangene Rechtsprechung des *EuGH* zurückgegriffen werden, soweit sich diese auf die Erfolgsortzuständigkeit bezieht.[766]

---

763 *Junker* in: MüKo-BGB, 7. Aufl. 2018, Rom II-VO, Art. 4 Rn. 20; *Wagner* IPRax 2008, 1 (4); *von Hein* ZVglRWiss 2003, 528 (542f.); *Junker* NJW 2007, 3675 (3678); *Heiss/Loacker* JBl 2007, 613 (624f.); vgl. diesbezüglich auch den klarstellenden Erwägungsgrund (17) Rom II-Verordnung.

764 *Wagner* IPRax 2008, 1 (4); *Weber* WM 2008, 1581 (1585); *Spickhoff* in: BeckOK-BGB, 49. Ed. 01.02.2019, Rom II-VO, Art. 4 Rn. 6.

765 *Junker* in: MüKo-BGB, 7. Aufl. 2018, Rom II-VO, Art. 4 Rn. 18; *Junker* NJW 2007, 3675 (3678); *Wagner* IPRax 2008, 1 (4); *Heiss/Loacker* JBl 2007, 613 (624f.).

766 Vgl. Erwägungsgrund (7) Rom II-Verordnung; ausführlich zum Ganzen *Odendahl*, Internationales Deliktsrecht der Rom-II-VO und die Haftung für reine Vermögensschäden, S. 183 ff.

(2) Der Erfolgsort in Kapitalmarktinformationshaftungsfällen

Besonders kompliziert ist die Bestimmung des Erfolgsorts in Fällen, in denen dem Geschädigten keine substantiellen, sondern lediglich finanzielle Schäden entstanden sind. Geschädigt ist in diesem Fall nur das Vermögen der betroffenen Person als solches bzw. ein bestimmter Teil dieses Vermögens, nicht aber ein hiervon abtrennbares Rechtsgut.[767] Es handelt sich um einen sogenannten reinen Vermögensschaden, bei dem Erfolgsort und Schadensort zusammenfallen.[768] Das Vermögen des Geschädigten als Ort des Schadenserfolges ist aber nicht greifbar wie etwa ein körperlicher Gegenstand oder der Körper einer Person, welche sich zum Zeitpunkt der Schädigung an einem feststellbaren geographischen Ort befinden.[769] Entsprechend schwierig, in vielen Fällen aber gleichwohl erforderlich ist die Lokalisierung des Erfolgsorts rein monetärer Schäden.[770] Auch in Kapitalmarktinformationshaftungsfällen stellt sich ebendiese Problematik, da der Verstoß gegen kapitalmarktrechtliche Publizitätsvorschriften beim betroffenen Anleger nicht zu substantiellen Rechtsgutverletzungen, sondern zu reinen Vermögensschäden führt.[771] Der Schaden liegt hier – je nach Kauf- oder Verkaufssituation – in einer im Verhältnis zum tatsächlichen Wert zu hohen oder zu niedrigen Bewertung eines Finanzprodukts und einem dementsprechend überhöhten Kauf- oder zu geringen Verkaufspreis.

---

767 *Kiethe* NJW 1994, 222 (225); *Wendelstein* GPR 2016, 140 (144).

768 *Kiethe* NJW 1994, 222 (225); *Junker* in: MüKo-BGB, 7. Aufl. 2018, Rom II-VO, Art. 4 Rn. 28.

769 *Lehmann* JPIL 2011, 527 (531).

770 *Spickhoff* in: BeckOK-BGB, 49. Ed. 01.02.2019, Rom II-VO, Art. 4 Rn. 7; *Lehmann* in: Mansel/Hüßtege, Rom-Verordnungen, 2. Aufl. 2015, Rom II-VO, Art. 4 Rn. 115; *von Hein* in: Fassbender/Wendehorst/Wet u. a., Paradigmen im internationalen Recht, 369 (414); *Stadler* in: Fairgrieve/Lein, Extraterritoriality and Collective Redress, 191 (199); plastisch auch *Lehmann* JPIL 2011, 527 (531): „*Finding the geographical location of economic loss seems as possible as nailing jelly to the wall.*"

771 *Weber* WM 2008, 1581 (1585); *von Hein* in: Fassbender/Wendehorst/Wet u. a., Paradigmen im internationalen Recht, 369 (415); *Hellgardt/Ringe* ZHR 2009, 802 (824); *Lehmann* JPIL 2011, 527 (529f.); *Tschäpe/Kramer/Glück* RIW 2008, 657 (662); *Garcimartín* LFMR 2011, 449 (452); *Wendelstein* GPR 2016, 140 (144).

(a) Streitstand in der Literatur

Wo der Erfolgsort bei reinen Vermögensschäden zu lokalisieren ist, ist in der Literatur seit jeher heftig umstritten.[772] Auch im Hinblick auf außervertragliche Haftungsansprüche aus dem Bereich der Kapitalmarkttransaktionen werden verschiedene Vorschläge diskutiert, welche sich im Wesentlichen mit denen der allgemeinen Diskussion hierzu decken.[773] Diesbezüglich vertreten werden insbesondere die im Folgenden dargestellten Möglichkeiten der Lokalisierung, welche der Übersicht halber in zeitlicher Abfolge aufgeführt sind.

(i) Empfang der fehlerhaften Information

Als erster Anknüpfungspunkt kommt zunächst der Ort in Betracht, an dem die fehlerhafte Kapitalmarktinformation vom Geschädigten empfangen wurde.[774] Hier wirkt der Verstoß gegen kapitalmarktrechtliche Publizitätsvorschriften zum ersten Mal auf den Anleger ein. Dem wird allerdings zu Recht entgegengehalten, dass der bloße Empfang einer fehlerhaften Information und die hierdurch möglicherweise hervorgerufene Fehlvorstellung für sich genommen noch nicht dazu geeignet sind, einen kollisionsrechtlich relevanten Schaden hervorzurufen.[775] Für eine Vermögensbeeinträchtigung sind vielmehr noch weitere Zwischenschritte, etwa eine Entscheidung des Empfängers, aufgrund dieser Information zu handeln, sowie eine tatsächliche Vermögensdisposition erforderlich.[776]

(ii) Belastung mit einem wirtschaftlich nachteiligen Vertrag

Freitag hingegen erblickt den relevanten Erstschaden des Anlegers in der Belastung mit einem wirtschaftlich nachteiligen Vertrag, an dessen Belegenheit sich wiederum auch der Erfolgsort befinden soll.[777] Eine auf dem Konto des

772 Ausführlich hierzu *Lehmann* JPIL 2011, 527 (527 ff.); *Odendahl,* Internationales Deliktsrecht der Rom-II-VO und die Haftung für reine Vermögensschäden, S. 230 ff., jeweils m. w. Nachw.

773 Andere Ansätze finden sich beispielsweise in Bezug auf Persönlichkeitsrechtsverletzungen, welche für die Zwecke der vorliegenden Arbeit jedoch nicht weiter zu diskutieren sind.

774 Vgl. hierzu *Lehmann* JPIL 2011, 527 (536f.).

775 *Lehmann* JPIL 2011, 527 (536); *Spickhoff* in: BeckOK-BGB, 49. Ed. 01.02.2019, Rom II-VO, Art. 4 Rn. 7; *Tschäpe/Kramer/Glück* RIW 2008, 657 (662); *Stadler* in: FS Geimer (2017), 715 (719); krit. auch *Geimer* in: Zöller, ZPO, 32. Aufl. 2018, EuGVVO n.F., Art. 7 Rn. 81; *Plender/Wilderspin,* The European private international law of obligations, Rn. 18–78.

776 *Lehmann* JPIL 2011, 527 (536f.).

777 *Freitag* WM 2015, 1165 (1168); ähnlich wohl *Huber* NZG 2016, 794 (795).

Geschädigten feststellbare finanzielle Belastung sei hingegen lediglich ein Folgeschaden, der aus dem Vollzug des nachteiligen Vertrags resultiere.[778] Allerdings räumt *Freitag* selbst ein, dass Verträge generell nur schwierig zu lokalisieren sind.[779] Vor diesem Hintergrund schlägt er vor, für die Zwecke der Prospekthaftung Verträge als am bestimmungsgemäßen Vertriebsort des Anlageprodukts belegen anzusehen.[780]

Dem Vorschlag *Freitags* müssen allerdings in gleich mehrfacher Hinsicht Bedenken entgegen gebracht werden. Grundsätzlich ist bereits zu bemerken, dass Prospekthaftungsansprüche materiell-rechtlich allgemein voraussetzen, dass der geschädigte Anleger die Wertpapiere tatsächlich auch hält oder gehalten hat, mithin also, dass der Vertrag über den Kauf der Wertpapiere nicht nur geschlossen, sondern auch abgewickelt wurde.[781] In Fällen, in denen der Vertrag zwar geschlossen, aber noch nicht vollzogen wurde, könnten zwar allgemeinzivilrechtliche Schadensersatz- oder Rückabwicklungsansprüche in Betracht kommen. Hierbei handelt es sich dann aber nicht um Kapitalmarktinformationshaftungsansprüche im eigentlichen Sinne. Für Prospekt- und sonstige Kapitalmarktinformationshaftungsansprüche hingegen erscheint ein Abstellen auf den Vertragsschluss selbst als eine nicht angemessene Vorverlagerung des maßgeblichen Schadenserfolgs. Aus methodischer Sicht zumindest fraglich ist weiterhin, den Erfolgsort von Prospekthaftungsansprüchen, welche nach unionsrechtlich-autonomem Verständnis als außervertragliche Schuldverhältnisse zu qualifizieren sind[782], an den zugrundeliegenden Vertrag anknüpfen zu wollen. Eine vertragsakzessorische Anknüpfung ist zwar auch im europäischen

---

778 *Freitag* WM 2015, 1165 (1168); in einem jüngst ergangenen Urteil hat der *EuGH* – allerdings für den Fall des Abschlusses eines wirtschaftlich nachteiligen Vergleichsvertrags – die Lokalisierung des Erfolgsorts am Belegenheitsort des Kontos tatsächlich mit ähnlicher Begründung abgelehnt und stattdessen auf den Ort, an welchem sich die Parteien zum Vertragsschluss getroffen hatten, abgestellt, vgl. *EuGH* Urteil v. 16.06.2016 – Rs. C-12/15, ECLI:EU:C:2016:449 (Universal Music), Rz. 31 ff.; eher krit. hierzu *Huber* NZG 2016, 794 (794f.); *Müller* NJW 2016, 2169 (2170).

779 *Freitag* WM 2015, 1165 (1173); vgl. zur Lokalisierung eines Vertrags in diesem Zusammenhang *Lehmann* JPIL 2011, 527 (546 ff.), der letztlich eine Belegenheit am Erfüllungsort favorisiert.

780 *Freitag* WM 2015, 1165 (1173).

781 Rechtsvergleichend zur Aktivlegitimation bei Kapitalmarktinformationshaftungsansprüchen *Hopt/Voigt* in: Hopt/Voigt, Prospekt- und Kapitalmarktinformationshaftung, 9 (53f.).

782 So die ganz allgemeine Meinung, welche nunmehr auch durch den *EuGH* in der Rs. *Kolassa* (C-375/13) bestätigt wurde, siehe hierzu oben Abschnitt IV.B.2.

Deliktskollisionsrecht in Art. 4 Abs. 3 S. 2 Rom II-Verordnung als Beispiel einer offensichtlich engeren Verbindung vorgesehen. Diese setzt allerdings bereits nach ihrem Wortlaut einen Vertrag zwischen Schädiger und Geschädigtem voraus.[783] Sinn und Zweck der Vorschrift ist nämlich, konkurrierende vertragliche und deliktische Ansprüche aus einem Lebenssachverhalt einer einheitlichen Rechtsordnung zu unterstellen.[784] Ein Vertrag zwischen haftendem Emittenten und geschädigtem Anleger besteht in Fällen der Kapitalmarktinformationshaftung jedoch in den meisten Konstellationen gerade nicht, da ein Handel über Intermediäre erfolgt.[785] Im Verhältnis des Anlegers zum Emittenten bestehen daher gar keine vertraglichen Ansprüche, welche eine vom Deliktsstatut abweichende, einheitliche Beurteilung begründen könnten. Keinesfalls überzeugen kann jedenfalls der zweite Teil des Vorschlags. Denn warum der Vertrag nun am Vertriebsort des Anlageprodukts belegen sein soll, auch wenn er möglicherweise in einem anderen Land geschlossen wurde und alle Verpflichtungen aus dem Vertrag ebenfalls in anderen Ländern zu erfüllen sind, erscheint nur schwer nachvollziehbar. Der Vorschlag *Freitags* ist an dieser Stelle sogar widersprüchlich, da dieser impliziert, dass sich der maßgebliche Erfolg letztlich am Vertriebs- bzw. Marktort[786], dessen kapitalmarktrechtliche Pflichten verletzt wurden, realisiert und eben nicht notwendigerweise dort, wo alle Sachverhaltselemente hinsichtlich des Vertrags über den Kauf der Finanzprodukte belegen sind. Eine entsprechende Lokalisierung des Vertrages wäre daher – neben den ohnehin bestehenden Bedenken gegen seine Maßgeblichkeit bezüglich des Erfolgsorts – im Ergebnis reine Fiktion.

---

783 Vgl. *Lehmann* in: Mansel/Hüßtege, Rom-Verordnungen, 2. Aufl. 2015, Rom II-VO, Art. 4 Rn. 158.

784 Vgl. hierzu nur *Junker* in: MüKo-BGB, 7. Aufl. 2018, Rom II-VO, Art. 4 Rn. 51; *von Hein* in: Calliess, Rome Regulations, 2. Aufl. 2015, Rome II, Art. 4 Rn. 59, jeweils m. w. Nachw.

785 Hierzu bereits oben Abschnitt IV.B.2.

786 Auf den spezifisch für Kapitalmarkthaftungsfälle entwickelten Vorschlag, den Erfolgsort unter Bezugnahme auf Parallelen zum Wettbewerbsrecht und in Anlehnung an Art. 6 Rom II-Verordnung als Marktort zu konkretisieren, soll erst im Rahmen der Diskussion möglicher Ausweichstrategien eingegangen werden, siehe unten Abschnitt IV.D.2.a).

(iii) Vornahme der Vermögensdisposition

Teilweise wird auch auf den Ort, an welchem der Geschädigte die in Rede stehende Vermögensdisposition getroffen hat, abgestellt.[787] Maßgeblich wäre also die entsprechende Handlung des Anlegers, welche dieser aufgrund der fehlerhaften Information vornimmt. Wiederum ist aber zu bemerken, dass – jedenfalls im Regelfall – durch die bloße Überweisung des Geldes dem Anleger noch kein Schaden entsteht[788], insbesondere wenn die schädigende Handlung, also die Veröffentlichung unrichtiger bzw. unvollständiger Kapitalmarktinformation, erst nach Erwerb vorgenommen wird. Anders kann dies allerdings in Fällen liegen, in denen die getätigte Investition des Anlegers von vorneherein nahezu wertlos war, wie etwa in Betrugsfällen.[789] Auch für Kapitalmarktinformationshaftungsfälle sind entsprechende Fallkonstellationen denkbar, wenn etwa durch bewusst falsche Informationen in einem Wertpapierprospekt eine Werthaltigkeit der entsprechenden Papiere nur vorgetäuscht wird. Eine weitere Kategorie könnten Fälle sein, in denen der Anleger ein Finanzprodukt zu einem überhöhten Preis kauft, da der tatsächliche Wert des Finanzprodukts infolge unrichtiger bzw. unvollständiger Kapitalmarktinformation nicht mit dem gezahlten Preis übereinstimmt.[790] Fraglich ist allerdings, ob es für den Eintritt des Schadenserfolges tatsächlich auf die Vermögensdisposition selbst, also die Handlung des Anlegers, ankommen kann oder ob der Erfolg nicht vielmehr in der dem Geldabfluss folgenden Wertminderung des Vermögens bzw. des Vermögensteils des Anlegers zu sehen ist. Denn zumindest denkbar wären Fälle, in denen die Überweisung des Anlegers etwa aufgrund eines Schreibfehlers fehlgeht, was gegen die Maßgeblichkeit der Vermögensdisposition im Sinne einer Handlung des Geschädigten spricht. Relevant ist die Unterscheidung zwischen Vermögensdisposition und Geldabfluss zudem in Fällen, in denen beides an unterschiedlichen Orten passiert.

---

787 Hierfür etwa *Dörner* in: HK-BGB, 10. Aufl. 2019, Rom II-VO, Art. 4 Rn. 6; *Schaub* in: PWW, 13. Aufl. 2018, Rom II-VO, Art. 4 Rn. 7; *Denninger*, Grenzüberschreitende Prospekthaftung und Internationales Privatrecht, S. 221 ff.; für Fälle des Kapitalanlagebetrugs auch *von Hein* IPRax 2005, 17 (21f.); *Engert/Groh* IPRax 2011, 458 (463).

788 So etwa *Spickhoff* in: BeckOK-BGB, 49. Ed. 01.02.2019, Rom II-VO, Art. 4 Rn. 7.

789 Vgl. etwa *BGH* BKR 2010, 509 (512); *BGH* BKR 2010, 421 (424); *BGH* NJW-RR 2011, 197 (200f.); zu dieser Rechtsprechung *von Hein* LMK 2010, 308395; *Engert/Groh* IPRax 2011, 458 (460 ff.).

790 Ähnlich *Thole* AG 2013, 73 (75).

(iv) Lageort des betroffenen Vermögensteils

Vielfach befürwortet wird auch eine Lokalisierung des Erfolgsorts am Lageort des betroffenen Vermögensteils des Geschädigten.[791] In Betracht kommt hier etwa der Lageort des Kontos oder Depots des geschädigten Anlegers, welcher regelmäßig mit dem Sitz der jeweiligen Bank übereinstimmen dürfte.[792] Hier sollen die primären Vermögensinteressen des Geschädigten erstmals verletzt werden.[793] Diese Vorgehensweise soll zudem den berechtigten Erwartungen des Geschädigten und des Schädigers entsprechen.[794] Die Ansicht sieht sich allerdings dem Vorwurf der mangelnden oder zumindest schwierigen Bestimmbarkeit des Lageorts sowie der mangelnden Vorhersehbarkeit für den Schädiger, welcher potentiell mit dem Eintritt eines kollisionsrechtlich relevanten Erfolges auf der ganzen Welt rechnen müsste, ausgesetzt.[795] Zudem könne der Geschädigte durch eine bewusste Beeinflussung des Lageorts des entsprechenden Vermögensteils das anwendbare Recht einseitig beeinflussen.[796] Teilweise wird auch argumentiert, am Lageort des geschädigten Vermögens trete nur ein indirekter Schaden ein, der direkte Schaden werde bereits dort erlitten, wo sich der Preis der Finanzprodukte bilde, also am Markt.[797]

(v) Wohnsitz bzw. gewöhnlicher Aufenthalt des Geschädigten

Teilweise wird auch der Wohnsitz bzw. der gewöhnliche Aufenthalt des Geschädigten als dessen sogenannte Vermögenszentrale für maßgeblich gehalten.[798]

---

791 Für die Prospekthaftung etwa *Junker* RIW 2010, 257 (263): „*erscheint […] nicht unangemessen*"; *Arons* NiPR 2008, 481 (484f.); *Einsele* ZEuP 2012, 23 (29); grundsätzlich für reine Vermögensschäden auch *Spickhoff* in: BeckOK-BGB, 49. Ed. 01.02.2019, Rom II-VO, Art. 4 Rn. 7; *Thorn* in: Palandt, 78. Aufl. 2019, Rom II-Verordnung, Art. 4 Rn. 9; *Geimer* in: Zöller, ZPO, 32. Aufl. 2018, EuGVVO n.F., Art. 7 Rn. 80; *Neumayr* in: Kurzkommentar ABGB, 4. Aufl. 2014, Rom II-VO, Art. 4 Rn. 3; *Magnus* in: Magnus/Mankowski, Rome II Regulation, 2019, Art. 4 Rn. 95.

792 *Lehmann* JPIL 2011, 527 (544); *Geimer* in: Zöller, ZPO, 32. Aufl. 2018, EuGVVO n.F., Art. 7 Rn. 80; *Maultzsch* IPRax 2017, 442 (444).

793 *Spickhoff* in: BeckOK-BGB, 49. Ed. 01.02.2019, Rom II-VO, Art. 4 Rn. 7.

794 *Lehmann* JPIL 2011, 527 (543).

795 *Weber* WM 2008, 1581 (1585); *Garcimartín* LFMR 2011, 449 (453); relativierend *Magnus* in: Magnus/Mankowski, Rome II Regulation, 2019, Art. 4 Rn. 95.

796 *Garcimartín* LFMR 2011, 449 (453).

797 *Garcimartín* LFMR 2011, 449 (453).

798 Dafür etwa *Benicke* in: FS Jayme (2004), 25 (33); tendenziell auch *Stadler* in: Musielak/Voit, ZPO, 16. Aufl. 2019, EuGVVO nF, Art. 7 Rn. 19b; *Siehr* IPRax 2009, 435 (438); *Geimer* in: FS Martiny (2014), 711 (729); in Bezug auf Prospekthaftungsansprüche wohl auch *Tschäpe/Kramer/Glück* RIW 2008, 657 (662), die für solche Ansprüche aber letztlich eine Lösung über Art. 27 Rom II-Verordnung vorziehen; dies für reine

Dies sei der Hauptlageort der Vermögensinteressen des Geschädigten, wo dieser darüber hinaus regelmäßig auch die wesentlichen Entscheidungen über sein Vermögen treffe.[799] Zudem vermeide diese Lösung eine Aufspaltung des Rechts nach dem Mosaikprinzip.[800] Verbreitet wird eine entsprechende Anknüpfung an die Vermögenszentrale des Geschädigten auch lediglich hilfsweise für den Fall, dass vorrangige Anknüpfungspunkte nach dem konkreten Sachverhalt nicht bestimmbar sind, befürwortet.[801] Dem wird freilich entgegengehalten, dass eine pauschale Anknüpfung an den Wohnsitz bzw. gewöhnlichen Aufenthalt den Geschädigten über Gebühr privilegiert, da dieser auch bei bewusster Betätigung im Ausland stets auf die schematische Anwendung des ihm bekannten Heimatrechts vertrauen dürfte.[802] Für den Schädiger wäre das anwendbare Recht hingegen nicht immer sicher vorhersehbar. Ungerechtfertigt erscheint auch die unterschiedliche Behandlung im Vergleich zu Delikten mit der Verletzung absoluter Rechte wie beispielsweise des Körpers oder der Sache einer Person, da auch hier nicht stets das Heimatrecht des Geschädigten, sondern vielmehr das Recht am tatsächlichen Ort des Schadenseintritts anwendbar ist.[803] Speziell für Kapitalmarkthaftungsfälle wird zudem darauf hingewiesen, dass die Maßgeblichkeit des Rechts am Wohnsitz bzw. gewöhnlichen Aufenthalt des Geschädigten den Gedanken des Marktfunktionsschutzes vernachlässige.[804]

Vermögensschäden generell favorisierend *Unberath/Cziupka/Pabst* in: Rauscher, EuZPR/EuIPR, 4. Aufl. 2016, Rom II-VO, S. Art. 4 Rn. 42; wohl auch *Kiethe* NJW 1994, 222 (227).

799 Siehe hierzu *Lehmann* JPIL 2011, 527 (537).

800 *Unberath/Cziupka/Pabst* in: Rauscher, EuZPR/EuIPR, 4. Aufl. 2016, Rom II-VO, Art. 4 Rn. 42.

801 *Spickhoff* in: BeckOK-BGB, 49. Ed. 01.02.2019, Rom II-VO, Art. 4 Rn. 7; *Hohloch* in: Erman, BGB, 15. Aufl. 2017, Rom II-VO, Art. 4 Rn. 7; *Thorn* in: Palandt, 78. Aufl. 2019, Rom II-Verordnung, Art. 4 Rn. 9; *Neumayr* in: Kurzkommentar ABGB, 4. Aufl. 2014, Rom II-VO, Art. 4 Rn. 3; *Schlosser* in: Schlosser/Hess, EuZPR, 4. Aufl. 2015, EuGVVO n.F., Art. 7 Rn. 16a; *Schaub* in: PWW, 13. Aufl. 2018, Rom II-VO, Art. 4 Rn. 7; *Einsele* ZEuP 2012, 23 (29); für Fälle des Hervorrufens einer Fehlvorstellung beim Geschädigten, die zu einer Vermögensverfügung führt, auch *Odendahl,* Internationales Deliktsrecht der Rom-II-VO und die Haftung für reine Vermögensschäden, S. 273f.

802 *von Hein,* Das Günstigkeitsprinzip im Internationalen Deliktsrecht, S. 349f.; ähnlich *Odendahl,* Internationales Deliktsrecht der Rom-II-VO und die Haftung für reine Vermögensschäden, S. 261.

803 *von Hein,* Das Günstigkeitsprinzip im Internationalen Deliktsrecht, S. 349.

804 *Einsele* ZEuP 2012, 23 (29); auf die insbesondere von *Einsele* vorgeschlagene Lösung, den Erfolgsort im Sinne des Art. 4 Abs. 1 Rom II-Verordnung für die Zwecke der

(b) Rechtsprechung des *EuGH*

Inzwischen hat der *EuGH* im Rahmen mehrerer Urteile zur EuGVO a.F. bzw. zum EuGVÜ erheblich zur Klärung des vorangehend skizzierten Streitstands für Fälle der Kapitalmarktinformationshaftung beigetragen. Die Rechtsprechung des *EuGH* zu Fragen der internationalen Zuständigkeit bei Kapitalmarktsachverhalten ist zwar vergleichsweise rar gesät. Unmittelbar hierzu geäußert hat sich der *EuGH* bisher lediglich im Rahmen der Urteile in den Rs. C-168/02 (*Kronhofer*), C-373/13 (*Kolassa*) und C-304/17 (*Löber*). Aber auch wenn durch diese Judikate nicht alle sich stellenden Fragen in diesem Bereich geklärt sind, bilden sie dennoch bedeutsame Präjudizen für die Anwendung der EuGVO n.F. – und damit auch der Rom II-Verordnung – auf Kapitalmarktsachverhalte.

(i) Rs. *Kronhofer* (C-168/02)

Einzugehen ist zunächst auf das grundlegende Urteil des *EuGH* in der Rs. *Kronhofer* aus dem Jahr 2004.

(a) Sachverhalt

Gegenstand des Verfahrens war die Schadensersatzklage eines Anlegers mit Wohnsitz in Österreich. Diese stützte er auf einen von ihm behaupteten Vermögensschaden, welcher ihm durch die Beklagten, die als Geschäftsführer bzw. Anlageberater einer zwischenzeitlich insolventen Vermögensverwaltungsgesellschaft mit Sitz in Deutschland tätig waren, zugefügt worden sei.[805] Die Beklagten hätten ihn telefonisch zum Abschluss von Call-Options-Geschäften verleitet, ohne ihn ausreichend über die entsprechenden Risiken solcher Geschäfte aufzuklären. Der Kläger überwies den Anlagebetrag auf ein in Deutschland bei der beklagten Vermögensverwaltungsgesellschaft geführtes Anlegerkonto. Die in der Folge durchgeführten hochspekulativen Call-Options-Geschäfte an der Londoner Börse führten zu erheblichen Verlusten, weshalb der Kläger seinen Anlagebetrag nur zum Teil zurückerhielt. Der mit dem Rechtsstreit befasste österreichische *OGH* legte dem *EuGH* ein Vorabentscheidungsersuchen mit der Frage vor, ob der Erfolgsort im Sinne des Deliktsgerichtsstands des EuGVÜ (Art. 5 Nr. 3) den Ort umfasse, an dem sich der Wohnsitz des Geschädigten und damit der Mittelpunkt seines Vermögens befinde, auch wenn ein in einem

Kapitalmarktinformationshaftung als Marktort zu konkretisieren, soll erst im Rahmen der Untersuchung von Ausweichstrategien und Vorschlägen *de lege ferenda* eingegangen werden (siehe unten Abschnitt IV.D.2.a)).

805 *EuGH* Urteil v. 10.06.2004 – Rs. C-168/02, ECLI:EU:C:2004:364 (Kronhofer), Rz. 2.

anderen Mitgliedstaat angelegter Vermögensteil des Geschädigten geschmälert worden sei.[806]

(b) Lokalisierung des Erfolgsorts

Der vorlegende *OGH* tendierte im Ergebnis dazu, eine Erfolgsortbelegenheit am Wohnsitz des Klägers als dessen Mittelpunkt seines Vermögens zu bejahen.[807] Hiermit schloss sich das Gericht einer auch in der Literatur vertretenen Auffassung zur Lokalisierung des Erfolgsorts am Wohnsitz bzw. gewöhnlichen Aufenthalt des Geschädigten an.[808] Diesem Ansatz erteilte der *EuGH* jedoch eine klare Absage.[809] Er führte aus, dass sich die Zuständigkeit am Erfolgsort *„nicht schon deshalb auf den Ort des Klägerwohnsitzes – als Ort des Mittelpunkts seines Vermögens –„* beziehe, *„weil dem Kläger nach seinem Vorbringen durch Verlust von Vermögensbestandteilen in einem anderen Vertragsstaat ein finanzieller Schaden entstanden ist.“*[810] Sein Ergebnis stützte der *EuGH* insbesondere darauf, dass ein von der grundsätzlichen Ausrichtung des Übereinkommens abweichender Gerichtsstand am Klägerwohnsitz nur in den ausdrücklich vorgesehenen Ausnahmen in Betracht kommen kann und zudem die Notwendigkeit einer einfachen und sicheren Bestimmbarkeit der zuständigen Gerichte sowohl für den Kläger als auch für den Beklagten bestehe.[811]

Die vom *EuGH* in seiner Antwort auf die Vorlagefrage genutzte Wendung *„nicht schon deshalb“* wird vielfach so verstanden, dass hierdurch eine Belegenheit des Erfolgsorts am Wohnsitz des Klägers nicht *per se* ausgeschlossen werden sollte.[812] Diese Interpretation scheint vor dem Hintergrund der Vorlagefrage des *OGH* auch zutreffend, da dieser darauf abstellte, dass trotz Erfolgseintritts an einem in Deutschland belegenen Vermögensteil gewissermaßen gleichzeitig auch ein Schaden am Gesamtvermögen in Österreich eingetreten sei.[813] Dies begründete der *OGH* damit, dass die grundlegende Unterscheidung zwischen

---

806 *EuGH* Urteil v. 10.06.2004 – Rs. C-168/02, ECLI:EU:C:2004:364 (Kronhofer), Rz. 9f.

807 Schlussanträge des GA *Léger* v. 15.01.2004 – Rs. C-168/02, ECLI:EU:C:2004:24, Rz. 17; vgl. auch *von Hein* IPRax 2005, 17 (20).

808 Siehe hierzu bereits oben Abschnitt IV.C.2.b)(2)(a)(v).

809 So auch *von Hein* IPRax 2005, 17 (20); *Blobel* EuLF 2004, 187 (188); *Wagner/Gess* NJW 2009, 3481 (3483); *Junker* ZZPInt 2004, 200 (205).

810 *EuGH* Urteil v. 10.06.2004 – Rs. C-168/02, ECLI:EU:C:2004:364 (Kronhofer), Rz. 21.

811 *EuGH* Urteil v. 10.06.2004 – Rs. C-168/02, ECLI:EU:C:2004:364 (Kronhofer), Rz. 20.

812 *von Hein* IPRax 2005, 17 (21); *Blobel* EuLF 2004, 187 (190); *Lehmann* JPIL 2011, 527 (541).

813 *EuGH* Urteil v. 10.06.2004 – Rs. C-168/02, ECLI:EU:C:2004:364 (Kronhofer), Rz. 17; Schlussanträge des GA *Léger* v. 15.01.2004 – Rs. C-168/02, ECLI:EU:C:2004:24, Rz. 17.

Erstschaden und bloßen Folgeschäden auf Konstellationen wie der des Vorlageersuchens nicht übertragbar sei, da es sich bei den Schädigungen des betroffenen Vermögensteils sowie den Auswirkungen auf das Gesamtvermögen um gleichzeitig eingetretene, identische Schäden handele.[814] Lediglich einem solchen Automatismus, welcher einen stets auch am Wohnsitz des Geschädigten eintretenden Erfolg zur Konsequenz hätte, wollte der *EuGH* eine Absage erteilen.[815] Dies kommt insbesondere durch die sogar in der Antwort auf die Vorlagefrage enthaltene Parenthese „*- als Ort des Mittelpunkts seines Vermögens -*“, welche die Bezugnahme auf den Klägerwohnsitz nochmals konkretisiert, zum Ausdruck.

(c) Bewertung

Das Urteil des *EuGH* in der Rs. *Kronhofer* stellt ein erstes wichtiges Element in der Konkretisierung des Erfolgsorts in Fällen reiner Vermögensschäden dar. Es wird klargestellt, dass ein genereller Rückgriff auf den Wohnsitz des Geschädigten als maßgeblichen Erfolgsort, an welchem die Vermögensinteressen des Geschädigten konzentriert sind, ausscheidet. Keine ausdrückliche Aussage lässt sich dem Urteil allerdings hinsichtlich der Frage entnehmen, ob der *EuGH* letztlich die durch den *OGH* vorgenommene Einschätzung, dass der Erfolgsort im herkömmlichen Sinne im konkreten Fall aufgrund des Verlustes von Vermögensbestandteilen in Deutschland belegen ist[816], teilt.[817] Die entsprechende Ansicht des *OGH* wird durch den *EuGH* lediglich im Konjunktiv wiedergegeben und war für die Beantwortung der Vorlagefrage, welche sich auf den Wohnsitz des Geschädigten als dessen Mittelpunkt des Vermögens bezog, letztlich nicht entscheidend. Flexibilität bewahrte sich der *EuGH* zudem auch durch die zurückhaltende Formulierung seiner Antwort auf die Vorlagefrage, welche in dem Zusatz „*nicht schon deshalb*“ zum Ausdruck kommt.[818] Gleichwohl sprachen bereits nach dem *Kronhofer*-Urteil des *EuGH* gute Gründe dafür, den Erfolgsort jedenfalls grundsätzlich am Belegenheitsort des betroffenen Vermögensteils zu lokalisieren.[819]

---

814 Schlussanträge des GA *Léger* v. 15.01.2004 – Rs. C-168/02, ECLI:EU:C:2004:24, Rz. 17.

815 Ähnlich *Blobel* EuLF 2004, 187 (190); anders versteht dies wohl *Mankowski* RIW 2005, 561 (562), welcher hierin „*massive Manipulationsgefahren*“ erblickt.

816 *EuGH* Urteil v. 10.06.2004 – Rs. C-168/02, ECLI:EU:C:2004:364 (Kronhofer), Rz. 17.

817 So auch *Wagner/Gess* NJW 2009, 3481 (3483); *Garcimartín* LFMR 2011, 449 (452); anders aber *Lehmann* JPIL 2011, 527 (539); *Mankowski* RIW 2005, 561 (562).

818 *von Hein* IPRax 2005, 17 (21); *Blobel* EuLF 2004, 187 (190).

819 So unter Hinweis auf das *Kronhofer*-Judikat etwa *Schmitt* BKR 2010, 366 (370); *Junker* RIW 2010, 257 (263); *Weber* WM 2008, 1581 (1585); *Hellgardt/Ringe* ZHR 2009, 802 (824); *Garcimartín* LFMR 2011, 449 (452); *Arons* NiPR 2008, 481 (484); *Lehmann*

(ii) Rs. *Kolassa* (C-375/13)
Weiteres Licht ins Dunkel brachte schließlich das Urteil des *EuGH* in der Rs. *Kolassa*, welches von herausragender Bedeutung gerade für Kapitalmarktinformationshaftungsfälle ist. Ein weiteres Mal hat sich hier ein österreichisches Gericht, namentlich das *Handelsgericht Wien*, um ein Vorlageersuchen verdient gemacht.

(a) Sachverhalt
Der Kläger mit Wohnsitz in Österreich nahm in diesem Rechtsstreit eine Bank mit Sitz in London auf Schadensersatz wegen des Wertverlusts einer von ihm getätigten Finanzinvestition in von der beklagten Bank emittierte Zertifikate in Form von Inhaberschuldverschreibungen in Anspruch.[820] Die Investition hatte der Kläger über seine österreichische Bank vorgenommen, welche entsprechend ihrer Allgemeinen Geschäftsbedingungen die Zertifikate jedoch nicht direkt an den Kläger übertrug, sondern über ihre deutsche Muttergesellschaft bei der Beklagten orderte und sodann im Deckungsbestand der Muttergesellschaft beließ, wo diese im eigenen Namen auf Rechnung des Klägers gehalten wurden.[821] Der Anlagebetrag ging größtenteils verloren. Der Kläger machte insbesondere geltend, der von der Beklagten ausgegebene Wertpapierprospekt habe nicht den gesetzlichen Anforderungen entsprochen und trug weiter vor, dass er die Investition bei ordnungsgemäßer Information durch die Beklagte nicht getätigt hätte.[822]

(b) Lokalisierung des Handlungsorts
Von besonderem Interesse sind zunächst die Ausführungen des *EuGH* zur Lokalisierung des Handlungsorts.[823] Die entsprechende Bestimmung hat, unter dem Gesichtspunkt der notwendigen Abgrenzung, stets auch Relevanz für die Zuständigkeit am Erfolgsort. Hinsichtlich der Lokalisierung des Handlungsorts wird ausgeführt, „*dass die Handlungen oder Unterlassungen […] nicht am Wohnsitz des angeblich geschädigten Anlegers angesiedelt werden können, da nichts in den Akten darauf hinweist, dass die Entscheidungen über die Modalitäten der von*

IPRax 2012, 399 (400); *Kiesselbach* JIBFL 2011, 25 (26f.); *Mankowski* RIW 2005, 561 (562).

820 *EuGH* Urteil v. 28.01.2015 – Rs. C-375/13, ECLI:EU:C:2015:37 (Kolassa), Rz. 2, 12 ff.

821 *EuGH* Urteil v. 28.01.2015 – Rs. C-375/13, ECLI:EU:C:2015:37 (Kolassa), Rz. 15.

822 *EuGH* Urteil v. 28.01.2015 – Rs. C-375/13, ECLI:EU:C:2015:37 (Kolassa), Rz. 16, 51.

823 Auf die ebenfalls wichtige Klarstellung, dass es sich bei Prospekthaftungsansprüchen um außervertragliche Schuldverhältnisse handelt, ist oben bereits eingegangen worden, siehe Abschnitt IV.B.2.

dieser Bank angebotenen Anlagen sowie über die Inhalte der dazugehörigen Prospekte im Wohnsitzmitgliedstaat dieses Anlegers getroffen wurden oder dass diese Prospekte ursprünglich anderswo verfasst und ausgegeben wurden als im Sitzmitgliedstaat der Bank."[824] Diese, sich nicht auf den ersten Blick erschließenden Erörterungen des *EuGH* sind offensichtlich interpretationsbedürftig. Ausdrücklich angesprochen werden zunächst zwei mögliche Orte, nämlich der *Ort der maßgeblichen Entscheidungen* über die Modalitäten der Anlagen bzw. den Inhalt des Prospekts sowie der *Ort der Prospektverfassung und -ausgabe*. Unklar bleibt hier bereits, ob diese jeweils als einheitliche Orte zu verstehen sein sollen oder ob – etwa wenn die maßgeblichen Entscheidungen über die Modalitäten der Ausgabe an verschiedenen Orten getroffen werden – hierdurch zwei eigenständige Handlungsorte begründet werden sollen.

Teilweise wird aus dem Vorstehenden geschlossen, der *EuGH* lokalisiere den Handlungsort alleine am Sitz der Bank.[825] Dies hätte freilich den Vorzug des Bestehens lediglich eines Handlungsorts sowie dessen einfache und vorhersehbare Bestimmung. Im Text des Urteils findet diese Ansicht jedoch keine Stütze, da der *EuGH* hier ausdrücklich auch andere Möglichkeiten anspricht. Entsprechend werden die Ausführungen des *EuGH* auch dahingehend verstanden, dass der Handlungsort sowohl an dem Ort, an welchem die Entscheidungen über die Inhalte des Prospekts getroffen wurden, als auch am Ort des Verfassens und der Ausgabe des Prospekts liegen könne.[826] Diese Interpretation erscheint vor dem Hintergrund der Ausführungen des *EuGH* in Rz. 53 des Urteils zutreffend, wenngleich hierbei offen bleibt, ob der *EuGH* tatsächlich die Maßgeblichkeit mehrerer möglicher Handlungsorte favorisiert oder im Einzelfall doch nur ein einziger Handlungsort bestimmt werden muss.[827] In der Praxis dürften sich diese Abweichungen allerdings kaum auswirken, da die maßgeblichen Entscheidungen über die Modalitäten sowie das Verfassen und Veröffentlichen des Prospekts wohl regelmäßig am selben Ort, häufig am Sitz des Emittenten bzw. der die Emission führenden Bank, stattfinden dürften.[828] Weitgehende Einigkeit besteht aber darüber, dass die bloße Notifizierung eines Prospekts in einem anderen

---

824 *EuGH* Urteil v. 28.01.2015 – Rs. C-375/13, ECLI:EU:C:2015:37 (Kolassa), Rz. 53; siehe hierzu auch *Mankowski* LMK 2015, 367447, der kritisch bemerkt, der *EuGH* habe die Möglichkeit der Handlungsortzuständigkeit scheinbar nicht einmal angedacht.

825 So ausdrücklich *Müller* EuZW 2015, 218 (223); *Steinrötter* RIW 2015, 407 (410f.); *d'Avout* Recueil Dalloz 2015, 770 (772).

826 Vgl. *Arons* NiPR 2015, 377 (378f.).

827 *Lehmann* JPIL 2016, 318 (331).

828 So auch *von Hein* JZ 2015, 946 (948).

Mitgliedstaat keinen neuen Handlungsort bilde.[829] Dies scheint im Ergebnis auch der *EuGH* so zu sehen, da er in Rz. 53 des Urteils einen Handlungsort am Wohnsitz des Klägers in Österreich, wo der Prospekt notifiziert war[830], ausdrücklich verneint.

(c) Lokalisierung des Erfolgsorts

Hinsichtlich des Erfolgs führt der *EuGH* aus, dass dieser *„an dem Ort eintritt, an dem der Investor ihn erleidet"*[831], was der gängigen Einordnung der Prospekthaftung als Kategorie der reinen Vermögensschäden entspricht. Etwas kryptisch sind dann die folgenden Ausführungen des *EuGH* zur konkreten Bestimmung des Erfolgsorts im Einzelfall. Diesbezüglich führt er aus, dass *„[d]ie Gerichte am Wohnsitz des Klägers [...] in Anknüpfung an die Verwirklichung des Schadenserfolgs für eine solche Klage insbesondere dann zuständig [sind], wenn sich der besagte Schaden unmittelbar auf einem Bankkonto des Klägers bei einer Bank im Zuständigkeitsbereich dieser Gerichte verwirklicht."*[832] Die missverständlichen Ausführungen des *EuGH* könnten auf den ersten Blick als eine – unter bestimmten Voraussetzungen einschlägige – Lokalisierung des Erfolgsorts am Wohnsitz des Klägers verstanden werden.[833] Bei näherer Betrachtung muss jedoch das Wort *„insbesondere"* ins Auge fallen. Der *EuGH* leitet die Erfolgsortzuständigkeit nämlich im Einklang mit seiner *Kronhofer*-Rechtsprechung[834] nicht aus dem Wohnsitz des Klägers, sondern aus dem Belegenheitsort des Bankkontos ab, auf welchem sich der Schaden konkret verwirklicht hat.[835] Er stellt sich insofern auch

829 *Müller* EuZW 2015, 218 (223); *Steinrötter* RIW 2015, 407 (410); im Ergebnis wohl auch *Arons* NiPR 2015, 377 (378f.); anders wohl *Mankowski* LMK 2015, 367447; *Mankowski* in: FS Geimer (2017), 429 (434).

830 *EuGH* Urteil v. 28.01.2015 – Rs. C-375/13, ECLI:EU:C:2015:37 (Kolassa), Rz. 13; vgl. auch Schlussanträge des GA *Szpunar* v. 03.09.2014 – Rs. C-375/13, ECLI:EU:C:2014:2135, Rz. 14.

831 *EuGH* Urteil v. 28.01.2015 – Rs. C-375/13, ECLI:EU:C:2015:37 (Kolassa), Rz. 54.

832 *EuGH* Urteil v. 28.01.2015 – Rs. C-375/13, ECLI:EU:C:2015:37 (Kolassa), Rz. 55.

833 So wohl *Freitag* WM 2015, 1165 (1167); *Stadler* in: Musielak/Voit, ZPO, 16. Aufl. 2019, EuGVVO nF, Art. 7 Rn. 19b.

834 Auf diese nimmt der *EuGH* ausdrücklich Bezug, vgl. *EuGH* Urteil v. 28.01.2015 – Rs. C-375/13, ECLI:EU:C:2015:37 (Kolassa), Rz. 48, 49.

835 Ebenso *Müller* EuZW 2015, 218 (223f.); *Müllejans* GWR 2015, 189 (189); *Surtani* JIBFL 2015, 284 (286); *Meilhac-Perri* RISF 2015, 70 (72); *Cotiga* RISF 2015, 40 (44); *Wendelstein* GPR 2016, 140 (144); *d'Avout* Recueil Dalloz 2015, 770 (773); dies übersehen *Freitag* WM 2015, 1165 (1167); *Steinrötter* RIW 2015, 407 (411), die offenbar davon ausgehen, dass der *EuGH* die Lokalisierung des Erfolgsorts auf Fälle beschränkt,

gegen die Empfehlungen des Generalanwalts *Szpunar*, welcher die *Kronhofer*-Rechtsprechung für nicht übertragbar hielt und daher losgelöst hiervon das schädigende Ereignis in der Veröffentlichung des Prospekts sehen wollte, wobei auch die bloße Notifizierung ausreichend sein sollte.[836] Die etwas umständliche Formulierung des *EuGH* ist wohl mit der Vorlagefrage des Vorabentscheidungsersuchens des *Handelsgerichts Wien* zu erklären.[837] Dieses hatte der *EuGH* dahingehend verstanden, dass zu klären sei, ob Art. 5 Nr. 3 EuGVO a.F. eine Zuständigkeit der Gerichte am Wohnsitz des Klägers begründen kann.[838] Die Antwort hierzu lautet kurz gesagt: Ja, aber nur dann, wenn der Wohnsitz des Klägers zufällig mit dem an sich maßgeblichen Lageort des betroffenen Vermögens, hier also dem Bankkonto, zusammenfällt.[839]

Hinsichtlich der Lokalisierung des konkreten Bankkontos weist die deutsche Sprachfassung eine kleine Nachlässigkeit auf. Denn diese spricht lediglich von einem Bankkonto des Geschädigten „*bei einer Bank*" im Zuständigkeitsbereich des Gerichts.[840] Zumindest etwas klarer sind in dieser Hinsicht die englische und französische Fassung, welche von einem Bankkonto „*held with a bank established*" bzw. „*auprès d'une banque établie*" sprechen. Es kommt also darauf an, wo die Bank ansässig ist. Nach allen Sprachfassungen nicht eindeutig geklärt bleibt aber, ob sich der *EuGH* diesbezüglich auf den Hauptsitz bzw. Verwaltungssitz oder die konkrete Niederlassung der kontoführenden Bank bezieht. Es würde allerdings wenig Sinn machen, auf den Verwaltungssitz einer Bank abzustellen, wenn das konkret betroffene Konto des Anlegers bei einer anderen Niederlassung – möglicherweise an seinem Wohnsitz – eröffnet und geführt wird.[841] Dies entspräche zum einen nicht der grundlegenden Ausrichtung des Urteils, den Schaden dort zu lokalisieren, wo der Geschädigte ihn tatsächlich erleidet. Zum

in denen der Wohnsitz des Geschädigten und der Sitz der kontoführenden Niederlassung übereinstimmen.

836 Schlussanträge des GA *Szpunar* v. 03.09.2014 – Rs. C-375/13, ECLI:EU:C:2014:2135, Rz. 63, 65 ff.; hierzu *Surtani* JIBFL 2015, 284 (286).

837 Ähnlich *Müller* EuZW 2015, 218 (224); *Lehmann* JPIL 2016, 318 (334).

838 *EuGH* Urteil v. 28.01.2015 – Rs. C-375/13, ECLI:EU:C:2015:37 (Kolassa), Rz. 42; eigentlich hatte das vorlegende *Handelsgericht Wien* gefragt, ob der Schadensort „*am Wohnsitz des Geschädigten als dessen Vermögenszentrale*" zu lokalisieren ist, was nach den Ausführungen des *EuGH* zu verneinen ist.

839 Dies klingt auch im Urteil des *EuGH* selbst an, vgl. *EuGH* Urteil v. 28.01.2015 – Rs. C-375/13, ECLI:EU:C:2015:37 (Kolassa), Rz. 49f.

840 Vgl. *EuGH* Urteil v. 28.01.2015 – Rs. C-375/13, ECLI:EU:C:2015:37 (Kolassa), Rz. 55, 57.

841 So auch *Lehmann* JPIL 2016, 318 (334).

anderen wäre hierdurch auch der Sach- und Beweisnähe des Deliktsgerichtsstands, welcher neben der internationalen Zuständigkeit gleichfalls die örtliche Zuständigkeit bestimmt, nicht gedient. Letztlich sollte das Urteil folglich dahingehend interpretiert werden, dass die tatsächlich kontoführende Niederlassung maßgeblich für die Lokalisierung des Bankkontos ist.[842]

Unterschiedlich verstanden wird aber bereits auch, worauf genau der *EuGH* sich mit der Erwähnung des „*Bankkontos*" bezieht. Maßgeblich soll nach vereinzelt vertretener Interpretation des Urteils nicht das Konto sein, von welchem die Zahlung getätigt wurde, sondern das Wertpapierdepot des Geschädigten.[843] In den unterschiedlichen Sprachfassungen findet sich allerdings keinerlei Hinweis darauf, dass der *EuGH* tatsächlich nicht das Bankkonto des Geschädigten, sondern sein Wertpapierdepot gemeint haben könnte. Vielmehr zeigen die Sachverhaltsausführungen des *EuGH* in den Rz. 12–15 des Urteils, dass dieser durchaus zwischen dem Zahlungskonto und dem Ort, an dem die Wertpapiere gehalten wurden, unterschieden hat. Im konkreten Fall bestand zudem die Besonderheit, dass die Wertpapiere dem geschädigten Kläger gerade nicht übertragen wurden, sondern durch die Bank in eigenem Namen auf Rechnung des Klägers gehalten wurden.[844] Ein Wertpapierdepot am Wohnsitz des Klägers in Österreich, auf welches der *EuGH* Bezug genommen haben könnte, existierte also gerade nicht. In Fällen der Prospekthaftung kommt es daher nicht auf die Belegenheit der Wertpapiere, sondern auf das Zahlungskonto an, von welchem aus die entsprechenden Finanzprodukte erworben wurden.[845]

Keine ebenso explizite Aussage kann dem Urteil jedoch in Bezug auf den Eintritt etwaiger Schäden beim Anleger erst nach der Investition entnommen werden. Zwar ist der vom *EuGH* aufgestellte Grundsatz, dass der „*Schaden an dem Ort eintritt, an dem der Investor ihn erleidet*"[846], nicht auf Fälle schädigender

---

842 Für diese Lesart auch *Müller* EuZW 2015, 218 (224); *Lehmann* JPIL 2016, 318 (334); *Wendelstein* GPR 2016, 140 (144); bereits vor dem Urteil *Dickinson*, The Rome II Regulation, Rn. 4.67; *Lehmann* JPIL 2011, 527 (544); siehe auch *Schlosser* in: Schlosser/Hess, EuZPR, 4. Aufl. 2015, EuGVVO n.F., Art. 7 Rn. 16a; grundsätzlich krit. gegenüber einer solchen Lokalisierung des Bankkontos *Freitag* WM 2015, 1165 (1168).

843 So *Arons* NiPR 2015, 377 (379).

844 *EuGH* Urteil v. 28.01.2015 – Rs. C-375/13, ECLI:EU:C:2015:37 (Kolassa), Rz. 15.

845 Ebenso *Lehmann* JPIL 2016, 318 (332), der ausführt, dass der tatsächliche Wert der entsprechenden Finanzprodukte bereits beim Kauf feststehe, weshalb der Schaden bereits mit Zahlung des (überhöhten) Preises entstehe; ein späterer Kursverlust trete nicht aufgrund des Prospektfehlers an sich, sondern lediglich aufgrund des Bekanntwerdens dieses Fehlers ein.

846 *EuGH* Urteil v. 28.01.2015 – Rs. C-375/13, ECLI:EU:C:2015:37 (Kolassa), Rz. 54.

Handlungen vor Erwerb der entsprechenden Finanzprodukte, also beispielsweise die Veröffentlichung eines fehlerhaften Prospekts, beschränkt. Dies zeigt die Bezugnahme des *EuGH* auf die in Rz. 51 des Urteils geschilderten Umstände[847], denn der Kläger berief sich nicht nur auf die Verletzung von Informationspflichten vor seiner Investition, sondern ebenso auf eine nicht ordnungsgemäße Verwaltung des angelegten Geldes, also eine nach der Investition begangene schädigende Handlung.[848] Im Rahmen der Kapitalmarktinformationshaftung wären entsprechende Konstellationen etwa bei unrichtigen oder unterlassenen Ad-hoc-Mitteilungen des Emittenten nach Erwerb des Finanzprodukts denkbar. Die weiteren Ausführungen des *EuGH* hinsichtlich der Belegenheit des Bankkontos beziehen sich aber – entgegen seinen einleitenden Bemerkungen in Bezug auf die in Rz. 51 geschilderten Umstände – nur noch auf die geltend gemachte Verletzung von Informationspflichten.[849] Dies ist wohl wiederum mit der Vorlagefrage des *Handelsgerichts Wien* zu erklären, welche sich nur auf die Bestimmung des Erfolgsorts bei „*Ankauf eines Wertpapiers aufgrund vorsätzlicher fehlerhafter Information*" bezog.

Von erheblicher Bedeutung wiederum sind allerdings die Ausführungen des *EuGH* in Rz. 56 des Urteils. Denn hier rechtfertigt der *EuGH* die durch ihn vorgenommene Bestimmung des Erfolgsorts vor dem Hintergrund der einfachen Identifizierung des zuständigen Gerichts für den Kläger sowie der angemessenen Vorhersehbarkeit für den Beklagten. Beides gehört zu den grundlegenden Auslegungsprinzipien des *EuGH* für die gerichtliche Zuständigkeit.[850] Insbesondere bezüglich der Vorhersehbarkeit für den Beklagten fällt auf, dass der Lageort des konkret betroffenen Vermögensteils, regelmäßig also die Niederlassung der kontoführenden Bank, für den Beklagten keineswegs einfach erkennbar und damit regelmäßig auch nicht vorhersehbar ist.[851] Dies gilt umso mehr in Fällen der

847 *EuGH* Urteil v. 28.01.2015 – Rs. C-375/13, ECLI:EU:C:2015:37 (Kolassa), Rz. 51.

848 Vgl. *EuGH* Urteil v. 28.01.2015 – Rs. C-375/13, ECLI:EU:C:2015:37 (Kolassa), Rz. 51.

849 Vgl. *EuGH* Urteil v. 28.01.2015 – Rs. C-375/13, ECLI:EU:C:2015:37 (Kolassa), Rz. 56; ausdrücklich bezieht sich auch der dritte Leitsatz des Urteils auf Ansprüche „*aus Prospekthaftung und wegen Verletzung sonstiger […] Informationspflichten*".

850 Vgl. nur *EuGH* Urteil v. 17.06.1992 – Rs. 26/91, ECLI:EU:C:1992:268 (Handte), Rz. 18; *EuGH* Urteil v. 19.02.2002 – Rs. C-256/00, ECLI:EU:C:2002:99 (Besix), Rz. 26; *EuGH* Urteil v. 17.09.2002 – Rs. C-334/00, ECLI:EU:C:2002:499 (Tacconi), Rz. 20; *EuGH* Urteil v. 05.02.2004 – Rs. C-18/02, ECLI:EU:C:2004:74 (DFDS Torline), Rz. 36; auch *EuGH* Urteil v. 10.06.2004 – Rs. C-168/02, ECLI:EU:C:2004:364 (Kronhofer), Rz. 20.

851 So auch *Müller* EuZW 2015, 218 (224); *Mankowski* LMK 2015, 367447; *Surtani* JIBFL 2015, 284 (286).

Kapitalmarktinformationshaftung. Denn wenn der Erwerb – wie auch im Fall der Rs. *Kolassa* – auf dem Sekundärmarkt stattfindet und nicht unmittelbar vom Emittenten erfolgt, ist für diesen nicht einmal erkennbar, wer die entsprechenden Wertpapiere letztlich erwirbt.[852] Bei strikter Anwendung der Lokalisierung des Erfolgsorts bei Vermögensschäden am Belegenheitsort des konkret geschädigten Vermögensteils müsste der Emittent in der Folge mit einer potentiellen Zuständigkeit jedes mitgliedstaatlichen Gerichts rechnen, weil sich überall dort die kontoführende Niederlassung der Bank eines Anlegers befinden könnte.[853]

Entsprechende Konsequenzen erscheinen im Ergebnis wenig sachgerecht und den übergeordneten Zielen der EuGVO, zu welchen auch die angemessene Vorhersehbarkeit der in Frage kommenden Gerichtsstände zählt, nicht gerade zuträglich. Bereits in seiner *Kronhofer*-Rechtsprechung hatte der *EuGH* unter Bezugnahme auf diese Zielsetzung darauf hingewiesen, dass die Gerichtspflichtigkeit nicht von für den Beklagten *„ungewissen Umständen"*, wie etwa *„dem Ort des Mittelpunkts des Vermögens des Geschädigten"*, abhängig gemacht werden darf.[854] Der Belegenheitsort des konkret geschädigten Vermögensteils erscheint aus Sicht des beklagten Emittenten nicht weniger ungewiss. Dies hat offenbar auch der *EuGH* erkannt, wenn er in Rz. 56 ausführt, dass sich *„der Emittent eines Zertifikats, […] wenn er beschließt, den Prospekt zu diesem Zertifikat in anderen Mitgliedstaaten notifizieren zu lassen, darauf einstellen muss, dass nicht hinreichend informierte Wirtschaftsteilnehmer, die in diesen Mitgliedstaaten ansässig sind, in dieses Zertifikat investieren und den Schaden erleiden."*[855] Im konkreten Fall nämlich wurde der Prospekt *„auf Antrag"* des Emittenten *„auch in Österreich verbreitet"*[856], wo eine entsprechende Notifizierung des Prospekts erfolgte.[857] Die Ausführungen des *EuGH* zeigen, dass die Lokalisierung des Erfolgsorts am

852 In diesem Sinne auch *Müller* EuZW 2015, 218 (224); *Lehmann* JPIL 2016, 318 (333).

853 Krit. daher *Surtani* JIBFL 2015, 284 (286); *Cotiga* RISF 2015, 40 (48f.); *Steinrötter* RIW 2015, 407 (411); *Lehmann* JPIL 2016, 318 (333); bei einer Übertragung der Erfolgsortkonkretisierung ins Internationale Privatrecht der Rom II-Verordnung wären die Folgen sogar noch gravierender, da aufgrund des *loi uniforme*-Charakters der Verordnung potentiell jedes Recht der Welt anwendbar sein könnte, vgl. hierzu etwa *Steinrötter* RIW 2015, 407 (413); *Freitag* WM 2015, 1165 (1169); *Lehmann* JPIL 2016, 318 (337).

854 *EuGH* Urteil v. 10.06.2004 – Rs. C-168/02, ECLI:EU:C:2004:364 (Kronhofer), Rz. 20.

855 *EuGH* Urteil v. 28.01.2015 – Rs. C-375/13, ECLI:EU:C:2015:37 (Kolassa), Rz. 56.

856 *EuGH* Urteil v. 28.01.2015 – Rs. C-375/13, ECLI:EU:C:2015:37 (Kolassa), Rz. 13.

857 Vgl. auch Schlussanträge des GA *Szpunar* v. 03.09.2014 – Rs. C-375/13, ECLI:EU:C:2014:2135, Rz. 14.

Belegenheitsort des Bankkontos, welches sich wiederum am Ort der Niederlassung der kontoführenden Bank befindet, insbesondere dann angemessen ist, wenn der Emittent seine Wertpapiere hier auch notifiziert hat. Das übergeordnete Ziel einer angemessenen Vorhersehbarkeit der Gerichtspflichtigkeit für den Beklagten, welche der *EuGH* selbst in Rz. 56 nochmals hervorhebt, wäre andernfalls nicht gewährleistet. Letztlich kann dies nur als eine erhebliche Einschränkung der durch den *EuGH* vorgenommenen Konkretisierung des Erfolgsorts verstanden werden, weshalb die unmittelbare Aussagekraft des Urteils wohl auf bestimmte Fallkonstellationen beschränkt ist.[858] Ob anders zu verfahren ist, wenn das maßgebliche Bankkonto in einem Mitgliedstaat belegen ist, in welchem der Emittent keinen Prospekt veröffentlicht oder notifiziert hat, bleibt im Urteil damit im Ergebnis offen.

(d) Bewertung

Das Urteil des *EuGH* in der Rs. *Kolassa* betrifft den wichtigen Fall, dass ein Kapitalanleger durch falsche oder unvollständige Informationen zu einer Investition verleitet wurde. Überzeugend lokalisiert der *EuGH* in diesen Fällen den Erfolgsort in Fortsetzung seiner *Kronhofer*-Rechtsprechung am Belegenheitsort des Bankkontos, von welchem der Anlagebetrag überwiesen wurde. Denn der unmittelbare Schaden des Anlegers tritt bereits durch die Überweisung des tatsächlich überhöhten Preises von seinem Bankkonto und nicht erst auf einem späteren Anlagekonto ein.[859] Hiermit bestätigt der *EuGH* indirekt auch die Rechtsprechung des *BGH* zu Fällen des Kapitalanlagebetrugs[860], in denen die deliktische Schädigung von Beginn an darauf abzielt, den Anleger um seinen investierten Betrag zu bringen.[861] Vor dem Hintergrund der oben aufgeworfenen Bedenken hinsichtlich der Vorhersehbarkeit des Erfolgsorts für den beklagten Emittenten verdienen zudem auch die Ausführungen des *EuGH* zur

---

858 In diesem Sinne auch *von Hein* JZ 2015, 946 (949); *Meilhac-Perri* RISF 2015, 70 (72f.); *Wendelstein* GPR 2016, 140 (144); etwas fernliegend erscheinen hingegen die Vermutungen von *Lehmann*, welcher in Betracht zieht, dass Rz. 56 des Urteils aus einer früheren Version stammt und nur versehentlich in der engültigen Fassung des Urteils verblieben ist, vgl. *Lehmann* JPIL 2016, 318 (336).

859 Vgl. hierzu *Lehmann* JPIL 2011, 527 (544).

860 Vgl. etwa *BGH* BKR 2010, 509 (512); *BGH* BKR 2010, 421 (424); *BGH* NJW-RR 2011, 197 (200f.); zu dieser Rechtsprechung *von Hein* LMK 2010, 308395; *Engert/Groh* IPRax 2011, 458 (460 ff.).

861 Vgl. hierzu *von Hein* JZ 2015, 946 (948f.); *Müller* EuZW 2015, 218 (223); nach dem *Kronhofer*-Urteil krit. zu solchen Fällen *Mankowski* RIW 2005, 561 (562); *Junker* ZZPInt 2004, 200 (206).

Angemessenheit im konkreten Fall Zustimmung, in dem die Gerichtspflichtigkeit im Mitgliedstaat der Kontobelegenheit für den Emittenten aufgrund der dortigen Veröffentlichung bzw. Notifizierung des Wertpapierprospekts vorhersehbar war. Andernfalls drohte dem Emittenten eine nahezu uferlose Gerichtspflichtigkeit und die Interessen der klagenden Anleger schienen über Gebühr berücksichtigt.

Nach dem *Kolassa*-Urteil offen blieb hingegen, ob die vorgenommene Erfolgsortkonkretisierung auch dann anzuwenden ist, wenn der Lageort des konkret betroffenen Vermögensteils in einem Staat liegt, in welchem der Prospekt nicht durch den Emittenten verbreitet wurde, sei es, weil der Anleger sich zur Abwicklung seiner Geschäfte einer ausländischen Bank bediente oder weil er sich über seine Heimatbank an einen ausländischen Kapitalmarkt begeben hat. Klargestellt hat der *EuGH* dies nun aber unter ausdrücklicher Bezugnahme auf die Rs. *Kolassa* in einem nachfolgenden Urteil, der Rs. C-12/15 (*Universal Music*).[862] Gegenstand war ein Vermögensschaden der klagenden niederländischen Gesellschaft, der auf dem Abschluss eines nachteiligen Vergleichs in einem anderen Mitgliedstaat beruhte, wobei der Vergleichsbetrag von einem Konto der klagenden Gesellschaft in den Niederlanden aus überwiesen worden war. Hierzu führte der *EuGH* aus, dass sich *„ein reiner Vermögensschaden, der sich unmittelbar auf dem Bankkonto des Klägers verwirklicht, für sich genommen nicht als „relevanter Anknüpfungspunkt" nach Art. 5 Nr. 3 der Verordnung Nr. 44/2001 qualifizieren"* lässt.[863] Unter Hinweis auf sein Urteil in der Rs. *Kolassa*, dem dies auf den ersten Blick zu widersprechen scheint[864], stellte der *EuGH* weiter klar, dass die Lokalisierung des Erfolgsorts am Lageort des konkret betroffenen Vermögensteils, namentlich am Bankkonto des Geschädigten, im Einzelfall dennoch zutreffend sein kann, wenn die *„anderen spezifischen Gegebenheiten des Falles"* auf diesen Ort hinweisen.[865] In den Schlussanträgen zur Rs. *Universal Music* hatte der

862 *EuGH* Urteil v. 16.06.2016 – Rs. C-12/15, ECLI:EU:C:2016:449 (Universal Music).

863 *EuGH* Urteil v. 16.06.2016 – Rs. C-12/15, ECLI:EU:C:2016:449 (Universal Music), Rz. 38.

864 So auch *Müller* NJW 2016, 2169 (2170).

865 *EuGH* Urteil v. 16.06.2016 – Rs. C-12/15, ECLI:EU:C:2016:449 (Universal Music), Rz. 36f., 39; in der Rs. *Universal Music* konnte der *EuGH* keine weiteren Verbindungen des Falls mit den Niederlanden erkennen und lokalisierte den Erfolgsort daher in dem Mitgliedstaat, in welchem sich die Parteien zum Vergleichsschluss getroffen hatten, da hier die Zahlungsverpflichtung der geschädigten Gesellschaft begründet wurde (vgl. Rz. 31f. des Urteils); eher krit. hierzu *Huber* NZG 2016, 794 (795); *Mankowski* EuZW 2016, 585 (586).

Generalanwalt diese Umstände für die Rs. *Kolassa* als die Veröffentlichung des Prospekts sowie den Vertrieb der Zertifikate in Österreich, wo auch das betroffene Konto des Geschädigten belegen war, identifiziert.[866] Damit ist klar, dass – wie bereits in Rz. 56 des Urteils in der Rs. *Kolassa* angedeutet – die Lokalisierung des Erfolgsorts am Lageort des betroffenen Vermögensteils nur dann gelten soll, wenn weitere Umstände des Falls für die Angemessenheit bzw. Vorhersehbarkeit dieses Orts sprechen.[867]

Dass der *EuGH* erst ein weiteres Vorlageersuchen brauchte, um seine Ausführungen in der Rs. *Kolassa* klarzustellen, ist natürlich äußerst misslich. Die praktische Bedeutung des Urteils für Kapitalmarktinformationshaftungsansprüche ist dennoch immens. Denn sie betrifft den häufig anzutreffenden Fall, dass ein Anleger mittels eines in seinem Wohnsitzstaat belegenen Kontos beeinflusst durch falsche oder unvollständige Kapitalmarktinformationen Wertpapiere erwirbt, welche in diesem Staat auch öffentlich angeboten werden oder zum Handel zugelassen sind.[868] Das Urteil liefert damit wichtige Anhaltspunkte für die weitere Diskussion im Rahmen des Internationalen Zivilverfahrensrechts, aber auch für die Bestimmung des auf Kapitalmarkthaftungsfälle anwendbaren Rechts.

(iii) *Rs. Löber* (C-304/17)

In seiner jüngsten Entscheidung betreffend außervertragliche Ansprüche aus Kapitalmarktinformationshaftung hat der *EuGH* die in der Rs. *Kolassa* aufgestellten Grundsätze bestätigt und nochmals konkretisiert.

---

866 Vgl. Schlussanträge des GA *Szpunar* v. 10.03.2016 – Rs. C-12/15, ECLI:EU:C:2016:161, Rz. 45; hierauf nimmt der *EuGH* in seiner Begründung ausdrücklich Bezug, vgl. *EuGH* Urteil v. 16.06.2016 – Rs. C-12/15, ECLI:EU:C:2016:449 (Universal Music), Rz. 37; hierzu auch *Müller* NJW 2016, 2169 (2170).

867 Als Besonderheit der Rs. *Universal Music* ist hier sicherlich zu berücksichtigen, dass dort mit dem Ort des Vergleichsabschlusses, mit welchem sich im Nachgang zur schädigenden Handlung – eines anwaltlichen Beratungsfehlers im Rahmen der Verhandlungen zu einem vorherigen Vertrag – der Schaden der klagenden Gesellschaft manifestierte, ein besonderer Anknüpfungspunkt zur Lokalisierung des Vermögensschadens in einem anderen Mitgliedstaat zur Verfügung stand; krit. zu dieser Lokalisierung *Mankowski* EuZW 2016, 585 (586); *Müller* NJW 2016, 2169 (2170); *Stadler* in: FS Geimer (2017), 715 (721).

868 So auch *Steinrötter* RIW 2015, 407 (411), der konstatiert, die durch den *EuGH* in der Rs. *Kolassa* vorgenommene Konkretisierung erfasse *„bereits einen Großteil der Fälle in der Praxis“*.

(a) Sachverhalt

Der Entscheidung zugrunde lag wiederum die Klage einer in Wien (Österreich) ansässigen Klägerin gegen eine Bank mit Sitz in London.[869] Die Klägerin hatte in durch die beklagte Bank emittierte Zertifikate in Form von Inhaberschuldverschreibungen investiert, welche im weiteren Verlauf weitgehend wertlos wurden.[870] Die für den Erwerb erforderlichen Beträge hatte die Klägerin zuvor von ihrem bei einer Bank mit Sitz in Wien geführten allgemeinen Konto aus auf zwei Verrechnungskonten bei Banken mit Sitz in Salzburg (Österreich) und Graz (Österreich) überwiesen, von denen aus dann die streitgegenständlichen Zertifikate bezahlt wurden.[871] Die Klägerin stützte ihre Ansprüche darauf, dass ihre Anlageentscheidung maßgeblich durch den von der Beklagten erstellten, mangelhaften Prospekt verursacht worden sei.[872]

(b) Lokalisierung des Erfolgsorts

In seiner Entscheidung nimmt der *EuGH* zunächst umfangreich Bezug auf seine insbesondere in den Rs. *Kolassa* und *Universal Music* geäußerten Ansichten zur Relevanz der Belegenheit des Bankkontos und weiterer auf diesen Ort hindeutenden Umstände für die Lokalisierung des Erfolgsorts im Sinne des Art. 5 Nr. 3 EuGVO a.F.[873]

Anschließend bestätigt er, dass auch die der Rs. *Lober* zugrundeliegenden Umstände „*insgesamt zur Zuweisung der Zuständigkeit an die österreichischen Gerichte beitragen.*“[874] Zu diesen Umständen zählen der Wohnsitz der Klägerin als auch die Belegenheit des allgemeinen Bankkontos sowie der Verrechnungskonten.[875] Hinzu komme, dass die Zertifikate auf dem österreichischen Sekundärmarkt erworben wurden, der zu den Zertifkaten übermittelte Prospekt durch die Österreichische Kontrollbank notifiziert und die das Vermögen endgültig belastende Verpflichtung in Österreich eingegangen worden war.[876] Wie bereits in seiner *Kolassa*-Entscheidung betont der *EuGH* zudem auch hier, dass die Beklagte aufgrund der in Österreich erfolgten Notifizierung des Prospekts

---

869 *EuGH* Urteil v. 12.09.2018 – Rs. C-304/17, ECLI:EU:C:2018:701 (Löber), Rz. 6, 10.

870 *EuGH* Urteil v. 12.09.2018 – Rs. C-304/17, ECLI:EU:C:2018:701 (Löber), Rz. 9.

871 *EuGH* Urteil v. 12.09.2018 – Rs. C-304/17, ECLI:EU:C:2018:701 (Löber), Rz. 10; vgl. auch Schlussanträge des GA *Bobek* v. 08.05.2018 – Rs. C-304/17, ECLI:EU:C:2018:310, Rz. 13.

872 *EuGH* Urteil v. 12.09.2018 – Rs. C-304/17, ECLI:EU:C:2018:701 (Löber), Rz. 11.

873 *EuGH* Urteil v. 12.09.2018 – Rs. C-304/17, ECLI:EU:C:2018:701 (Löber), Rz. 28 ff..

874 *EuGH* Urteil v. 12.09.2018 – Rs. C-304/17, ECLI:EU:C:2018:701 (Löber), Rz. 31.

875 *EuGH* Urteil v. 12.09.2018 – Rs. C-304/17, ECLI:EU:C:2018:701 (Löber), Rz. 32.

876 *EuGH* Urteil v. 12.09.2018 – Rs. C-304/17, ECLI:EU:C:2018:701 (Löber), Rz. 33.

in angemessener Art und Weise habe vorhersehen können, dass in Österreich ansässige Wirtschaftsteilnehmer in dieses Zertifikat investieren und einen Schaden erleiden können.[877]

Insgesamt resümiert der *EuGH* daher zur Beantwortung der Vorlagefrage des österreichischen *OGH*, dass eine Erfolgsortzuständigkeit der Gerichte am Wohnsitz des klagenden Anlegers nach Art. 5 Nr. 3 EuGVO a.F. dann gegeben ist, „*wenn sich der behauptete Schaden, der in einem finanziellen Verlust besteht, unmittelbar auf einem Bankkonto dieses Anlegers bei einer Bank im Zuständigkeitsbereich dieser Gerichte verwirklicht hat und die anderen spezifischen Gegebenheiten dieser Situation ebenfalls zur Zuweisung der Zuständigkeit an diese Gerichte beitragen.*“[878]

(c) Bewertung

Mit seiner Entscheidung setzt der *EuGH* die Linie seiner bisherigen Rechtsprechung konsequent fort. Wiederum zeigt sich, dass die Belegenheit des betroffenen Bankkontos für sich genommen noch nicht ausreichend sein soll, um den Erfolgsort zu begründen. Vielmehr müssen weitere Umstände hinzutreten, die auf diesen Ort weisen. Vor dem Hintergrund der zu erzielenden Rechtsicherheit und Vorhersehbarkeit der gerichtlichen Zuständigkeit verdient dies im Ausgangspunkt Zustimmung.

An der Rs. *Löber* besonders war allerdings, dass eine Vielzahl an Sachverhaltselementen auf Österreich hinwiesen. Neben dem Wohnsitz der geschädigten Klägerin und den Sitzen der involvierten Banken nennt der *EuGH* auch den Erwerbsort, die Notifizierung des Prospekts sowie den Ort, an dem die zum Schaden führende Verpflichtung eingegangen wurde. Bedauerlicherweise zählt der *EuGH* diese Umstände lediglich auf und nimmt keine Abschichtung vor. So bleibt unklar, welchen Umständen mehr oder weniger Gewicht beigemessen werden soll, sodass die Entscheidung insgesamt sehr einzelfallbezogen erscheint.[879] Warum der *EuGH* zur Begründung des Erfolgsorts sämtliche auf Österreich weisenden Umstände aufzählt, obwohl er noch in der Rs. *Kolassa* lediglich auf die Belegenheit des Bankkontos sowie die Notifizierung des Prospekts abgestellt hatte[880], bleibt ohne Erklärung. Überdies stellt der *EuGH* im konkreten Fall nicht klar, ob es maßgeblich auf das allgemeine Bankkonto der geschädigten Anlegerin oder auf die an anderen Orten in Österreich geführten Verrechnungskonten

---

877 *EuGH* Urteil v. 12.09.2018 – Rs. C-304/17, ECLI:EU:C:2018:701 (Löber), Rz. 33, 35.

878 *EuGH* Urteil v. 12.09.2018 – Rs. C-304/17, ECLI:EU:C:2018:701 (Löber), Rz. 36.

879 Zu Recht kritisch daher auch *Mankowski* LMK 2019, 413748.

880 *EuGH* Urteil v. 28.01.2015 – Rs. C-375/13, ECLI:EU:C:2015:37 (Kolassa), Rz. 55f.

ankommt. Da sämtliche Konten bei österreichischen Banken geführt wurden, nennt er diese vielmehr im selben Atemzug.[881] Eine Klarstellung wäre hierzu zu begrüßen gewesen. Allerdings konnte schon der Entscheidung in der Rs. *Kolassa* jedenfalls indirekt entnommen werden, dass es in Prospekthaftungsfällen auf das ursprüngliche Zahlungskonto und nicht auf weitere Verrechnungskonten bzw. das Wertpapierdepot ankommen soll.[882]

Ingesamt fügt die Entscheidung des *EuGH* damit der vorangegangenen *Kolassa*-Rechtsprechung nicht viel hinzu. Ihr wesentlicher Beitrag für den Umgang mit Prospekthaftungsfällen dürfte daher primär in der Bestätigung der in der Rs. *Kolassa* aufgestellten Grundsätze liegen.

(c) Bestimmung des Erfolgsorts für Kapitalmarktinformationshaftungsansprüche

Vor dem Hintergrund der dargestellten *EuGH*-Rechtsprechung, welche – wie ausgeführt – bereits viele Konstellationen erfasst, ist eine Konkretisierung des Erfolgsorts für die denkbaren Kapitalmarktinformationshaftungsfälle vorzunehmen. Denn aufgrund der gebotenen, kohärenten Auslegung von EuGVO und den das europäische Internationale Privatrecht regelnden Verordnungen kann kaum erwartet werden, dass der *EuGH* den Erfolgsort für die Zwecke der Rom II-Verordnung anders bestimmen würde.[883] Entsprechend hat sich die Bestimmung des Erfolgsorts im Rahmen der Anknüpfung nach Art. 4 Abs. 1 Rom II-Verordnung an den durch den *EuGH* aufgestellten Leitlinien zu orientieren. Ob dies in Fällen der Kapitalmarktinformationshaftung stets auch zu angemessenen Ergebnissen führt, wird erst in einem nächsten Schritt zu untersuchen sein.[884]

---

881 *EuGH* Urteil v. 12.09.2018 – Rs. C-304/17, ECLI:EU:C:2018:701 (Löber), Rz. 32.

882 Siehe hierzu oben Abschnitt IV.C.2.b)(2)(b)(ii)(c); in diesem Sinne versteht offenbar auch der *OGH* die Entscheidung, bejaht er doch die Zuständigkeit des vorinstanzlich mit dem Rechtsstreit befassten *Handelsgerichts Wien*, welches sich zuvor wegen der Belegenheit der Verrechnungskonten in Salzburg bzw. Graz noch für örtlich unzuständig hielt, vgl. etwa *OGH*, Urteil v. 24.10.2018 – 3Ob185/18d, Gliederungspunkt 2.11 ff.

883 Von einer Geltung der in der Rs. *Kolassa* aufgestellten Grundsätze auch für das Internationale Privatrecht ausgehend etwa *von Hein* JZ 2015, 946 (949); *Steinrötter* RIW 2015, 407 (412); *Lehmann* JPIL 2016, 318 (338); *Maultzsch* IPRax 2017, 442 (448); vehement gegen eine Übertragung ins Internationale Privatrecht aber *Freitag* WM 2015, 1165 (1167); *Einsele* RabelsZ 81 (2017), 781 (790 ff.); ebenso, allerdings ohne nähere Begründung, *Steinrötter* RIW 2015, 407 (412).

884 Siehe hierzu unten Abschnitt IV.C.2.c).

Als übergeordnetes Prinzip muss hierbei gelten, dass der *„Schaden an dem Ort eintritt, an dem der Investor ihn erleidet"*.[885] Der *EuGH* hat sich damit im Ergebnis einer auch in der Literatur weit verbreiteten Ansicht[886] angeschlossen und den Erfolgsort in Fällen reiner Vermögensschäden jedenfalls grundsätzlich am Lageort des betroffenen Vermögensteils lokalisiert, womit er zudem seine *Kronhofer*-Rechtsprechung fortgeführt hat.[887] Dies muss nach dem Urteil in der Rs. *Universal Music* jedenfalls dann gelten, wenn weitere Umstände des Falls – etwa ein Vertrieb des entsprechenden Finanzprodukts im Belegenheitsstaat des betroffenen Vermögensteils – auf diesen Ort hindeuten.[888] Auf gleicher Linie liegt auch die jüngste Entscheidung des *EuGH* in der Rs. *Löber*.[889] Welcher der konkret betroffene Vermögensteil des Geschädigten ist, hängt hierbei letztlich davon ab, worin die konkrete Schädigungshandlung zu sehen ist und insbesondere davon, ob diese erst zum Erwerb des Finanzprodukts geführt hat oder erst danach erfolgte.[890] Für die Kapitalmarktinformationshaftung ergeben sich damit die folgenden Fallgruppen:

(i) Schädigung durch Erwerb

In die Fallgruppe der Schädigung durch Erwerb sind alle Sachverhaltskonstellationen einzuordnen, in denen der Anleger kausal beeinflusst durch eine fehlerhafte oder unvollständige Kapitalmarktinformation ein Finanzprodukt erworben hat. Beispiele wären etwa der Erwerb von Wertpapieren aufgrund eines fehlerhaften Wertpapierprospekts oder der Erwerb von Finanzinstrumenten aufgrund sonstiger fehlerhafter Kapitalmarktinformationen, wie etwa einer unrichtigen Ad-hoc-Mitteilung oder eines unrichtigen Jahresfinanzberichts. Neben schlicht unrichtiger Kapitalmarktpublizität gleichfalls in diese Kategorie können unterlassene Kapitalmarktinformationen – wie etwa das Fehlen eines Wertpapierprospekts trotz entsprechender Prospektpflichtigkeit oder das Unterlassen der Veröffentlichung sonstiger Sekundärmarktpublizität – fallen. Anleger

885 *EuGH* Urteil v. 28.01.2015 – Rs. C-375/13, ECLI:EU:C:2015:37 (Kolassa), Rz. 54.

886 Siehe hierzu oben Abschnitt IV.C.2.b)(2)(a)(iv).

887 Vgl. *EuGH* Urteil v. 28.01.2015 – Rs. C-375/13, ECLI:EU:C:2015:37 (Kolassa), Rz. 55, 57; *EuGH* Urteil v. 10.06.2004 – Rs. C-168/02, ECLI:EU:C:2004:364 (Kronhofer), Rz. 18 ff.

888 Vgl. *EuGH* Urteil v. 16.06.2016 – Rs. C-12/15, ECLI:EU:C:2016:449 (Universal Music), Rz. 38f.; hierzu bereits oben Abschnitt IV.C.2.b)(2)(b)(ii)(d).

889 *EuGH* Urteil v. 12.09.2018 – Rs. C-304/17, ECLI:EU:C:2018:701 (Löber).

890 In diesem Sinne auch *Müller* EuZW 2015, 218 (224); für eine *„deliktstypspezifische[] Konkretisierung"* auch *von Hein* JZ 2015, 946 (949); ebenso *Odendahl*, Internationales Deliktsrecht der Rom-II-VO und die Haftung für reine Vermögensschäden, S. 270.

könnten sich insoweit darauf berufen, dass sie die Investition bei ordnungsgemäßer Information nicht getätigt hätten.

In den genannten Fällen tritt der für die Bestimmung des anwendbaren Rechts maßgebliche Erfolg im Einklang mit der *Kolassa*-Rechtsprechung des *EuGH* grundsätzlich bereits durch die Zahlung des (überhöhten) Kaufpreises am Ort der kontoführenden Niederlassung der Bank ein. Das Gleiche ist der Fall, wenn das Geld in Absprache mit dem Schädiger zunächst auf ein weiteres Anlagekonto überwiesen wird. Denn das Geld ist gewissermaßen bereits mit dem Transfer vom Zahlungs- auf das Anlagekonto „verloren", weshalb der geschädigte Vermögensteil schon das Zahlungs- und nicht erst das Anlagekonto ist.[891]

Ein besonderer Unterfall ergibt sich allerdings, wenn der Verfügungsort und der Ort des Geldabflusses auseinanderfallen, etwa wenn ein Anleger mit gewöhnlichem Aufenthalt in Deutschland eine Investition über ein in Luxemburg geführtes Konto abwickelt.[892] Teleologisch spricht in diesen Fällen viel dafür, auf den Verfügungsort abzustellen, da der Ort des bloßen Geldabflusses in diesem Zusammenhang eher zufällig erscheint.[893] Die *Kolassa*-Rechtsprechung des *EuGH* streitet allerdings – auch wenn sie zu dieser Konstellation keine vollkommen eindeutige Aussage trifft – eher für die Maßgeblichkeit der Belegenheit des Kontos, von welchem das Geld abgeflossen ist.[894] Denn angeknüpft wird dort gerade nicht an eine etwaige Vornahmehandlung des Geschädigten, sondern lediglich an die Belegenheit seines Kontos.[895] Nicht ausschlaggebend ist jedenfalls die Konzentration der Vermögensinteressen des Geschädigten an einem Ort, wie der *EuGH* bereits in der Rs. *Kronhofer* festgestellt hat.[896] Zudem ist zu berücksichtigen, dass auch der Verfügungsort im Einzelfall zufällig und nur schwierig zu lokalisieren sein kann. Denn der Ort der Verfügung stimmt nicht unbedingt mit dem gewöhnlichen Aufenthalt oder Wohnsitz des Geschädigten überein, da Überweisungen auch über das Internet oder telefonisch von überall aus vorgenommen werden können. Die Belegenheit des Kontos ist nach den Maßstäben der *EuGH*-Rechtsprechung hingegen am Ort der kontoführenden Niederlassung der Bank eindeutig bestimmbar. Jedenfalls im Kontext des Internationalen Zivilverfahrensrechts weiter für den Verfügungsort angeführt wird

891 Hierzu bereits oben Abschnitt IV.C.2.b)(2)(b)(ii)(d).

892 Beispiel nach *von Hein* JZ 2015, 946 (949).

893 So etwa *von Hein* JZ 2015, 946 (949); *Engert/Groh* IPRax 2011, 458 (463).

894 So auch *Müller* EuZW 2015, 218 (223f.); *Steinrötter* RIW 2015, 407 (411).

895 Vgl. *EuGH* Urteil v. 28.01.2015 – Rs. C-375/13, ECLI:EU:C:2015:37 (Kolassa), Rz. 55.

896 *EuGH* Urteil v. 10.06.2004 – Rs. C-168/02, ECLI:EU:C:2004:364 (Kronhofer), Rz. 20.

zudem die Sach- und Beweisnähe im Vergleich zum Ort des bloßen Geldabflusses.[897] Richtig ist natürlich, dass am Ort der Verfügung durch den Geschädigten möglicherweise Informationen entgegen genommen oder sonstige relevante Handlungen ausgeführt wurden. Da die Verfügung aber – wie dargelegt – von überall aus vorgenommen werden kann, spricht auch das Argument der Sach- und Beweisnähe[898] nicht zwingend für den Verfügungsort. Auch aus Gründen der Vorhersehbarkeit scheint ein Abstellen auf den Verfügungsort nicht geboten, da für den Geschädigten der Ort des Geldabflusses gleichermaßen vorhersehbar, für den Schädiger aber weder der Ort der Vermögensdisposition noch der Ort des Geldabflusses erkennbar ist. Letztlich erscheint es vor dem Hintergrund der zitierten Rechtsprechung des *EuGH* daher überzeugender, den Erfolgsort auch in Fällen des Auseinanderfallens von Verfügungsort und Ort des Geldabflusses am Ort der kontoführenden Niederlassung der Bank zu lokalisieren. Dies hat zudem den Vorteil, dass alle Fälle der Schädigung durch Erwerb gleichermaßen behandelt werden können, was die Rechtsanwendung erheblich vereinfacht.

(ii) Schädigung nach Erwerb

Bei der zweiten Fallgruppe handelt es sich um Konstellationen, in denen eine schädigende Handlung erst nach Erwerb der entsprechenden Finanzprodukte erfolgte. Relevant werden hier insbesondere sekundärmarktbezogene Publizitätspflichten des Emittenten. Beispiele hierfür wären etwa nach dem Erwerb durch den Anleger veröffentlichte fehlerhafte Ad-hoc-Mitteilungen, Jahresfinanzberichte oder freiwillige Veröffentlichungen (Investor Relations). Ebenso eingeschlossen ist die unterlassene Veröffentlichung zwingend zu publizierender Informationen. Maßgeblich ist auch in diesen Fällen der Lageort des konkret betroffenen Vermögensteils des Anlegers. Konkret betroffen ist in Anlehnung an das *Kronhofer*-Urteil des *EuGH* aber nicht das Verfügungskonto, sondern das jeweilige Anlagekonto selbst.[899] Dies ist dem Umstand geschuldet, dass der erste spürbare Schaden des Anlegers in diesen Fällen nicht schon durch Überweisung des Anlagebetrags auf das Anlagekonto, sondern durch die erst danach erfolgte schädigende Handlung auf dem Anlagekonto selbst eintritt.[900] Das Anlagekonto wiederum ist grundsätzlich gleichfalls am Ort der kontoführenden

897 Vgl. *Engert/Groh* IPRax 2011, 458 (463) unter Verweis auf *von Hein* IPRax 2005, 17 (21f.).

898 So etwa *von Hein* IPRax 2005, 17 (21).

899 Ebenso *Lehmann* in: Mansel/Hüßtege, Rom-Verordnungen, 2. Aufl. 2015, Rom II-VO, Art. 4 Rn. 115; *Müller* EuZW 2015, 218 (224).

900 Hierzu bereits *Lehmann* JPIL 2011, 527 (544f.).

Niederlassung der Bank zu lokalisieren, wie der *EuGH* in der Rs. *Kolassa* klargestellt hat.

(3) Zwischenergebnis

Letztlich bleibt festzuhalten, dass die Lokalisierung des Erfolgsorts im Falle von Ansprüchen aus Kapitalmarktinformationshaftung zwar keinesfalls trivial, allerdings auch nicht – wie gelegentlich suggeriert[901] – nahezu unmöglich erscheint.[902] Dies sieht offenbar auch der *EuGH* nicht anders, der durch seine Entscheidungen in den Rs. *Kronhofer*, *Kolassa* und *Löber* jeweils Kriterien zur Bestimmung des Erfolgsorts bei Finanzmarktdelikten aufgestellt hat. Fälle grenzüberschreitender Kapitalmarktinformationshaftung scheinen daher auch nach Art. 4 Abs. 1 Rom II-Verordnung – insbesondere vor dem Hintergrund einer möglichen Anwendung der Ausweichklausel in Art. 4 Abs. 3 Rom II-Verordnung – durchaus lösbar. Eines näheren Blickes bedarf es aber, ob die hier erzielten Ergebnisse für Kapitalmarktinformationshaftungsfälle tatsächlich auch sachgerecht sind, eine unmodifizierte Anknüpfung an den Erfolgsort also angemessen erscheint.

c) Zwischenfeststellung: Unzulänglichkeit der Regelanknüpfung?

Die Anknüpfung von Kapitalmarktinformationshaftungsansprüchen entsprechend Art. 4 Abs. 1 Rom II-Verordnung an den Erfolgsort für Vermögensschäden wird weit überwiegend für unangemessen erachtet.[903] Denn selbst wenn die Hürde der Bestimmung des Erfolgsorts genommen ist, kann seine Anwendung zu unsachgemäßen Konsequenzen führen. Dies wird im Wesentlichen damit begründet, dass sich der Erfolgsort im Falle reiner Vermögensschäden nach gängiger Bestimmung grundsätzlich überall befinden könne, weshalb ein Emittent potentiell mit der Anwendbarkeit jeder Rechtsordnung der Welt

---

901 Siehe etwa *Tschäpe/Kramer/Glück* RIW 2008, 657 (662), vgl. auch *Lehmann* JPIL 2011, 527 (513): „*Finding the geographical location of economic loss seems as possible as nailing jelly to the wall.*"

902 Ähnlich *Junker* RIW 2010, 257 (263).

903 *Freitag* WM 2015, 1165 (1169); *Arons* NiPR 2008, 481 (484f.); *Weber* WM 2008, 1581 (1585); *von Hein* in: Baum/Fleckner/Hellgardt u. a., Perspektiven des Wirtschaftsrechts, 371 (389); *Kiesselbach* JIBFL 2011, 195 (196); *Jäger* DAJV-NL 2010, 64 (68); *Lehmann* IPRax 2012, 399 (400); *Schmitt* BKR 2010, 366 (370); *Hellgardt/Ringe* ZHR 2009, 802 (824 ff.); *Steinrötter* RIW 2015, 407 (413); *Einsele* ZEuP 2012, 23 (29f.); *Verschraegen*, Internationales Privatrecht, Rn. 725; anders offenbar *Hohloch* in: Erman, BGB, 15. Aufl. 2017, Rom II-VO, Art. 4 Rn. 36a; offen für ein Anwendung der Regelanknüpfung auch *Junker* RIW 2010, 257 (263); *Oulds* WM 2008, 1573 (1577).

rechnen müsse.[904] Die Anwendung von Art. 4 Rom II-Verordnung führe daher zu „*Rechtsunsicherheit*".[905] Zudem sei das anwendbare Recht für den Emittenten auch im Einzelfall nicht vorhersehbar, da dieser nicht wissen könne, wo sich der geschädigte Vermögensteil des Anlegers befinde.[906] Auf Anlegerseite hingegen bestünde eine einseitige Beeinflussungsmöglichkeit des anwendbaren Rechts, da es letztlich der Anleger in der Hand habe, wo sich seine jeweiligen Vermögensteile befinden.[907] Vielfach kritisiert wird zudem auch die aus der Erfolgsortanknüpfung resultierende Mosaikbetrachtung, aufgrund welcher infolge einer einzelnen Kapitalmarktinformationspflichtverletzung Ersatzansprüche nach verschiedenen Rechtsordnungen in Betracht kommen können.[908] Insbesondere bei der Fehlerhaftigkeit eines Prospekts sähe sich ein Emittent daher sogar regelmäßig Prospekthaftungsansprüchen unterschiedlicher Rechtsordnungen ausgesetzt. Teilweise wird auch darauf hingewiesen, dass dieser Umstand Emittenten von einer häufigeren Nutzung der Notifizierungsmöglichkeiten in anderen Mitgliedstaaten unter dem sogenannten europäischen Pass abhalte, da diese das Risiko von Prozessen unter mehreren verschiedenen Rechtsordnungen scheuen.[909]

Den in der Literatur aufgeworfenen Bedenken ist weit überwiegend zuzustimmen. Zwar erscheint eine Anwendung des Rechts des gemeinsamen gewöhnlichen Aufenthalts von Geschädigtem und Schädiger – wie gezeigt – nicht *per se* unangemessen. Insbesondere die mangelnde Vorhersehbarkeit und Zufälligkeit des anwendbaren Rechts nach Art. 4 Abs. 1 Rom II-Verordnung erscheinen aber wenig sachgerecht und sind weder dem Anlegerschutz noch der Funktionsfähigkeit der Kapitalmärkte zuträglich. An der Unzulänglichkeit

---

904 So ausdrücklich *Schütze* in: Assmann/Schütze, Handbuch des Kapitalanlagerechts, § 7 Rn. 25; *Lehmann* IPRax 2012, 399 (400); *Einsele* ZEuP 2012, 23 (29); *Weber* WM 2008, 1581 (1585); *Martiny* ZEuP 2013, 838 (868); *Arons* NiPR 2008, 481 (482); *Davies*, Davies Review of Issuer Liability: Final Report, Rn. 63; *Wundenberg* ZGR 2015, 124 (153f.); *Cotiga* RISF 2015, 40 (48f.); siehe auch *LG Stuttgart*, Vorlagebeschluss v. 28.02.2017 – 22 AR 1/17 Kap, Rz. 142.

905 So etwa *Schanz*, Börseneinführung, § 13 Rn. 115; ebenso *Verschraegen*, Internationales Privatrecht, Rn. 725.

906 *Jäger* DAJV-NL 2010, 64 (68); *Lehmann* IPRax 2012, 399 (400); *Schmitt* BKR 2010, 366 (370); *Hellgardt/Ringe* ZHR 2009, 802 (832).

907 *Garcimartín* LFMR 2011, 449 (453).

908 *Lehmann* IPRax 2012, 399 (400); *Kiesselbach* JIBFL 2011, 25 (27); *Hellgardt/Ringe* ZHR 2009, 802 (824f.); *Steinrötter* RIW 2015, 407 (412); *Verschraegen*, Internationales Privatrecht, Rn. 724; relativierend aber *Garcimartín* LFMR 2011, 449 (454f.).

909 So ausführlich *Ferran* ECFR 2007, 461 (482 ff.).

der Regelanknüpfung insgesamt kann daher kaum ein Zweifel bestehen. Zu berücksichtigen ist in diesem Zusammenhang aber auch, dass die Erfolgsortanknüpfung nach Art. 4 Rom II-Verordnung in Abwesenheit einer speziellen Kollisionsnorm *de lege lata* geltendes Recht ist, eine Abweichung hiervon, etwa unter Nutzung der Ausweichklausel in Art. 4 Abs. 3 Rom II-Verordnung, daher eines besonderen Begründungs- und Rechtfertigungsaufwands bedarf.[910] Hierfür streiten auch die Erwägungsgründe (17) bis (19) der Rom II-Verordnung, welche verdeutlichen, dass für alle in den Anwendungsbereich der Verordnung fallenden Delikte grundsätzlich die Erfolgsortanknüpfung gelten solle, soweit nicht besondere Bestimmungen vorgesehen sind.[911] Dennoch sind die von der ganz überwiegenden Meinung aufgeworfenen Probleme der Erfolgsortanknüpfung in Fällen der Kapitalmarktinformationshaftung nicht von der Hand zu weisen. Eine unmodifizierte Anwendung der Erfolgsortanknüpfung nach Art. 4 Abs. 1 Rom II-Verordnung ist in vielen Fällen unbillig.

3. Zusammenfassung

Insgesamt bleibt daher festzuhalten, dass weder die besonderen noch die allgemeinen Anknüpfungsvorschriften der Rom II-Verordnung eine angemessene Lösung für die Frage des auf Kapitalmarktinformationshaftungsfälle anwendbaren Rechts bereithalten. Der hier untersuchte *status quo* der Behandlung von Kapitalmarktinformationshaftungsansprüchen im europäischen Internationalen Privatrecht der Rom II-Verordnung ist daher mehr als unbefriedigend. Daher ist im Weiteren nach Ausweichstrategien und *de lege ferenda* Lösungen zu suchen, die solche Ergebnisse vermeiden und die Frage des auf

---

910 Hierauf weist auch *Garcimartín* LFMR 2011, 449 (454) hin; *Lehmann* fordert daher, vorbehaltlich einer Gesetzesänderung oder abweichenden Interpretation durch den *EuGH* Art. 4 Rom II-Verordnung auch auf Kapitalmarktdelikte unverändert anzuwenden, vgl. *Lehmann* in: MüKo-BGB, 7. Aufl. 2018, Internationales Finanzmarktrecht, Rn. 553, 562; *Lehmann* JPIL 2011, 527 (530f); ähnlich *Thorn* in: Palandt, 78. Aufl. 2019, Rom II-Verordnung, Art. 4 Rn. 30; *Schaub* in: PWW, 13. Aufl. 2018, Rom II-VO, Art. 4 Rn. 20; zu kurz gegriffen daher *LG Stuttgart*, Vorlagebeschluss v. 28.02.2017 – 22 AR 1/17 Kap, Rz. 143 ff.

911 Vgl. insbesondere Erwägungsgrund (17) S. 1 („*Das anzuwendende Recht sollte das Recht des Staates sein, in dem der Schaden eintritt, und zwar unabhängig von dem Staat oder den Staaten, in dem bzw. denen die indirekten Folgen auftreten könnten.*“) sowie Erwägungsgrund (19) Rom II-Verordnung („*Für besondere unerlaubte Handlungen, bei denen die allgemeine Kollisionsnorm nicht zu einem angemessenen Interessenausgleich führt, sollten besondere Bestimmungen vorgesehen werden.*“).

Kapitalmarktinformationshaftungsansprüche anwendbaren Rechts einer sachgerechten Lösung zuführen.

D. Anknüpfung der Kapitalmarktinformationshaftung nach der Rom II-Verordnung – Ausweichstrategien und Lösungsvorschläge *de lege ferenda*

1. Vorbemerkungen

a) Erforderlichkeit einer speziellen Regelung de lege ferenda

Aufgrund der vorangehend beschriebenen Bedenken, welche einer schlichten Anwendung der Regelanknüpfung nach Art. 4 Rom II-Verordnung entgegenstehen, ist jedenfalls *de lege ferenda* nach einer sachgemäßen kollisionsrechtlichen Regelung der Kapitalmarktinformationshaftung zu suchen.[912] Dies entspricht letztlich auch der Regelungsstruktur und dem Anliegen des europäischen Deliktskollisionsrechts. Wegweisend für solche Fälle heißt es in Erwägungsgrund (19) zur Rom II-Verordnung:

> *„Für besondere unerlaubte Handlungen, bei denen die allgemeine Kollisionsnorm nicht zu einem angemessenen Interessenausgleich führt, sollten besondere Bestimmungen vorgesehen werden.“*

Dass dies bei der Schaffung der Rom II-Verordnung unterblieb, war nicht etwa der Ansicht geschuldet, eine solche besondere Bestimmung sei für die Kapitalmarktinformationshaftung nicht erforderlich; vielmehr standen vor der Verabschiedung der Rom II-Verordnung schlicht nicht mehr ausreichend Zeit und personelle Ressourcen zur Verfügung.[913]

Auch die Leitlinien für eine besondere Anknüpfung der Kapitalmarktinformationshaftung können dem europäischen Kollisionsrecht selbst entnommen werden. Denn was der Verordnung insgesamt und auch jeder einzelnen

---

912 So auch *Micklitz/Rott* in: Dauses/Ludwigs, Handbuch des EU-Wirtschaftsrechts, 46. EL Januar 2019, H.V. Rn. 800: *„Nach geltendem Recht sind die Probleme daher kaum lösbar, weshalb die Lösung in einer Änderung der Rom II-Verordnung zu suchen ist.“*; ebenso *Arons* NiPR 2008, 481 (486); *Lehmann* IPRax 2012, 399 (402); *Schmitt* BKR 2010, 366 (371); anders wohl *Weber* WM 2008, 1581 (1586f.); *Hohloch* in: Erman, BGB, 15. Aufl. 2017, Rom II-VO, Art. 4 Rn. 36a.

913 Vgl. *Lehmann* IPRax 2012, 399 (401); hierzu auch *Steinrötter*, Beschränkte Rechtswahl im Internationalen Kapitalmarktprivatrecht und akzessorische Anknüpfung an das Kapitalmarktordnungsstatut, S. 147f.

Kollisionsnorm innewohnt, fasst Erwägungsgrund (16) zur Rom II-Verordnung treffend zusammen:

> *„Einheitliche Bestimmungen sollten die Vorhersehbarkeit gerichtlicher Entscheidungen verbessern und einen angemessenen Interessenausgleich zwischen Personen, deren Haftung geltend gemacht wird, und Geschädigten gewährleisten.“*

Damit stehen die zwei wesentlichen Anforderungen, welche eine besondere Kollisionsnorm für die Kapitalmarktinformationshaftung erfüllen muss, fest. Erstens muss das anwendbare Recht – wie häufig auch betont[914] – für die beteiligten Parteien leicht bestimm- und vorhersehbar sein. Zweitens – und dies wird in der Diskussion häufig vernachlässigt – muss die Anknüpfung aber auch einen angemessenen Interessenausgleich zwischen den Parteien herstellen, darf also weder die Interessen des Schädigers noch die des Geschädigten über Gebühr betonen. Zur Erreichung eines angemessenen Interessenausgleichs gehört auch, die materiell-rechtlichen Ziele und Wertungen des Kapitalmarktrechts als solches und insbesondere der Kapitalmarktinformationshaftung in die Bestimmung des richtigen Anknüpfungspunkts einfließen zu lassen.[915]

Wie schon dem Wortlaut von Erwägungsgrund (19) Rom II-Verordnung entnommen werden kann („*und*“), stehen die Maßgaben der Vorhersehbarkeit des anwendbaren Rechts und des Ausgleichs der Interessen der beteiligen Personen gleichberechtigt nebeneinander, müssen also kumulativ erfüllt werden. Vor dem Hintergrund dieser Prämissen sind die bisher in der Literatur vorgeschlagenen Lösungen zu würdigen und eingehend auf den Prüfstand zu stellen.

b) Ausweichlösungen durch Anwendung von Art. 4 Abs. 3 Rom II-Verordnung

Auch wenn eine Regelung *de lege ferenda* sicherlich vorzugswürdig ist, ist vorab noch zu fragen, ob nicht zumindest vorübergehend eine von der generellen Erfolgsortanknüpfung abweichende Anknüpfung auch schon *de lege lata* über Art. 4 Abs. 3 Rom II-Verordnung verwirklicht werden kann.

---

914 Vgl. etwa *Einsele* ZEuP 2012, 23 (29); *Arons* NiPR 2008, 481 (485); *Steinrötter*, Beschränkte Rechtswahl im Internationalen Kapitalmarktprivatrecht und akzessorische Anknüpfung an das Kapitalmarktordnungsstatut, S. 89.

915 Instruktiv zur Materialisierung des Internationalen Privatrechts *von Hein* in: MüKo-BGB, 7. Aufl. 2018, Einleitung IPR, Rn. 40f. m. w. Nachw.

Vermehrt wird diese Möglichkeit – wenn auch für verschiedene Verweisungslösungen – bereits angenommen.[916] Dies wird teilweise allerdings mit dem Argument abgelehnt, die Ausweichklausel in Art. 4 Abs. 3 Rom II-Verordnung sei aufgrund ihres Ausnahmecharakters nicht dazu geeignet, eine ganze Deliktsgruppe – nämlich Kapitalmarktinformationsdelikte – abweichend anzuknüpfen.[917] Andernfalls würde der Anwendungsbereich der Regelung überstrapaziert.[918] Dem wird allerdings zu Recht entgegengehalten, dass der Ausnahmecharakter der Vorschrift die Konkretisierung von Fallgruppen, in welchen die Grundanknüpfung der Abs. 1 und 2 des Art. 4 Rom II-Verordnung regelmäßig zu sachfremden und damit dem Sachverhalt „fernen" Ergebnisses kommt[919], nicht ausschließen kann.[920] Denn soweit es gelingt, eine zur Regelanknüpfung alternative Anknüpfungsmöglichkeit zu bestimmen, welche für eine besondere Deliktsgruppe passender erscheint, wird – soweit Art. 4 Abs. 1 oder 2 Rom II-Verordnung nicht ohnehin auf dieses Recht verweisen – regelmäßig eine offensichtlich engere Verbindung zu bejahen sein. Dies folgt auch daraus, dass bei der Suche nach einer offensichtlich engeren Verbindung auch die Verkehrs- und Ordnungsinteressen des Kapitalmarktrechts zu berücksichtigen sind.[921] Eine Fallgruppenbildung grundsätzlich nicht anzuerkennen, obwohl Ergebnis der

---

916 *von Hein* in: Baum/Fleckner/Hellgardt u. a., Perspektiven des Wirtschaftsrechts, 371 (392); *von Hein* in: Fassbender/Wendehorst/Wet u. a., Paradigmen im internationalen Recht, 369 (418f.); *Weber* WM 2008, 1581 (1586); *Hellgardt/Ringe* ZHR 2009, 802 (833); *Steinrötter* RIW 2015, 407 (413); *LG Stuttgart*, Vorlagebeschluss v. 28.02.2017 – 22 AR 1/17 Kap, Rz. 144f.; offen hierfür auch *Jäger* DAJV-NL 2010, 64 (69); *Junker* RIW 2010, 257 (264); *Verschraegen,* Internationales Privatrecht, S. 726; bereits vor Geltung der Rom II-Verordnung zur deutschen Parallelregelung *Bischoff* AG 2002, 489 (492 ff.); *Floer,* Internationale Reichweite der Prospekthaftung, S. 143 ff.; *Bachmann* IPRax 2007, 77 (79); wohl auch *Kuntz* WM 2007, 432 (436).

917 *Tschäpe/Kramer/Glück* RIW 2008, 657 (662); *Kiesselbach* JIBFL 2011, 195 (197); *Lehmann* IPRax 2012, 399 (402); *Einsele* ZEuP 2012, 23 (39f.); *Schmitt* BKR 2010, 366 (370); *Thorn* in: Palandt, 78. Aufl. 2019, Rom II-Verordnung, Art. 4 Rn. 30; skeptisch auch *Kramer* Global Bus. & Dev. L. J. 2014, 235 (274); *Gerner-Beuerle* RTDF 2011, 67 (70); allgemein zum Ausnahmecharakter auch *Plender/Wilderspin,* The European private international law of obligations, Rn. 18–100; *Hohloch* Yb. Pr. Int. L. 2007, 1 (12): "*Mechanical solutions are however to be avoided.*"

918 *Lehmann* IPRax 2012, 399 (402).

919 Vgl. hierzu bereits oben Abschnitt IV.C.2.c).

920 *Weber* WM 2008, 1581 (1586); *von Hein* in: Fassbender/Wendehorst/Wet u. a., Paradigmen im internationalen Recht, 369 (416); *Junker* RIW 2010, 257 (264).

921 *Verschraegen,* Internationales Privatrecht, Rn. 726; im Ergebnis auch *LG Stuttgart*, Vorlagebeschluss v. 28.02.2017 – 22 AR 1/17 Kap, Rz. 144f.

(zwingend vorzunehmenden) Prüfung von Art. 4 Abs. 3 Rom II-Verordnung im jeweiligen Einzelfall stets die Einschlägigkeit der Ausweichklausel ist, erscheint widersinnig. *Weber* stellt insoweit treffend fest, dass der Ausnahmecharakter der Vorschrift nicht erfordert, sie „*konzeptlos von Fall zu Fall*“ anzuwenden.[922] Zu berücksichtigen ist zudem, dass die Herausbildung von Fallgruppen die Vorhersehbarkeit des anwendbaren Rechts und damit die Rechtssicherheit stärkt.[923]

Gegen eine entsprechende Anwendung von Art. 4 Abs. 3 Rom II-Verordnung scheint auf den ersten Blick aber auch die Begründung der Kommission zum Verordnungsvorschlag der Rom II-Verordnung zu streiten, welche die Vorschrift als „*Generalausnahme*“ bezeichnet, „*welche nur in Ausnahmefällen zum Zuge kommen*“ soll.[924] Die Ausführungen der Kommission sind allerdings im Gesamtzusammenhang zu würdigen. Denn Hintergrund der Erläuterungen war, dass einige Gerichte dazu tendierten, Ausweichklauseln im Sinne einer engsten Verbindung ohne eine an sich gebotene Prüfung der vorrangigen Anknüpfungsvorschriften unmittelbar zur Anwendung zu bringen und so über Gebühr zu beanspruchen.[925] Dem wollte die Kommission durch ihre Klarstellungen und dem Erfordernis einer *offensichtlich* engeren Verbindung entgegenwirken.[926] Der fallgruppenartigen Anwendung der Vorschrift in bestimmten Bereichen, in denen die Regelanknüpfung stets zu ungeeigneten Ergebnissen führt und nicht schlicht übergangen wird, stehen die Ausführungen aber gerade nicht entgegen. Dem Ausnahmecharakter wird dann über die engen Anwendungsvoraussetzungen der Vorschrift, nämlich dem Erfordernis einer *offensichtlich* engeren Verbindung, bereits bei der Fassung dieser Deliktsgruppe ausreichend Rechnung getragen. Eine Interpretation, welche eine Fallgruppenbildung *per se* verbieten will, muss hingegen als zu eng bezeichnet werden.[927]

Im Ergebnis erscheint es daher zumindest aus methodischer Sicht nicht ausgeschlossen, bereits *de lege lata* Ansprüche aus Kapitalmarktinformationshaftung über die Ausweichklausel abweichend von Art. 4 Abs. 1 und 2 Rom II-Verordnung anzuknüpfen. Dies gilt aber freilich nur dann, wenn es gelingt, eine abweichende Anknüpfung zu finden, welche sich im Einzelfall unter Art. 4

---

922 *Weber* WM 2008, 1581 (1586).

923 *von Hein* in: Calliess, Rome Regulations, 2. Aufl. 2015, Rome II, Art. 4 Rn. 50.

924 Vgl. KOM(2003) 427 endg., S. 13; unter Hinweis hierauf etwa *Schmitt* BKR 2010, 366 (370).

925 Vgl. KOM(2003) 427 endg., S. 13.

926 Vgl. hierzu *von Hein* in: FS Kropholler (2008), 553 (558f.).

927 So *von Hein* in: Fassbender/Wendehorst/Wet u. a., Paradigmen im internationalen Recht, 369 (416).

Abs. 3 Rom II-Verordnung subsumieren lässt und für Kapitalmarktinformationshaftungsfälle so passend erscheint, dass stets von einer offensichtlich engeren Verbindung ausgegangen werden kann.

2. Möglichkeiten der Anknüpfung

Bereits vor Inkrafttreten der Rom II-Verordnung wurde insbesondere im deutschen Schrifttum von einer Vielzahl von Vertretern eine Anknüpfung von Kapitalmarktinformationshaftungsansprüchen an den Marktort – wenngleich in sehr unterschiedlicher Konkretisierung desselben – favorisiert.[928] Auch nach der nunmehr erfolgten Harmonisierung des Deliktskollisionsrechts durch die Rom II-Verordnung, welche sich auch auf Ansprüche aus Kapitalmarktinformationshaftung erstreckt[929], wird unter Vorbringen im Wesentlichen gleicher Gründe eine Anknüpfung an den betroffenen Markt vorgeschlagen.[930] Daneben spricht sich eine zunehmend populärer werdende Ansicht für eine akzessorische

928 Vgl. *Grundmann* RabelsZ 54 (1990), 283 (308); *Bischoff* AG 2002, 489 (492 ff.); *Floer*, Internationale Reichweite der Prospekthaftung, S. 148 ff.; *Kiel*, Internationales Kapitalanlegerschutzrecht, S. 297 ff.; *Schneider*, Kapitalmarktrechtlicher Anlegerschutz und internationales Privatrecht, S. 272; *Hopt* in: FS Lorenz (1991), 413 (422); *Zimmer*, Internationales Gesellschaftsrecht, S. 56; *Spindler* ZHR 2001, 324 (352); *Bachmann* IPRax 2007, 77 (79); aus US-Sicht *Choi/Silberman* Wisconsin L. Rev. 2009, 465 (506); instruktiv zur Anknüpfung an den Markt *Martiny* in: FS Drobnig (1998), 389 (389 ff.).

929 Vgl. zur Anwendbarkeit der Rom II-Verordnung auf Kapitalmarktinformationshaftungsansprüche bereits ausführlich oben Abschnitt IV.B.

930 So etwa *Freitag* WM 2015, 1165 (1169 ff.); *Freitag* in: Reithmann/Martiny, Internationales Vertragsrecht, Rn. 6.567; *Weber* WM 2008, 1581 (1587); *Einsele* RabelsZ 81 (2017), 781 (812f.); *Einsele* ZEuP 2012, 23 (38 ff.); *Einsele*, Bank- und Kapitalmarktrecht, § 7 Rn. 92; *Garcimartín* LFMR 2011, 449 (455f.); *Mankowski* RIW 2009, 98 (116); *Burn* CMLJ 2008, 139 (151); *Schaeken Willemaers*, The EU Issuer-Disclosure Regime, S. 262; *Habersack* in: Habersack/Mülbert/Schlitt, Handbuch der Kapitalmarktinformation, § 29 Rn. 57; *Maier-Reimer/Seulen* in: Habersack/Mülbert/Schlitt, Handbuch der Kapitalmarktinformation, § 30 Rn. 49 ff.; *Jäger* DAJV-NL 2010, 64 (69f.); *Unberath/Cziupka/Pabst* in: Rauscher, EuZPR/EuIPR, 4. Aufl. 2016, Rom II-VO, Art. 4 Rn. 45; *Kronke/Haubold* in: Kronke/Melis/Kuhn, Handbuch internationales Wirtschaftsrecht, Teil L Rn. 409 (anders *dies.* noch in der Vorauflage, dort Teil L Rn. 360); *de lege ferenda* auch *Lehmann* in: MüKo-BGB, 7. Aufl. 2018, Internationales Finanzmarktrecht, Rn. 556, 562; *Lehmann* IPRax 2012, 399 (402 ff.); *Arons* NiPR 2008, 481 (485); *Sánchez Fernández*, Ley aplicable a la responsabilidad derivada del folleto, S. 323 ff.; *Corneloup* in: Nuyts/Hatzimihail, Cross-border class actions, 291 (307); ebenso wohl *Arnold* IPRax 2013, 525 (529).

Anknüpfung von Kapitalmarktinformationshaftungsansprüchen an die jeweils maßgebliche Publizitätspflicht aus.[931] Vereinzelt wird zudem auch die Anknüpfung an das Gesellschaftsstatut des Emittenten befürwortet.[932] Im Folgenden werden die verschiedenen Möglichkeiten ausführlich dargestellt, deren dogmatische Herleitung hinterfragt sowie die möglichen Folgen der jeweiligen Anknüpfung – unter besonderer Berücksichtigung der Auswirkungen auf die betroffenen Interessengruppen – untersucht.

Besonderer Berücksichtigung bedürfen in diesem Zusammenhang aus rechtsvergleichender Sicht bestehende gesetzliche Regelungen zur Anknüpfung von Ansprüchen aus Kapitalmarktinformationshaftung. Eine ausdrückliche Kollisionsnorm für Ansprüche aus Prospekthaftung findet sich – soweit ersichtlich – lediglich im Internationalen Privatrecht der Schweiz in Art. 156 schw. IPRG[933] und, hiervon nahezu wortgleich rezipiert[934], im Internationalen Privatrecht Liechtensteins in Art. 237d liecht. PGR. Nach den entsprechenden Regelungen können Prospekthaftungsansprüche entweder nach dem auf die Gesellschaft anwendbaren Recht oder dem Recht am Ort der Ausgabe der Wertpapiere geltend gemacht werden.[935] Da die hier alternativ zur Anwendung gelangenden Anknüpfungspunkte des betroffenen Marktes im Sinne des Ausgabeorts und des

931 Siehe *von Hein* in: Baum/Fleckner/Hellgardt u. a., Perspektiven des Wirtschaftsrechts, 371 (392 ff.); *von Hein* in: Fassbender/Wendehorst/Wet u. a., Paradigmen im internationalen Recht, 369 (418f.); *Steinrötter*, Beschränkte Rechtswahl im Internationalen Kapitalmarktprivatrecht und akzessorische Anknüpfung an das Kapitalmarktordnungsstatut, S. 216 ff.; *Steinrötter* RIW 2015, 407 (413); *Schmitt* BKR 2010, 366 (371); *de lege ferenda Schnyder* in: MüKo-BGB, 5. Aufl. 2010, Internationales Kapitalmarktrecht, Rn. 121f.; jedenfalls im Ergebnis auch *Hellgardt/Ringe* ZHR 2009, 802 (826 ff., 833); *Ringe/Hellgardt* OJLS 2011, 23 (45 ff.); *Tschäpe/Kramer/Glück* RIW 2008, 657 (664 ff.); bereits vor Geltung der Rom II-Verordnung *Benicke* in: FS Jayme (2004), 25 (36f.); *Schnyder/Bopp* in: FS Zobl (2004), 391 (405); *Kuntz* WM 2007, 432 (439f.).

932 Im Kontext der Rom II-Verordnung erwogen bei *Davies,* Davies Review of Issuer Liability: Final Report, Rn. 63; vor Geltung der Rom II-Verordnung etwa *Wilken* in: Henssler/Kolbeck/Moritz u. a., Europäische Integration und globaler Wettbewerb, 329 (335 ff.); *Ahrens* IPRax 1986, 355 (361); diesem zustimmend *Fischer* JZ 1991, 168 (174 (Fn. 101)).

933 Treffend *Kronke* Rec. des cours 2000, 261 (307): „*Switzerland is a lucky country in this respect.*"

934 Vgl. hierzu *Appel* RabelsZ 61 (1997), 510 (539).

935 Zu Art. 156 schw. IPRG *Schnyder/Bopp* in: FS Zobl (2004), 391 (397f.); *Roberto/Wegmann* SZW/RSDA 2001, 161 (163); *Kuntz* WM 2007, 432 (437); zu Art. 237d liecht. PGR *Appel* RabelsZ 61 (1997), 510 (539).

anwendbaren Gesellschaftsrechts allerdings auch Gegenstand der allgemeinen Diskussion sind, kann die Geeignetheit dieser und damit zugleich die Rezeptionsfähigkeit der schweizerischen und liechtensteinischen Regelung unter der jeweiligen Anknüpfungsmöglichkeit untersucht werden.

a) Anknüpfung an den betroffenen Markt

(1) Meinungsstand

(a) Herleitung einer Anknüpfung an den betroffenen Markt

Dogmatisch liegt der Anwendung der Marktortanknüpfung der Gedanke zugrunde, dass das Kapitalmarktrecht – ebenso wie das Wettbewerbsrecht[936] – einen territorial begrenzten Geltungsanspruch hat. Es regelt die Rechte und Pflichten auf dem jeweiligen nationalen Kapitalmarkt, ist dementsprechend auf das Inland abgestimmt und beansprucht regelmäßig keine Geltung über Landesgrenzen hinweg.[937] Bei einseitiger Betrachtungsweise folgt daraus, dass eine kapitalmarktrechtliche Norm immer dann einen Anwendungsanspruch erhebt, wenn der eigene Markt betroffen ist.[938] Insbesondere im Bereich des Anlegerschutzes realisiert sich so die Forderung *Hopts* nach einem Paradigmenwechsel für das Kapitalmarktrecht hin zu einem Internationalen Marktrecht.[939] Es erscheint daher naheliegend, Haftungsnormen, welche den Verstoß gegen kapitalmarktrechtliche Pflichten sanktionieren, ebenso dem Recht des betroffenen Marktes zu entnehmen, um so der Verzahnung von Pflichten und Haftung Rechnung zu tragen.[940] Im deutschen Internationalen Privatrecht soll durch eine Anknüpfung an den betroffenen Markt zudem verhindert werden, dass

---

936 Zur Ähnlichkeit des Kapitalmarktrechts zum Wettbewerbsrecht sogleich unter Abschnitt IV.D.2.a)(1)(b).

937 *Grundmann* RabelsZ 54 (1990), 283 (293); *Schnyder/Bopp* in: FS Zobl (2004), 391 (397); krit. *Hopt* in: FS Lorenz (1991), 413 (419f.).

938 Zum Ganzen *Grundmann* RabelsZ 54 (1990), 283 (293); *Kiel,* Internationales Kapitalanlegerschutzrecht, S. 297 ff.; *Lehmann* in: MüKo-BGB, 7. Aufl. 2018, Internationales Finanzmarktrecht, Rn. 121; *Kuntz* WM 2007, 432 (435); *Spindler* NZG 2000, 1058 (1060f.); *Schnyder/Bopp* in: FS Zobl (2004), 391 (397).

939 *Hopt,* Die Verantwortlichkeit der Banken bei Emissionen, S. 121.

940 *Zimmer,* Internationales Gesellschaftsrecht, S. 74; *Hopt* in: FS Lorenz (1991), 413 (419); *Floer,* Internationale Reichweite der Prospekthaftung, S. 138f.; hierfür jüngst noch einmal *Freitag* WM 2015, 1165 (1169 ff., 1173); *Garcimartín* LFMR 2011, 449 (453); zur Entwicklung der Anknüpfung an den Markt ausführlich *Jäger,* Das Prospekthaftungsstatut, S. 134 ff.

ein Anleger infolge einer bloßen Anwendung des Deliktsstatuts ein Wahlrecht zwischen Handlungs- und Erfolgsortrecht zukommt. Eine solche Statutenkumulierung führe zu Wettbewerbsverzerrungen sowie zur Benachteiligung ausländischer Emittenten und sei daher nicht sachgerecht.[941] Dieses Argument verfängt im Rahmen der Rom II-Verordnung freilich nicht mehr, da Art. 4 Abs. 1 Rom II-Verordnung ausschließlich an den Erfolgsort anknüpft und kein Wahlrecht des Geschädigten vorsieht.

(b) Ähnlichkeit zur Marktortanknüpfung im Wettbewerbsrecht

Durchgesetzt hat sich eine Anknüpfung von Ersatzansprüchen aus unerlaubter Handlung an das Recht des betroffenen Marktes bereits im Wettbewerbsrecht.[942] Der Marktort wird hier verstanden als Ort der wettbewerblichen Interessenkollision, welcher dort belegen ist, wo die Wettbewerber auf die Marktgegenseite einwirken.[943] Eine entsprechende Verweisung wird im harmonisierten Deliktskollisionsrecht nunmehr in Art. 6 Abs. 1 Rom II-Verordnung ausdrücklich statuiert.[944]

Entsprechend ist es wenig verwunderlich, dass Verfechter einer Anknüpfung von Kapitalmarktinformationshaftungsansprüchen an das Recht des betroffenen Marktes zur Stützung ihrer Ansicht vielfach auf vermeintliche Parallelitäten zwischen Wettbewerbsrecht und Kapitalmarktrecht verweisen. Da der jeweilige Zweck der entsprechenden Normen im Wesentlichen in der Aufrechterhaltung des Wettbewerbs bzw. der Funktionsfähigkeit der Kapitalmärkte, also dem Schutz des Marktes an sich liege, handele es sich bei beidem um Marktordnungsrecht.[945] Dieses Argument scheint auch Erwägungsgrund (21) zur Rom II-Verordnung

---

941 *Grundmann* RabelsZ 54 (1990), 283 (307f.); *Bischoff* AG 2002, 489 (493).

942 Grundlegend hierzu *Fezer/Koos* in: Staudinger, Neubearbeitung 2015, Internationales Wirtschaftsrecht, Rn. 470 ff.; *Martiny* in: FS Drobnig (1998), 389 (396 ff.).

943 *Weller* in: Mansel/Hüßtege, Rom-Verordnungen, 2. Aufl. 2015, Rom II-VO, Art. 6 Rn. 16; *Drexl* in: MüKo-BGB, 7. Aufl. 2018, Internationales Lauterkeitsrecht, Rn. 143; vgl. auch die Begründung zum Verordnungsvorschlag zur Rom II-Verordnung KOM(2003) 427 endg., S. 17f.

944 Hierzu *Drexl* in: MüKo-BGB, 7. Aufl. 2018, Internationales Lauterkeitsrecht, Rn. 143 ff.; *Weller* in: Mansel/Hüßtege, Rom-Verordnungen, 2. Aufl. 2015, Rom II-VO, Art. 6 Rn. 16; zur Geltung des Marktortprinzips in Deutschland auch vor Erlass der Rom II-Verordnung *Hohloch* in: Erman, BGB, 15. Aufl. 2017, Rom II-VO, Art. 6 Rn. 1.

945 *Einsele* ZEuP 2012, 23 (38); ausführlich zur Entwicklung der Zielsetzungen im Wettbewerbsrecht auch in jüngerer Zeit *Zimmer* in: Immenga/Mestmäcker, 5. Aufl. 2014, GWB, § 1 Rn. 10 ff.

zu stützen, welcher hinsichtlich der Anknüpfung von Ansprüchen aus unlauterem Wettbewerb klarstellt, dass „*die Kollisionsnorm die Wettbewerber, die Verbraucher und die Öffentlichkeit schützen und das reibungslose Funktionieren der Marktwirtschaft sicherstellen*" soll.[946] Die Interessenlage im Kapitalmarktrecht sei vergleichbar, weshalb eine Marktanknüpfung auch für Kapitalmarkthaftungsansprüche geeignet sein müsse.[947] Dem wird entgegengehalten, dass zwischen beiden Rechtsgebieten trotz der unverkennbaren Gemeinsamkeiten, welche sich wesentlich im Wechselspiel zwischen Individual- und Marktschutz äußern, grundlegende Unterschiede bestünden.[948] So schütze das Wettbewerbsrecht primär die Aufrechterhaltung des fairen Wettbewerbs, wohingegen das Kapitalmarktrecht den Wettbewerb teilweise sogar beschränke, um den Schutz der Anleger und die Funktionsfähigkeit des Marktes sicherzustellen.[949]

Weiterer Kritikpunkt an einer Übertragung des Rechtsgedankens aus dem Wettbewerbsrecht war, dass die Anwendung der Marktortanknüpfung auch dort, insbesondere im Anwendungsbereich der *e-commerce*-RL, welche das Herkunftslandprinzip für maßgeblich erkläre, nicht konsequent eingehalten werde.[950] Dieses Argument lässt sich allerdings nach der klarstellenden Rechtsprechung des *EuGH* in der Rs. *eDate* nicht mehr aufrechterhalten.[951] Dem Herkunftslandprinzip der *e-commerce*-RL kommt nämlich gerade keine kollisionsrechtliche Wirkung zu, weshalb in diesem Bereich lediglich auf Sachrechtsebene Korrekturen stattfinden, es kollisionsrechtlich aber bei der Anwendung der marktorientierten Anknüpfung des Art. 6 Rom II-Verordnung bleibt.[952] Dennoch bleibt

---

946 *Einsele* ZEuP 2012, 23 (38).

947 So *Einsele* ZEuP 2012, 23 (38); *Kurt,* Culpa in contrahendo im europäischen Kollisionsrecht der vertraglichen und außervertraglichen Schuldverhältnisse, S. 236 ff.; *Sánchez Fernández,* Ley aplicable a la responsabilidad derivada del folleto, S. 323; bereits vor Geltung der Rom II-Verordnung *Bischoff* AG 2002, 489 (493); *Kiel,* Internationales Kapitalanlegerschutzrecht, S. 209 ff., 274; *Grundmann* RabelsZ 54 (1990), 283 (306f.); *Hopt* in: FS Lorenz (1991), 413 (419); differenzierend *Jäger,* Das Prospekthaftungsstatut, S. 212 ff.

948 *Lehmann* IPRax 2012, 399 (402); *Kuntz* WM 2007, 432 (436); krit. zur Übertragbarkeit des Marktgedankens aus anderen Rechtsgebieten auch *Martiny* in: FS Drobnig (1998), 389 (408).

949 *Lehmann* IPRax 2012, 399 (402).

950 So etwa *Kuntz* WM 2007, 432 (436); *Oulds* WM 2008, 1573 (1575).

951 *EuGH* Urteil v. 25.10.2011 - verb. Rs. C-509/09 und C-161/10, ECLI:EU:C:2011:685 (eDate Advertising u.a.); ausführlich hierzu bereits oben Abschnitt IV.C.1.a)(2)(b).

952 Ausführlich *Ohly* in: Ohly/Sosnitza, UWG, 7. Aufl. 2016, UWG, Einf. C. Rn. 83f.; *Sack* EWS 2011, 513 (515 ff.); siehe auch oben Abschnitt IV.C.1.a)(2)(c).

festzustellen, dass die Schutzinteressen des Wettbewerbs- und des Kapitalmarktrechts – bei allen Ähnlichkeiten – jedenfalls im Detail unterschiedliche Akzentuierungen aufweisen. Dies zeigt sich – wie bereits angesprochen – insbesondere darin, dass das Kapitalmarktrecht keinen absoluten Wettbewerbsschutz auch zulasten der Interessen der Marktteilnehmer kennt, sondern im Gegenteil den Wettbewerb an vielen Stellen sogar einschränkt, um den Anleger- und Marktfunktionsschutz zu fördern. Beispielhaft sind hier gerade auch die vielfältigen kapitalmarktrechtlichen Verpflichtungen zur Veröffentlichung von Informationen am Primär- und Sekundärmarkt, wohingegen die Bekannt- oder Weitergabe von Informationen im Wettbewerbsrecht höchst problematisch ist. Ohnehin kann sich eine Anwendung der Marktortanknüpfung auf die Kapitalmarktinformationshaftung aber nicht auf den bloßen Verweis einer vermeintlich ähnlichen Interessenlage in einem anderen Rechtsgebiet stützen. Vielmehr sind die Auswirkungen auf die Interessen der an Kapitalmarktsachverhalten beteiligten Akteure zu untersuchen.

(c) Möglichkeiten der Verwirklichung *de lege lata*

Im Rahmen der Rom II-Verordnung bieten sich *de lege lata* im Wesentlichen zwei Möglichkeiten, eine Anknüpfung an einen – wie auch immer zu präzisierenden – Marktort zu realisieren.

(i) Präzisierung des Erfolgsorts in Art. 4 Abs. 1 Rom II-Verordnung als Marktort

Teilweise wird befürwortet, den Erfolgsort im Sinne des Art. 4 Abs. 1 Rom II-Verordnung am Marktort zu lokalisieren.[953] Dem liegt der Gedanke zugrunde, dass die Kapitalmarktinformationshaftung primär den Schutz des Marktes

---

953 Vgl. *Einsele* RabelsZ 81 (2017), 781 (789); *Einsele* ZEuP 2012, 23 (39); *Einsele,* Bank- und Kapitalmarktrecht, § 7 Rn. 92; *Mankowski* in: Reithmann/Martiny, Internationales Vertragsrecht, Rn. 6.1773; *Mankowski* RIW 2009, 98 (116); *Maier-Reimer/Seulen* in: Habersack/Mülbert/Schlitt, Handbuch der Kapitalmarktinformation, § 30 Rn. 50; *Garcimartín* LFMR 2011, 449 (453, 455); *Freitag* WM 2015, 1165 (1172); *Sánchez Fernández,* Ley aplicable a la responsabilidad derivada del folleto, S. 290 ff.; *Pietrancosta* RTDF 2011, 70 (72); wohl auch *Weber* WM 2008, 1581 (1586): „*Notlösung*"; *Arnold* IPRax 2013, 525 (529); *Thorn* in: Palandt, 78. Aufl. 2019, Rom II-Verordnung, Art. 4 Rn. 30; ähnlich bereits *Grundmann* RabelsZ 54 (1990), 283 (308); krit. zum Ganzen *Junker* RIW 2010, 257 (263); *von Hein* in: Fassbender/Wendehorst/Wet u. a., Paradigmen im internationalen Recht, 369 (415); *Steinrötter,* Beschränkte Rechtswahl im Internationalen Kapitalmarktprivatrecht und akzessorische Anknüpfung an das Kapitalmarktordnungsstatut, S. 189f.

bezweckt und daher der maßgebliche Verletzungserfolg nicht in der Vermögensminderung des Anlegers, sondern in der Beeinträchtigung der Marktintegrität zu sehen ist.[954] In diesem Zusammenhang wird darauf hingewiesen, dass potentielle Anleger am Markt mit den für die Anlageentscheidung relevanten Informationen in Kontakt kommen, sich dort also die Preisbildung der gehandelten Finanzinstrumente vollzieht.[955] Entsprechend erleide ein Anleger bei fehlerhaften oder zurückgehaltenen Informationen auch hier seinen eigentlichen Schaden, da der aufgrund unzureichender Informationen gebildete Preis den tatsächlichen Wert des Finanzinstruments nicht widerspiegelt.[956] Gegen eine solche Vorverlagerung des Erfolgsorts wird jedoch zu Recht vorgebracht, dass die Publizitätsvorschriften neben dem Marktfunktionsschutz eben auch den Individualschutz bezwecken und ein Schadensersatzanspruch des betreffenden Anlegers nicht bloß eine marktbezogene Kursbeeinträchtigung, sondern auch eine kausale Schmälerung des Anlegervermögens voraussetzt.[957]

Weiterhin scheint eine solche Auslegung von Art. 4 Abs. 1 Rom II-Verordnung insbesondere durch Erwägungsgrund (21) der Rom II-Verordnung gestützt zu werden, welcher hinsichtlich der im Rahmen von Art. 6 Rom II-Verordnung vorgesehenen Anknüpfung an den betroffenen Markt klarstellt, dass dies *„keine Ausnahme von der allgemeinen Regel nach Artikel 4 Absatz 1 [...], sondern vielmehr eine Präzisierung derselben“* darstelle.[958] Entsprechend soll auch für Kapitalmarktinformationshaftungsansprüche eine ähnliche Präzisierung vorgenommen werden können.[959] Dem wird allerdings entgegengehalten, Art. 6 Rom II-Verordnung sowie der erläuternde Erwägungsgrund (21) seien

954 *Einsele* ZEuP 2012, 23 (38); *Mankowski* in: Reithmann/Martiny, Internationales Vertragsrecht, Rn. 6.1773; *Maier-Reimer/Seulen* in: Habersack/Mülbert/Schlitt, Handbuch der Kapitalmarktinformation, § 30 Rn. 50; *Garcimartín* LFMR 2011, 449 (453); krit. *Weber* WM 2008, 1581 (1586).

955 *Garcimartín* LFMR 2011, 449 (453); *Bachmann* IPRax 2007, 77 (82).

956 *Garcimartín* LFMR 2011, 449 (453).

957 *von Hein* in: Fassbender/Wendehorst/Wet u. a., Paradigmen im internationalen Recht, 369 (400).

958 Hierzu *Weller* in: Mansel/Hüßtege, Rom-Verordnungen, 2. Aufl. 2015, Rom II-VO, Art. 6 Rn. 16a.

959 *Einsele* ZEuP 2012, 23 (39); *Einsele,* Bank- und Kapitalmarktrecht, § 7 Rn. 92; *Weber* WM 2008, 1581 (1586); *Corneloup* in: Nuyts/Hatzimihail, Cross-border class actions, 291 (307); dies aufgrund der damit auch bestehenden Möglichkeit der Anwendung von Art. 4 Abs. 2 Rom II-Verordnung lediglich als Notlösung akzeptierend *Weber* WM 2008, 1581 (1586), welcher hierbei freilich die Korrekturmöglichkeit durch Art. 4 Abs. 3 Rom II-Verordnung außer Acht lässt.

speziell auf das Wettbewerbsrecht zugeschnitten, weshalb eine Übertragung auf andere Rechtsgebiete bereits am Verbot der Ausdehnung von Sonderbestimmungen („*singularia non sunt extendenda*") scheitere.[960] Dieses Argument übersieht jedoch, dass nach dem klaren Wortlaut von Erwägungsgrund (21) zur Rom II-Verordnung die Anknüpfung in Art. 6 Rom II-Verordnung gerade nicht als Ausnahme von der Regel, sondern als Teil derselben zu verstehen ist, weshalb eine entsprechende Anwendung des enthaltenen Gedankens nicht *a priori* ausscheidet. Es gilt diesbezüglich zu differenzieren: Art. 6 Rom II-Verordnung selbst stellt sicherlich eine Sonderbestimmung für das Wettbewerbsrecht dar, an deren Analogiefähigkeit man entsprechend zweifeln kann;[961] die der Norm zugrundeliegende Anknüpfungsmethodik hingegen – nämlich die Präzisierung des Erfolgsorts im Sinne des Marktorts – ist ausweislich der Erwägungsgründe gerade keine Sonderbestimmung und damit grundsätzlich der Übertragung auf andere Rechtsgebiete zugänglich.

Weiter wird eingewendet, entsprechende Präzisierungen dürfe alleine der europäische Gesetzgeber vornehmen, weshalb Erwägungsgrund (21) zur Rom II-Verordnung nicht als „*Freibrief an den Rechtsanwender*" zu verstehen sei.[962] Zwingend erscheint dieser Einwand allerdings nicht. Jedenfalls soweit die Rom II-Verordnung für bestimmte Deliktstypen keine besonderen Vorgaben enthält, ist nicht ausgeschlossen, dass eine dahingehende Auslegung im Einzelfall sachgerecht ist. Aus der Abwesenheit weiterer Präzisierungen gewissermaßen einen Vorbehalt des Gesetzgebers abzuleiten, erscheint zumindest zweifelhaft und findet weder im Wortlaut noch in der Systematik der Rom II-Verordnung eine Stütze. Aufschlussreich ist in diesem Zusammenhang aber ein Vergleich zum Internationalen Zivilverfahrensrecht. Auch hier wurde befürwortet, den Erfolgsorts des Deliktsgerichtsstands mit dem Marktort gleichzusetzen.[963] Auf entsprechende Tendenzen ist der *EuGH* in der Rs. *Kolassa* – in welcher gerade

960 So ausdrücklich *Steinrötter*, Beschränkte Rechtswahl im Internationalen Kapitalmarktprivatrecht und akzessorische Anknüpfung an das Kapitalmarktordnungsstatut, S. 190.

961 Dies räumt auch *Einsele* ZEuP 2012, 23 (39) ein.

962 So *Lehmann* IPRax 2012, 399 (402); dem zustimmend *Steinrötter*, Beschränkte Rechtswahl im Internationalen Kapitalmarktprivatrecht und akzessorische Anknüpfung an das Kapitalmarktordnungsstatut, S. 190.

963 Vgl. *Bachmann* IPRax 2007, 77 (82); ähnlich *OLG Frankfurt a.M.*, Beschluss v. 5.8.2010, NZG 2011, 32 mit zustimmender Anmerkung *Mankowski* EWiR 2010, 725 (726); krit. zum Ganzen *von Hein* in: Fassbender/Wendehorst/Wet u. a., Paradigmen im internationalen Recht, 369 (399 ff.).

die Erfolgsortzuständigkeit in Prospekthaftungsfällen in Frage stand – jedoch nicht einmal eingegangen. Im Gegenteil hat er festgestellt, dass „*der Schaden an dem Ort eintritt, an dem der Investor ihn erleidet.*"[964] Der maßgebliche Erfolg realisiert sich also am Belegenheitsort des Anlegervermögens und nicht am Markt bzw. dessen Integrität.[965] Es kann nicht angenommen werden, dass der *EuGH* den Erfolgsort im Sinne von Art. 4 Abs. 1 Rom II-Verordnung anders lokalisieren würde als im Rahmen von Art. 5 Nr. 3 EuGVO a.F.[966] Vor dem Hintergrund dieser Rechtsprechung dürfte daher jedenfalls *de lege lata* eine Präzisierung des Erfolgsorts als Marktort, auch für das Internationale Privatrecht[967], kaum noch vertretbar sein.[968]

(ii) Offensichtlich engere Verbindung zum Marktort

Alternativ wird die Anwendung des am betroffenen Markt geltenden Rechts über die Ausweichklausel in Art. 4 Abs. 3 S. 1 Rom II-Verordnung vorgeschlagen.[969] Es soll eine *offensichtlich engere Verbindung* zu dem Staat bestehen, an dessen Markt Emittent und Anleger typischerweise aufeinandertreffen.[970] Teilweise wird

---

964 *EuGH* Urteil v. 28.01.2015 – Rs. C-375/13, ECLI:EU:C:2015:37 (Kolassa), Rz. 54.

965 Vgl. zum Urteil *von Hein* JZ 2015, 946 (948); in diesem Sinne bereits *Junker* RIW 2010, 257 (263).

966 *von Hein* JZ 2015, 946 (949); *Lehmann* JPIL 2016, 318 (337); anders offenbar *Einsele* RabelsZ 81 (2017), 781 (790 ff.), die für eine abweichende Interpretation plädiert.

967 Vgl. zur kohärenten Auslegung von Rom II-Verordnung und EuGVO Erwägungsgrund (7) der Rom II-Verordnung; allgemein hierzu auch *Junker* in: MüKo-BGB, 7. Aufl. 2018, Rom II-VO, Vorbem. zu Art. 1 Rn. 33 m. w. Nachw.; relativierend für den umgekehrten Fall allerdings jüngst *EuGH* Urteil v. 16.01.2014 – Rs. C-45/13, ECLI:EU:C:2014:7 (Kainz), in welchem der *EuGH* in Rz. 20 klarstellt, dass der Grundsatz der kohärenten Auslegung seine Grenze in Systematik und Zielsetzung der EuGVO finden kann.

968 Ähnlich *Müller* EuZW 2015, 218 (223f.); *Lehmann* JPIL 2016, 318 (337); *Wendelstein* GPR 2016, 140 (144).

969 Dafür *Weber* WM 2008, 1581 (1586f.); *Kronke/Haubold* in: Kronke/Melis/Kuhn, Handbuch internationales Wirtschaftsrecht, Teil L Rn. 409 (anders *dies.* noch in der Vorauflage, dort Teil L Rn. 360); im Ergebnis wohl auch *Kontogeorgou*, Das IPR der Kapitalmarktdelikte, S. 213; *Kuntz* WM 2007, 432 (436); *Unberath/Cziupka/Pabst* in: Rauscher, EuZPR/EuIPR, 4. Aufl. 2016, Rom II-VO, Art. 4 Rn. 45; bereits vor Geltung der Rom II-Verordnung zur deutschen Parallelregelung in Art. 41 EGBGB *Bischoff* AG 2002, 489 (492 ff.); *Floer*, Internationale Reichweite der Prospekthaftung, S. 143 ff.; *Bachmann* IPRax 2007, 77 (79); im Hinblick auf die Ausweichklausel in § 48 Abs. 1 S. 2 österr. IPRG a.F. jüngst auch *OGH*, Urteil v. 15.12.2015 – 4 Ob 112/15x, Gliederungspunkt 4.1 ff.

970 *Weber* WM 2008, 1581 (1586).

sogar davon ausgegangen, dass durch eine Anwendung der Ausweichklausel die Schaffung einer besonderen Kollisionsnorm für die Kapitalmarktinformationshaftung obsolet werde.[971] Dem ist freilich schon aus Gründen der Klarheit und Rechtssicherheit, welche letztlich nur eine Regelung *de lege ferenda* gewährleisten kann[972], zu widersprechen.

Weiterhin stehen dieser Ansicht natürlich dieselben Bedenken entgegen, welche grundsätzlich gegen eine Lösung über die Ausweichklausel in Art. 4 Abs. 3 Rom II-Verordnung vorgebracht werden.[973] Wie gezeigt, sind diese aber insgesamt zu entkräften.[974] Zudem vermeidet dieser Weg die aufgrund der jüngsten *EuGH*-Rechtsprechung in der Rs. *Kolassa* inzwischen äußerst fragwürdig erscheinende Präzisierung des Erfolgsorts als Marktort. Letztlich kann das Bestehen einer Verbindung zwischen Kapitalmarktinformationshaftungsansprüchen und dem Ort des betroffenen Marktes nicht negiert werden. Insgesamt erscheint daher eine über die Ausweichklausel vorgenommene Anknüpfung an das Recht des betroffenen Marktes – jedenfalls soweit man dieses tatsächlich für das Recht der offensichtlich engeren bzw. engsten Verbindung erachtet – *de lege lata* zumindest methodisch gangbar.

(d) Unterschiedliche Methoden der Bestimmung des betroffenen Marktes

Schwierigkeiten bereitet aber auch den Verfechtern einer Anknüpfung an den Marktort die Lokalisierung des tatsächlich betroffenen Marktes.[975]

(i) Platzierungsort

Vermehrt wird vorgeschlagen, den betroffenen Markt am *Platzierungsort* des jeweiligen Wertpapiers zu lokalisieren.[976] Gemeint ist hiermit der Ort, an dem

971 *Weber* WM 2008, 1581 (1586f.); ebenso bereits *Floer*, Internationale Reichweite der Prospekthaftung, S. 145 ff.

972 Näher hierzu bereits oben Abschnitt IV.D.1.a).

973 Vgl. exemplarisch *Lehmann* IPRax 2012, 399 (402).

974 Siehe oben Abschnitt IV.D.1.b).

975 Krit. hierzu *Junker* RIW 2010, 257 (264); *Kronke* Rec. des cours 2000, 261 (300f.); grundlegend zur Problematik der Lokalisierung des betroffenen Marktes bereits *Martiny* in: FS Drobnig (1998), 389 (393 ff.).

976 *Weber* WM 2008, 1581 (1587); *Einsele* ZEuP 2012, 23 (38); *Garcimartín* LFMR 2011, 449 (455); *Arons* NiPR 2008, 481 (485f.); *Bischoff* AG 2002, 489 (494); *Floer*, Internationale Reichweite der Prospekthaftung, S. 153; *Freitag* in: Reithmann/Martiny, Internationales Vertragsrecht, Rn. 6.567; ebenso, allerdings für den Erfolgsort des Art. 5 Nr. 3 EuGVO a.F. (Art. 7 Nr. 2 EuGVO n.F.), *OLG Frankfurt a.M.*, Beschluss v. 5.8.2010, NZG 2011, 32 (33) mit zustimmender Anmerkung *Mankowski* EWiR 2010, 725 (726); im Hinblick auf die Deliktskollisionsnorm in § 48 Abs. 1 österr. IPRG

das gegenständliche Wertpapier zum Handel an einem organisierten Markt zugelassen ist oder öffentlich angeboten wurde.[977] Dieser stimme beim Handel über eine Börse mit dem jeweiligen Börsenort überein, wobei diesbezüglich teilweise auf den geographischen Sitz der Börse[978], teilweise auf die Börse als Überbegriff eines staatlich genehmigten Handelssystems[979] abgestellt wird.[980] Maßgeblich ist der Platzierungsort auch in Art. 156 schw. IPRG bzw. der liechtensteinischen Parallelregelung in Art. 237d liecht. PGR, wenngleich er hier als *Ausgabeort* bezeichnet wird.[981]

Die Anknüpfung an den Platzierungsort wirft allerdings bei Erwerbsgeschäften auf dem Sekundärmarkt und im Falle von Mehrfachplatzierungen schwierige Abgrenzungsfragen auf: Bei Mehrfachplatzierungen eines Wertpapieres an mehreren Börsen hat diese Konkretisierung des Marktorts zur Konsequenz, dass potentiell mehrere Rechtsordnungen anwendbar sein können. Die konkret anwendbare Rechtsordnung soll dann mittels – teilweise äußerst ausdifferenzierten – Behelfsanknüpfungen bestimmt werden. Einige Autoren möchten hierzu an den Börsenplatz, über den das konkrete Erwerbsgeschäft tatsächlich ausgeführt wurde, also an den Erwerbsort anknüpfen.[982] *Bischoff* hingegen hält den Erwerbsort für gänzlich irrelevant und möchte stets an das Recht der ursprünglichen Zulassung des Wertpapiers anknüpfen.[983] Weiter schlägt *Floer* vor, den Sitz des Verkäufers, hilfsweise den Sitz des Erwerbers und – soweit an den

---

a.F. jüngst auch *OGH*, Urteil v. 15.12.2015 – 4 Ob 112/15x, Gliederungspunkt 4.6; im Ergebnis wohl auch *Welter* in: Schimansky/Bunte/Lwowski, Bankrechts-Handbuch, § 26 Rn. 202; *Hopt* in: FS Lorenz (1991), 413 (419, 422), welche diesen allerdings in Anlehnung an die in Art. 156 schw. IPRG verwendete Terminologie als „Ausgabeort“ bezeichnen.

977 *Einsele* ZEuP 2012, 23 (40); *Lehmann* IPRax 2012, 399 (403).

978 So etwa *Bischoff* AG 2002, 489 (494); *Weber* WM 2008, 1581 (1587); *Kiel*, Internationales Kapitalanlegerschutzrecht, S. 305; ebenso *OLG Frankfurt a.M.*, Beschluss v. 5.8.2010, NZG 2011, 32 (33); wohl auch *Jäger*, Das Prospekthaftungsstatut, S. 313.

979 Dafür *Einsele* ZEuP 2012, 23 (41).

980 Im Ergebnis dürfte diese Unterscheidung allerdings – jedenfalls für die Bestimmung des anwendbaren Rechts – rein theoretischer Natur sein, da der geographische Sitz der Börse regelmäßig auch innerhalb des Staates liegt, für welchen das Handelssystem eingerichtet ist.

981 *Vischer* in: Zürcher Kommentar zum IPRG, 2. Aufl. 2004, IPRG, Art. 156 Rn. 5; *Schnyder/Bopp* in: FS Zobl (2004), 391 (403).

982 *Weber* WM 2008, 1581 (1587); *Garcimartín* LFMR 2011, 449 (455); *Einsele* ZEuP 2012, 23 (40); *Arons* NiPR 2008, 481 (486).

983 *Bischoff* AG 2002, 489 (494).

vorgenannten Orten keine Börsenzulassung besteht – äußerst hilfsweise den Ort des letzten börslichen Handels für maßgeblich zu erklären.[984] Problematisch ist zudem der Erwerb über den außerbörslichen Sekundärmarkt, wofür unter anderem vorgeschlagen wird, weiterhin an den Ort der ursprünglichen Zulassung des Wertpapiers[985], an den tatsächlichen Erwerbsort[986] oder den Veröffentlichungsort des fehlerhaften Prospekts oder der fehlerhaften Information[987] anzuknüpfen. *Weber* hingegen möchte für den Fall außerbörslichen Erwerbs nach einer komplizierten Anknüpfungsleiter an den Sitz des Betreibers des Handelssystems, hilfsweise den Sitz der beauftragenden Bank oder ebenfalls hilfsweise den gewöhnlichen Aufenthaltsort des Anlegers abstellen, allerdings nur, soweit an diesen Orten jeweils auch eine Zulassung des Wertpapiers erfolgte; ist dies nicht der Fall, soll äußerst hilfsweise das Recht des jeweiligen Herkunftsmitgliedstaats des Emittenten maßgeblich sein.[988]

(ii) Erwerbsort

Vereinzelt wird der *Erwerbsort*, welcher durch den gewöhnlichen Aufenthalt der am Erwerbsgeschäft beteiligten Personen und die Abgabe der für das Geschäft erforderlichen Willenserklärungen gekennzeichnet sei, auch für alleine maßgeblich gehalten.[989] Gestützt wurde dieser Vorschlag allerdings im Wesentlichen auf die im damaligen Börsengesetz enthaltene Ausrichtung der Prospekthaftung auf den inländischen Markt bzw. inländische Erwerbsgeschäfte.[990]

(iii) Vertriebsort

Alternativ wird vorgeschlagen, den relevanten Marktort grundsätzlich am *Vertriebsort* anzusiedeln.[991] Hierbei soll beispielsweise auf die Vertriebstätigkeit

---

984 *Floer,* Internationale Reichweite der Prospekthaftung, S. 153.

985 *Bischoff* AG 2002, 489 (494); in diesem Sinne auch *Garcimartín* LFMR 2011, 449 (456).

986 *Einsele* ZEuP 2012, 23 (41); in verschiedenen Präzisierungen des Erwerbsorts je nach grenzüberschreitendem Bezug und teilweise unter der Bedingung der dortigen Börsenzulassung auch *Floer,* Internationale Reichweite der Prospekthaftung, S. 154.

987 *Arons* NiPR 2008, 481 (486f.).

988 *Weber* WM 2008, 1581 (1587).

989 *Schneider,* Kapitalmarktrechtlicher Anlegerschutz und internationales Privatrecht, S. 272, 281 ff.; ähnlich *Pietrancosta* RTDF 2011, 70 (72).

990 *Schneider,* Kapitalmarktrechtlicher Anlegerschutz und internationales Privatrecht, S. 281.

991 *Kontogeorgou,* Das IPR der Kapitalmarktdelikte, S. 213f.; ähnlich bereits *Kiel,* Internationales Kapitalanlegerschutzrecht, S. 311, welcher allerdings bei an der Börse abgeschlossenen Geschäften weiterhin auf den Börsenort abstellen möchte; zustimmend *Zimmer,* Internationales Gesellschaftsrecht, S. 56; bezüglich Börsenaußengeschäften

des Emittenten, etwa mittels öffentlicher Werbung oder der Entgegennahme von Aufträgen, abgestellt werden, soweit sich diese auf die in Rede stehende Investition des Anlegers am Kapitalmarkt ausgewirkt haben.[992] Mit ähnlicher Argumentation hat sich jüngst auch *Kontogeorgou* für eine Anknüpfung der Prospekthaftung an den Vertriebsort ausgesprochen.[993] Dieser sei zu verstehen als Ausrichtungsort der Absatztätigkeit des Anbieters, welcher insbesondere auch durch in Prospekten verwendete Disclaimer sowie den inhaltlichen Zuschnitt des Prospekts konkretisiert werden könne.[994] Nach anderer Ansicht soll für die Bestimmung des Vertriebsorts primär auf den gemeinsamen gewöhnlichen Aufenthalt bzw. Sitz von Anleger und Anbieter abgestellt oder, soweit diese auseinanderfallen, auf das Recht des Staates, in welchem der „Präsenskontakt" zwischen Anleger und Anbieter stattgefunden hat, verwiesen werden.[995]

(iv) Ort der Prospektveröffentlichung

Jäger hingegen möchte speziell für Prospekthaftungsansprüche auf den *Ort der Prospektveröffentlichung* abstellen.[996] Diesen lokalisiert er dort, wo der Emittent den Prospekt bewusst und zielgerichtet verbreitet.[997] Der Vorschlag *Jägers* erinnert damit an den bereits angesprochenen Vertriebsort, wenngleich *Jäger* zur näheren Konkretisierung der Anknüpfung auf die Beeinflussung des Anlegers und nicht auf etwaige Vertriebsaktivitäten des Emittenten abstellt.[998] Beides dürfte allerdings häufig zusammenfallen. Zumindest alternativ stellt auch

---

auch *Giesberts,* Anlegerschutz und anwendbares Recht bei ausländischen Börsentermingeschäften, S. 225 ff.

992 *Kiel,* Internationales Kapitalanlegerschutzrecht, S. 311; siehe auch *Kontogeorgou,* Das IPR der Kapitalmarktdelikte, S. 201f., die für eine Anlehnung an das Erfordernis des Ausrichtens im Verbrauchervertragsrecht plädiert.

993 *Kontogeorgou,* Das IPR der Kapitalmarktdelikte, S. 213f.

994 *Kontogeorgou,* Das IPR der Kapitalmarktdelikte, S. 204 ff.; offen bleibt bei *Kontogeorgou* allerdings, wie das anwendbare Recht bei Absatztätigkeiten in mehreren Ländern bestimmt werden soll.

995 *Zimmer,* Internationales Gesellschaftsrecht, S. 64 ff.

996 *Jäger,* Das Prospekthaftungsstatut, S. 308 ff.; auch wenn *Jäger* selbst eine genaue Einordnung seines Vorschlags offen lässt (vgl. *Jäger,* Das Prospekthaftungsstatut, S. 145, 306f.), handelt es sich letztlich um eine weitere Konkretisierungsvariante der Marktanknüpfung, da auch *Jäger* auf das Zusammentreffen von Anleger und Emittent am Markt (Prospektveröffentlichung, Anlegerbeeinflussung) abstellt (so nun wohl auch *Jäger* DAJV-NL 2010, 64 (69)); ähnlich *Kronke/Haubold* in: Kronke/Melis/Kuhn, Handbuch internationales Wirtschaftsrecht, Teil L Rn. 409.

997 *Jäger,* Das Prospekthaftungsstatut, S. 308f.

998 *Jäger,* Das Prospekthaftungsstatut, S. 310 ff.

Art. 156 schw. IPRG auf den *Ausgabeort* ab, also den Ort, an welchem den Anlegern das öffentliche Angebot unterbreitet wird.[999]

(v) Auswirkungsort

Schließlich wird auch eine Lokalisierung des betroffenen Markts nach dem Auswirkungsprinzip, mithin am *Auswirkungsort*, favorisiert.[1000] Dieser sei dort belegen, wo öffentliches Anlageangebot und korrespondierende Annahme aufeinanderstoßen[1001] bzw. dort, wo sich die Pflichtverletzung des Emittenten auswirke[1002]. Der Ansatz stützt sich im Wesentlichen auf eine Parallele zum Wettbewerbsrecht, für welches das Auswirkungsprinzip in § 185 Abs. 2 GWB (§ 130 Abs. 2 GWB a.F.) festgeschrieben ist.[1003] Da kapitalmarktrechtliche Normen ebenso wie korrespondierende Haftungsvorschriften den inländischen Markt schützen, sollen sie nur anwendbar sein, soweit sich das erhebliche Verhalten eines Kapitalmarktakteurs auch im Inland auswirkt. Verhindert werden soll so in erster Linie die Anwendbarkeit mehrerer Haftungsrechte auf einen Sachverhalt, also eine Statutenkumulierung.[1004]

(vi) Fazit

Es zeigt sich also, dass nach derzeitigem Meinungsstand aufgrund der teilweise erheblich abweichenden Konkretisierungen streng genommen nicht von *einer* Anknüpfung an den betroffenen Markt gesprochen werden kann. Vielmehr wird eine Vielzahl von Anknüpfungspunkten in jeweils verschiedener Gewichtung und Priorisierung vorgeschlagen. Die Schwierigkeiten der Lokalisierung des Marktorts bzw. die hierüber lebhaft geführte Diskussion in der Literatur sprechen aber nicht schon für sich genommen gegen eine Anknüpfung an den

---

999 *Schnyder/Bopp* in: FS Zobl (2004), 391 (403); *Kondorosy,* Die Prospekthaftung im internationalen Privatrecht, S. 126.

1000 Vgl. insbesondere *Köstlin,* Anlegerschutz und Auslandsbeziehungen, S. 187 ff.; ähnlich *Grundmann* RabelsZ 54 (1990), 283 (306 ff.); für Ansprüche aus fehlerhafter oder unterlassener Ad-hoc-Publizität auch *Kontogeorgou*, Das IPR der Kapitalmarktdelikte, S. 245f..

1001 *Grundmann* RabelsZ 54 (1990), 283 (308).

1002 So *Kontogeorgou*, Das IPR der Kapitalmarktdelikte, S. 245, die diesbezüglich auf den Emittentensitz abstellt.

1003 *Grundmann* RabelsZ 54 (1990), 283 (306 ff.); *Köstlin,* Anlegerschutz und Auslandsbeziehungen, S. 190f.

1004 *Grundmann* RabelsZ 54 (1990), 283 (307); *Kontogeorgou*, Das IPR der Kapitalmarktdelikte, S. 246.

betroffenen Markt.[1005] Denn zu Recht wird in diesem Zusammenhang darauf hingewiesen, dass eine diesbezügliche Klärung durch den *EuGH* oder *de lege ferenda* durch den europäischen Gesetzgeber selbstverständlich möglich ist.[1006] Ohnehin ist es gerade Spezifikum der Marktortanknüpfung, den betroffenen Markt für das jeweilige Rechtsgebiet durch ausführliche Abgrenzung und Abwägung erst bestimmen zu müssen.[1007] Im Weiteren soll daher vielmehr die grundsätzliche Geeignetheit bzw. Angemessenheit der Marktortanknüpfung für Ansprüche aus Kapitalmarktinformationshaftung untersucht werden.

(e) Vorschlag des Deutschen Rates für IPR *de lege ferenda*

Der in jüngster Zeit wohl prominenteste Vorschlag für eine Anknüpfung kapitalmarktrechtlicher Schadensersatzansprüche an den Marktort stammt von der Spezialkommission „Finanzmarktrecht" des Deutschen Rates für IPR.[1008]

(i) Inhalt der vorgeschlagenen Kollisionsnorm

Vorgeschlagen wird hier die Einführung eines Art. 6a in die Rom II-Verordnung, welcher das Kollisionsrecht für *„unerlaubtes Verhalten auf dem Finanzmarkt"* regeln soll.[1009] Diesem Begriff soll jegliche zivilrechtliche Verantwortlichkeit, welche durch unerlaubtes Handeln oder Unterlassen auf dem Finanzmarkt entsteht, unterfallen.[1010]

Hauptkriterium der vorgeschlagenen Anknüpfung ist die Zulassung zum Handel an einem geregelten Markt (Art. 6a Abs. 1 S. 1), womit sich die Spezialkommission „Finanzmarktrecht" des Deutschen Rates für IPR einer gewichtigen Ansicht zur Konkretisierung des Marktorts anschließt.[1011] Im Fall der Zulassung an mehreren Märkten soll – je nach Delikt[1012] – auf den Erwerbs- oder

---

1005 So aber *Steinrötter*, Beschränkte Rechtswahl im Internationalen Kapitalmarktprivatrecht und akzessorische Anknüpfung an das Kapitalmarktordnungsstatut, S. 216; *Steinrötter* RIW 2015, 407 (413); *Denninger*, Grenzüberschreitende Prospekthaftung und Internationales Privatrecht, S. 244 ff., welcher der Marktortanknüpfung im Ergebnis Beliebigkeit vorwirft; krit. auch *Junker* RIW 2010, 257 (264).

1006 Siehe *von Hein* in: Fassbender/Wendehorst/Wet u. a., Paradigmen im internationalen Recht, 369 (417).

1007 *Martiny* in: FS Drobnig (1998), 389 (408); *Kronke* Rec. des cours 2000, 261 (303).

1008 Der Beschluss ist in deutscher und englischer Sprache veröffentlicht in IPRax 2012, 470 ff. und wird erläutert von *Lehmann* IPRax 2012, 399 (402 ff.).

1009 *Lehmann* IPRax 2012, 399 (402).

1010 Näher hierzu *Lehmann* IPRax 2012, 399 (399).

1011 Hierzu vorangehend unter Abschnitt IV.D.2.a)(1)(d)(i).

1012 Vgl. hierzu *Lehmann* IPRax 2012, 399 (403).

Veräußerungsort des Finanzinstruments abgestellt werden (Art. 6a Abs. 1 S. 2). Dies soll grundsätzlich auch für den Fall des Handels außerhalb eines geregelten Marktes gelten (Art. 6a Abs. 1 S. 3). Da aber ohne die Voraussetzung der Zulassung an einem geregelten Markt insbesondere beim Handel auf dem Sekundärmarkt unter Umständen ein Recht zur Anwendung berufen werden könnte, mit welchem der Emittent nicht rechnen konnte, ist das Recht am Erwerbs- oder Veräußerungsort beim Handel außerhalb eines geregelten Marktes nach Art. 6a Abs. 1 S. 3 nur dann anwendbar, wenn es aus Sicht des Haftenden vernünftigerweise vorhersehbar war.[1013] Soweit die Regelanknüpfung nach Art. 6a Abs. 1 zu keinem Ergebnis führt, soll das Recht des Staates anwendbar sein, zu dem das außervertragliche Schuldverhältnis die engste Verbindung aufweist (Art. 6a Abs. 3). Zudem enthält Art. 6a Abs. 2 eine Art. 4 Abs. 3 Rom II-Verordnung entsprechende Ausweichklausel, welche die Anknüpfung an das Recht der offensichtlich engeren Verbindung ermöglicht.

Abweichend von der vorgeschlagenen Anknüpfung nach Art. 6a Abs. 1 bis 4 soll, soweit das unerlaubte Verhalten auf dem Finanzmarkt nur die Interessen einer bestimmten Person beeinträchtigt, die Regelanknüpfung nach Art. 4 bzw. Art. 14 Rom II-Verordnung zur Anwendung gelangen (Art. 6a Abs. 5). Weiterhin kann ein Geschädigter, welcher vor den Gerichten des Wohnsitzmitgliedstaates des Beklagten klagt, seine Ansprüche nach dem dort geltenden Recht geltend machen, sofern das gegenständliche Finanzinstrument in diesem Staat auf einem geregelten Markt zum Handel zugelassen ist oder öffentlich angeboten wird (Art. 6a Abs. 4). Schließlich soll nach Eintritt des schadensbegründenden Ereignisses auch eine Rechtswahl grundsätzlich möglich sein (Art. 6a Abs. 6).

(ii) Kritik

Die grundsätzliche Geeignetheit des betroffenen Marktes als Anknüpfungspunkt für Ansprüche aus Kapitalmarktinformationshaftung wird nachfolgend zu untersuchen sein[1014], weshalb hierauf an dieser Stelle nicht vertieft eingegangen werden soll. Aber auch unabhängig von dieser *Grundentscheidung*[1015] beinhaltet der Regelungsvorschlag der Spezialkommission „Finanzmarktrecht“ des Deutschen Rates für IPR einige Auffälligkeiten.

Zunächst erscheint die Konkretisierung des Marktorts als Ort der Zulassung des betroffenen Finanzinstruments zum Handel an einem geregelten Markt

1013 *Lehmann* IPRax 2012, 399 (404).
1014 Siehe nachfolgenden Abschnitt IV.D.2.a)(2).
1015 Zu dieser *Lehmann* IPRax 2012, 399 (403).

jedenfalls aus Sicht der Emittenten einfach bestimm- und sicher vorhersehbar.[1016] Nicht ganz eindeutig ist allerdings, ob der Zulassung am geregelten Markt im Sinne des Art. 6a Abs. 1 S. 1 ein öffentliches Angebot von Finanzinstrumenten gleichstehen oder in diesem Fall die Regelung des Art. 6a Abs. 1 S. 3 anwendbar sein soll. Für eine Gleichstellung könnte der Wortlaut des letzten Halbsatzes von Art. 6a Abs. 4 sprechen, in welchem beide Kriterien nebeneinander erwähnt werden.

Auch bei der Zulassung des maßgeblichen Finanzinstruments an mehreren Märkten sowie beim außerbörslichen Handel, welche ein notorisches Problem der Marktortanknüpfung darstellen[1017], behilft sich der Vorschlag mit einem alternativen Abstellen auf den Erwerbs- oder Veräußerungsort. Hierzu stellt *Lehmann* in seinem erläuternden Aufsatz allerdings schon selbst fest, dass diese insbesondere beim Handel über das Internet häufig schwierig zu lokalisieren seien, resümiert aber schlicht, es gäbe zu ihm „*kaum eine Alternative*".[1018] Das kann freilich nicht überzeugen, zumal sich an dieser Stelle eine grundsätzliche Schwäche jeder Marktortanknüpfung zeigt: Im Fall des Handels an mehreren Märkten bzw. beim Handel außerhalb geregelter Märkte ist eine sinnvolle Bestimmung des tatsächlich betroffenen, also maßgeblichen Marktes nahezu nicht möglich.

Befremdlich mutet zudem an, dass die Kollisionsnorm bewussterweise gleich an mehreren Stellen „*versagt*"[1019] und in der Folge die Auffangregelung des Art. 6a Abs. 3 Anwendung finden soll. Dies ist etwa bei der Beteiligungspublizität der Fall und zudem auch, wenn ein an mehreren Märkten zugelassenes Finanzinstrument außerhalb der Börse erworben wird oder der Erwerbs- oder Veräußerungsort bei einem im Freiverkehr gehandelten Finanzinstrument für den Schädiger nicht im Sinne von Art. 6a Abs. 1 S. 3 vorhersehbar war.[1020] Der Anspruch an eine ausdifferenzierte Kollisionsnorm sollte aber sein, dass sie wenigstens weitestgehend alle denkbaren Fallkonstellationen erfasst. Auch kann der Erwerb eines im Freiverkehr gehandelten Finanzinstruments an einem für den Emittenten nicht vorhersehbaren Ort wohl nicht als derart außergewöhnlich bezeichnet werden, dass die Bestimmung einer Anknüpfung unmöglich erscheint.[1021] Auch unter dem Gesichtspunkt der Rechtsicherheit und insbesondere der Vorhersehbarkeit

---

1016 Zur Vorhersehbarkeit aus Anlegersicht siehe unten Abschnitt IV.D.2.a)(2)(b).

1017 Hierzu bereits oben Abschnitt IV.D.2.a)(1)(d).

1018 *Lehmann* IPRax 2012, 399 (402f.).

1019 *Lehmann* IPRax 2012, 399 (404).

1020 *Lehmann* IPRax 2012, 399 (403).

1021 Vgl. etwa den ausführlichen Regelungsvorschlag bei *Weber* WM 2008, 1581 (1587); a.A. offenbar *Lehmann* IPRax 2012, 399 (404), der von „*heterogenen*" Situationen

des anwendbaren Rechts erscheint es misslich, eine Kollisionsnorm einzuführen, welche für einige durchaus praxisrelevante Fälle lediglich auf das Recht der engsten Verbindung verweist, ohne diese auch nur ansatzweise näher zu konkretisieren. Der Rechtsanwender darf sich hier zu Recht alleine gelassen fühlen.

Grundsätzlich begrüßenswert ist die Möglichkeit der Geltendmachung von Ersatzansprüchen nach der Rechtsordnung der *lex fori*, welche Art. 6a Abs. 4 ermöglicht. Die Regelung, deren Vorbild Art. 6 Abs. 3 lit. b) Hs. 1 Rom II-Verordnung ist[1022], soll insbesondere die Durchführung kollektiven Rechtsschutzes ermöglichen, da Voraussetzung hierfür regelmäßig die Anwendbarkeit nur einer Rechtsordnung ist.[1023] Auch erleichtere eine entsprechende Regelung die Durchsetzung der Ansprüche, da ein hiermit befasstes Gericht nur sein eigenes Recht anzuwenden hat.[1024] Zudem ermöglicht es auch dem einzelnen Anleger, der ein an verschiedenen Märkten gehandeltes Finanzinstrument eines Emittenten an mehr als einem Markt erworben hat, seine Ansprüche nicht nach dem Mosaikprinzip, sondern nach nur einer Rechtsordnung geltend zu machen.[1025] Das diesbezügliche Wahlrecht des Geschädigten ist allerdings an zwei Voraussetzungen geknüpft: Es kommt nur zum Tragen, wenn die Klage vor den Gerichten des Wohnsitzmitgliedstaates des Beklagten erhoben wird[1026] und das betreffende Finanzinstrument in diesem Mitgliedstaat zum Handel an einem geregelten Markt zugelassen ist oder öffentlich angeboten wird. Durch diese kumulativen Voraussetzungen wird – bei aller Begünstigung des geschädigten Anlegers – auch den Interessen der Emittenten Rechnung getragen, welche ein entsprechendes Wahlrecht nur am Sitz und unter Anwendung des eigenen Haftungsrechts hinnehmen müssen, soweit sie sich diesem durch Zulassung oder öffentliches Angebot „unterworfen" haben. Durch diese Einschränkung wird den beiderseitigen Interessen hinreichend Rechnung getragen. Im Vorschlag der Spezialkommission „Finanzmarktrecht" des Deutschen Rates für IPR nicht

---

spricht, in denen nur bliebe, „*dem Richter jeweils die Ermittlung des Staats der engsten Verbindung zu überlassen.*"

1022 Vgl. zu Art. 6 Abs. 3 lit. b) Hs. 1 Rom II-Verordnung ausführlich *Roth* in: FS Kropholler (2008), 623 (645 ff.).

1023 *Lehmann* IPRax 2012, 399 (404); eher skeptisch hinsichtlich der Angemessenheit einer solchen Regelung in Kapitalmarktinformationshaftungsfällen *Corneloup* in: Nuyts/Hatzimihail, Cross-border class actions, 291 (312).

1024 Vgl. *Wiegandt* in: jurisPK-BGB, 8. Aufl. 2017, Rom II-VO, Art. 6 Rn. 43.

1025 Hierzu bezüglich Art. 6 Abs. 3 lit. b) Hs. 1 Rom II-Verordnung *Hohloch* in: Erman, BGB, 15. Aufl. 2017, Rom II-VO, Art. 6 Rn. 10.

1026 Eine Zuständigkeit ist hier nach Art. 4 Abs. 1 EuGVO n.F. gegeben.

geregelt sind aber – ebenso wie in der Parallelbestimmung des Art. 6 Abs. 3 lit. b) Hs. 1 Rom II-Verordnung – die Modalitäten der Ausübung des Wahlrechts, welche daher dem nationalen Recht entnommen werden müssen.[1027]

Eine Rechtswahl soll nach Art. 6a Abs. 6 grundsätzlich lediglich nach Eintritt des schadensbegründenden Ereignisses, also lediglich nachträglich möglich sein. Im Vergleich zur Rechtswahlmöglichkeit nach Art. 14 Rom II-Verordnung, welche unter bestimmten Voraussetzungen auch eine vorherige Rechtswahl gestattet, ist der Vorschlag daher enger. Begründet wird dies damit, dass eine vorherige Rechtswahl den regulatorischen Zielen des Kapitalmarktrechts entgegenlaufe.[1028] Dies kann im Ergebnis jedoch nicht überzeugen. Eine vorherige Rechtswahl ist im Rahmen der Rom II-Verordnung ohnehin nur unter sehr engen Voraussetzungen zulässig.[1029] Auch scheint vor dem Hintergrund der ohnehin stattfindenden aufsichtsrechtlichen Kontrolle der Kapitalmarktpublizität eine noch weitere Einschränkung der Parteiautonomie nicht unbedingt erforderlich, um die Funktionsfähigkeit der Kapitalmärkte zu schützen.[1030]

Im Detail wirft der Vorschlag der Spezialkommission „Finanzmarktrecht" des Deutschen Rates für IPR unabhängig von der Wahl des Marktorts als Anknüpfungspunkt daher einige Fragen auf, welche vielfach wohl dem offensichtlichen Kompromisscharakter des Vorschlags zuzuschreiben sein dürften. Insbesondere die Lückenhaftigkeit erscheint für einen Vorschlag *de lege ferenda* misslich.

(2) Folgen einer Anknüpfung an den Markt

Für eine Anknüpfung kapitalmarktrechtlicher Ersatzansprüche geschädigter Anleger an das Recht des betroffenen Marktes werden vielfältige Gründe ins Feld geführt, welche es selbstverständlich kritisch zu hinterfragen und abzuwägen gilt. Besonderes Gewicht bei der Untersuchung der Geeignetheit einer Marktortanknüpfung für die Kapitalmarktinformationshaftung muss dabei den Konsequenzen für die Interessen der Anleger und Emittenten zukommen.

(a) Verhältnis zwischen Haftungsstatut und anwendbarer Publizitätspflicht

Augenscheinlich ist zunächst die Auswirkung auf das Verhältnis zwischen Haftungsstatut und anwendbarem Publizitätsrecht. Zwar wird vereinzelt vorgebracht,

---

1027 Hierzu *Hohloch* in: Erman, BGB, 15. Aufl. 2017, Rom II-VO, Art. 6 Rn. 12; *Roth* in: FS Kropholler (2008), 623 (647).

1028 *Lehmann* IPRax 2012, 399 (405).

1029 Vgl. Art. 14 Abs. 1 lit. b) Rom II-Verordnung.

1030 Hierzu ausführlich bereits oben Abschnitt IV.C.1.c).

der betroffene Markt und das die Publizitätspflichten statuierende Recht fielen häufig zusammen.[1031] Dies gilt aber – wie der betreffende Autor auch selbst einräumt[1032] – gerade nicht im Bereich der Mitgliedstaaten bzw. des EWR, wo durch die einschlägigen Richtlinien harmonisiert regelmäßig das Recht des Herkunftsmitgliedstaates für die Publizitätspflichten maßgeblich ist.[1033] Eine Anknüpfung an das Recht des betroffenen Marktes hätte daher vielfach zur Folge, dass das anwendbare Haftungsrecht nicht der die Publizitätspflicht statuierenden Rechtsordnung, sondern einem anderen Recht entnommen würde.[1034] Ein solches Auseinanderfallen von Publizitätspflichten und Haftungsnormen wird als misslich wahrgenommen, da die Normen verschiedener Rechtsordnungen nicht aufeinander abgestimmt seien und folglich Widersprüche und Regelungslücken drohten.[1035] Zudem entfällt damit ein wesentliches Argument, welches stets für eine Anknüpfung an den betroffenen Markt angeführt wurde: Mit einer Anknüpfung der Kapitalmarktinformationshaftung an den betroffenen Markt kann nun – jedenfalls für den Bereich des EWR – gerade nicht mehr der engen Verzahnung von Pflichten und Haftung Rechnung getragen werden.[1036] Entsprechend wird bezweifelt, ob eine Marktortanknüpfung im Einklang mit den am Herkunftslandprinzip ausgerichteten kapitalmarktrechtlichen Richtlinien steht, welche die Publizitätsgebote statuieren.[1037]

Dem Auseinanderfallen von Publizitätspflichten und Haftungsnormen soll nach teilweise vertretener Auffassung mit einer Anwendung von Art. 17 Rom II-Verordnung im Sinne einer Berücksichtigung ausländischer Publizitätsvorschriften als *local data* begegnet werden.[1038] Dies erscheint aber problematisch,

---

1031 So *Garcimartín* LFMR 2011, 449 (453); *Kontogeorgou*, Das IPR der Kapitalmarktdelikte, S. 209; ähnlich wohl *Corneloup* in: Nuyts/Hatzimihail, Cross-border class actions, 291 (307).

1032 *Garcimartín* LFMR 2011, 449 (453).

1033 So auch *Einsele* ZEuP 2012, 23 (39); *Weber* WM 2008, 1581 (1583).

1034 *Weber* WM 2008, 1581 (1583).

1035 *Hellgardt/Ringe* ZHR 2009, 802 (831); *Kuntz* WM 2007, 432 (437); krit. zum Auseinanderfallen von Publizitätspflicht und Haftung aus der Sicht des schweizerischen Rechts auch *Schnyder/Bopp* in: FS Zobl (2004), 391 (404f.).

1036 Vgl. zu diesem Aspekt bereits oben Abschnitt IV.D.2.a)(1)(a).

1037 *von Hein* in: Baum/Fleckner/Hellgardt u. a., Perspektiven des Wirtschaftsrechts, 371 (392); *Hellgardt/Ringe* ZHR 2009, 802 (825).

1038 *Einsele* RabelsZ 81 (2017), 781 (804f.); *Einsele* ZEuP 2012, 23 (39); *Garcimartín* LFMR 2011, 449 (456); *Freitag* WM 2015, 1165 (1173); *Lehmann* in: MüKo-BGB, 7. Aufl. 2018, Internationales Finanzmarktrecht, Rn. 555; *Corneloup* in: Nuyts/Hatzimihail, Cross-border class actions, 291 (310f.); dies ist auch im Vorschlag der

da jedenfalls nach dem Wortlaut von Art. 17 Rom II-Verordnung nur Sicherheits- und Verhaltensregeln am Ort des haftungsbegründenden Ereignisses, also am Handlungsort, Berücksichtigung finden können.[1039] Der Ort der Publizierung eines fehlerhaften Prospekts oder der Herausgabe einer unrichtigen oder unvollständigen Ad-hoc-Mitteilung muss aber keineswegs immer in dem Staat, dessen Publizitätspflichten ein Emittent unterworfen ist, liegen.[1040] Gerade im Fall der Prospekthaftung dürfte die maßgebliche Handlung, also die Verfassung und Veröffentlichung des Prospekts, regelmäßig am Sitz des Emittenten vorgenommen worden sein.[1041] Art. 2 Abs. 1 lit. m) ii) und iii) Prospekt-RL sieht aber ausdrücklich Fälle vor, in denen mitgliedstaatliche Emittenten oder Drittstaatenemittenten den Prospektvorschriften eines anderen als ihres Sitzstaates unterliegen.[1042] Zudem spricht Art. 17 Rom II-Verordnung lediglich von faktischer Berücksichtigung der Sicherheits- und Verhaltensregeln, wobei dem erkennenden Richter Ermessen zukommt.[1043] Der Rechtssicherheit und Vorhersehbarkeit im Bereich der Kapitalmarktinformationshaftungsansprüche wäre eine Anwendung von Art. 17 Rom II-Verordnung daher eher abträglich, da *ex ante* nicht sicher vorhergesehen werden könnte, welche in- und ausländischen Publizitätsvorschriften im Prozess tatsächlich zu berücksichtigen sind.

Ohnehin ist aber – wie oben erarbeitet[1044] – eine Sonderanknüpfung der anwendbaren Publizitätsvorschriften neben dem Haftungsrecht vorzugswürdig. Ein Auseinanderfallen von Haftungsstatut und anwendbarem Publizitätsrecht stellt daher aus kollisionsrechtlicher Sicht keine außergewöhnliche Schwierigkeit dar und spricht damit im Ergebnis weder für noch gegen eine Anknüpfung von Ansprüchen aus Kapitalmarktinformationshaftung an das Recht des betroffenen Marktes.

Spezialkommission Finanzmarktrecht des Deutschen Rates für IPR vorgesehen, hierzu *Lehmann* IPRax 2012, 399 (405).

1039 Vgl. *Junker* in: MüKo-BGB, 7. Aufl. 2018, Rom II-VO, Art. 17 Rn. 18; *von Hein* in: FS von Hoffmann (2011), 139 (147f.).

1040 Dies sieht auch *Lehmann* IPRax 2012, 399 (405); *Lehmann* in: MüKo-BGB, 7. Aufl. 2018, Internationales Finanzmarktrecht, Rn. 555.

1041 *von Hein* in: Baum/Fleckner/Hellgardt u. a., Perspektiven des Wirtschaftsrechts, 371 (377); *Benicke* in: FS Jayme (2004), 25 (34); nun auch *EuGH* Urteil v. 28.01.2015 – Rs. C-375/13, ECLI:EU:C:2015:37 (Kolassa), Rz. 53; dem zustimmend *Müller* EuZW 2015, 218 (223); *Steinrötter* RIW 2015, 407 (410f.).

1042 Hierzu *Benicke* in: FS Jayme (2004), 25 (30).

1043 *von Hein* in: FS von Hoffmann (2011), 139 (153); *Junker* in: MüKo-BGB, 7. Aufl. 2018, Rom II-VO, Art. 17 Rn. 27 m. w. Nachw.

1044 Hierzu ausführlich oben Abschnitt III.D.

(b) Vorhersehbarkeit des anwendbaren Rechts

Weiterhin wird vielfach darauf hingewiesen, dass das Recht des Marktorts sowohl für Emittenten als auch für Anleger einfach bestimm- und damit vorhersehbar sei, was insbesondere eine zuverlässige Bewertung rechtlicher Risiken ermögliche.[1045] So bestünde für beide Seiten die Möglichkeit, sich durch die entsprechende Auswahl des Marktes das anwendbare Recht im Voraus auszusuchen.[1046] Zumindest hinsichtlich der Vorhersehbarkeit für Emittenten trifft dies wohl zu, da – soweit ersichtlich – nahezu alle bislang vertretenen Konkretisierungen des maßgeblichen Marktorts an eine Handlung des Emittenten anknüpfen und die Konsequenzen für diesen daher steuerbar sind.[1047] Entsprechendes mag in den meisten Fällen auch aus Sicht der Anleger zutreffen, wenn diese sich bewusst an einen Markt begeben und dort tätig werden.[1048] Schwieriger wird es hingegen bei einem Kundenauftrag zur bestmöglichen Ausführung, wie ihn etwa § 82 WpHG in Umsetzung von Art. 27 MiFID II vorsieht.[1049] Hier steht der Handelsplatz und damit unter Umständen auch der in Anspruch genommene Markt nicht von vorneherein fest, weshalb ein Anleger auch das anwendbare Haftungsrecht nicht voraussehen kann.[1050] Freilich lässt sich im Sinne der Marktortanknüpfung einwenden, dass ein Anleger, wenn er denn wirtschaftlich von der bestmöglichen Ausführung in Sinne des § 82 WpHG oder entsprechenden nationalen Umsetzungsnormen profitieren möchte, die partielle Nichtvorhersehbarkeit des anwendbaren Haftungsrechts hinnehmen müsse. Andernfalls wäre er gehalten, durch eine entsprechende Weisung eine Ausführung an einem bestimmten Markt sicherzustellen. Überzeugen kann dieses Argument vor dem Hintergrund

---

1045 *Garcimartín* LFMR 2011, 449 (453); *Einsele* ZEuP 2012, 23 (38); *Schmitt* BKR 2010, 366 (370); *Hellgardt/Ringe* ZHR 2009, 802 (816).

1046 *Choi/Silberman* Wisconsin L. Rev. 2009, 465 (500f.).

1047 Zu den unterschiedlichen Lokalisierungen des Marktorts oben Abschnitt IV.D.2.a)(1)(d).

1048 *Arons* NiPR 2008, 481 (486).

1049 *von Hein* in: Fassbender/Wendehorst/Wet u. a., Paradigmen im internationalen Recht, 369 (401); *von Hein* in: Kropholler/von Hein, 9. Aufl. 2011, EuGVO a.F., Art. 5 Rn. 86b; *Hellgardt/Ringe* ZHR 2009, 802 (816f.); allgemein zur bestmöglichen Ausführung nach § 82 WpHG *Klöhn* in: Langenbucher, Europarechtliche Bezüge des Privatrechts, § 6 Rn. 31.

1050 *von Hein* in: Fassbender/Wendehorst/Wet u. a., Paradigmen im internationalen Recht, 369 (401); *Hellgardt/Ringe* ZHR 2009, 802 (816f.); für unproblematisch hält dies *Kontogeorgou*, Das IPR der Kapitalmarktdelikte, S. 209, da es den Anlegern primär auf den Erwerb zum günstigsten Preis ankomme; mit Blick auf die Möglickeit der Vorhersehbarkeit auch aus Sicht der Anleger kann dies freilich nicht überzeugen.

der notwendigen Vorhersehbarkeit des anwendbaren Rechts aber freilich nicht. Auch die von Vertretern der Marktortanknüpfung selbst vorgeschlagene Lösung, in Fällen von Kundenaufträgen zur bestmöglichen Ausführung die Ausweichklausel anzuwenden[1051], ist der Rechtssicherheit nicht gerade dienlich. Das Argument der einfachen Bestimm- und Vorhersehbarkeit des Rechts bei Anwendung der Marktortanknüpfung verfängt daher jedenfalls im Hinblick auf Kundenaufträge zur bestmöglichen Ausführung nicht. Aber auch unabhängig hiervon ist der Marktort bei einem außerhalb der Börse stattfindenden Erwerb schwierig oder nur durch komplexe Hilfsanknüpfungen zu bestimmen[1052], weshalb eine Vorhersehbarkeit des anwendbaren Rechts durch eine Marktortanknüpfung letztlich doch nur sehr begrenzt gewährleistet ist.[1053]

(c) Anwendbarkeit mehrerer Rechtsordnungen und Mosaikbetrachtung

Folge einer Anknüpfung von Kapitalmarktinformationshaftungsansprüchen an den betroffenen Markt ist gleichsam auch, dass im Falle des Angebots der jeweiligen Wertpapiere an mehr als einem Markt die Anwendbarkeit mehrerer Rechtsordnungen in Betracht kommt.[1054] Wie bereits oben gezeigt behelfen sich auch Verfechter der Marktortanknüpfung dann mit teils komplizierten Behelfsanknüpfungen, um das im Einzelfall anwendbare Recht zu bestimmen.[1055] Der Vorhersehbarkeit und verlässlichen Bestimmung des anwendbaren Rechts ist dies selbstverständlich nicht gerade zuträglich. Weiterhin muss sich ein Emittent, soweit er an mehreren Märkten innerhalb oder außerhalb der EU tätig ist, auf verschiedene Haftungsrechte einstellen.[1056] Diesbezüglich ließe sich zwar argumentieren, dass sich der Emittent aktiv auf andere Märkte begeben hat und er dann auch das hiermit korrespondierende, erhöhte Haftungsrisiko tragen muss.[1057] Aus wirtschaftlicher Perspektive wird allerdings auch auf den Verlust von Standardisierungsvorteilen hingewiesen, welche bei der Ausrichtung der Kapitalmarktinformation nach nur einem Recht auf Seiten der Emittenten erzielt

---

1051 Vgl. *Corneloup* in: Nuyts/Hatzimihail, Cross-border class actions, 291 (312).

1052 Vgl. etwa *Einsele* ZEuP 2012, 23 (41); *Weber* WM 2008, 1581 (1587); *Jäger* DAJV-NL 2010, 64 (70).

1053 Ebenso *Hellgardt/Ringe* ZHR 2009, 802 (817).

1054 *Einsele* ZEuP 2012, 23 (40); krit. diesbezüglich *Stadler* in: Fairgrieve/Lein, Extraterritoriality and Collective Redress, 191 (200).

1055 Siehe hierzu oben Abschnitt IV.D.2.a)(1)(d)(i).

1056 *Kuntz* WM 2007, 432 (437); *Einsele* ZEuP 2012, 23 (40).

1057 *Einsele* ZEuP 2012, 23 (40); *Garcimartín* LFMR 2011, 449 (454); *Kontogeorgou*, Das IPR der Kapitalmarktdelikte, S. 207.

werden könnten.[1058] Die Anwendbarkeit mehrerer Rechtsordnungen habe vielmehr eine Verteuerung von Mehrfachplatzierungen durch Erhöhung des Haftungsrisikos zur Folge.[1059] Zudem diene es nicht dem Ziel der Errichtung eines einheitlichen Binnenmarktes, wenn international platzierende Emittenten mit der Anwendung mehrerer Haftungsrechte praktisch bestraft würden, wohingegen Emittenten, welche ausschließlich an einem Markt tätig sind, sich auf die Anwendbarkeit nur eines Haftungsrechts einrichten können.[1060]

Auch kommt nicht nur aus Sicht der Emittenten, sondern auch für den einzelnen Anleger die Anwendbarkeit mehrerer Rechtsordnungen in Betracht. Dies könnte etwa der Fall sein, wenn ein an mehreren Märkten gehandeltes Wertpapiere eines Emittenten auf unterschiedlichen Märkten erworben wird. Die am jeweiligen Markt eingetretenen Schäden des Anlegers unterliegen dann verschiedenen Rechtsordnungen, obwohl sie auf ein und derselben Handlung des Emittenten, welche als Verstoß gegen Publizitätsvorschriften zu qualifizieren ist, beruhen. Denn innerhalb des EWR muss nach Einführung des sogenannten europäischen Passes nur ein Wertpapierprospekt erstellt werden. Soweit dieser fehlerhaft oder unvollständig ist, betrifft dies aber alle Märkte, an denen das Wertpapier gehandelt oder öffentlich angeboten wird. Auch fehlerhafte oder unvollständige Ad-hoc-Mitteilungen wirken sich – insbesondere bei Publizierung über das Internet – potentiell auf mehreren Märkten aus. Konsequenz ist im Ergebnis das Vorliegen eines Streudelikts, für welches nach herrschender Meinung eine Mosaikbetrachtung gilt. Der Anleger muss im eingangs beschriebenen Fall seine Ersatzansprüche also nach verschiedenen Rechtsordnungen geltend machen. Hier lässt sich allerdings wiederum anführen, dass, wer auf mehreren Märkten investiert, auch die Geltung verschiedener Haftungsrechte hinnehmen muss.[1061] Der Anleger hat in diesem Fall keinen Anspruch auf die Anwendung nur einer Rechtsordnung. Zudem ist die Mosaikbetrachtung, gerade auch im Anwendungsbereich der Rom II-Verordnung, inzwischen allgemein anerkannt.[1062]

1058 *von Hein* in: Fassbender/Wendehorst/Wet u. a., Paradigmen im internationalen Recht, 369 (416); in diesem Sinne auch *Kuntz* WM 2007, 432 (437).

1059 *Benicke* in: FS Jayme (2004), 25 (36).

1060 *Kuntz* WM 2007, 432 (437); *Hellgardt/Ringe* ZHR 2009, 802 (825).

1061 In diesem Sinne auch *Weber* WM 2008, 1581 (1583f.); *Grundmann* RabelsZ 54 (1990), 283 (293f.).

1062 *Junker* in: MüKo-BGB, 7. Aufl. 2018, Rom II-VO, Art. 4 Rn. 32; *von Hein* ZEuP 2009, 6 (16); *Kadner Graziano* RabelsZ 73 (2009), 1 (37); im Hinblick auf Kartelldelikte unter Art. 6 Abs. 3 Rom II-Verordnung auch *Roth* in: FS Kropholler (2008), 623 (644); ausführlich zur entsprechenden Problematik im Lauterkeitsrecht *Drexl* in: MüKo-BGB, 7. Aufl. 2018, Internationales Lauterkeitsrecht, Rn. 187 ff.; *Weller*

Damit ist auch die Anwendbarkeit mehrerer Rechtsordnungen bei Streudelikten kein entscheidendes Argument gegen eine Marktortanknüpfung. Aus rechtspolitischer Sicht zu erwägen wäre für solche Fälle allerdings eine Art. 6 Abs. 3 lit. b) Rom II-Verordnung nachempfundene Regelung, welche zur Ermöglichung von Sammelklagen die Wahl des Rechts der *lex fori* ermöglicht, soweit auch der dortige Markt betroffen ist.[1063]

(d) Anlegerschutz

Weiterhin scheint auch der Anlegerschutz für eine Anknüpfung an den betroffenen Markt zu streiten.[1064] Insbesondere Kleinanleger erwerben Wertpapiere typischerweise im Staat ihres gewöhnlichen Aufenthalts, weshalb eine Marktortanknüpfung regelmäßig zur Anwendbarkeit des in diesem Staat geltenden, dem Anleger bekannten Recht führen würde.[1065] Zu berücksichtigen ist zwar, dass das Recht am betroffenen Markt bzw. im Aufenthaltsstaat des Anlegers nicht zwangsläufig auch das für den Anleger materiell günstigste sein muss.[1066] Andererseits hat es der Anleger ja gerade selbst in der Hand, sich Unterschiede in den Haftungsrechten verschiedener Staaten zunutze zu machen, indem er sich aktiv auf einen Markt begibt, der das höchste Anlegerschutzniveau gewährleistet.[1067] Für einen hohen Anlegerschutz spricht auch, dass die Gerichte des Staates, dessen Markt betroffen ist, für eine Schadensersatzklage des Anlegers häufig auch international zuständig sein dürften, da hier der Erfolgsort im Sinne

in: Mansel/Hüßtege, Rom-Verordnungen, 2. Aufl. 2015, Rom II-VO, Art. 6 Rn. 19f.; siehe auch bereits die Begründung der Kommission zum Verordnungsvorschlag KOM(2003) 427 endg., S. 12; krit. in Bezug auf Finanzmarktdelikte aber *Kiesselbach* JIBFL 2011, 25 (27).

1063 So etwa der Vorschlag des Deutschen Rates für IPR, vgl. hierzu *Lehmann* IPRax 2012, 399 (404); eher skeptisch hinsichtlich der Angemessenheit einer solchen Regelung in Kapitalmarktinformationshaftungsfällen aber *Corneloup* in: Nuyts/Hatzimihail, Cross-border class actions, 291 (312).

1064 *von Hein* in: Fassbender/Wendehorst/Wet u. a., Paradigmen im internationalen Recht, 369 (417); *von Hein* in: Baum/Fleckner/Hellgardt u. a., Perspektiven des Wirtschaftsrechts, 371 (392).

1065 *von Hein* in: Fassbender/Wendehorst/Wet u. a., Paradigmen im internationalen Recht, 369 (417).

1066 *von Hein* in: Baum/Fleckner/Hellgardt u. a., Perspektiven des Wirtschaftsrechts, 371 (393); zweifelnd auch *Wilken* in: Henssler/Kolbeck/Moritz u. a., Europäische Integration und globaler Wettbewerb, 329 (334); *Martiny* in: FS Drobnig (1998), 389 (405).

1067 *Arons* NiPR 2008, 481 (486).

der besonderen Zuständigkeit des Art. 7 Nr. 2 EuGVO n.F. belegen ist[1068], und zwar unabhängig davon, ob man diesen am Ort des Vermögensschadens oder ebenfalls am betroffenen Markt lokalisiert. Es käme also zu einem grundsätzlich wünschenswerten Gleichlauf zwischen *forum* und *ius*.[1069] Dieser wird aber aufgrund der Wahlmöglichkeit des Klägers bei mehreren Gerichtsständen nicht unbedingt immer verwirklicht.[1070]

(e) Konsequenzen für die Funktionsfähigkeit des Marktes

Schließlich wird vielfach vorgebracht, die Anwendung des Rechts am betroffenen Markt sichere die mit der Kapitalmarktinformationshaftung neben dem individuellen Anlegerschutz gleichfalls bezweckte Aufrechterhaltung der Funktionsfähigkeit des Marktes.[1071] Denn primäres Schutzinteresse von Publizitätsgeboten und flankierenden Haftungsnormen sei die Prävention von Verstößen gegen die zutreffende und vollständige Information des Marktes und damit der Schutz des Vertrauens in den Markt.[1072] Ausgehend von dieser Prämisse erscheint es nur folgerichtig, die Anwendbarkeit nationaler Haftungsvorschriften immer dann zu bejahen, wenn der durch sie geschützte Markt auch betroffen ist.[1073] Dies erscheint zunächst bestechend. Auf den zweiten Blick offenbart sich jedoch, dass diese Argumentation an entscheidenden Mängeln leidet.

Denn dem Schutz des Marktes als inländischem Handelsplatz dient nicht nur die Anwendung inländischer Haftungsvorschriften. Ebenso zuträglich ist der Funktionsfähigkeit des inländischen Marktes, wenn ausländische Haftungsvorschriften den Inlandsmarkt schädigendes Verhalten sanktionieren. Die präventive Wirkung der Kapitalmarktinformationshaftung, welche die Emittenten zum Einhalten der Publizitätsgebote anhalten soll, kann auch auf

---

1068 *von Hein* in: Baum/Fleckner/Hellgardt u. a., Perspektiven des Wirtschaftsrechts, 371 (393).

1069 *von Hein* in: Fassbender/Wendehorst/Wet u. a., Paradigmen im internationalen Recht, 369 (417).

1070 *von Hein* in: Fassbender/Wendehorst/Wet u. a., Paradigmen im internationalen Recht, 369 (417).

1071 *Einsele* ZEuP 2012, 23 (38f.); *Garcimartín* LFMR 2011, 449 (455); *Weber* WM 2008, 1581 (1583); *Bischoff* AG 2002, 489 (493); ebenso im Hinblick auf die Deliktskollisionsnorm in § 48 Abs. 1 österr. IPRG a.F. jüngst auch *OGH*, Urteil v. 15.12.2015 – 4 Ob 112/15x, Gliederungspunkt 4.2f.; einschränkend *Floer*, Internationale Reichweite der Prospekthaftung, S. 153.

1072 *Bischoff* AG 2002, 489 (493).

1073 So etwa *Kiel*, Internationales Kapitalanlegerschutzrecht, S. 304f.

diesem Wege verwirklicht werden, da es für den haftenden Emittenten keinen Unterschied macht, ob er nach der Rechtsordnung des einen oder des anderen Staats zum Schadensersatz verpflichtet ist. Hinzu kommt, dass es schon im Ausgangspunkt fehlerhaft erscheint, bei der Frage nach den Schutzinteressen der Kapitalmarktinformationshaftung primär auf den Marktfunktionsschutz abzustellen.[1074] Denn die Haftung dient selbstverständlich auch oder sogar primär dem Individualschutz der Anleger, was sich schon in dem Umstand bestätigt, dass Voraussetzung für eine Haftung der Emittenten nicht nur ein Verstoß gegen Publizitätsgebote, sondern ebenso ein individueller Schaden des einzelnen Anlegers ist.[1075] Der Marktfunktionsschutz sollte in diesem Zusammenhang nicht überbetont werden, zumal eine Marktortanknüpfung den Interessen der Emittenten und Anleger – wie vorangehend festgestellt – jedenfalls nicht uneingeschränkt dient.

(3) Zusammenfassung und Fazit

Insgesamt ist festzustellen, dass eine Anknüpfung von Kapitalmarktinformationshaftungsansprüchen an das Recht des betroffenen Marktes zwar unbestreitbare Vorzüge, gleichermaßen aber auch ebenso unbestreitbare Nachteile mit sich bringt. Problematisch erscheint insbesondere, dass – obwohl sich Emittenten auf die Anwendbarkeit mehrerer Haftungsrechte einstellen müssen – das anwendbare Recht aus Anlegersicht nicht immer sicher vorhersehbar ist. Im Ergebnis wird die Marktanknüpfung damit den Interessen beider Seiten nicht vollends gerecht. Zudem scheinen die derzeitigen Regelungsvorschläge unnötig kompliziert und der einfachen und sicheren Rechtsanwendung nicht gerade zuträglich. Entscheidend gegen eine Marktanknüpfung spricht letztlich aber, dass der Markt als Anknüpfungspunkt für Kapitalmarktdelikte aufgrund der weltweiten Verwobenheit der Märkte bereits jetzt, jedenfalls aber für die Zukunft, wenig geeignet erscheint.[1076] Denn Verstöße gegen Kapitalmarktvorschriften wirken sich regelmäßig nicht nur begrenzt auf einen Kapitalmarkt aus, sondern haben durch die

---

1074 In diesem Sinne auch *Jäger,* Das Prospekthaftungsstatut, S. 306f.

1075 Vgl. etwa *Wendelstein* GPR 2016, 140 (141), der von einer *„gewöhnliche[n] Schadenshaftung"* spricht.

1076 Treffend bereits *Kronke* in: FS Buxbaum (2000), 363 (373): *„Moreover, the central element of any conflicts rule, the connecting factor ‚market' in the sense of one domestic marktet, is bound to gradually lose its legitimacy and persuasiveness"*; ähnlich kritisch *von Hein* in: Baum/Fleckner/Hellgardt u. a., Perspektiven des Wirtschaftsrechts, 371 (377); *Kieninger* in: Leible, Die Bedeutung des Internationalen Privatrechts im Zeitalter der neuen Medien, 121 (124f.); *Tschäpe/Kramer/Glück* RIW 2008, 657 (664).

vielfältigen Verflechtungen der Anbieter und Handelsteilnehmer stets auch – häufig sogar kaum geringere – Auswirkungen auf andere Märkte.[1077] Dieser Befund ist auch keinesfalls auf den europäischen Raum begrenzt, sondern gilt gleichfalls für Beeinträchtigungen der Märkte in Nord- und Südamerika, Asien, Australien oder Afrika. Ein anschauliches Beispiel hierfür bildete die jüngste Finanzkrise aus dem Jahr 2008, bei welcher ein Kollaps des US-amerikanischen Immobilienmarktes letztlich zu weltweiten Turbulenzen an den Kapitalmärkten führte.[1078] Vor diesem Hintergrund ist der konzeptionelle Ansatzpunkt der Marktortanknüpfung, nämlich die Suche nach dem primär betroffenen Markt im Sinne der Marktordnung eines Staates, grundsätzlich in Frage zu stellen. Wenn das rechtswidrige Verhalten eines Emittenten, welcher nur am Markt von Staat A tätig ist, wegen seiner großen wirtschaftlichen Bedeutung weltweite Konsequenzen an den Kapitalmärkten nach sich zieht, erscheint es wenig einleuchtend, ausschließlich das in Staat A geltende Recht anwenden zu wollen.[1079] Dass der Marktgedanke gerade im europäischen Kapitalmarktrecht nicht mehr trägt, zeigt sich auch darin, dass sich nunmehr jedenfalls innerhalb des EWR auch die anwendbaren Publizitätsvorschriften nicht nach dem in Anspruch genommenen Markt, sondern nach dem Herkunftslandprinzip richten.

Im Ergebnis ist daher nach geeigneteren Anknüpfungspunkten für die Kapitalmarktinformationshaftung zu suchen.

b) Anknüpfung an das anwendbare Gesellschaftsrecht

(1) Meinungsstand

Soweit ersichtlich nach Geltung der Rom II-Verordnung in der Literatur nicht mehr ernsthaft[1080] und auch zum vorherigen Rechtsstand nur vereinzelt[1081] vertreten wurde eine Anknüpfung von Kapitalmarktinformationshaftungsansprüchen

---

1077 Vgl. *Choi/Silberman* Wisconsin L. Rev. 2009, 465 (489f.); siehe auch *Lehmann* in: MüKo-BGB, 7. Aufl. 2018, Internationales Finanzmarktrecht, Rn. 8.

1078 Ausführlich hierzu *Grundmann/Hofmann/Möslein* in: Grundmann/Hofmann/Möslein, Finanzkrise und Wirtschaftsordnung, 1 (3 ff.).

1079 Wenngleich dies nicht heißt, dass unabhängig von einer angemessenen Vorhersehbarkeit für den Emittenten potentiell alle Rechtsordnungen anwendbar sein sollten, hierzu näher unten Abschnitt V.B.2.

1080 Erwogen aber bei *Junker* RIW 2010, 257 (264); *Davies,* Davies Review of Issuer Liability: Final Report, Rn. 63; hierzu tendiert im Ergebnis auch *LG Stuttgart*, Vorlagebeschluss v. 28.02.2017 – 22 AR 1/17 Kap, Rz. 145.

1081 Vgl. etwa *Reder,* Die Eigenhaftung vertragsfremder Dritter im internationalen Privatrecht, S. 257; *Wilken* in: Henssler/Kolbeck/Moritz u. a., Europäische Integration

an das auf den Emittenten anwendbare Gesellschaftsrecht. Weit überwiegend wird ein solches Vorgehen abgelehnt.[1082] Denkbar erscheint eine entsprechende Anknüpfung, wenn man die Kapitalmarktinformationshaftung im gesellschaftsrechtlichen Umfeld verortet, sie also als gesellschafts- und nicht kapitalmarktbezogene Haftung einordnet.[1083]

Ausdrücklich vorgesehen ist eine alternative Anknüpfung von Prospekthaftungsansprüchen an das Gesellschaftsstatut in der Schweiz und in Liechtenstein. Hier normieren – wie eingangs bereits ausgeführt – Art. 156 schw. IPRG bzw. Art. 237d liecht. PGR, dass Prospekthaftungsansprüche nach Wahl des Investors neben dem Recht am Ort der Ausgabe des Finanzprodukts auch nach dem auf die Gesellschaft anwendbaren Recht geltend gemacht werden können.

(2) Folgen einer Anknüpfung an den Emittentensitz/das Gesellschaftsstatut

Das Internationale Privatrecht der Gesellschaften ist bislang nicht harmonisiert, weshalb zur Bestimmung des auf gesellschaftsrechtliche Fragen anwendbaren Rechts nach wie vor auf nationales Kollisionsrecht zurückzugreifen ist.[1084] In Betracht kommt hier insbesondere die Anwendung des Rechts des Staates, in welchem die Gesellschaft gegründet wurde (sog. Gründungstheorie) oder das Recht des Staates, in welchem die Gesellschaft – gegebenenfalls auch nach erfolgtem Grenzübertritt – ihren tatsächlichen Verwaltungssitz hat (sog. Sitztheorie).[1085] Das autonome Kollisionsrecht der Mitgliedstaaten ist allerdings an den primärrechtlichen Vorgaben der Niederlassungsfreiheit zu messen, wozu

---

und globaler Wettbewerb, 329 (335 ff.); *Ahrens* IPRax 1986, 355 (361); Letzterem zustimmend *Fischer* JZ 1991, 168 (174 (Fn. 101)).

1082 *von Hein* in: Fassbender/Wendehorst/Wet u. a., Paradigmen im internationalen Recht, 369 (418); *Kronke* Rec. des cours 2000, 261 (311f.); *Bischoff* AG 2002, 489 (492); *Hopt* in: FS Lorenz (1991), 413 (419); *Kronke/Haubold* in: Kronke/Melis/Kuhn, Handbuch internationales Wirtschaftsrecht, Teil L Rn. 409; *Denninger*, Grenzüberschreitende Prospekthaftung und Internationales Privatrecht, S. 236.

1083 In diesem Sinne etwa *Hellgardt/Ringe* ZHR 2009, 802 (830f.), welche die Kapitalmarktinformationshaftung als Teil der Corporate Governance verstehen; letztlich schlagen *Hellgardt/Ringe* aber eine akzessorische Anknüpfung an die maßgebliche Publizitätspflicht vor.

1084 *Servatius* in: Henssler/Strohn, Gesellschaftsrecht, 4. Aufl. 2019, Internationales Gesellschaftsrecht, Rn. 3; *Kindler* in: MüKo-BGB, 7. Aufl. 2018, Internationales Handels- und Gesellschaftsrecht, Rn. 5; *von Hein* in: MüKo-BGB, 7. Aufl. 2018, EGBGB, Art. 3 Rn. 90.

1085 *Servatius* in: Henssler/Strohn, Gesellschaftsrecht, 4. Aufl. 2019, Internationales Gesellschaftsrecht, Rn. 5.

sich umfangreiche, keineswegs aber abschließende oder eindeutige Kasuistik des *EuGH* herausgebildet hat, auf welche im Rahmen dieser Arbeit nicht im Detail eingegangen werden kann.[1086] Jedenfalls aber ist die Ermittlung des Gesellschaftsstatuts, insbesondere in Zuzugs- oder Wegzugskonstellationen, alles andere als einfach und sicher vorhersehbar.[1087] Zudem ist eine einheitliche Bestimmung des Gesellschaftsstatuts innerhalb der Europäischen Union aufgrund der mangelnden Harmonisierung nicht gewährleistet, sodass nicht einmal hier ein internationaler Entscheidungseinklang sichergestellt ist, was in klarem Widerspruch zum universellen Ansatz des europäischen Kollisionsrechts[1088] steht.[1089] Wird diese Lage bereits für das Gesellschaftsrecht nahezu einhellig als äußerst misslich kritisiert[1090], muss eine Übertragung dieser Problematik auf kapitalmarktrechtliche Haftungsansprüche im Wege einer akzessorischen Anknüpfung erst recht unangebracht erscheinen.

Aber auch im Übrigen ist eine Zuordnung von Kapitalmarktinformationshaftungsansprüchen zum Gesellschaftsstatut nicht sachgerecht. Hielte man dieses für maßgeblich, hätte dies wohl zur Konsequenz, dass entsprechende Ansprüche aufgrund der in Art. 1 Abs. 2 lit. d) Rom II-Verordnung enthaltenen Bereichsausnahme aus dem Geltungsbereich der Rom II-Verordnung ausgenommen wären. Dies widerspräche aber der vorzugswürdigen Einordnung von Kapitalmarktinformationshaftungsansprüchen als außervertragliche Schuldverhältnisse[1091] und ist zudem vor dem Hintergrund des Ziels einer möglichst umfassenden

---

1086 Siehe insbesondere *EuGH* Urteil v. 27.09.1988 – Rs. C-81/87, ECLI:EU:C:1988:456 (Daily Mail); *EuGH* Urteil v. 09.03.1999 – Rs. C-212/97, ECLI:EU:C:1999:126 (Centros); *EuGH* Urteil v. 05.11.2002 – Rs. C-208/00, ECLI:EU:C:2002:632 (Überseering); *EuGH* Urteil v. 30.09.2003 – Rs. C-167/01, ECLI:EU:C:2003:512 (Inspire Art); *EuGH* Urteil v. 16.12.2008 – Rs. C-210/06, ECLI:EU:C:2008:723 (Cartesio); *EuGH* Urteil v. 29.11.2011 – Rs. C-371/10, ECLI:EU:C:2011:785 (National Grid Indus); *EuGH* Urteil v. 12.07.2012 – Rs. C-378/10, ECLI:EU:C:2012:440 (VALE Építési); eingehend hierzu *von Hein* in: MüKo-BGB, 7. Aufl. 2018, EGBGB, Art. 3 Rn. 90 ff.; *Kindler* in: MüKo-BGB, 7. Aufl. 2018, Internationales Handels- und Gesellschaftsrecht, Rn. 110 ff.

1087 Ausführlich *Servatius* in: Henssler/Strohn, Gesellschaftsrecht, 4. Aufl. 2019, Internationales Gesellschaftsrecht, Rn. 6, 14 ff., 35 ff.

1088 Vgl. nur jeweils Erwägungsgrund (6) Rom I- bzw. II-Verordnung.

1089 *von Hein* in: MüKo-BGB, 7. Aufl. 2018, EGBGB, Art. 3 Rn. 115.

1090 *Servatius* in: Henssler/Strohn, Gesellschaftsrecht, 4. Aufl. 2019, Internationales Gesellschaftsrecht, Rn. 3; zahlreiche weitere Nachweise bei *von Hein* in: MüKo-BGB, 7. Aufl. 2018, EGBGB, Art. 3 Rn. 112 ff.

1091 Hierzu bereits oben Abschnitt IV.B.2.

Anwendung des harmonisierten Kollisionsrechts wenig wünschenswert. Allgemein anerkannt ist zudem die Eigenständigkeit des Kapitalmarktrechts als Rechtsgebiet. Eine Zuordnung zum Gesellschaftsrecht ist aufgrund der unterschiedlichen Regelungsziele gerade nicht mehr möglich, weshalb einer entsprechenden Anknüpfung auch aus methodischer Sicht Zweifel begegnen müssen. Kapitalmarktinformationshaftungsansprüche sind nicht gesellschafts- sondern kapitalmarktbezogen[1092], was eine vom anwendbaren Gesellschaftsrecht losgelöste, auf das Kapitalmarktrecht zugeschnittene Anknüpfung erforderlich macht.

Schließlich ist nicht einzusehen, warum ein Emittent, welcher ausschließlich auf einem oder mehreren ausländischen Märkten tätig ist, nach dem Recht seines Sitzstaates haften soll.[1093] Dies erscheint weder aus der Sicht des Emittenten noch aus Anlegersicht sachgerecht. Besonders augenfällig ist die Ungeeignetheit des Gesellschaftsstatuts im Anwendungsbereich der Gründungstheorie. Anwendbares Haftungsrecht wäre hier stets das Recht des Staates, in welchem die emittierende Gesellschaft gegründet wurde, obwohl der Sachverhalt mit diesem Staat ansonsten möglicherweise keinerlei Verbindung mehr aufweist. Denkbar ist beispielsweise der Fall eines Emittenten, der seine Geschäftstätigkeit einschließlich des Geschäftssitzes vollständig in den Aufenthaltsstaat des Anlegers verlegt hat, wo die in Rede stehenden Finanzprodukte emittiert und vom Anleger erworben wurden. Eine Anwendung des Rechts des Gründungsstaates des Emittenten erscheint hier offensichtlich unpassend.

(3) Zusammenfassung und Fazit

Insgesamt führt eine Anwendung des Gesellschaftsstatuts weder zu einer rechtssicheren Bestimmung des anwendbaren Rechts noch hätte sie sachgerechte Ergebnisse zur Folge. Eine Zuordnung der Kapitalmarktinformationshaftung zum Gesellschaftsstatut des Emittenten oder eine akzessorische Anknüpfung an das hiernach maßgebliche Recht muss daher ausscheiden.

c) Akzessorische Anknüpfung an die verletzte Publizitätspflicht

(1) Meinungsstand

Während eine akzessorische Anknüpfung von Ansprüchen aus Kapitalmarktinformationshaftung an die verletzte Publizitätspflicht vor Geltung der Rom

1092 *Einsele* ZEuP 2012, 23 (35); in diesem Sinne auch *Kiel,* Internationales Kapitalanlegerschutzrecht, S. 296.

1093 *Kronke* Rec. des cours 2000, 261 (311); anders offenbar *LG Stuttgart,* Vorlagebeschluss v. 28.02.2017 - 22 AR 1/17 Kap, Rz. 145.

II-Verordnung nur vereinzelt vertreten wurde[1094], erfreut sie sich insbesondere im Rahmen der Diskussion zum europäischen Internationalen Privatrecht zunehmender Beliebtheit.[1095] Für die Haftung maßgebend soll das Recht des Staates sein, dessen Kapitalmarktrecht auch die Pflicht zur Publizität statuiert bzw. nach dessen Recht der jeweilige Prospekt gebilligt wurde.[1096] Das Haftungsrecht, welches Verstöße gegen Kapitalmarktpublizitätspflichten sanktioniert, soll hieran akzessorisch angeknüpft werden. Innerhalb des EWR würde dies häufig zu einer Anwendung des Rechts des Herkunftsmitgliedstaats des Emittenten, welches regelmäßig gleichsam das auf die Gesellschaft anwendbare Recht ist, führen.[1097] Grundsätzlich zu unterscheiden ist dies aber von einer Anknüpfung an das Gesellschaftsstatut, welches – wie vorangehend dargestellt[1098] – gerade nicht immer auch das Recht des Herkunftsmitgliedstaates sein muss.[1099]

Ähnliche Tendenzen im Internationalen Deliktsrecht waren auch schon früher zu entdecken. So plädierte *Wengler* bereits 1981 für eine akzessorische Anknüpfung des Haftungsrechts an die verletzte straf- oder öffentlich-rechtliche Pflicht: „*Soweit im Strafrecht oder im Verwaltungsrecht eines Staates Verhaltensgebote zu finden sind, die zugleich als „Schutzgesetze“ im Zivilprozeß angewendet werden könnten, wenn eine aktivlegitimierte Privatperson auf Unterlassung*

1094 Etwa *Benicke* in: FS Jayme (2004), 25 (36f.); *Schnyder/Bopp* in: FS Zobl (2004), 391 (405); *Kuntz* WM 2007, 432 (439f.).

1095 Hierfür etwa *von Hein* in: Baum/Fleckner/Hellgardt u. a., Perspektiven des Wirtschaftsrechts, 371 (392 ff.); *von Hein* in: Fassbender/Wendehorst/Wet u. a., Paradigmen im internationalen Recht, 369 (418f.); *Steinrötter*, Beschränkte Rechtswahl im Internationalen Kapitalmarktprivatrecht und akzessorische Anknüpfung an das Kapitalmarktordnungsstatut, S. 216 ff.; *Steinrötter* RIW 2015, 407 (413); *Schmitt* BKR 2010, 366 (371); *Hellgardt/Ringe* ZHR 2009, 802 (826 ff., 833); *Ringe/Hellgardt* OJLS 2011, 23 (45 ff.); *Denninger*, Grenzüberschreitende Prospekthaftung und Internationales Privatrecht, S. 274 ff.; *de lege ferenda* auch *Schnyder* in: MüKo-BGB, 5. Aufl. 2010, Internationales Kapitalmarktrecht, Rn. 121f.; *Stadler* in: Fairgrieve/Lein, Extraterritoriality and Collective Redress, 191 (200); *Kramer* Global Bus. & Dev. L. J. 2014, 235 (273f.); jedenfalls im Ergebnis auch *Tschäpe/Kramer/Glück* RIW 2008, 657 (664 ff.).

1096 *von Hein* in: Fassbender/Wendehorst/Wet u. a., Paradigmen im internationalen Recht, 369 (418); *Hellgardt/Ringe* ZHR 2009, 802 (833).

1097 *Garcimartín* LFMR 2011, 449 (453f.); *Steinrötter*, Beschränkte Rechtswahl im Internationalen Kapitalmarktprivatrecht und akzessorische Anknüpfung an das Kapitalmarktordnungsstatut, S. 222f.

1098 Siehe oben Abschnitt IV.D.2.b)(2).

1099 Diese Grenze verschwimmt etwa bei *Einsele* ZEuP 2012, 23 (35).

oder Schadensersatz klagt, kann der unvermeidlicherweise schon für die Verfahren zur Verhängung öffentlich-rechtlicher Sanktionen abzusteckende, und meist in gesetzlichen Bestimmungen präzise abgesteckte Anwendungsbereich eigener Verhaltensnormen eines Staates auch für das internationale Privatrecht übernommen werden."[1100] Üblich ist eine entsprechende Bestimmung des anwendbaren Rechts wohl auch in England, wo angenommen wird, dass die Sonderanknüpfung von Eingriffsnormen auf die Anknüpfung korrespondierender deliktischer Haftungstatbestände durchschlägt.[1101]

(2) Herleitung für das europäische Internationale Privatrecht

Für das europäische Internationale Privatrecht rechtfertigt sich eine entsprechende Anknüpfung von Kapitalmarktinformationshaftungsansprüchen insbesondere aus einer Parallele zum Grundgedanken des Herkunftslandprinzips, welches den die Publizitätspflichten statuierenden Richtlinien zugrunde liegt.[1102] Soweit ausschließlich die Rechtsordnung des Herkunftsmitgliedstaates dazu berufen ist, dem Emittenten Publizitätspflichten aufzuerlegen, erscheint es durchaus naheliegend, dieser Rechtsordnung auch die Haftungsfolgen für unterlassene oder fehlerhafte Publizität zu entnehmen. Wenngleich den auf dem Herkunftslandprinzip basierenden Richtlinien selbst kein kollisionsrechtlicher Gehalt zugesprochen werden kann[1103] und auch eine unmittelbare Berücksichtigung des Herkunftslandprinzips über Art. 27 Rom II-Verordnung ausscheiden muss[1104], könnte durch eine akzessorische Anknüpfung an das Recht, aus welchem sich die jeweilige Publizitätspflicht ergibt – regelmäßig also dem Recht des Herkunftsmitgliedstaates des Emittenten –, dennoch ein ähnliches Ergebnis auch für den Bereich der zivilrechtlichen Haftung erreicht werden.[1105]

1100 *Wengler* in: BGB-RGRK VI/1, 12. Aufl. 1981, § 15 (S. 425f.); krit. hierzu *von Hoffmann* in: FS Henrich (2000), 283 (287f.).

1101 Vgl. *Dicey/Morris/Collins,* The conflict of laws, Rn. 35–166; siehe auch *Pfeiffer* IPRax 2003, 233 (234).

1102 Für die Prospekthaftung *von Hein* in: Baum/Fleckner/Hellgardt u. a., Perspektiven des Wirtschaftsrechts, 371 (392, 394); *Schmitt* BKR 2010, 366 (370f.); *Benicke* in: FS Jayme (2004), 25 (36); *Steinrötter,* Beschränkte Rechtswahl im Internationalen Kapitalmarktprivatrecht und akzessorische Anknüpfung an das Kapitalmarktordnungsstatut, S. 226f.

1103 Hierzu ausführlich oben Abschnitt IV.C.1.a)(1).

1104 Hierzu ausführlich oben Abschnitt IV.C.1.a)(3).

1105 *von Hein* in: Baum/Fleckner/Hellgardt u. a., Perspektiven des Wirtschaftsrechts, 371 (387); *von Hein* in: Fassbender/Wendehorst/Wet u. a., Paradigmen im internationalen Recht, 369 (418).

Eine gänzlich andere Begründung für eine akzessorische Anknüpfung der Kapitalmarkthaftung an das anwendbare Kapitalmarktrecht finden *Hellgardt/Ringe*. Sie betrachten die Kapitalmarkthaftung als „*integrale[n] Bestandteil der Corporate Governance börsennotierter Unternehmen*", welche akzessorisch an das die Corporate Governance regelnde Recht angeknüpft werden solle.[1106] Die Zuordnung der Kapitalmarkthaftung zur Corporate Governance begründen die Verfasser damit, dass das Kapitalmarktrecht durch seine Veröffentlichungsgebote eine zentrale Aufgabe der Unternehmenskontrolle übernehme, da unternehmerisches Handeln im Rahmen der Preisbildung auf seine Zweckmäßigkeit hin überprüft werde.[1107] Zutreffend wird hiergegen aber zunächst darauf hingewiesen, dass die gesellschaftsrechtlich orientierte Argumentation im Widerspruch zur – auch von *Hellgardt/Ringe*[1108] favorisierten – Zuordnung von Kapitalmarkthaftungsansprüchen zur Rom II-Verordnung steht, von welcher gesellschaftsrechtliche Fragen durch Art. 1 Abs. 2 lit. d) Rom II-Verordnung aber gerade ausgenommen sind.[1109] Auch vor dem Hintergrund der notwendigen Abgrenzung zwischen Gesellschaftsrecht und Kapitalmarktrecht und der hieraus folgenden Eigenständigkeit beider Rechtsgebiete vermag die Ansicht von *Hellgardt/Ringe* nicht zu überzeugen.[1110] Zudem erscheint eine primäre Zuordnung von Publizitätsgeboten und Kapitalmarkthaftung zur Corporate Governance zu kurz gegriffen. Die Unternehmenskontrolle ist zwar sicherlich Teil, aber eben gerade auch nur Teil der Regelungszwecke der kapitalmarktrechtlichen Publizitätsgebote. Diese verfolgen den Schutz der Marktintegrität gleichsam auch im Interesse der Wettbewerber auf Seiten der Emittenten, etwa in Bezug auf eine faire Preisbildung und optimale Kapitalallokation, sowie den Schutz der Anleger.[1111] Eine systematische Zuordnung von Publizitätspflichten und korrespondierender Haftung zur Corporate Governance ist hiermit nicht in Einklang zu bringen. Die von *Hellgardt/Ringe* vertretene, alternative Herleitung einer akzessorischen Anknüpfung an die Publizitätspflicht kann daher nicht überzeugen.

1106 *Hellgardt/Ringe* ZHR 2009, 802 (830f.).

1107 *Hellgardt/Ringe* ZHR 2009, 802 (827).

1108 *Hellgardt/Ringe* ZHR 2009, 802 (823).

1109 *von Hein* in: Fassbender/Wendehorst/Wet u. a., Paradigmen im internationalen Recht, 369 (418).

1110 *Lehmann* IPRax 2012, 399 (402).

1111 Siehe hierzu oben Abschnitt II.C.2.

(3) Möglichkeiten der Verwirklichung de lege lata

Ebenso wie im Rahmen der Marktortanknüpfung wird auch bezüglich einer akzessorischen Anknüpfung an die verletzte Publizitätspflicht vorgeschlagen, diese *de lege lata* über die Ausweichklausel in Art. 4 Abs. 3 Rom II-Verordnung zu verwirklichen[1112], was methodisch – wie ausgeführt[1113] – jedenfalls im Grundsatz möglich ist.

Dies wird teilweise mit der Begründung abgelehnt, dass sich insbesondere im Fall der Prospekthaftung die Schädigung des Anlegers bereits durch Erwerb des fraglichen Finanzprodukts verwirkliche und zu diesem Zeitpunkt zwischen Emittent und Anleger gerade noch kein „*Rechtsverhältnis*" existiere.[1114] Ein solches begründe sich erst mit Erwerb des Finanzprodukts selbst und sei daher kein „*bereits bestehendes Rechtsverhältnis*" im Sinne des Art. 4 Abs. 3 S. 2 Rom II-Verordnung.[1115] Diese Argumentation kann bei näherer Betrachtung allerdings nicht verfangen. Richtig ist zunächst, dass eine vertragliche Beziehung unmittelbar zwischen Emittent und Anleger aufgrund der Zwischenschaltung von Finanzintermediären regelmäßig nicht besteht. Die vertragsakzessorische Anknüpfung ist aber nur ein Anwendungsfall von Art. 4 Abs. 3 S. 2 Rom II-Verordnung. Dies ergibt bereits eine wortlautorientierte Auslegung der Norm („– *wie ein[] Vertrag* –"). Näher auslegungsbedürftig ist dagegen der Begriff des Rechtsverhältnisses, welchen Art. 4 Abs. 3 S. 2 Rom II-Verordnung als Regelbeispiel[1116] für das Vorliegen einer offensichtlich engeren Verbindung nennt. Dieser wird vom Schrifttum überwiegend dahingehend verstanden, dass hiervon Sonderverbindungen in Form vertraglicher sowie gesetzlicher Schuldverhältnisse

---

1112 *von Hein* in: Baum/Fleckner/Hellgardt u. a., Perspektiven des Wirtschaftsrechts, 371 (394); *von Hein* in: Calliess, Rome Regulations, 2. Aufl. 2015, Rome II, Art. 4 Rn. 64; *Hellgardt/Ringe* ZHR 2009, 802 (833); *Schnyder* in: MüKo-BGB, 5. Aufl. 2010, Internationales Kapitalmarktrecht, Rn. 99, 121; *Steinrötter*, Beschränkte Rechtswahl im Internationalen Kapitalmarktprivatrecht und akzessorische Anknüpfung an das Kapitalmarktordnungsstatut, S. 241; *Denninger*, Grenzüberschreitende Prospekthaftung und Internationales Privatrecht, S. 286; „*[ü]bergangsweise*" auch *Schmitt* BKR 2010, 366 (371).

1113 Siehe hierzu oben Abschnitt IV.D.1.b).

1114 *Lehmann* IPRax 2012, 399 (402); *Lehmann* in: Mansel/Hüßtege, Rom-Verordnungen, 2. Aufl. 2015, Rom II-VO, Art. 4 Rn. 173.

1115 *Lehmann* in: Mansel/Hüßtege, Rom-Verordnungen, 2. Aufl. 2015, Rom II-VO, Art. 4 Rn. 173.

1116 *Junker* in: MüKo-BGB, 7. Aufl. 2018, Rom II-VO, Art. 4 Rn. 50; *von Hein* in: Baum/Fleckner/Hellgardt u. a., Perspektiven des Wirtschaftsrechts, 371 (392).

zwischen den Parteien erfasst sind.[1117] Ob auch rein faktische Verhältnisse (wie etwa soziale Kontakte) eine offensichtlich engere Verbindung begründen, ist hingegen vor dem Hintergrund der – auf den ersten Blick unterschiedliche Deutungen zulassenden – Gesetzgebungsgeschichte von Art. 4 Abs. 3 Rom II-Verordnung heftig umstritten.[1118]

Bereits im Ausgangspunkt dieser Diskussion ist aber auf die sprachliche Ungenauigkeit der deutschen Fassung von Art. 4 Abs. 3 S. 2 Rom II-Verordnung hinzuweisen: Denn der Begriff des *Rechtsverhältnisses* findet sich in den anderen Sprachfassungen gerade nicht. Weder die englische Fassung („*relationship*"), noch die französische („*relation*") oder niederländische Fassung („*betrekking*") fordern ihrem Wortlaut nach ein *rechtliches* Verhältnis zwischen den Parteien.[1119] Verblüffend ist, dass bereits der Kommissionsentwurf der Rom II-Verordnung aus dem Jahre 2004[1120] in den anderen Sprachfassungen lediglich von *Verhältnis*, in der deutschen Übersetzung aber von *Rechtsverhältnis* sprach. Offenbar hat sich hier ein Übersetzungsfehler unbemerkt vom ersten Vorschlag der Kommission ausgehend durch den gesamten Gesetzgebungsprozess gezogen. Hierfür spricht auch die Begründung der Kommission zum geänderten Vorschlag für eine Rom II-Verordnung aus dem Jahr 2006, welcher auf die Änderungen des Parlaments hin bemerkt, dass ein „*de jure oder de facto bestehendes Verhältnis zwischen den Parteien*" bereits nach dem ersten Vorschlag aus dem Jahr 2004 von der Ausweichklausel erfasst gewesen sei und auch weiterhin erfasst bleiben solle.[1121] Auch im weiteren Gesetzgebungsverlauf hat sich der Wortlaut diesbezüglich nicht mehr verändert, vielmehr entspricht der jetzige Art. 4 Abs. 3 S. 2 Rom II-Verordnung in allen ausgewerteten Sprachen den vorherigen Fassungen. Dies legt den Verdacht nahe, dass die jeweiligen Übersetzungen des ersten

---

1117 *Spickhoff* in: BeckOK-BGB, 49. Ed. 01.02.2019, Rom II-VO, Art. 4 Rn. 16.

1118 Vgl. nur *Junker* in: MüKo-BGB, 7. Aufl. 2018, Rom II-VO, Art. 4 Rn. 54; *Lehmann* in: Mansel/Hüßtege, Rom-Verordnungen, 2. Aufl. 2015, Rom II-VO, Art. 4 Rn. 157, jeweils m. w. Nachw.; ausführlich zur Entstehungsgeschichte der Norm, auch hinsichtlich der fraglichen Berücksichtigung faktischer Verhältnisse *von Hein* in: FS Kropholler (2008), 553 (554 ff., 565).

1119 Dies bemerkt auch *Lehmann* in: Mansel/Hüßtege, Rom-Verordnungen, 2. Aufl. 2015, Rom II-VO, Art. 4 Rn. 156, der allerdings ohne nähere Begründung davon ausgeht, dass der – neben der deutschen Fassung wohl nur noch in der schwedischen Fassung verwendete – Begriff des Rechtsverhältnisses „*den Willen des Gesetzgebers genauer wieder[gebe].*"

1120 KOM(2003) 427 endg.

1121 KOM(2006) 83 endg., S. 5

Kommissionsentwurfs – einschließlich der fehlerhaften deutschen Fassung – schlicht immer wieder übernommen wurden. Die Gesetzgebungsgeschichte von Art. 4 Abs. 3 S. 2 Rom II-Verordnung spricht daher also – entgegen weit verbreiteter Ansicht – gerade nicht gegen eine Berücksichtigung rein faktischer Verhältnisse, sondern sogar klar dafür. Entsprechend kann eine akzessorische Anknüpfung von Kapitalmarktinformationshaftungsansprüchen an die verletzte Publizitätspflicht über Art. 4 Abs. 3 S. 2 Rom II-Verordnung nicht mit der Begründung abgelehnt werden, es bestehe zum Zeitpunkt des Schadenseinstritts kein *Rechts*verhältnis zwischen den Parteien.[1122] Ausreichend wäre vielmehr auch ein nicht streng rechtlich geprägtes, faktisches Verhältnis zwischen den Parteien.

In Betracht kommen hier insbesondere die gesetzlichen Publizitätspflichten des Emittenten.[1123] Diese verpflichten den Emittenten dazu, spätestens ab dem Zeitpunkt der Emission bestimmte Informationen zu veröffentlichen. Adressaten dieser Informationen sind neben Markt und Wettbewerber insbesondere Investoren, welche in die Lage versetzt werden sollen, eine bestmögliche Kapitalallokation vorzunehmen. Auch wenn im Zeitpunkt der Emission und häufig auch später damit noch keine unmittelbare rechtliche Bindung zwischen Emittent und Anleger im Sinne eines vertraglichen Schuldverhältnisses mit bestimmten Rechten und Pflichten besteht, vermitteln die kapitalmarktrechtlichen Publizitätsgebote dennoch eine Art gesetzliche Sonderverbindung zwischen Emittent und Anlegerpublikum. Faktisches Element dieser Verbindung ist, dass sich Emittenten als Informationsgeber und Anleger als Informationsabnehmer am Markt treffen. Dass diese Verbindung aber auch rechtliche Elemente beinhaltet, erschließt sich aus dem Umstand, dass eine falsche oder unzureichende Information des Emittenten zu einer gesetzlichen Haftung gegenüber den Anlegern führt. Die kapitalmarktrechtlichen Publizitätsvorschriften begründen damit die Pflicht der Emittenten zu Vollständigkeit und Richtigkeit der veröffentlichten Informationen und geben Anlegern zugleich das Recht, sich bei Verletzung

---

1122 So aber *Lehmann* IPRax 2012, 399 (402); *Lehmann* in: Mansel/Hüßtege, Rom-Verordnungen, 2. Aufl. 2015, Rom II-VO, Art. 4 Rn. 173.

1123 Hierzu *von Hein* in: Calliess, Rome Regulations, 2. Aufl. 2015, Rome II, Art. 4 Rn. 64; *LG Stuttgart*, Vorlagebeschluss v. 28.02.2017 – 22 AR 1/17 Kap, Rz. 145; grundsätzlich in Betracht gezogen wurde eine offensichtlich engere Verbindung nach Art. 4 Abs. 3 Rom II-Verordnung zum Recht der Erstellung und Veröffentlichung des Wertpapierprospekts auch in *LG Hamburg*, Urteil v. 04.12.2015 – 329 O 343/14, Rz. 32, welches aber letztlich einer im konkreten Fall möglichen vertragsakzessorischen Anknüpfung den Vorrang einräumte.

dieser Pflicht schadlos zu halten. Im Ergebnis liegt damit möglicherweise noch kein streng rechtliches, jedenfalls aber sogar mehr als ein bloß faktisches Verhältnis vor[1124], an welches akzessorisch angeknüpft werden könnte.

Es bleibt daher festzuhalten, dass Art. 4 Abs. 3 S. 2 Rom II-Verordnung eine akzessorische Anknüpfung von Kapitalmarktinformationshaftungsansprüchen an die verletzte Publizitätspflicht grundsätzlich ermöglicht. Ein Rückgriff auf Art. 4 Abs. 3 S. 1 Rom II-Verordnung ist daher nicht erforderlich, wenngleich auch dieser zusätzlich die Möglichkeit der Berücksichtigung sonstiger Sonderverbindungen eröffnet.[1125]

(4) Folgen einer Anknüpfung an die Publizitätspflicht

(a) Verhältnis zwischen Haftungsstatut und anwendbarer Publizitätspflicht

Unbestreitbarer Vorteil einer akzessorischen Anknüpfung von Kapitalmarktinformationshaftungsansprüchen an die verletzte Publizitätspflicht wäre ein Gleichlauf des anwendbaren Haftungs- und Publizitätsrechts.[1126] Ein Auseinanderfallen, also die Anwendung verschiedener Rechtsordnungen hinsichtlich kapitalmarktrechtlicher Pflicht und zivilrechtlicher Haftung wäre als Folge einer entsprechenden Anknüpfung nicht mehr möglich. Dies sei insbesondere vor dem Hintergrund der Verzahnung von nationalem Publizitäts- und

---

1124 Anders *Steinrötter*, Beschränkte Rechtswahl im Internationalen Kapitalmarktprivatrecht und akzessorische Anknüpfung an das Kapitalmarktordnungsstatut, S. 194f., der ein rechtliches Verhältnis nur zwischen gesetzgebendem Hoheitsträger und Emittent zu erkennen vermag und aufgrund der rechtlichen Verpflichtung des Emittenten zur Publizität eine faktische Verbindung zwischen Emittent und Anleger nicht anerkennen möchte. Dies erscheint allerdings wenig überzeugend. Denn will man in der rechtlichen Verpflichtung des Emittenten zu einem bestimmten Verhalten gegenüber einer Personengruppe schon keine *rechtliche* Verbindung zwischen Emittent und Anleger erkennen, muss man doch erst recht deren *faktische* Wirkungen berücksichtigen. Ein anderes Verständnis liefe im Ergebnis darauf hinaus, faktische Verbindungen grundsätzlich für nicht berücksichtigungsfähig zu halten, was aber mit der Gesetzgebungsgeschichte von Art. 4 Abs. 3 S. 2 Rom II-Verordnung und dem in diesem Zusammenhang geäußerten Willen des Verordnungsgebers unvereinbar ist.

1125 *von Hein* in: Baum/Fleckner/Hellgardt u. a., Perspektiven des Wirtschaftsrechts, 371 (392); *Heiss/Loacker* JBl 2007, 613 (626f.).

1126 *Benicke* in: FS Jayme (2004), 25 (36); *Hellgardt/Ringe* ZHR 2009, 802 (831); *Kuntz* WM 2007, 432 (440); *Kiesselbach* JIBFL 2011, 195 (196); *Schmitt* BKR 2010, 366 (371).

Haftungsrecht wünschenswert.[1127] Auch würde ein entsprechender Gleichlauf die Rechtsanwendung erheblich erleichtern, da sowohl die Frage der Verletzung einer Publizitätspflicht als auch die Frage nach der hieraus folgenden Haftung einheitlich nach einer Rechtsordnung zu beantworten wären. Da der Herkunftsmitgliedstaat in der Regel der Staat des Sitzes des Emittenten ist, käme es zudem regelmäßig zu einem weiteren Gleichlauf mit dem anwendbaren Gesellschaftsrecht.[1128]

Dies ließe sich gedanklich sogar noch weiter fortsetzen. Denn im Herkunftsmitgliedstaat des Emittenten, dessen Rechtsordnung sowohl das anwendbare Publizitätsrecht als auch das anwendbare Haftungsrecht regelmäßig zu entnehmen wären, bestünde nach Art. 4 Abs. 1 EuGVO n.F. auch ein internationaler Gerichtsstand. Der betroffene Anleger hätte es damit selbst in der Hand, prozessökonomisch sinnvoll an einem Gericht zu klagen, welches für eine Entscheidung über das Bestehen von Kapitalmarktinformationshaftungsansprüchen ausschließlich das am Gerichtsstand geltende Recht anzuwenden hätte.[1129] Auch wenn ein Gleichlauf von *forum* und *ius* nicht verabsolutiert werden sollte[1130], wäre dies grundsätzlich natürlich zu begrüßen. Allerdings liegt die Realisierung dieses Vorteils alleine in der Hand des klagenden Anlegers, welcher sich hierfür unter Umständen gegen einen in seinem Heimatstaat liegenden Gerichtsstand entscheiden müsste, obwohl ein solcher nach Art. 7 Nr. 2 EuGVO n.F. durchaus gegeben sein könnte.

Zudem ist – ebenso wie im Rahmen der Untersuchung der Marktortanknüpfung – zu bemerken, dass auch ein Auseinanderfallen von Publizitäts- und Haftungsrecht kollisionsrechtlich angemessen behandelt werden kann.[1131] Entsprechend spricht ein – wenn auch wünschenswerter – Gleichlauf von Publizitäts- und Haftungsrecht weder entscheidend für noch gegen eine akzessorische

---

1127 *Benicke* in: FS Jayme (2004), 25 (36); *Garcimartín* LFMR 2011, 449 (454); *Kuntz* WM 2007, 432 (437); *Hellgardt/Ringe* ZHR 2009, 802 (831); *Steinrötter*, Beschränkte Rechtswahl im Internationalen Kapitalmarktprivatrecht und akzessorische Anknüpfung an das Kapitalmarktordnungsstatut, S. 228f.

1128 *Hellgardt/Ringe* ZHR 2009, 802 (833); *Steinrötter*, Beschränkte Rechtswahl im Internationalen Kapitalmarktprivatrecht und akzessorische Anknüpfung an das Kapitalmarktordnungsstatut, S. 222f.; *Garcimartín* LFMR 2011, 449 (454).

1129 Ähnlich aus US-Sicht *Choi/Guzman* S. Cal. L. Rev. 1998, 903 (930f.).

1130 So *von Hein* in: Baum/Fleckner/Hellgardt u. a., Perspektiven des Wirtschaftsrechts, 371 (393); *von Hein* in: Fassbender/Wendehorst/Wet u. a., Paradigmen im internationalen Recht, 369 (417).

1131 Siehe hierzu im Kontext der Marktortanknüpfung oben Abschnitt IV.D.2.a)(2)(a).

Anknüpfung von Ansprüchen aus Kapitalmarktinformationshaftung an die betroffene Publizitätspflicht.

(b) Durchschlagen kapitalmarktrechtlicher Wertungen und Anwendung des Herkunftslandprinzips

Durch eine akzessorische Anknüpfung von Kapitalmarktinformationshaftungsansprüchen an die verletzte Publizitätspflicht würde das Haftungsrecht eines Staates immer dann angewendet werden, wenn auch sein Kapitalmarktrecht Anwendung beansprucht. Letztlich würde daher der territoriale Anwendungsbereich kapitalmarktrechtlicher Publizitätsvorschriften auch über die Anwendbarkeit des zivilrechtlichen Haftungsrechts bestimmen. Die Übernahme der hierin enthaltenen Wertungen, insbesondere des im EWR hinsichtlich kapitalmarktrechtlicher Publizitätspflichten geltenden Herkunftslandprinzips ins private Haftungsrecht, begegnet vor allem deshalb Bedenken, weil das Haftungsrecht – im Gegensatz zum Publizitätsrecht – nicht harmonisiert und daher kein Mindestniveau der Haftung sichergestellt sei.[1132] Ein Herkunftslandprinzip für den Bereich der Kapitalmarkthaftung könne den europäischen Vorschriften nicht entnommen werden.[1133] Richtig ist zunächst, dass für den Bereich der Kapitalmarkthaftung – vorbehaltlich Art. 6 Abs. 2 UA 1 Prospekt-RL, welcher die Mitgliedstaaten aber lediglich auffordert, überhaupt nationale Haftungsvorschriften vorzuhalten – kein harmonisiertes Mindestniveau besteht, weshalb die Voraussetzungen und Folgen der Haftung in den einzelnen Mitgliedstaaten teilweise erheblich voneinander abweichen.[1134] Aber auch wenn für den Bereich der Haftung ein Herkunftslandprinzip nicht ausdrücklich statuiert ist, so legt die inhaltliche Verbindung von Publizitätspflicht und flankierender Haftung eine Angleichung des grenzüberschreitenden Anwendungsbereichs doch nahe.[1135] Die Rechtfertigung für die entsprechende Anknüpfung wäre damit letztlich weniger ein Herkunftslandprinzip für den Bereich der Kapitalmarkthaftung, welches zugegebenermaßen eine materielle Rechtsangleichung erfordern würde, sondern die Parallelität zwischen kapitalmarktrechtlicher Publizität und diesbezüglicher zivilrechtlicher Haftung. Für den Bereich der Prospekthaftung wird die Problematik ohnehin dadurch abgemildert, dass Art. 6 Prospekt-RL hier

---

1132 So etwa *Garcimartín* LFMR 2011, 449 (454); *Oulds* WM 2008, 1573 (1576).

1133 *Einsele* ZEuP 2012, 23 (31); *Garcimartín* LFMR 2011, 449 (454).

1134 Hierzu ausführlich oben Abschnitt II.D.

1135 *von Hein* in: Fassbender/Wendehorst/Wet u. a., Paradigmen im internationalen Recht, 369 (418).

zumindest sicherstellt, dass die Mitgliedstaaten Haftungsvorschriften vorsehen müssen.[1136]

Aber nicht nur im sachrechtlichen, sondern auch im kollisionsrechtlichen Kontext bestehen Vorbehalte. Hier wird die Frage aufgeworfen, ob durch eine akzessorische Anknüpfung dem Herkunftslandprinzip nicht quasi *„durch die Hintertür"* doch kollisionsrechtliche Bedeutung zugemessen wird. Im Rahmen der Verhandlungen zur Rom II-VO aber haben sich entsprechende Absichten nicht durchsetzen können, weshalb ein kollisionsrechtliches Herkunftslandprinzip der Rom II-VO grundsätzlich fremd sei.[1137] Dieser Aspekt ist indes zu relativieren. Denn aus dem bloßen Umstand, dass eine generelle Ausrichtung des Deliktskollisionsrechts am Herkunftslandprinzip im Rahmen der Verhandlungen zur Rom II-Verordnung keine Mehrheit gefunden hat, kann keinesfalls geschlossen werden, dass dies nicht für einen Spezialbereich wie den der Kapitalmarktinformationshaftung, für welche die Rom II-Verordnung gerade keine spezielle Anknüpfungsregel vorsieht[1138], möglich sein sollte. Auch die Rechtsprechung des *EuGH* in der Rs. *eDate*, in welcher der kollisionsrechtlichen Deutung des im Richtlinienrecht enthaltenen Herkunftslandprinzips eine klare Absage erteilt wurde[1139], steht dem nicht entgegen. Denn die akzessorische Anknüpfung soll rechtstechnisch nicht unmittelbar aufgrund einer entsprechenden Auslegung der kapitalmarktrechtlichen Richtlinien, sondern aufgrund einer Anwendung der in Art. 4 Abs. 3 Rom II-Verordnung enthaltenen Ausweichklausel bzw. *de lege ferenda* sogar aufgrund einer speziellen Kollisionsnorm erfolgen.

Letztlich muss in einer Gesamtschau daher festgestellt werden, dass – abgesehen von einer scheinbaren Unüblichkeit einer derartigen Anknüpfung – keine durchgreifenden rechtstechnischen Argumente gegen eine Ausrichtung des anwendbaren Haftungsrechts an der jeweils verletzten Publizitätspflicht, also einer akzessorischen Anknüpfung, vorgebracht werden.

1136 *von Hein* in: Baum/Fleckner/Hellgardt u. a., Perspektiven des Wirtschaftsrechts, 371 (394); *von Hein* in: Fassbender/Wendehorst/Wet u. a., Paradigmen im internationalen Recht, 369 (418); *Kuntz* WM 2007, 432 (438); *Benicke* in: FS Jayme (2004), 25 (37).

1137 *Weber* WM 2008, 1581 (1583); *Einsele* ZEuP 2012, 23 (32).

1138 Vielmehr wurden Verhandlungen über das auf Kapitalmarktdelikte anwendbare Recht aus Zeit- und Ressourcengründen überhaupt nicht geführt, vgl. näher oben Abschnitt IV.D.1.a).

1139 Siehe hierzu bereits oben Abschnitt IV.C.1.a)(2)(b).

(c) Keine Anwendbarkeit gegenüber Drittstaatenemittenten?

Besonders strittig ist, ob sich eine akzessorische Anknüpfung auch in Bezug auf Emittenten aus Nichtmitgliedstaaten, sog. Drittstaatenemittenten, eignet. Teilweise wird vorgeschlagen, neben einer akzessorischen Anknüpfung im Verhältnis zu mitgliedstaatlichen Emittenten gegenüber Emittenten aus Drittstaaten eine Marktortanknüpfung vorzunehmen.[1140] Dies wird unter Verweis auf Art. 3 Rom II-Verordnung, welcher den *loi uniforme*-Charakter, also die universelle Anwendung der Verordnung statuiert, zum Teil heftig kritisiert, da dies im Ergebnis eine Spaltung der Kollisionsnorm für Kapitalmarktinformationshaftungsansprüche zur Folge hätte.[1141] Drastisch ist in diesem Zusammenhang sogar von „*EU-Zentriertheit*" und „*Protektionismus*" die Rede.[1142]

Noch etwas formell gerät das Gegenargument, Art. 3 Rom II-Verordnung stelle den Grundsatz der universellen Anwendung auch drittstaatlichen Rechts nur für Fälle auf, in denen eine in der Verordnung enthaltene Kollisionsnorm auch auf dieses verweise; eine Kollisionsnorm, welche ausschließlich oder partiell nur auf mitgliedstaatliches Recht verweise, stehe dem nicht entgegen.[1143] Zwar mag der Wortlaut von Art. 3 Rom II-Verordnung eine entsprechende Interpretation zulassen. Sinn und Zweck der Vorschrift ist aber, keine Abgrenzung zwischen Binnenmarkt- und Drittstaatensachverhalten vornehmen zu müssen[1144],

1140 *von Hein* in: Baum/Fleckner/Hellgardt u. a., Perspektiven des Wirtschaftsrechts, 371 (394); *von Hein* in: Fassbender/Wendehorst/Wet u. a., Paradigmen im internationalen Recht, 369 (418f.); im Ergebnis wohl auch *Kuntz* WM 2007, 432 (439f.); *Benicke* in: FS Jayme (2004), 25 (36f.).

1141 *Einsele* ZEuP 2012, 23 (37); *Junker* RIW 2010, 257 (264); *Lehmann* IPRax 2012, 399 (402f.); *Garcimartín* LFMR 2011, 449 (454).

1142 *Lehmann* IPRax 2012, 399 (403).

1143 So *Steinrötter*, Beschränkte Rechtswahl im Internationalen Kapitalmarktprivatrecht und akzessorische Anknüpfung an das Kapitalmarktordnungsstatut, S. 238f., der für die Prospekthaftung eine lediglich „*mehrseitige*" Verweisung auf den *Mitglied*staat der Prospektbilligung vorschlägt. Auf drittstaatliches Haftungsrecht wird hingegen nicht verwiesen. Statt einer gespaltenen Kollisionsnorm sieht *Steinrötter* also nur eine Teilregelung für Binnensachverhalte vor. Offen bleibt hierbei allerdings, welches Recht in den übrigen Fällen Anwendung finden soll. Da die Anwendbarkeit der Rom II-Verordnung auf Prospekthaftungsansprüche grundsätzlich aber bejaht wurde, bliebe wohl nur die Anwendung der Regelanknüpfung nach Art. 4 Rom II-Verordnung.

1144 Vgl. hierzu *Junker* in: MüKo-BGB, 7. Aufl. 2018, Rom II-VO, Art. 3 Rn. 1; *Spickhoff* in: BeckOK-BGB, 49. Ed. 01.02.2019, Rom II-VO, Art. 3 Rn. 1; *Junker* NJW 2007, 3675 (3677).

was eher dafür spricht, dass auch Regelungen, die ausschließlich oder partiell auf mitgliedstaatliches Recht verweisen, grundsätzlich vermieden werden sollen. Denn auch bei der Frage, ob das in einer entsprechenden Regelung gewählte Anknüpfungsmoment in einem Mitgliedstaat belegen ist, muss letztlich eine Abgrenzung zu Drittstaatenfällen vorgenommen werden. Gänzlich fremd ist das Erfordernis einer diesbezüglichen Abgrenzung allerdings auch den Rom-Verordnungen nicht. So kennt etwa auch Art. 14 Abs. 3 Rom II-Verordnung eine Unterscheidung zwischen Binnenmarkt- und Drittstaatensachverhalten.[1145] Hiergegen wird vorgebracht, bei Art. 14 Abs. 3 Rom II-Verordnung handele es sich lediglich um die Entsprechung des Art. 14 Abs. 2 Rom II-Verordnung auf EU-Ebene, weshalb dies insofern keine Ausnahme darstelle.[1146] Jedenfalls aber ein Blick in die Rom I-Verordnung zeigt, dass Ausnahmen vom Grundsatz der universellen Anwendung möglich und – gerade in Spezialregelungen – zulässig sind. Auch hier hebt Art. 2 Rom I-Verordnung – wortgleich zu Art. 3 Rom II-Verordnung – den grundsätzlichen *loi uniforme*-Charakter der Vorschriften hervor. Dennoch ist der Anwendungsbereich der speziellen Kollisionsnorm für Versicherungsverträge in Art. 7 Abs. 1 S. 2 Rom I-Verordnung hinsichtlich Massenrisiken auf Verträge beschränkt, die Risiken innerhalb des Territoriums der Mitgliedstaaten abdecken. Angeknüpft wird nach Art. 7 Abs. 3 UA 3 Rom I-Verordnung vorbehaltlich einer Rechtswahl an das Recht des Belegenheitsorts des Risikos. Im Falle der Belegenheit in Drittstaaten sollen hingegen die allgemeinen Vorschriften der Art. 3 ff. Rom I-Verordnung gelten.[1147] Damit verweist Art. 7 Abs. 3 UA 3 Rom I-Verordnung für Verträge hinsichtlich Massenrisiken im Ergebnis ausschließlich auf mitgliedstaatliches Recht. Dies zeigt deutlich, dass auch der europäische Gesetzgeber – soweit nötig – Ausnahmen vom Grundsatz der universellen Geltung zu machen bereit ist. Letztlich kann Art. 3 Rom II-Verordnung einer gespaltenen Anknüpfung der Kapitalmarktinformationshaftung daher nicht *per se* entgegenstehen.

Dennoch stellt sich die Frage nach der Erforderlichkeit bzw. Angemessenheit einer solchen Regelung. Denn aus Gründen der Praktikabilität vorzugswürdig wäre sicherlich eine Regelung, bei der nicht zwischen Binnenmarkt- und Drittstaatensachverhalten unterschieden werden müsste.[1148] *Hellgardt/Ringe* schlagen

---

1145 Hierzu *von Hein* in: Fassbender/Wendehorst/Wet u. a., Paradigmen im internationalen Recht, 369 (419).

1146 *Lehmann* IPRax 2012, 399 (403).

1147 Zum Ganzen *Martiny* in: MüKo-BGB, 7. Aufl. 2018, Rom I-VO, Art. 7 Rn. 26 ff.

1148 Vgl. zu dieser Problematik *Junker* in: MüKo-BGB, 7. Aufl. 2018, Rom II-VO, Art. 3 Rn. 1; *Wagner* IPRax 2008, 1 (4); *Leible/Engel* EuZW 2004, 7 (9).

diesbezüglich vor, stets eine akzessorische Anknüpfung an die verletzte Publizitätspflicht unabhängig von der Herkunft des Emittenten, also auch gegenüber Drittstaatenemittenten vorzunehmen.[1149] Eine gespaltene Kollisionsnorm wäre so entbehrlich. Dem wird allerdings die im Verhältnis zu Drittstaaten fehlende Harmonisierung des Publizitätsrechts entgegengehalten.[1150] Ein anlegerschützender Mindeststandard sei daher bei Anwendung drittstaatlichen Publizitäts- und Haftungsrechts nicht gewährleistet, der Schutz der Anleger vernachlässigt.[1151] Etwas anderes könne allenfalls für Prospekte von Drittstaatenemittenten gelten, welche nach Art. 20 Abs. 1 Prospekt-RL von einem Mitgliedstaat der EU als gleichwertig anerkannt wurden.[1152]

Die Vorbehalte gegen eine Anwendung der akzessorischen Anknüpfung gegenüber Drittstaatenemittenten greifen im Ergebnis jedoch nicht durch, da sie letztlich auf einer Vermischung internationalprivat- und sachrechtlicher Aspekte zu beruhen scheinen. Eine akzessorische Anknüpfung an die verletzte Publizitätspflicht stellt vielmehr sicher, dass immer dann, wenn das Kapitalmarktrecht eines Mitgliedstaates anwendbar ist, auch das Haftungsrecht dieses Mitgliedstaats auf den Sachverhalt Anwendung findet. Es muss dann aber auch Aufgabe des europäischen Kapitalmarktrechts und gerade nicht des Internationalen Privatrechts sein, dafür zu sorgen, dass es immer dann Anwendung beansprucht, wenn die Interessen des europäischen Kapitalmarkts oder europäischer Kapitalmarktakteure betroffen sind. Dem trägt das europäische Publizitätsrecht durch die Anwendbarkeitskriterien der Zulassung zu einem geregelten Markt bzw. dem öffentlichen Angebot in einem Mitgliedstaat selbstverständlich auch Rechnung.[1153] Ist keines der vom europäischen Gesetzgeber vorgegebenen Kriterien einschlägig, besteht folglich auch kein Anlass dafür, den – möglicherweise geringeren – Schutzstandard des drittstattlichen Kapitalmarktrechts zu kritisieren oder den Verstoß gegen drittstaatliche Publizitätsvorschriften an mitgliedstaatlichem Haftungsrecht messen zu wollen. Vielmehr erschiene es dann nur

---

1149 *Hellgardt/Ringe* ZHR 2009, 802 (833f.); ähnlich *Denninger,* Grenzüberschreitende Prospekthaftung und Internationales Privatrecht, S. 276.

1150 *Einsele* ZEuP 2012, 23 (36).

1151 *Einsele* ZEuP 2012, 23 (36f.).

1152 Hierfür *Benicke* in: FS Jayme (2004), 25 (37); *Kuntz* WM 2007, 432 (439f.); wohl auch *Einsele* ZEuP 2012, 23 (36 (Fn. 66)); krit. *von Hein* in: Baum/Fleckner/Hellgardt u. a., Perspektiven des Wirtschaftsrechts, 371 (394), der darauf hinweist, dass das Prospekthaftungsrecht im Rahmen der Gleichwertigkeitsprüfung gerade keine Rolle spielt.

1153 Siehe hierzu oben Abschnitt II.D.2.

konsequent, neben dem drittstaatlichen Publizitätsrecht auch drittstaatliches Haftungsrecht zu berufen, zumal so die bereits mehrfach angesprochene Verzahnung zwischen nationalem Publizitäts- und Haftungsrecht Berücksichtigung finden kann. Warum aus Anlegerschutzgesichtspunkten ein mitgliedstaatliches Haftungsrecht Anwendung finden soll, obwohl keine Verletzung mitgliedstaatlichen Publizitätsrechts vorliegt, erschließt sich nicht. Es kann nicht Aufgabe des Internationalen Privatrechts sein, stets das Recht des höchsten Anlegerschutzes zu berufen. Vielmehr ist die Anwendung ausländischen und auch drittstaatlichen Rechts für das Internationale Privatrecht *per se* keine Besonderheit, sondern selbstverständlicher Ausfluss der grundsätzlichen Annahme der Gleichwertigkeit der Rechtsordnungen. Vorbehaltlich des *ordre public* ist auch drittstaatliches Recht daher im Inland anzuwenden, soweit die jeweils einschlägige Kollisionsnorm auf dieses verweist.

Niedrigere Anlegerschutzstandards im drittstaatlichen Publizitäts- oder Haftungsrecht stehen einer akzessorischen Anknüpfung von Kapitalmarktinformationshaftungsansprüchen an das verletzte Publizitätsrecht auch bei Drittstaatenemittenten daher im Ergebnis nicht entgegen. Entsprechend macht die Entscheidung für eine akzessorische Anknüpfung eine gespaltene Kollisionsnorm auch keineswegs *„unumgänglich“*.[1154] Soweit durch eine akzessorische Anknüpfung Schutzlücken entstünden, welche berechtigte Anlegerinteressen gefährdeten, wäre der europäische Gesetzgeber gefragt, den Anwendungsbereich des europäischen Kapitalmarkt(sach)rechts entsprechend anzupassen. Gegenüber einer gespaltenen Anknüpfung erscheint eine entsprechende Vorgehensweise schon aus Gründen der Handhabbarkeit und Vorhersehbarkeit vorzugswürdig. Zudem würde man sich mit einer Anwendung der Marktortanknüpfung gegenüber Drittstaatenemittenten wiederum dieselben Probleme einhandeln, welche einer solchen Anknüpfung generell entgegenstehen.[1155]

(d) Anwendbarkeit mehrerer Rechtsordnungen

Aus der Anwendung der akzessorischen Anknüpfung auch hinsichtlich Drittstaatenemittenten ergibt sich allerdings ein nicht zu übersehendes Folgeproblem: Soweit mehrere nationale Publizitätsrechte Anwendung beanspruchen, wie dies etwa bei Mehrfachplatzierungen in einem Mitglied- und einem Drittstaat oder ausschließlich in zwei Drittstaaten der Fall sein könnte, käme es bei einer

---

1154 So aber *Lehmann* IPRax 2012, 399 (403).

1155 In diesem Sinne auch *Kiesselbach* JIBFL 2011, 195 (196); ausführlich hierzu oben Abschnitt IV.D.2.a).

akzessorischen Anknüpfung im Ergebnis auch zur Anwendbarkeit mehrerer Haftungsrechte.[1156] Kollisionsrechtliche Konsequenz wäre also eine Statutenverdopplung. Diese Folge einer akzessorischen Anknüpfung an das maßgebliche Publizitätsrecht sehen auch *Hellgardt/Ringe*, wollen eine entsprechende Statutenverdopplung aber als Wahlrecht des Anlegers hinnehmen.[1157] Die Rechtfertigung für die Anlegerbegünstigung sehen sie in der wirtschaftlichen Vorteilhaftigkeit von Mehrfachplatzierungen für Emittenten sowie einem höheren Anlegerschutz.[1158] Ob ein solches Wahlrecht der Anleger vor dem Hintergrund der Absage der Rom II-Verordnung an das Günstigkeitsprinzip[1159] mit den Grundsätzen des europäischen Deliktskollisionsrechts in Einklang gebracht werden kann, darf allerdings zu Recht bezweifelt werden.[1160] Auch wird befürchtet, dass bei Anwendbarkeit mehrerer Rechtsordnungen Mehrfachplatzierungen erheblich an Attraktivität verlören.[1161]

Tatsächlich erscheint die Einräumung eines Anlegerwahlrechts aus den genannten Gründen zu weitgehend. Vielmehr ist es vorzugswürdig, bei Befürwortung einer akzessorischen Anknüpfung auch in Fällen der Mehrfachplatzierung im Einzelfall nur ein Haftungsrecht anzuwenden, nämlich dasjenige, welches die engste Verbindung zum Sachverhalt aufweist. Die Interessengerechtigkeit dieser Vorgehensweise kann durch die Wahl objektiver Kriterien zur Bestimmung der engsten Verbindung sichergestellt werden. Diesbezüglich

1156 Bei reinen Binnenmarktsachverhalten ist dies durch die Ausrichtung der europäischen Publizitätsrichtlinien am Herkunftslandprinzip hingegen nicht möglich, vgl. zum Ganzen *Einsele* ZEuP 2012, 23 (34f.).

1157 *Hellgardt/Ringe* ZHR 2009, 802 (833).

1158 *Hellgardt/Ringe* ZHR 2009, 802 (833f.).

1159 Hierzu *von Hein* ZEuP 2009, 6 (9) m. w. Nachw.; eine Besonderheit stellt die Kollisionsnorm für Umweltschädigung oder einem aus einer solchen Schädigung herrührenden Personen- oder Sachschaden in Art. 7 Rom II-Verordnung dar. Diese bestimmt, dass der Geschädigte alternativ zu dem nach der allgemeinen Kollisionsnorm des Art. 4 Rom II-Verordnung anwendbaren Recht auch die Anwendung des Rechts am Handlungsort verlangen kann. Diesen partiellen Rückgriff auf die Ubiquitätslehre rechtfertigt der Unionsgesetzgeber in Erwägungsgrund (25) Rom II-Verordnung mit dem in Art. 174 EGV (jetzt Art. 191 AEUV) enthaltenen Ziel eines hohen Umweltschutzniveaus (ausführlich zum Ganzen *Matthes* GPR 2011, 146 (148)).

1160 *von Hein* in: Fassbender/Wendehorst/Wet u. a., Paradigmen im internationalen Recht, 369 (418f.); rechtsvergleichend allerdings sieht Art. 156 schw. IPRG ein Wahlrecht zugunsten des Anlegers ausdrücklich vor.

1161 *Jäger* DAJV-NL 2010, 64 (66); krit. *Steinrötter* RIW 2015, 407 (413).

könnte etwa berücksichtigt werden, wo der Anleger die entsprechenden Finanzprodukte erworben hat oder auf die Anwendung welchen Publizitätsrechts er bei Erwerb des Finanzproduktes berechtigterweise vertrauen durfte.[1162]

Im Ergebnis spricht die abstrakte Möglichkeit der Berufung mehrerer Rechtsordnungen daher nicht grundsätzlich gegen eine Anwendbarkeit der akzessorischen Anknüpfung auf Drittstaatenemittenten.

(e) Konsequenzen für die Funktionsfähigkeit des Marktes und die Interessen der Emittenten

Auch der Funktionsfähigkeit des Marktes wäre eine akzessorische Anknüpfung an das Recht der maßgeblichen Publizitätspflicht sicherlich zuträglich. Die Vorhersehbarkeit des anwendbaren Haftungsrechts gibt den Emittenten Sicherheit bei der Risikobewertung und vereinfacht so auch grenzüberschreitende Angebote.[1163] Zudem würde sich innerhalb des EWR eine besondere Situation ergeben: Aus dem hinsichtlich der Publizitätspflichten geltenden Herkunftslandprinzip würde nicht nur die Anwendung lediglich eines Publizitätsrechts, sondern auch die Anwendbarkeit nur eines Haftungsrechts folgen.[1164] Emittenten müssten sich daher auch bei europaweiter Verbreitung nur nach einem Haftungsrecht richten.[1165] Vorhersehbarkeit und Abschätzung der rechtlichen Risiken wären damit in besonderem Maße erleichtert. Zugleich würde so die Attraktivität des europäischen Kapitalmarktes als Ganzes gefördert und dieser auch für Drittstaatenemittenten zunehmend interessant.[1166]

(f) Konsequenzen für die Interessen der Anleger

Fraglich erscheint aber, ob durch eine akzessorische Anknüpfung an das Publizitätsrecht – gleich ob generell oder nur in Binnenmarktsachverhalten – den Interessen der Anleger hinreichend Rechnung getragen werden kann. Denn auch wenn die Forderung eines dem Verbraucherschutz entsprechenden

1162 Zu den Möglichkeiten der Ermittlung der engsten Verbindung siehe unten Abschnitt V.B.3.

1163 *Garcimartín* LFMR 2011, 449 (454); *Kuntz* WM 2007, 432 (437); *Steinrötter*, Beschränkte Rechtswahl im Internationalen Kapitalmarktprivatrecht und akzessorische Anknüpfung an das Kapitalmarktordnungsstatut, S. 224.

1164 *von Hein* in: Fassbender/Wendehorst/Wet u. a., Paradigmen im internationalen Recht, 369 (416); *von Hein* in: Baum/Fleckner/Hellgardt u. a., Perspektiven des Wirtschaftsrechts, 371 (393f.); *Benicke* in: FS Jayme (2004), 25 (36).

1165 *von Hein* in: Fassbender/Wendehorst/Wet u. a., Paradigmen im internationalen Recht, 369 (416).

1166 Ähnlich *Garcimartín* LFMR 2011, 449 (454).

Anlegerschutzes etwas weitgehend erscheint[1167], dürfen die berechtigten Interessen der Anleger selbstverständlich nicht vernachlässigt werden.

Positiv bewerten kann man zwar, dass bei europaweiter Anwendbarkeit nur eines Haftungsrechts die Durchsetzung von Anlegeransprüchen in Verfahren des kollektiven Rechtsschutzes erleichtert würde.[1168] Ob dies aber tatsächlich den Anlegerinteressen, oder letztlich nicht doch eher den Interessen der haftenden Emittenten – welche sich nur auf ein Haftungsrecht einzustellen hätten – dient, erscheint zumindest fraglich. Aus Sicht des Anlegerschutzes begegnet aber besonderen Bedenken, dass der Emittent durch die Wahl seines Sitzes das anwendbare Haftungsrecht beeinflussen bzw. im Ergebnis bestimmen kann.[1169] Denkbar erscheint hier sogar – wie dies unter steuerrechtlichen Gesichtspunkten durchaus vorkommt – eine Sitzverlegung oder die Abwicklung der Emission durch zu diesem Zweck gegründete Tochtergesellschaften zur bewussten Steuerung des anwendbaren Publizitäts- und damit auch Haftungsrechts.[1170] Zwar ist auch bei Favorisierung anderer Anknüpfungsmöglichkeiten eine Beeinflussung des anwendbaren Rechts durch den Emittenten, etwa durch die Platzierung auf einem bestimmten Markt[1171], denkbar. Allerdings ist in diesem Fall der ökonomische Aktionsradius des Emittenten auch korrespondierend hierzu beschränkt. Bei Vornahme einer akzessorischen Anknüpfung wären die Folgen jedoch weitreichender, da dies hier nicht mit einer korrespondierenden Einschränkung der Verbreitungsmöglichkeiten einhergehen würde, sondern im Gegenteil die Kapitalmärkte der gesamten Europäischen Union unter ausschließlicher Geltung des bewusst gewählten Haftungsrechts genutzt werden könnten.

1167 So aber *Einsele* ZEuP 2012, 23 (33f.) unter Verweis auf die Wertungen des Art. 6 Abs. 1 und 2 Rom I-Verordnung; dies überzeugt aber bereits deshalb nicht, weil der Kreis der Anleger eben nicht nur aus Verbrauchern, sondern zu einem großen Teil auch aus institutionellen Anlegern besteht, welchen auch im Vertragsrecht kein Verbraucherschutz einzuräumen ist. Gegen eine Gleichsetzung von kollisionsrechtlichem Anleger- und Verbraucherschutz spricht auch, dass der *EuGH* in der Rs. *Kolassa* dem Ansinnen, den Verbrauchergerichtsstand in Kapitalmarkthaftungsfällen weit auszulegen, ausdrücklich eine Absage erteilt hat (vgl. *EuGH* Urteil v. 28.01.2015 – Rs. C-375/13, ECLI:EU:C:2015:37 (Kolassa), Rz. 57 ff.).

1168 *Steinrötter*, Beschränkte Rechtswahl im Internationalen Kapitalmarktprivatrecht und akzessorische Anknüpfung an das Kapitalmarktordnungsstatut, S. 223.

1169 *Junker* RIW 2010, 257 (264); *Kiesselbach* JIBFL 2011, 195 (196); *Kronke/Haubold* in: Kronke/Melis/Kuhn, Handbuch internationales Wirtschaftsrecht, Teil L Rn. 409.

1170 Zu diesbezüglichen Möglichkeiten *Hellgardt/Ringe* ZHR 2009, 802 (836f.), die dies als Wettbewerb der Rechtsordnungen für hinnehmbar halten; vgl. auch *Kronke/Haubold* in: Kronke/Melis/Kuhn, Handbuch internationales Wirtschaftsrecht, Teil L Rn. 409.

1171 *Hellgardt/Ringe* ZHR 2009, 802 (837 (Fn. 178)).

Ob insbesondere Kleinanleger tatsächlich in der Lage sind, beim Erwerb von Finanzprodukten preisliche Abschläge vorzunehmen, soweit ein vergleichsweise mildes Haftungsrecht Anwendung findet, erscheint mehr als fraglich.[1172] Die berechtigten Interessen der Anleger gleich welchen Wissensstandes scheinen bei einer akzessorischen Anknüpfung daher nicht ausreichend berücksichtigt zu sein. Dies erschließt sich letztlich auch, wenn man bedenkt, dass das kapitalmarktrechtliche Publizitätsrecht, an welches akzessorisch angeknüpft werden soll, der Durchsetzung des Marktordnungsrechts dient. Das zivilrechtliche Haftungsrecht hingegen hat aber primär eine individualschützende Kompensationsfunktion, welche so keine ausreichende Berücksichtigung findet. Zu berücksichtigen ist diesem Zusammenhang weiterhin, dass im Rahmen der Verhandlungen zur Transparenz-RL eine Ausrichtung des Haftungsrechts am Herkunftslandprinzip – was einer akzessorischen Anknüpfung an das verletzte Publizitätsrecht im Ergebnis sehr nahe oder sogar praktisch gleichkommt – ausdrücklich aufgrund Bedenken hinsichtlich der Gewährleistung eines angemessenen Anlegerschutzes abgelehnt wurde.[1173]

(5) Zusammenfassung und Fazit

Wiederum bleibt zu konstatieren, dass eine akzessorische Anknüpfung an die verletzte Publizitätspflicht zwar viele Vorteile mit sich bringen würde. Zudem erscheint sie auch gegenüber einer Marktortanknüpfung vorzugswürdig. Die EU-weite Anwendbarkeit nur eines Haftungsrechts würde erheblich zur Vorhersehbarkeit sowie zur einfacheren Rechtsdurchsetzung beitragen. Darüber hinaus liegt dieser Aspekt naturgemäß auch im Interesse der Emittenten, welche sich nur nach einem Haftungsrecht, welches dem anwendbaren Publizitätsrecht entspricht, richten müssten. Dennoch bestehen letztlich insbesondere vor dem Hintergrund der einseitigen Beeinflussungsmöglichkeit des anwendbaren Haftungsrechts durch den Emittenten auch erhebliche Bedenken gegen eine entsprechende Anknüpfung. Der anlegerschützenden Kompensationsfunktion der Kapitalmarktinformationshaftung und damit letztlich den berechtigten Interessen der Kapitalanleger würde durch eine entsprechende Regelung nicht ausreichend Rechnung getragen, weshalb diesbezüglichen Ansätzen im Rahmen der Verhandlungen zur

---

1172 So aber aus US-Sicht *Choi/Guzman* S. Cal. L. Rev. 1998, 903 (950); anders etwa *Kronke* Rec. des cours 2000, 261 (309), der darauf hinweist, dass Wertpapierprospekte in der Regel wohl lediglich von institutionellen Investoren mit entsprechendem Fachwissen gelesen werden; siehe hierzu im Zusammenhang mit der primär in den Vereinigten Staaten vorgeschlagenen freien Rechtswahl des Emittenten in Bezug auf das anwendbare Kapitalmarktrecht („*issuer choice*") auch *Hellgardt/Ringe* ZHR 2009, 802 (829).

1173 Hierzu ausführlich oben Abschnitt IV.C.1.a)(1)(c).

Transparenzrichtlinie eine Absage erteilt wurde. Auch eine alleinige akzessorische Anknüpfung der Kapitalmarktinformationshaftung an die verletzte Publizitätspflicht kann daher als Lösung nicht in letzter Instanz überzeugen.

3. Zwischenergebnis

Insgesamt zeigt sich, dass die bisher vorgeschlagenen alternativen Anknüpfungsmöglichkeiten durchaus gewichtige Argumente in ihrem Sinne vorweisen können, zugleich aber jeweils auch durchgreifende Bedenken gegen derartige Anknüpfungen bestehen.

Eine Anknüpfung an den betroffenen Markt weist zunächst erhebliche Schwierigkeiten bei der Lokalisierung des Marktorts auf, welche auch nach zahllosen Beiträgen und Monographien zu diesem Thema nicht zufriedenstellend geklärt sind. Zudem scheint der betroffene Markt bereits heute, jedenfalls aber für die Zukunft in einer zunehmend vernetzten Welt als Anknüpfungspunkt wenig geeignet. Auch eine gesellschaftsrechtliche Einordnung der Kapitalmarktinformationshaftung kann nicht überzeugen, da diese systematisch nicht zu begründen ist und ohnehin nicht zu sachgemäßen Ergebnissen führen würde. Von den vorgeschlagenen Lösungen am ehesten sachgerecht erscheint die zunehmend befürwortete akzessorische Anknüpfung an die jeweils betroffene Publizitätspflicht, insbesondere weil sich diese auf die sachliche und rechtliche Nähe zu der Rechtsordnung, welcher auch die verletzte Publizitätsvorschrift entnommen ist, berufen kann. Bedenken bleiben hier aber aus dem Blickwinkel des Anlegerschutzes, da im Ergebnis regelmäßig das Recht am Sitz des Emittenten anwendbar wäre, welches dieser durch die Wahl seines Standorts einseitig beeinflussen könnte.

Bei strikter Anwendung vermag daher letztlich keine der vertretenen Ansichten vollkommen zu überzeugen.[1174] Eine Lösung, welche sowohl zu sachgemäßen Ergebnissen als auch zu einem angemessenen Ausgleich der betroffenen Interessen führt und zugleich in das System des europäischen Deliktskollisionsrechts eingepasst werden kann, ist – soweit ersichtlich – noch nicht gefunden.[1175] Es ist daher auf Grundlage der gewonnenen Erkenntnisse nach einer anderen Möglichkeit für die Anknüpfung von Ansprüchen wegen unterlassener oder fehlerhafter Kapitalmarktinformation zu suchen.

1174 Zu einem ähnlichen Befund kommt *Junker* RIW 2010, 257 (264f.).

1175 Treffend hierzu *Kiesselbach* JIBFL 2011, 195 (196f.): „*The unsatisfactory upshot is that there is no one 'golden bullet' solution which points to an appropriate single law in relation to prospectus liability which would appear to be easily acceptable under Rome II, both from an issuer's and the investor's point of view.*"

V. Entwicklung einer interessengerechten Kollisionsnorm für die grenzüberschreitende Kapitalmarktinformationshaftung

A. Vorschlag: Beibehaltung der Erfolgsortanknüpfung unter Vorbehalt der Vorhersehbarkeit und subsidiäre akzessorische Anknüpfung an das maßgebliche Publizitätsrecht

Um einen angemessenen Ausgleich von Emittenten- und Anlegerinteressen zu schaffen und die Vorhersehbarkeit des anwendbaren Rechts zu gewährleisten, wird eine zweistufige Anknüpfung von Ansprüchen aus Kapitalmarktinformationshaftung vorgeschlagen:

- *Auf der ersten Stufe soll weiterhin das Recht des Staates anwendbar sein, in welchem der Schaden eintritt (Erfolgsort), allerdings unter dem Vorbehalt, dass der Emittent vorhersehen konnte, dass Anleger in diesem Staat geschädigt werden könnten.*
- *Auf der zweiten Stufe soll, soweit das anwendbare Recht nicht nach der ersten Stufe bestimmt werden kann, akzessorisch an das Recht angeknüpft werden, dessen Publizitätsrecht für das fragliche Finanzprodukt maßgeblich ist.*

B. Begründung der vorgeschlagenen Anknüpfung

Dieser Vorschlag nährt sich aus der Annahme, dass unter Beibehaltung des bisherigen Systems der Rom II-Verordnung weiterhin an den Erfolgsort angeknüpft werden sollte, jedenfalls soweit dies für alle Beteiligten zu angemessenen Ergebnissen führt, insbesondere also vorhersehbar ist. Im Übrigen verdient die akzessorische Anknüpfung an das maßgebliche Publizitätsrecht als zweite Stufe der Anknüpfung den Vorzug, da diese zu einfachen und sachgerechten Ergebnissen führt. Zudem können die hiergegen vorgebrachten Bedenken durch die vorrangige Anknüpfung an das Recht des „vorhersehbaren Erfolgsorts“ entkräftet werden.

1. Anknüpfung an den Erfolgsort als Ort des Vermögensschadens

a) Allgemeine Vorzüge der Erfolgsortanknüpfung

Die auf der ersten Stufe erfolgende Anknüpfung an den Erfolgsort rechtfertigt sich zunächst dadurch, dass sie sich nahtlos in die grundsätzliche Ausrichtung und Systematik des europäischen Deliktskollisionsrechts, namentlich der Rom II-Verordnung einfügt. Die Anknüpfung an den Erfolgsort entspricht dem Regelfall und sollte immer dann gelten, wenn keine gewichtigen Gründe, insbesondere die Interessen von Schädiger und Geschädigtem, dagegen sprechen. Dieser Ausgangspunkt ist immanenter Bestandteil aller Regelungen der Rom II-Verordnung und kommt auch in den Erwägungsgründen (16) bis (19) zum Ausdruck. Insbesondere in Erwägungsgrund (16) ist als Abwägungsergebnis formuliert:

> *„Die Anknüpfung an den Staat, in dem der Schaden selbst eingetreten ist (lex loci damni), schafft einen gerechten Ausgleich zwischen den Interessen der Person, deren Haftung geltend gemacht wird, und der Person, die geschädigt wurde, und entspricht der modernen Konzeption der zivilrechtlichen Haftung und der Entwicklung der Gefährdungshaftung.“*

Die Entscheidung des europäischen Gesetzgebers zugunsten der Erfolgsortanknüpfung als allgemeine Regel sollte – jedenfalls soweit möglich – respektiert werden.

Hinzu kommt, dass es durchaus gute Gründe für eine Anknüpfung an den Erfolgsort gibt. Diese weist eine Reihe erheblicher Vorzüge auf und ist daher auch über das europäische Kollisionsrecht hinaus im Internationalen Deliktsrecht weit verbreitet. Seine Anwendung kann sich insbesondere auf die berechtigte Erwartung des Geschädigten stützen, dass das Haftungsniveau derjenigen Umgebungswelt Anwendung findet, in welcher er den Schaden erleidet[1176], was der Entschädigungsfunktion des Haftungsrechts Rechnung trägt.[1177] Zudem ist der Geschädigte als zufällig Betroffener eines Delikts als schwächere Partei besonders schützenswert.[1178] Denn im Gegensatz zum Handlungsort, welcher

---

1176 *von Hein* ZEuP 2009, 6 (16); *Kadner Graziano* RabelsZ 73 (2009), 1 (36); *Thorn* in: Palandt, 78. Aufl. 2019, Rom II-Verordnung, Art. 4 Rn. 1; *Koziol/Thiede* ZVglRWiss 2007, 235 (241); *Wagner* IPRax 2008, 1 (5); *Kramer* NiPR 2008, 414 (420); *Odendahl,* Internationales Deliktsrecht der Rom-II-VO und die Haftung für reine Vermögensschäden, S. 153; ebenso *von Hein* in: Fassbender/Wendehorst/Wet u. a., Paradigmen im internationalen Recht, 369 (414) unter Hinweis auf die Möglichkeit der Wahl des Versicherungsschutzes.

1177 *Kramer* NiPR 2008, 414 (420); *von Hein* ZVglRWiss 2003, 528 (543).

1178 So etwa *Lein* Yb. Pr. Int. L. 2008, 177 (187f.); *Koziol/Thiede* ZVglRWiss 2007, 235 (241).

etwa bei Distanzdelikten dem Einflussbereich des Geschädigten entzogen ist[1179], ist der Erfolgsort für den Geschädigten vorhersehbar[1180] und dürfte zudem häufig mit seinem gewöhnlichen Aufenthalt übereinstimmen.[1181] Insgesamt ist die Erfolgsortanknüpfung damit geschädigtenfreundlich.[1182] Auch für den Schädiger ist die Anwendung des Erfolgsortrechts nicht *per se* unbillig. Dieser kann und muss vielmehr mit einer Haftung nach den Rechtsordnungen der Staaten, in welche seine Handlungen ausstrahlen, auch rechnen.[1183] Soweit dem nationalen Haftungsrecht verhaltenssteuernde Wirkung zukommen soll, erscheint es auch nur konsequent, es immer dann anzuwenden, wenn sich eine schädigende Handlung in seinem Geltungsbereich auswirkt.[1184]

Weiterer Vorzug des Erfolgsorts ist seine – jedenfalls in vielen Fällen – einfache und sichere Bestimmbarkeit, was ihn im Vergleich zum Handlungsort insbesondere in Fällen, in welchen etwa zur Herstellung eines Produkts oder zur Erbringung einer Dienstleistung Handlungsschritte in verschiedenen Staaten vollzogen wurden, vorzugswürdig macht.[1185]

b) Grundsätzliche Geeignetheit auch für Ansprüche aus Kapitalmarktinformationshaftung

Vielfach wird die Anknüpfung an den Erfolgsort für Ansprüche aus Kapitalmarktinformationshaftung jedoch für ungeeignet erachtet. Dies wird zum einen darauf gestützt, dass dieser bei reinen Vermögensdelikten kaum bestimmbar sei[1186], was aber – wie oben gezeigt[1187] – insbesondere für Ansprüche aus Kapitalmarktinformationshaftung zu relativieren ist. Im Einklang mit der

---

1179 Vgl. hierzu *Mankowski* in: FS Geimer (2017), 429 (435).

1180 *Junker* in: MüKo-BGB, 7. Aufl. 2018, Rom II-VO, Art. 4 Rn. 3.

1181 *Junker* in: MüKo-BGB, 7. Aufl. 2018, Rom II-VO, Art. 4 Rn. 18; *Junker* NJW 2007, 3675 (3678).

1182 *Odendahl,* Internationales Deliktsrecht der Rom-II-VO und die Haftung für reine Vermögensschäden, S. 153f.

1183 *von Hein* ZEuP 2009, 6 (16); *Kadner Graziano* RabelsZ 73 (2009), 1 (36); *Thorn* in: Palandt, 78. Aufl. 2019, Rom II-Verordnung, Art. 4 Rn. 1; *Wagner* IPRax 2008, 1 (5); *Garcimartín* LFMR 2011, 449 (454); einschränkend *Koziol/Thiede* ZVglRWiss 2007, 235 (242 ff.).

1184 *Kadner Graziano* RabelsZ 73 (2009), 1 (36f.).

1185 Eingehend *von Hein* ZVglRWiss 2003, 528 (544) unter Hinweis auf die im Zuge der Globalisierung stetig zunehmende internationale Arbeitsteilung.

1186 *Tschäpe/Kramer/Glück* RIW 2008, 657 (662).

1187 Siehe hierzu oben Abschnitt IV.C.2.b)(2)(b)(iii).

Rechtsprechung des *EuGH* liegt der Erfolgsort für rein monetäre Schäden dort, wo der konkret geschädigte Vermögensteil des Anlegers zu lokalisieren ist, regelmäßig also an der kontoführenden Niederlassung der Bank. Genießt die Erfolgsortanknüpfung also im Internationalen Deliktsrecht ein hohes Ansehen und führt sie auch in vielen Fällen der Kapitalmarktinformationshaftung zu sachgerechten Ergebnissen, ist nicht einzusehen, warum die Anknüpfung für Ansprüche dieser Art vollständig unangewendet bleiben sollte. Vorzugswürdig erscheint es daher, die der Rom II-Verordnung und dem Rechtsanwender wohl bekannte Anknüpfung an den Erfolgsort für eben diese Fälle beizubehalten und sie im Übrigen so zu modifizieren, dass allen denkbaren Fallkonstellationen eine sachgerechte und angemessene Lösung zu Teil wird.

Weiterhin wird gegen eine Erfolgsortanknüpfung teilweise vorgebracht, dass diese einen Verstoß gegen das kapitalmarktrechtliche Gleichbehandlungsgebot darstelle, da hierdurch auf Kapitalmarktinformationshaftungsfälle aus ein und demselben Verstoß eines Emittenten gegen eine Publizitätsvorschrift unterschiedliche Haftungsrechte mit möglicherweise unterschiedlichen inhaltlichen Voraussetzungen anwendbar wären.[1188] Dies sei mit dem kapitalmarktrechtlichen Gleichbehandlungsgrundsatz nicht vereinbar.[1189] Dieses Argument kann aber in dreierlei Hinsicht nicht überzeugen: Erstens ist bereits zweifelhaft, ob ein generelles kapitalmarktrechtliches Gleichbehandlungsgebot diesen Inhalts überhaupt existiert.[1190] Denn das insoweit anerkannte und gesetzlich teilweise auch normierte Gebot der informationellen Anlegergleichbehandlung[1191] ist durch die Anwendbarkeit unterschiedlicher Haftungsrechte nicht berührt. Diese ist vielmehr bedingt durch die Entscheidung des europäischen Gesetzgebers für eine Erfolgsortanknüpfung im Internationalen Deliktsrecht. Ob ein kapitalmarktrechtliches Gleichbehandlungsgebot tatsächlich überhaupt betroffen ist, erscheint daher fraglich. Zweitens hat eine Gleichbehandlung aber ohnehin selbstverständlich nur zu erfolgen, soweit auch alle Sachverhaltsmerkmale gleich sind. Tritt aber infolge der Verletzung von Publizitätsrecht durch

1188 *Arons* NiPR 2008, 481 (482, 485); ähnlich in Bezug auf die Lokalisierung des Erfolgsorts an der Vermögenszentrale des Geschädigten *Steinrötter*, Beschränkte Rechtswahl im Internationalen Kapitalmarktprivatrecht und akzessorische Anknüpfung an das Kapitalmarktordnungsstatut, S. 189.

1189 *Arons* NiPR 2008, 481 (485).

1190 Überzeugend gegen das Bestehen eines einheitlichen Gleichbehandlungsgrundsatzes etwa *Bachmann* ZHR 2006, 144 (172f.).

1191 Vgl. hierzu *Bachmann* ZHR 2006, 144 (146 ff.); *Fleischer* ZGR 2009, 505 (511 ff.), siehe hierzu bereits oben Abschnitt II.D.3.d)(2).

einen Emittenten der Vermögensschaden von Anlegern durch die Belegenheit der Konten in unterschiedlichen Staaten ein, ist nicht einzusehen, warum alle Ansprüche der gleichen Rechtsordnung unterliegen müssen. In diesem Fall rechtfertigt der Schadenseintritt in einem anderen Staat auch die Anwendbarkeit einer anderen Rechtsordnung.[1192] Drittens ist schließlich zu bemerken, dass entsprechende Fälle – nämlich die Anwendbarkeit unterschiedlicher Haftungsrechte trotz ein und desselben schadensbegründenden Ereignisses – auch in anderen Bereichen wie etwa der grenzüberschreitenden Produkt- oder Umwelthaftung denkbar, hier aber im Rahmen des sogenannten Mosaikprinzips allgemein anerkannt sind. Warum in dieser Hinsicht aus kollisionsrechtlicher Perspektive eine Ausnahme für Kapitalmarkthaftungsfälle gemacht werden soll, ist nicht ersichtlich.[1193]

Grundsätzlich ist die Erfolgsortanknüpfung daher – jedenfalls mit der nachfolgend dargestellten Modifikation – auch für Kapitalmarktinformationshaftungsansprüche geeignet.

2. Begrenzung der Erfolgsortanknüpfung durch Einführung eines Vorhersehbarkeitsvorbehalts

a) Erforderlichkeit eines Vorhersehbarkeitsvorbehalts

Will man also – wie vorliegend – aufgrund der oben genannten Vorzüge jedenfalls im Grundsatz an der Anknüpfung an den Erfolgsort auch für Ansprüche aus Kapitalmarktinformationshaftung festhalten, erscheint es geboten, zum Schutz der Interessen der Emittenten und zur Förderung der Funktionsfähigkeit der Kapitalmärkte insgesamt die Anwendung des Erfolgsortrechts durch einen Vorhersehbarkeitsvorbehalt einzuschränken. Denn weiterer prominenter Kritikpunkt an der Erfolgsortanknüpfung in Kapitalmarkthaftungsfällen ist, dass sie grundsätzlich zu jedem Haftungsrecht der Welt führen kann, was aus Sicht der Emittenten unbillig erscheint und die Vorhersehbarkeit des potentiell anwendbaren Haftungsrechts nahezu unmöglich macht.[1194]

1192 Ähnlich *Garcimartín* LFMR 2011, 449 (455).

1193 *Garcimartín* LFMR 2011, 449 (455).

1194 Vgl. etwa *Schütze* in: Assmann/Schütze, Handbuch des Kapitalanlagerechts, § 7 Rn. 25; *Lehmann* IPRax 2012, 399 (400); *Einsele* ZEuP 2012, 23 (29); *Weber* WM 2008, 1581 (1585); *Martiny* ZEuP 2013, 838 (868); *Arons* NiPR 2008, 481 (482); *Davies,* Davies Review of Issuer Liability: Final Report, Rn. 63; *Wundenberg* ZGR 2015, 124 (153f.); *Cotiga* RISF 2015, 40 (48f.).

In der Tat erscheint die uferlose Unterwerfung der Emittenten unter potentiell jedes Haftungsrecht der Welt wenig sachgerecht. Aber auch losgelöst von individuellen Interessen wäre eine solche Anknüpfung misslich, da das unkalkulierbare Haftungsrisiko kapitalsuchende Unternehmen von der Inanspruchnahme der Kapitalmärkte insgesamt abschrecken oder deren Nutzung nur unter Erhebung beachtlicher Risikozuschläge erfolgen könnte. Insgesamt wäre die uneingeschränkte Berufung des Rechts am Erfolgsort daher gleichfalls der Funktionsfähigkeit der Kapitalmärkte abträglich.[1195] Um dem Kritikpunkt des unbilligen Haftungsrisikos zu begegnen, ist es notwendig, die Erfolgsortanknüpfung mit einem Vorhersehbarkeitsvorbehalt auszustatten, welcher es dem Emittenten ermöglicht, die potentiell anwendbaren Haftungsrechte *ex ante* zu ermitteln und sich auf diese einzustellen.[1196]

b) Das Instrument der Vorhersehbarkeit im Internationalen Privatrecht

Eine Begrenzung der Erfolgsortanknüpfung durch die Vorhersehbarkeit des Schadenseintrittsorts durch den Schädiger mag auf den ersten Blick ungewöhnlich erscheinen, ist dem Internationalen Privatrecht insgesamt aber wohl bekannt.[1197] Es ist daher zunächst auf die grundsätzliche Bedeutung von Vorhersehbarkeitsvorbehalten im Internationalen Privatrecht einzugehen.

(1) Allgemeine Diskussion zur Begrenzung der Erfolgsortanknüpfung

Die Diskussion um die Begrenzung der Erfolgsortanknüpfung durch Anwendung eines Vorhersehbarkeitsvorbehalts ist keineswegs neu. Auch soweit eine entsprechende Begrenzung nicht ausdrücklich statuiert ist, wurde verschiedentlich erwogen, die deliktsrechtliche Erfolgsortanknüpfung unter den Vorbehalt der Vorhersehbarkeit – sowohl für den Geschädigten als auch für den Schädiger – zu stellen.[1198] Im deutschen Schrifttum hat insbesondere *von Hein* diesen

1195 Ähnlich *Hellgardt/Ringe* ZHR 2009, 802 (825).

1196 Aus ähnlichen Motiven enthält auch der Regelungsvorschlag des Deutschen Rates für IPR in Art. 6a Abs. 1 S. 3 eine Vorhersehbarkeitsklausel, welche sich entsprechend der Grundausrichtung des Vorschlags allerdings auf die Erkennbarkeit des Erwerbs- und Veräußerungsorts bezieht, vgl. hierzu *Lehmann* IPRax 2012, 399 (404).

1197 Instruktiv hierzu *von Hein,* Das Günstigkeitsprinzip im Internationalen Deliktsrecht, S. 181 ff.; siehe auch *Koziol/Thiede* ZVglRWiss 2007, 235 (246).

1198 Hierfür etwa *von Hein,* Das Günstigkeitsprinzip im Internationalen Deliktsrecht, S. 221; *Kropholler,* Internationales Privatrecht, § 53 IV. 1. b); ähnlich *Koziol/Thiede* ZVglRWiss 2007, 235 (244 ff.); speziell für Persönlichkeitsrechtsverletzungen *von Hinden,* Persönlichkeitsverletzungen im Internet, S. 107; krit. diesbezüglich *Junker* in: MüKo-BGB, 7. Aufl. 2018, EGBGB, Art. 40 Rn. 77.

Aspekt bereits 1999 aus dogmatischer und praktischer Sicht eingehend untersucht und sich im Ergebnis für eine Begrenzung der Erfolgsortanknüpfung auf ihre Vorhersehbarkeit ausgesprochen.[1199] Durch eine solche Begrenzung soll in funktionaler Hinsicht dem Prinzip der engsten Verbindung Rechnung getragen werden, welches als subjektiv-lokalisatorisches Element auch die Bestimmbarkeit und Berechenbarkeit des anzuwendenden Rechts voraussetze.[1200] Die ausdrückliche Kodifikation eines Vorhersehbarkeitsvorbehalts wurde aber nicht für erforderlich gehalten, da eine entsprechende Berücksichtigung des Prinzips der engsten Verbindung bereits über die Ausweichklausel (Art. 41 EGBGB) gewährleistet sei.[1201] Besondere Berücksichtigung fand dieser Ansatz im Bereich der Internationalen Produkthaftung, in welchem ein Vorbehalt hinsichtlich der Vorhersehbarkeit der potentiell anwendbaren Haftungsrechte zugunsten des Herstellers inzwischen weit verbreitet ist.[1202]

Auch rechtsvergleichend finden sich Beispiele für eine Begrenzung der Erfolgsortanknüpfung im Sinne der Vorhersehbarkeit. Entsprechend sind bereits in mehreren ausländischen IPR-Kodifikationen, die eine Anknüpfung an das Recht des Staates statuieren, in welchem der Erfolgsort belegen ist, Vorhersehbarkeitsvorbehalte enthalten. Hervorzuheben sind hier insbesondere das Internationale Privatrecht der Schweiz sowie Japans.[1203] So sieht Art. 133 Abs. 2 schw. IPRG für grenzüberschreitende Distanzdelikte grundsätzlich die Anknüpfung an das Recht des Erfolgsorts vor, was aber nur gilt, „*wenn der Schädiger mit dem Eintritt des Erfolges in diesem Staat rechnen musste.*" Bemerkenswert ist weiter die Regelung des erst im Jahre 2006 neugefassten Gesetzes über das Internationale Privatrecht Japans.[1204] Die in Art. 17 S. 1 des japan. IPRG enthaltene allgemeine Kollisionsnorm für unerlaubte Handlungen beruft grundsätzlich das Recht des Erfolgsorts zur Anwendung und gleicht insoweit Art. 4 Abs. 1 Rom II-Verordnung.[1205] Abweichend hiervon soll aber nach Art. 17 S. 2 japan. IPRG das

1199 Vgl. *von Hein,* Das Günstigkeitsprinzip im Internationalen Deliktsrecht, S. 181 ff.

1200 Ausführlich *von Hein,* Das Günstigkeitsprinzip im Internationalen Deliktsrecht, S. 181f., 221.

1201 *von Hein,* Das Günstigkeitsprinzip im Internationalen Deliktsrecht, S. 221.

1202 Siehe hierzu sogleich unter Abschnitt V.B.2.b)(3).

1203 Entsprechende Regelungen waren auch im Deliktskollisionsrecht der Niederlande und Portugal zu finden; weitere Beispiele bei *Koziol/Thiede* ZVglRWiss 2007, 235 (246).

1204 In deutscher Übersetzung abgedruckt in RabelsZ 76 (2012), 170 ff.

1205 Vgl. *Sakurada/Schwittek* RabelsZ 76 (2012), 86 (115); *Nishitani* Yb. Pr. Int. L. 2007, 175 (178f.).

Recht des Handlungsorts angewendet werden, wenn der Ort des Erfolgseintritts „*unter regelmäßigen Umständen*" nicht vorausgesehen werden konnte.[1206] Diese Regelung wurde nach ausführlicher rechtsvergleichender Evaluation im Vorfeld der Reform im Jahre 2006 in das Internationale Privatrecht Japans aufgenommen.[1207] Vorbild hierfür war ausweislich der Gesetzesmaterialien unter anderem Art. 133 Abs. 2 schw. IPRG.[1208] Die Begrenzung der Erfolgsortanknüpfung durch die Vorhersehbarkeit für den Schädiger entsprach aber auch vor der entsprechenden Kodifikation bereits der Rechtsprechung des Obersten Gerichtshofs Japans.[1209] Ziel dieser Regelung ist die Herstellung eines angemessenen Interessenausgleichs zwischen Schädiger und Geschädigtem.[1210]

(2) Bedeutung der Vorhersehbarkeit im Europäischen Privat- und Zivilverfahrensrecht

Dem Kriterium der Vorhersehbarkeit kommt auch im Europäischen Privat- und Zivilverfahrensrecht eine essentielle Bedeutung zu.[1211] Durch sie wird für die am Schuldverhältnis beteiligten Parteien Rechtssicherheit dahingehend geschaffen, dass die in Betracht kommenden Gerichtsstände bzw. die anwendbaren Rechtsordnungen bereits im Vorfeld einer rechtlichen Streitigkeit eindeutig bestimmt werden können. Für den Rechtsverkehr ist sie daher von überragender Wichtigkeit. In der Rom II-Verordnung hat der europäische Gesetzgeber die Notwendigkeit einer angemessenen Vorhersehbarkeit des anzuwendenden Rechts für Schädiger und Geschädigten im Interesse der Rechtssicherheit sogar gleichsam zur übergeordneten Maxime des gesamten Anknüpfungsregimes erhoben.[1212] Die besondere Berücksichtigung der subjektiven Vorhersehbarkeitsinteressen

---

1206 Zur umstrittenen Entstehung dieser Vorschrift vgl. *Sakurada/Schwittek* RabelsZ 76 (2012), 86 (115f.).

1207 Vgl. *Nishitani* Yb. Pr. Int. L. 2007, 175 (176f.); *Sakurada/Schwittek* RabelsZ 76 (2012), 86 (89 ff.).

1208 Vgl. *Sakurada/Schwittek* RabelsZ 76 (2012), 86 (115).

1209 Nachweis bei *Sakurada/Schwittek* RabelsZ 76 (2012), 86 (114).

1210 *Nishitani* Yb. Pr. Int. L. 2007, 175 (180).

1211 Vgl. hierzu nur Erwägungsgrund (15) EuGVO a.F., Erwägungsgründe (6) und (16) Rom I-Verordnung, Erwägungsgründe (6) und (16) Rom II-Verordnung sowie Erwägungsgründe (9) und (29) Rom III-Verordnung; allgemein hierzu *Lüttringhaus* RabelsZ 77 (2013), 31 (41); *von Hein* in: MüKo-BGB, 7. Aufl. 2018, EGBGB, Art. 3 Rn. 164.

1212 Vgl. nur Erwägungsgrund (6) Rom II-Verordnung; siehe auch *von Hein* ZEuP 2009, 6 (9); *Spickhoff* in: BeckOK-BGB, 49. Ed. 01.02.2019, Rom II-VO, Art. 1 Rn. 2.

von Schädiger und Geschädigtem ist damit im europäischen Internationalen Deliktsrecht praktisch zur Selbstverständlichkeit geworden.[1213]

Auch im Rahmen der Vorbereitung der Rom II-Verordnung wurde die Vorhersehbarkeit der Erfolgsortanknüpfung für den Schädiger diskutiert. Kritisiert wurde die vorbehaltlose Anknüpfung an den Erfolgsort insbesondere von *Koziol/Thiede*, welche die Interessen der ersatzpflichtigen Person als nicht ausreichend berücksichtigt empfanden.[1214] Denn den berechtigten Erwartungen des Geschädigten auf die Entschädigung nach den Standards seines Umgebungsrechts stehe die ebenso berechtigte Erwartung der ersatzpflichtigen Person gegenüber, nach ihrem eigenen Umweltrecht zu haften.[1215] Darüber hinaus merkten sie an, dass die Deliktshaftung ihre verhaltenssteuernde Wirkung verliere, wenn der potentielle Schädiger die Rechtsordnung, an welche er sich halten soll, im Vorfeld gar nicht mehr erkennen könne.[1216] Zudem verwiesen sie auch auf das unkalkulierbare Haftungsrisiko für Unternehmen sowie deren Haftpflichtversicherungen.[1217] Im Ergebnis forderten *Koziol/Thiede*, das Erfolgsortrecht generell nur unter der Bedingung der Vorhersehbarkeit für den Schädiger zu berufen.[1218] Ein entsprechender Vorbehalt wurde in der Rom II-Verordnung schlussendlich jedoch nicht umgesetzt. Gleichwohl hat die Vorhersehbarkeit des nach Art. 4 Abs. 1 Rom II-Verordnung anwendbaren Rechts für den Schädiger durch Art. 17 Rom II-Verordnung jedenfalls partiell Berücksichtigung gefunden.[1219] Denn im Rahmen der Anwendung von Art. 17 Rom II-Verordnung kommt der Vorhersehbarkeit der Sicherheits- und Verhaltensregeln für den Schädiger erhebliche Bedeutung zu.[1220] Auch wenn die Diskussion um die Vorhersehbarkeit des anwendbaren Rechts speziell im Rahmen der Erfolgsortanknüpfung im europäischen Deliktskollisionsrecht der Rom II-Verordnung etwas aus dem Blick geraten zu sein scheint[1221], besteht die grundsätzliche Problemstellung weiter fort. Im Rahmen der Erfolgsortanknüpfung nach Art. 4 Abs. 1 Rom II-Verordnung

---

1213 Siehe hierzu Erwägungsgrund (16) Rom II-Verordnung.

1214 *Koziol/Thiede* ZVglRWiss 2007, 235 (242 ff.).

1215 *Koziol/Thiede* ZVglRWiss 2007, 235 (245).

1216 *Koziol/Thiede* ZVglRWiss 2007, 235 (242).

1217 *Koziol/Thiede* ZVglRWiss 2007, 235 (243).

1218 *Koziol/Thiede* ZVglRWiss 2007, 235 (247); differenzierter *von Hein* ZVglRWiss 2003, 528 (546).

1219 Vgl. *von Hein* in: FS von Hoffmann (2011), 139 (140); *Wagner* IPRax 2008, 1 (5).

1220 Siehe *Junker* in: MüKo-BGB, 7. Aufl. 2018, Rom II-VO, Art. 17 Rn. 27; *Wagner* IPRax 2008, 1 (5).

1221 Vgl. aber *Koziol/Thiede* ZVglRWiss 2007, 235 (244 ff.).

sprechen folglich gute Gründe für eine abweichende Bestimmung des anwendbaren Rechts über die Ausweichklausel des Art. 4 Abs. 3 Rom II-Verordnung, wenn der Schädiger den Ort des Erfolgseintritts billigerweise nicht voraussehen konnte.[1222] Jedenfalls aber muss eine solche Begrenzung für besondere Deliktstypen möglich sein, deren Anknüpfung andernfalls zu völlig unsachgemäßen und willkürlichen Ergebnissen führen würde.[1223]

(3) Ausdrücklicher Vorhersehbarkeitsvorbehalt der Produkthaftung

Soweit es möglich ist, bereits durch die Wahl des Anknüpfungspunkts die Vorhersehbarkeit des anzuwendenden Rechts zu gewährleisten, ist die Ausformulierung eines Vorbehalts freilich nicht erforderlich. Entsprechend sind ausdrückliche Vorhersehbarkeitsvorbehalte, welche die Reichweite einer Anknüpfung begrenzen, im Europäischen Kollisionsrecht nicht unbedingt der Regelfall. In besonderen Konstellationen kann zudem über eine Ausweichklausel, die in vielen Kollisionsnormen vorhanden ist, das Ergebnis über eine Anknüpfung an das Recht der offensichtlich engeren Verbindung korrigiert werden.

Wenn aber die angemessene Berücksichtigung der Vorhersehbarkeit nicht bereits immanenter Bestandteil der Regelung ist, muss ein ausdrücklicher Vorhersehbarkeitsvorbehalt statuiert werden. Ein prominentes und sogar aus dem europäischen Deliktskollisionsrecht stammendes Beispiel für einen ausdrücklichen Vorhersehbarkeitsvorbehalt ist die Kollisionsnorm für Produkthaftung in Art. 5 Rom II-Verordnung. Das auf derartige Ansprüche anwendbare Recht wird grundsätzlich über die Kaskadenanknüpfung in Art. 5 Abs. 1 S. 1 Rom II-Verordnung bestimmt, welche entweder den gewöhnlichen Aufenthalt des Geschädigten, den Erwerbsort oder den Ort des Schadenseintritts für maßgeblich erklärt. Diese klar geschädigtenfreundliche Anknüpfungsregel[1224] wird

---

1222 Dies forderten etwa *Koziol/Thiede* ZVglRWiss 2007, 235 (246f.); für die Möglichkeit einer entsprechenden Anwendung von Art. 4 Abs. 3 Rom II-Verordnung auch *von Hein* in: FS Kropholler (2008), 553 (567); *von Hein* ZVglRWiss 2003, 528 (546); *Junker* in: MüKo-BGB, 7. Aufl. 2018, Rom II-VO, Art. 4 Rn. 56; *Odendahl,* Internationales Deliktsrecht der Rom-II-VO und die Haftung für reine Vermögensschäden, S. 250; *de Lima Pinheiro* Riv. dir. int. priv. proc. 2008, 5 (20).

1223 Ausdrücklich abgelehnt wird dies aber etwa für die Erfolgsortanknüpfung bei Umweltschädigungen nach Art. 7 Rom II-Verordnung, da dies Sinn und Zweck der Regelung widerspräche, vgl. nur *Junker* in: MüKo-BGB, 7. Aufl. 2018, Rom II-VO, Art. 7 Rn. 20; *Thorn* in: Palandt, 78. Aufl. 2019, Rom II-Verordnung, Art. 7 Rn. 7; *Kadner Graziano* RabelsZ 73 (2009), 1 (45f.).

1224 Vgl. etwa *Lein* Yb. Pr. Int. L. 2008, 177 (187); *Spickhoff* in: FS Kropholler (2008), 671 (682).

sodann aber unter einen Vorhersehbarkeitsvorbehalt zugunsten des Schädigers gestellt. Denn das nach Art. 5 Abs. 1 S. 1 Rom II-Verordnung ermittelte Recht kommt gemäß dessen S. 2 nicht zur Anwendung, wenn der Hersteller das Inverkehrbringen des Produkts oder eines gleichartigen Produkts im Staat des gewöhnlichen Aufenthalts des Geschädigten, des Erwerbsorts oder des Orts des Schadenseintritts „*vernünftigerweise nicht voraussehen konnte.*" In diesem Fall ist das Recht des gewöhnlichen Aufenthalts des Schädigers, also des Herstellers, anwendbar. Dieser Vorhersehbarkeitsvorbehalt dient primär den Interessen der Hersteller als möglicherweise Haftende und soll diese in die Lage versetzen, die potentiell anwendbaren Rechtsordnungen zu ermitteln.[1225] Wenngleich die Kollisionsnorm für Produkthaftung als solche teilweise heftig kritisiert wird[1226], so beschränkt sich diese Kritik meist jedoch auf die komplexe Anknüpfungskaskade, die Wahl der einzelnen Anknüpfungspunkte oder die der Norm immanente Regelungslücke und nicht auf die Statuierung des Vorhersehbarkeitsvorbehalts. Dieser wird vielfach sogar als angemessener Interessenausgleich begrüßt.[1227] Denn aufgrund der hohen Mobilität der Produkte und der für den Hersteller nahezu unmöglichen Kontrolle der tatsächlichen Verbreitung sind rein geographisch festgelegte Anknüpfungspunkte, wie sie im Deliktskollisionsrecht typischerweise zur Anwendung kommen, für die Produkthaftung nur eingeschränkt geeignet.[1228] Insbesondere für den Hersteller wäre andernfalls eine

1225 Vgl. *Lehmann* in: Mansel/Hüßtege, Rom-Verordnungen, 2. Aufl. 2015, Rom II-VO, Art. 5 Rn. 73; *Junker* in: MüKo-BGB, 7. Aufl. 2018, Rom II-VO, Art. 5 Rn. 7; *Spickhoff* in: BeckOK-BGB, 49. Ed. 01.02.2019, Rom II-VO, Art. 5 Rn. 1; *Dörner* in: HK-BGB, 10. Aufl. 2019, Rom II-VO, Art. 5 Rn. 5; *Huber/Illmer* Yearbook of Private International Law 2007, 31 (41, 45); *Illmer* RabelsZ 73 (2009), 269 (298).

1226 Krit. etwa *Wagner* IPRax 2008, 1 (6f.); *Junker* NJW 2007, 3675 (3679); *Hartley* The International and Comparative Law Quarterly 2008, 899 (904f.); *Spickhoff* in: BeckOK-BGB, 49. Ed. 01.02.2019, Rom II-VO, Art. 5 Rn. 1; *Junker* in: MüKo-BGB, 7. Aufl. 2018, Rom II-VO, Art. 5 Rn. 4; insgesamt positiv bewertet hingegen bei *Kadner Graziano* RabelsZ 73 (2009), 1 (39); *Fricke* VersR 2005, 726 (739).

1227 Vgl. etwa *Heiderhoff* GPR 2005, 92 (95): „*Das ist sehr überzeugend.*"; *Wagner* IPRax 2008, 1 (7): „*[...]sachgerechte Ausbalancierung[...]*"; ebenso *Illmer* RabelsZ 73 (2009), 269 (298); *Fricke* VersR 2005, 726 (739); für eine Beibehaltung des Vorhersehbarkeitsvorbehalts auch *de lege ferenda Junker* RIW 2010, 257 (266); ablehnend wohl *Kadner Graziano* RabelsZ 73 (2009), 1 (43); eher krit. auch *Thorn* in: Palandt, 78. Aufl. 2019, Rom II-Verordnung, Art. 5 Rn. 11; *Spickhoff* in: FS Kropholler (2008), 671 (685).

1228 Vgl. etwa *Heiss/Loacker* JBl 2007, 613 (627); *Junker* in: MüKo-BGB, 7. Aufl. 2018, Rom II-VO, Art. 5 Rn. 3; *Thorn* in: Palandt, 78. Aufl. 2019, Rom II-Verordnung, Art. 5 Rn. 6.

Kalkulation des Haftungsrisikos, welches wesentlich von der Voraussehbarkeit der anwendbaren Rechtsordnung abhängt, praktisch nicht möglich.[1229] Eine entsprechende Regelung findet sich bereits in Art. 7 HPÜ[1230].[1231] Ebenso zeigt ein rechtsvergleichender Überblick über das Internationale Produkthaftungsrecht anderer Staaten, dass eine Begrenzung der Anknüpfung durch einen Vorhersehbarkeitsvorhalt zugunsten des Herstellers als Schädiger allgemein anerkannt und durchaus üblich ist.[1232] Im Ergebnis dient der Vorbehalt der Vorhersehbarkeit des Inverkehrbringens in Art. 5 Abs. 1 S. 2 Rom II-Verordnung unmittelbar den übergeordneten Zielen der Rom II-Verordnung, namentlich dem angemessenen Interessenausgleich als Kontrapunkt zur geschädigtenfreundlichen Anknüpfungskaskade des Art. 5 Abs. 1 S. 1 Rom II-Verordnung sowie der Rechtssicherheit im Sinne einer zuverlässigen Vorhersehbarkeit des potentiell anwendbaren Rechts.

(4) Ratio ausdrücklicher Vorhersehbarkeitsvorbehalte in besonderen Rechtsgebieten

Die vorangehende Darstellung der in Art. 5 Rom II-Verordnung enthaltenen Regelung zeigt, dass die Grundsätze der Vorhersehbarkeit und des angemessenen Interessenausgleichs in besonderen Bereichen in einem Spannungsverhältnis stehen können.[1233] Denn Schwierigkeiten hinsichtlich der Vorhersehbarkeit treten insbesondere dort auf, wo bereits auf Ebene des Internationalen Privat- oder Zivilverfahrensrechts materiell-rechtliche Regelungsinteressen intensive Berücksichtigung finden, beispielsweise im Verbraucherschutz. In der Konsequenz sind

---

1229 Vgl. *Thorn* in: Palandt, 78. Aufl. 2019, Rom II-Verordnung, Art. 5 Rn. 6; *Lehmann* in: Mansel/Hüßtege, Rom-Verordnungen, 2. Aufl. 2015, Rom II-VO, Art. 5 Rn. 98.

1230 Haager Übereinkommen über das auf die Produkthaftung anwendbare Recht vom 2. Oktober 1973 (HPÜ).

1231 Hierzu *Illmer* RabelsZ 73 (2009), 269 (297); *Huber/Illmer* Yearbook of Private International Law 2007, 31 (44); die Regelungen des HPÜ fanden im Rahmen der Fassung von Art. 5 Rom II-Verordnung Berücksichtigung (vgl. Begründung der Kommission zum Verordnungsvorschlag KOM(2003) 427 endg., S. 15), ein vollständiger Gleichlauf konnte aber nicht erzielt werden (krit. hierzu etwa *Huber/Illmer* Yearbook of Private International Law 2007, 31 (46f.)).

1232 Vgl. etwa für die Schweiz Art. 135 Abs. 1 lit. b) schw. IPRG; für die Volksrepublik China § 45 chin. IPRG (in deutscher Übersetzung veröffentlicht in RabelsZ 76 (2012), 1 ff.); für Japan Art. 18 japan. IPRG (in deutscher Übersetzung veröffentlicht in RabelsZ 76 (2012), 170 ff.).

1233 Siehe zur grundsätzlichen Bedeutung des Interessenausgleichs und der Vorhersehbarkeit bereits oben Abschnitt IV.D.1.a).

die jeweiligen Regelungen zunächst stark einseitig ausgerichtet und begünstigen die strukturell schwächere Partei[1234], regelmäßig durch die Bestimmung der Anwendbarkeit einer günstigen oder bekannten Rechtsordnung.[1235] Diese einseitige Begünstigung führt zwangsläufig zu einer Beeinträchtigung der Interessen der jeweils anderen Partei. Der Werteentscheidung des europäischen Gesetzgebers entspricht es aber, dass diese Partei aufgrund ihres strukturellen Übergewichts die Anwendbarkeit einer fremden Rechtsordnung bzw. die Möglichkeit einer vom eigenen Wohnsitz abweichenden Gerichtszuständigkeit jedenfalls im Grundsatz hinnehmen muss. Die Grenze der Hinnehmbarkeit ist jedoch erreicht, wenn das Ergebnis der gleichfalls zu verwirklichenden Vorhersehbarkeit derart entgegensteht, dass diese für die regelmäßig strukturell überlegene Partei faktisch nicht mehr gegeben ist. Um hier einen angemessenen Ausgleich herzustellen, bietet es sich an, die der jeweiligen Norm immanente Begünstigung der strukturell schwächeren Partei auf ein vernünftiges Maß, nämlich durch das Kriterium der Vorhersehbarkeit für die andere Seite, zu begrenzen. Letztlich ist der Vorhersehbarkeitsvorbehalt damit Instrument zur Auflösung eines Konflikts der übergeordneten Regelungsinteressen des Internationalen Privatrechts, nämlich dem Schutz strukturell unterlegener Parteien als Ergebnis eines angemessenen Interessenausgleichs einerseits und der Vorhersehbarkeit des anwendbaren Rechts auch für die strukturell überlegene Partei andererseits.

(5) Zwischenergebnis

Die Problematik der Vorhersehbarkeit des anzuwendenden Rechts ist dem Internationalen Privatrecht insgesamt und insbesondere auch dem europäischen Kollisionsrecht wohl bekannt. Rechtsvergleichend sehen einige ausländische IPR-Kodifikationen einen Vorhersehbarkeitsvorbehalt für die Erfolgsortanknüpfung bereits vor. Neben der allgemeinen Diskussion zur Vorhersehbarkeit zeigt sich in Art. 5 Rom II-Verordnung zudem, dass eine besondere Notwendigkeit für einen ausdrücklichen Vorhersehbarkeitsvorbehalt zur Herstellung eines angemessenen Interessenausgleichs insbesondere dann bestehen kann, wenn

1234 So ausdrücklich hinsichtlich Art. 5 Abs. 1 Rom II-Verordnung *Lein* Yb. Pr. Int. L. 2008, 177 (187).

1235 Siehe allgemein zum übergreifenden Prinzip des Schutzes der schwächeren Partei im Internationalen Privat- und Zivilverfahrensrecht *Rühl* in: FS von Hoffmann (2011), 364 (364f.); *Lüttringhaus* RabelsZ 77 (2013), 31 (39f.); *Lein* Yb. Pr. Int. L. 2008, 177 (186 ff.); vgl. auch Erwägungsgrund (23) Rom I-Verordnung, Erwägungsgrund (31) Rom II-Verordnung sowie Erwägungsgründe (13) und (14) EuGVO a.F.

kollisionsrechtliche Regelungen von materiell-rechtlichen Zielsetzungen zum Schutz strukturell unterlegener Parteien inspiriert sind.

c) Rechtfertigung der Einführung eines Vorhersehbarkeitsvorbehalts für die Kapitalmarktinformationshaftung

Auch wenn ein Vorhersehbarkeitsvorbehalt damit grundsätzlich erforderlich sein kann und dem europäischen Deliktskollisionsrecht keineswegs fremd ist, bedarf seine Einführung in eine Anknüpfungsregel speziell für Kapitalmarktinformationshaftungsansprüche selbstverständlich der Rechtfertigung.

(1) Interessenlage in Fällen der Kapitalmarktinformationshaftung

Sachverhalte der Kapitalmarktinformationshaftung weisen verschiedene Besonderheiten auf. Anleger sind – möglicherweise mit Ausnahme der großen institutionellen Investoren – den Emittenten in der Regel wirtschaftlich und damit strukturell unterlegen. Eine strukturelle Unterlegenheit kann sich aber nicht nur aus der wirtschaftlichen Stärke einer Partei ergeben. Denn jedenfalls unterlegen sind Anleger gleich welcher Fasson in informationeller Hinsicht, da sie in Bezug auf die Markttransparenz von der Mitwirkung bzw. ordnungsgemäßen Publizität der Emittenten abhängig sind.[1236] Auch institutionelle Anleger müssen daher im Verhältnis zu Emittenten als strukturell schwächere Partei gelten. Wenngleich also bereits existierende Regelungen im Einzelnen wegen ihres hohen Spezialitätsgrades nicht unmittelbar übertragbar sind[1237], besteht auch im Rahmen der Kapitalmarktinformationshaftung ein Schutzbedürfnis der Anleger, welches es – jedenfalls bis zur Grenze der Vorhersehbarkeit für den Emittenten – bereits im Internationalen Privatrecht zu berücksichtigen gilt. Daher ist auch für das auf die Kapitalmarktinformationshaftung anwendbare Recht eine grundsätzlich geschädigten- und damit in diesen Fällen anlegerfreundliche Anknüpfung an den Erfolgsort gerechtfertigt.

Zu berücksichtigen ist aber auch, dass insbesondere bedingt durch den – aus Sicht der Kapitalmärkte durchaus erwünschten – grenzüberschreitend stattfindenden Handel über das Internet[1238] und die hierdurch bestehenden, nahezu

1236 Siehe zur Informationsasymmetrie auf den Kapitalmärkten bereits oben Abschnitt II.C.2.

1237 Siehe zur (zu verneinenden) Frage der analogen Anwendung von Art. 5 Rom II-Verordnung auf Kapitalmarktinformationshaftungsansprüche oben Abschnitt IV.C.1.e).

1238 Siehe zur Bedeutung des Internets für den Handel am Kapitalmarkt oben Abschnitt III.B.2.

weltweiten Vertriebsströme für Kapitalmarktprodukte haftungsbegründende Auswirkungen wie Anlegerschädigungen grundsätzlich überall auf der Welt auftreten können. Für den Emittenten ist eine Vorhersehbarkeit der Auswirkungsorte praktisch unmöglich. Im Rahmen der Produkthaftung hat der europäische Gesetzgeber eben dieses Problem erkannt und ist ihm durch Einführung eines Vorhersehbarkeitsvorbehalts entgegengetreten.[1239] Erschwerend kommt noch hinzu, dass sich der Handel auf dem Sekundärmarkt in der Regel gänzlich ohne Beteiligung der Emittenten vollzieht und damit im Ergebnis auch die letzte Einflussmöglichkeit der Emittenten ausschließt.[1240] Diese Besonderheiten erklären die Schwierigkeit, ein räumliches Element für die Anknüpfung zu finden, welches sowohl einen sachgerechten Interessenausgleich – insbesondere den Schutz der strukturell unterlegenen Anleger – als auch eine angemessene Vorhersehbarkeit für beide Seiten – insbesondere für den Emittenten – gewährleisten kann. Erzielt werden kann ein solches Ergebnis aber durch eine Regelung, welche grundsätzlich das eher geschädigtenfreundliche Recht am Erfolgsort zur Anwendung beruft, dieses aber durch einen Vorbehalt der Vorhersehbarkeit für den Emittenten begrenzt.

(2) Rechtsprechung des EuGH zur internationalen Zuständigkeit für Kapitalanlegerklagen

Das zuvor Gesagte lässt sich auch durch die vom *EuGH* aufgestellten Grundsätze im Bereich der internationalen Zuständigkeit für Kapitalmarkthaftungsfälle stützen. Grundsätzlich ist der Erfolgsort hier am Belegenheitsort des konkret geschädigten Vermögensteils – in Kapitalmarktinformationshaftungsfällen also regelmäßig am Sitz der kontoführenden Niederlassung der Bank – zu lokalisieren.[1241] Ebenso entspricht es aber der ständigen Rechtsprechung des *EuGH* in Kapitalmarkthaftungsfällen, dass dem Beklagten eine angemessene Vorhersehbarkeit des Gerichts, vor welchem er verklagt werden soll, möglich sein muss.[1242]

1239 In diesem Sinne auch *Weber* WM 2008, 1581 (1585).

1240 Zu diesem Problem auch *Lehmann* IPRax 2012, 399 (400); *Schütze* in: Assmann/Schütze, Handbuch des Kapitalanlagerechts, § 7 Rn. 25.

1241 Vgl. *EuGH* Urteil v. 28.01.2015 – Rs. C-375/13, ECLI:EU:C:2015:37 (Kolassa), Rz. 55; vgl. hierzu bereits oben Abschnitt IV.C.2.b)(2)(b)(iii).

1242 Vgl. *EuGH* Urteil v. 12.09.2018 – Rs. C-304/17, ECLI:EU:C:2018:701 (Löber), Rz. 35; *EuGH* Urteil v. 28.01.2015 – Rs. C-375/13, ECLI:EU:C:2015:37 (Kolassa), Rz. 56; *EuGH* Urteil v. 10.06.2004 – Rs. C-168/02, ECLI:EU:C:2004:364 (Kronhofer), Rz. 20; ebenso in *EuGH* Urteil v. 05.02.2004 – Rs. C-18/02, ECLI:EU:C:2004:74 (DFDS Torline), Rz. 36; *EuGH* Urteil v. 17.09.2002 – Rs. C-334/00, ECLI:EU:C:2002:499 (Tacconi), Rz. 20; *EuGH* Urteil v. 19.02.2002 – Rs. C-256/00, ECLI:EU:C:2002:99 (Besix),

Die Gerichtspflichtigkeit darf nicht von für den Beklagten „*ungewissen Umständen*“ wie etwa „*dem Ort des Mittelpunkts des Vermögens des Geschädigten*“ abhängig gemacht werden.[1243] Im Ergebnis stellt auch der *EuGH* die Lokalisierung des Erfolgsorts am Belegenheitsort des konkret geschädigten Vermögensteils damit unter den Vorbehalt der Vorhersehbarkeit dieses Orts für den Beklagten.[1244] Diese ist in Prospekthaftungsfällen beispielsweise gegeben, wenn „*der Emittent eines Zertifikats, [...]beschließt, den Prospekt zu diesem Zertifikat in anderen Mitgliedstaaten notifizieren zu lassen*“, da er sich dann „*darauf einstellen muss, dass nicht hinreichend informierte Wirtschaftsteilnehmer, die in diesen Mitgliedstaaten ansässig sind, in dieses Zertifikat investieren und den Schaden erleiden.*“[1245] In Fortführung der *Kronhofer*-Rechtsprechung erscheint dieser Vorbehalt auch konsequent, da der Belegenheitsort des Kontos des geschädigten Anlegers für den Beklagten letztlich ebenso „*ungewiss*“ ist wie der Ort des Mittelpunktes der geschädigten Vermögensinteressen.

Ein Vorhersehbarkeitsvorbehalt für den Emittenten ist im Bereich der Kapitalmarktinformationshaftung daher keineswegs neu. Im Gegenteil hat der *EuGH* seine Konkretisierung der Erfolgsortzuständigkeit im Rahmen des Deliktsgerichtsstands der EuGVO sogar stets ausdrücklich unter die Bedingung der Vorhersehbarkeit für Schädiger und Geschädigten gestellt und damit für das Europäische Zivilverfahrensrecht bereits eine Regel aufgestellt, die der hier vorgeschlagenen Lösung für das Internationale Privatrecht entspricht: Maßgeblichkeit des Erfolgsorts auch für reine Vermögensschäden bis zur Grenze der Vorhersehbarkeit. Die hier vorgeschlagene Einführung eines solchen Vorhersehbarkeitsvorbehalts im Rahmen der Anknüpfung von Kapitalmarktinformationshaftungsansprüchen kann sich daher auf eine Übertragung der vom *EuGH* im Kontext der internationalen Zuständigkeit aufgestellten Grundsätze stützen, wofür bereits die Notwendigkeit einer kohärenten Auslegung der entsprechenden

---

Rz. 26; grundlegend *EuGH* Urteil v. 17.06.1992 – Rs. 26/91, ECLI:EU:C:1992:268 (Handte), Rz. 18.

1243 *EuGH* Urteil v. 10.06.2004 – Rs. C-168/02, ECLI:EU:C:2004:364 (Kronhofer), Rz. 20; klarstellend insoweit auch *EuGH* Urteil v. 16.06.2016 – Rs. C-12/15, ECLI:EU:C:2016:449 (Universal Music), Rz. 36 ff, vgl. hierzu oben Abschnitt IV.C.2.b)(2)(b)(ii)(d).

1244 Ausführlich hierzu bereits oben Abschnitt IV.C.2.b)(2)(b)(ii)(c).

1245 *EuGH* Urteil v. 28.01.2015 – Rs. C-375/13, ECLI:EU:C:2015:37 (Kolassa), Rz. 56; ebenso *EuGH* Urteil v. 12.09.2018 – Rs. C-304/17, ECLI:EU:C:2018:701 (Löber), Rz. 35.

Rechtsquellen spricht.[1246] Aber auch inhaltlich erscheint eine Übertragung geboten, da das Interesse an der Vorhersehbarkeit des potentiell anwendbaren Rechts kaum geringer zu werten sein dürfte, als das an der Vorhersehbarkeit der potentiellen Gerichtspflichtigkeit.[1247] Zudem bestätigt die Rechtsprechung des *EuGH* die zuvor bereits dargelegte grundsätzliche Geeignetheit eines solchen Vorbehalts auch für den Bereich der Kapitalmarktinformationshaftung.

(3) Zwischenergebnis

Weder dem Internationalen Privat- noch dem Internationalen Zivilverfahrensrecht ist die Statuierung eines Vorhersehbarkeitsvorbehalts fremd. Im Gegenteil lassen sich bereits jetzt prominente Beispiele für entsprechende Vorbehalte anführen. Der gesetzgeberische Hintergrund dieser Regelungen, also die Begünstigung einer strukturell schwächeren Partei bis zur Grenze der Vorhersehbarkeit für die jeweils andere Seite, lässt sich durchaus mit der Interessenlage in Kapitalmarktinformationshaftungsfällen vergleichen. Eine weitere Rechtfertigung für die Einführung eines Vorhersehbarkeitsvorbehalts liegt zudem in der Beibehaltung der Erfolgsortanknüpfung, hinsichtlich derer ein entsprechender Vorbehalt schon seit längerem diskutiert wird. Diesen Befund stützt insgesamt auch die Parallele zur Rechtsprechung des *EuGH* zum Internationalen Zivilverfahrensrecht in Prospekthaftungsfällen, welcher die Maßgeblichkeit der anlegergünstigen Bestimmung des Erfolgsorts von der Vorhersehbarkeit für den beklagten Emittenten abhängig macht. Eine Übertragung dieser Rechtsprechung auf das Internationale Privatrecht – welche im Übrigen zu einem wünschenswerten Gleichlauf zwischen *ius* und *forum* führt – erscheint aufgrund der entsprechenden Bedeutung der Vorhersehbarkeit sowohl im Europäischen Zivilverfahrens- als auch im europäischen Deliktskollisionsrecht naheliegend. Auch hier ist ein entsprechender Vorbehalt zugunsten der Emittenten daher gerechtfertigt, um die Vorhersehbarkeit des anwendbaren Rechts und zugleich einen angemessenen Ausgleich der maßgeblichen Interessen zu gewährleisten.

1246 Vgl. zur kohärenten Auslegung Erwägungsgrund (7) Rom II-Verordnung; allgemein hierzu *Junker* in: MüKo-BGB, 7. Aufl. 2018, Rom II-VO, Vorbem. zu Art. 1 Rn. 33 m. w. Nachw.; relativierend für den umgekehrten Fall allerdings jüngst *EuGH* Urteil v. 16.01.2014 – Rs. C-45/13, ECLI:EU:C:2014:7 (Kainz), in welchem der *EuGH* in Rz. 20 klarstellt, dass der Grundsatz der kohärenten Auslegung seine Grenze in Systematik und Zielsetzung der EuGVO finden kann.

1247 So auch *Odendahl*, Internationales Deliktsrecht der Rom-II-VO und die Haftung für reine Vermögensschäden, S. 186f.

Vorsorglich anzumerken ist, dass hierdurch die eingangs betonten systematischen und teleologischen Vorzüge einer Anknüpfung an den Erfolgsort nicht etwa ausgehöhlt werden. Denn die Erfolgsortanknüpfung kann selbstverständlich nur insoweit Anwendung beanspruchen, wie sie zu angemessenen Ergebnissen führt. Wenngleich die Anknüpfung an den Erfolgsort in Art. 4 Abs. 1 Rom II-Verordnung keine ausdrückliche Begrenzung im Sinne eines Vorhersehbarkeitsvorbehalts enthält, wie dies in ausländischen IPR-Kodifikationen teilweise der Fall ist, besteht auch hier die Möglichkeit einer Korrektur des Anknüpfungsergebnisses bei offensichtlich engerer Verbindung zum Recht eines anderen Staates. Zudem unterfällt auch unter Einschränkung der Erfolgsortanknüpfung durch einen Vorhersehbarkeitsvorbehalt immer noch ein großer Teil der Kapitalmarktinformationshaftungsfälle der Anknüpfung an den Erfolgsort. Denn gerade bei Privatanlegern dürfte es sich um den Regelfall handeln, dass diese ihr Konto bei einer Bank im Staat ihres gewöhnlichen Aufenthalts führen und hierüber Wertpapiere erwerben, welche der Emittent in eben diesem Staat auch vertreiben wollte.

d) Konkrete Ausgestaltung des Vorhersehbarkeitsvorbehalts

Entscheidend für die Handhabung und Praktikabilität der hier vorgeschlagenen Lösung ist die konkrete Ausgestaltung des Vorhersehbarkeitsvorbehalts. Hier gilt es insbesondere, die Kriterien für die Möglichkeit der Vorhersehbarkeit des anwendbaren Rechts so festzulegen, dass eine rechtssichere und einheitliche Anwendung der Kollisionsnorm gewährleistet ist. Gleichwohl muss die Ausgestaltung genügend Raum für richterliches Ermessen gewähren, um in jedem Einzelfall zu einer sachgerechten Lösung zu führen. Hierfür ist der Begriff der Vorhersehbarkeit für die Zwecke der Anknüpfung der Kapitalmarktinformationshaftung zu klären. *De lege ferenda* bietet es sich freilich an, entsprechende Klarstellungen durch einen Erwägungsgrund zur Kollisionsnorm in die Rom II-Verordnung aufzunehmen.[1248]

(1) Regelmäßige Vorhersehbarkeit bei Zulassung zu einem Markt oder öffentlichem Angebot

Die Vorhersehbarkeit der Erfolgsortbelegenheit in einem bestimmten Staat ist für den Emittenten jedenfalls dann als gegeben anzusehen, wenn er sein Finanzprodukt gezielt auf Anleger aus einem bestimmten Staat ausgerichtet hat. Um

1248 Ein entsprechender Vorschlag findet sich unter Abschnitt V.C.

dieses Kriterium rechtssicher und eindeutig nutzbar zu machen, bietet es sich an, darauf abzustellen, ob das fragliche Finanzprodukt in dem betreffenden Staat zum Handel an einem geregelten Markt oder einer sonstigen Handelsplattform zugelassen ist oder es dort öffentlich angeboten wurde.[1249] In diesem Fall muss ein Emittent jedenfalls mit einem dortigen Schadenseintritt rechnen.

Hierbei wird bewusst auf die Begriffe der Zulassung zum Handel bzw. das öffentliche Angebot abgestellt, wie sie aus dem europäischen Kapitalmarktrecht bekannt sind.[1250] Dies gewährleistet zunächst die einfache und sichere Bestimmung der Vorhersehbarbarkeit, da die Voraussetzungen für eine Zulassung bzw. ein öffentliches Angebot im Kapitalmarktrecht klar geregelt sind, häufig sogar durch einen hoheitlichen Akt der zuständigen mitgliedstaatlichen Behörde vollzogen werden müssen. Zugleich findet hierdurch aber auch eine angemessene Berücksichtigung der Emittenten- und Anlegerinteressen statt. Durch die Zulassung zum Handel bzw. einem öffentlichen Angebot werden primär Anleger in dem betreffenden Staat gezielt als Kapitalgeber angesprochen. Häufig wird in diesem Fall auch der Erfolgsort in dem betreffenden Staat liegen, da inländische Anleger Finanzgeschäfte regelmäßig über inländische Banken abwickeln und ein etwaiger Vermögensschaden daher gerade hier droht. Wird ein Anleger also gezielt im Mitgliedstaat seines gewöhnlichen Aufenthaltes angesprochen, kann er auch mit der Anwendung des dort geltenden Haftungsrechts rechnen. Soweit ein Emittent diesen Markt zur Kapitalaufnahme nutzen möchte, erscheint es auch nicht unbillig, wenn er sich der Anwendung dieses Rechts unterwerfen muss. Er trägt damit das mit der Ausweitung seiner Kapitalmarktaktivität korrespondierende Haftungsrisiko und kann dies als Vor- bzw. Nachteil in seine unternehmerische Entscheidung einfließen lassen. Die Verknüpfung der Zulassung zum Handeln bzw. des öffentlichen Angebots in einem bestimmten Staat mit der Vorhersehbarkeit dort etwaig eintretender Vermögensschäden von Anlegern ist auch keineswegs willkürlich, lösen doch die Zulassung bzw. das öffentliche Angebot die Prospekt- und sonstigen Kapitalmarktinformationspflichten, deren Nichteinhaltung den Anknüpfungspunkt für eine Haftung der Emittenten bietet, erst aus. Lässt also ein Emittent aus Staat A seine Wertpapiere in Land A zum Handel zu und bietet diese zudem öffentlich in Staat B und C an, muss

1249 Für diesen Fall hat auch der *EuGH* in der Rs. *Kolassa* eine angemessene Vorhersehbarkeit für gegeben erachtet, *EuGH* Urteil v. 28.01.2015 – Rs. C-375/13, ECLI:EU:C:2015:37 (Kolassa), Rz. 13, vgl. hierzu bereits oben Abschnitt IV.C.2.b)(2)(b)(ii)(c).

1250 Siehe zu diesen Voraussetzungen im Kapitalmarktrecht oben Abschnitt II.D.2.

er mit einer Haftung nach den Rechten der Staaten A, B und C rechnen. Liegt der Erfolgsort aber in Staat D, weil das Konto eines Anlegers bei einer Bank mit dortigem Sitz geführt wird, war der Ort des Erfolgseintritts für den Emittenten regelmäßig nicht vorhersehbar und ihm ist die Anwendung des Rechts von Staat D entsprechend nicht zumutbar. In diesem Fall erscheint die Erfolgsortanknüpfung ungeeignet und es wäre auf die subsidiäre Anknüpfung auszuweichen.[1251]

Da die Vorhersehbarkeit an den Eintritt des Schadenserfolgs anknüpft, kann das Kriterium auch unabhängig davon Anwendung finden, ob es sich bei dem emittierenden Unternehmen um ein in der EU oder in einem Drittstaat ansässiges handelt. Sofern es um die Haftung für Finanzprodukte geht, welche in keinem Mitgliedstaat zum Handel zugelassen sind oder öffentlich angeboten wurden, wird eine Belegenheit des Erfolgsorts innerhalb der EU für den Emittenten vorbehaltlich außergewöhnlicher Umstände regelmäßig nicht vorhersehbar sein. Soweit der Erfolgsort in einem Drittstaat belegen ist, muss zur Bestimmung dessen Vorhersehbarkeit auf entsprechende Zulassungs- oder Angebotsakte in diesem Staat abgestellt werden.[1252]

(2) Sonstige Fälle der Vorhersehbarkeit

Wenngleich die meisten Fälle der Kapitalmarktinformationshaftung durch das zuvor beschriebene Vorhersehbarkeitskriterium erfasst sein dürften, ist es grundsätzlich dennoch denkbar, dass auch ohne Vorliegen eines der oben genannten Kriterien von einer Vorhersehbarkeit des Erfolgsortseintritts für den Emittenten auszugehen ist. Möglich erscheint dies etwa, wenn ein Emittent in noch zulässiger oder auch unzulässiger Weise gezielt Mittelsmänner einsetzt, um ein Finanzprodukt in einem bestimmten Staat zu vertreiben, eine Zulassung zum Handel in diesem Staat oder ein öffentliches Angebot aber nicht erforderlich ist oder faktisch zumindest nicht erfolgt ist. In diesen Fällen wäre es kaum sachgerecht, dem Emittenten die Möglichkeit zu geben, sich auf eine mangelnde Vorhersehbarkeit zu berufen und so dem Erfolgsortrecht zu entgehen.

Hieraus folgt, dass bei Zulassung zum Handel oder öffentlichem Angebot zwar stets eine Vorhersehbarkeit für den Emittenten gegeben ist, der Begriff der Vorhersehbarkeit aber dennoch grundsätzlich offen ausgestaltet bleiben muss, um auch außergewöhnliche – wenn auch wenig wahrscheinliche – Fälle abdecken zu können.

1251 Hierzu unten Abschnitt V.B.3.

1252 Ohnehin dürfte für Fälle dieser Art regelmäßig keine Zuständigkeit mitgliedstaatlicher Gerichte gegeben sein.

(3) Beweislast

Die Beweislast für die mangelnde Vorhersehbarkeit sollte – ebenso wie dies im Rahmen des in Art. 5 Abs. 1 S. 2 Rom II-Verordnung enthaltenen Vorhersehbarkeitsvorbehalts der Fall ist[1253] – grundsätzlich der Schädiger, also der Emittent tragen. Dem liegt der Gedanke zugrunde, dass dieser durch den Vorhersehbarkeitsvorbehalt vor der Anwendung einer ihm unzumutbaren Rechtsordnung geschützt werden soll.

Zwar dürfte es tatsächlich häufig alleine in der Hand des Schädigers liegen, den ersten Anschein bezüglich der Vorhersehbarkeit im konkreten Fall zu bekräftigen oder zu entwerten, da der Geschädigte regelmäßig keine nähere Kenntnis über dessen innere Umstände hat. Dies führt im Ergebnis aber nicht, wie im japanischen Gesetzgebungsprozess offenbar befürchtet[1254], zu einem möglichen Missbrauch des Vorhersehbarkeitsvorbehalts durch den Schädiger als Quasi-Wahlrecht zu seinen Gunsten. Denn jedenfalls der hier vorgeschlagenen Lösung liegt die Annahme zugrunde, dass die Erfolgsortanknüpfung regelmäßig den Geschädigten begünstigt, da als Anknüpfungspunkt ein Umstand aus seiner Sphäre dient und der Erfolgsort zudem häufig an seinem gewöhnlichen Aufenthalt, jedenfalls aber an dem Ort, an welchem er seine Finanzgeschäfte abwickelt, liegt. Nicht Sinn der Regelung aber ist eine Art Günstigkeitsvergleich zwischen dem Recht des Erfolgsorts und der im Falle mangelnder Vorhersehbarkeit vorzunehmenden, subsidiären Anknüpfung. Selbst wenn das nach der subsidiären Anknüpfung bestimmte Recht im Einzelfall für den Geschädigten möglicherweise vorteilhafter wäre, muss dieses nicht zur Anwendung kommen. Vielmehr sind die Interessen des Geschädigten durch die grundsätzlich vorrangige Anknüpfung an das Recht des Erfolgsorts ausreichend berücksichtigt. Bis zur Grenze der Vorhersehbarkeit muss ein Emittent die Anwendung des Rechts dieses Staates hinnehmen.

3. Subsidiäre Anknüpfung an das maßgebliche Publizitätsrecht

Als Anknüpfung auf zweiter Stufe, also für Fälle, in denen der tatsächliche Erfolgsort für den Emittenten nach den vorangehend aufgestellten Kriterien nicht vorhersehbar war, bietet sich ein Rückgriff auf die in der Literatur zunehmend

1253 Vgl. *Junker* in: MüKo-BGB, 7. Aufl. 2018, Rom II-VO, Art. 5 Rn. 55; *Neumayr* in: Kurzkommentar ABGB, 4. Aufl. 2014, Rom II-VO, Art. 5 Rn. 5; *Spickhoff* in: FS Kropholler (2008), 671 (682); *Schmid/Pinkel* in: Calliess, Rome Regulations, 2. Aufl. 2015, Rome II, Art. 5 Rn. 39.

1254 Vgl. *Nishitani* Yb. Pr. Int. L. 2007, 175 (180f.).

favorisierte akzessorische Anknüpfung an das Recht des Staates, welches die verletzten Publizitätsvorschriften enthält, an.[1255] Hierbei wird bewusst auf das Publizitäts*recht* als solches und nicht nur auf die jeweilige Publizitäts*pflicht* Bezug genommen, da grundsätzlich auch im Rahmen von freiwillig vorgenommenen Veröffentlichungen von Kapitalmarktinformationen (Investor Relations) eine Haftung des Emittenten aufgrund deren Unrichtig- oder Unvollständigkeit in Betracht kommen kann.[1256] Diesbezüglich besteht aber naturgemäß keine Publizitätspflicht, wohl aber Vorschriften im europäischen Publizitätsrecht hinsichtlich Art und Weise der Veröffentlichung, welche von Emittenten einzuhalten sind.

Die akzessorische Anknüpfung an das maßgebliche Publizitätsrecht weist insbesondere den Vorteil der einfachen und rechtssicheren Bestimmbarkeit des anwendbaren Rechts auf und gewährleistet zudem einen Gleichlauf zwischen Publizitäts- und Haftungsrecht. Darüber hinaus erscheint das verletzte Publizitätsrecht, soweit unter Beachtung des Vorhersehbarkeitsvorbehalts nicht das Erfolgsortrecht berufen ist, im Vergleich zu anderen Anknüpfungsmöglichkeit auch am besten geeignet, Kapitalmarktinformationshaftungsansprüche einer sach- und interessengerechten Lösung zuzuführen.[1257] Insbesondere die Bedenken der einseitigen Beeinflussungsmöglichkeit des anwendbaren Haftungsrechts durch den Emittenten, welche entscheidend gegen eine alleinige Anwendung der akzessorischen Anknüpfung an das verletzte Publizitätsrecht sprechen, bestehen bei einer lediglich subsidiären Anwendung dieser Möglichkeit auf zweiter Stufe nicht. Auch aus Anlegerperspektive erscheint die akzessorische Anknüpfung an das maßgebliche Publizitätsrecht auf zweiter Stufe angemessen. Das einschlägige Publizitätsrecht ist für den Anleger leicht zu erkennen und dessen Anwendung auch für Haftungsfragen damit vorhersehbar. Erweitert ein Anleger seine Investitionstätigkeiten dergestalt, dass der konkrete Schadenseintrittsort für den Emittenten nicht vorhersehbar war, kann er – unter angemessener Berücksichtigung der Emittenten- und Kapitalmarktinteressen – nicht die Anwendung dieses Rechts beanspruchen. Vielmehr erscheint es in solchen Fällen sachgerecht, die für beide Seiten vorhersehbare Rechtsordnung der maßgeblichen Publizitätsvorschriften zur Anwendung zu berufen, zumal diese mit den in Rede stehenden Ansprüchen einen engen Sachzusammenhang aufweist.

1255 Ausführlich hierzu bereits oben Abschnitt IV.D.2.c).

1256 Vgl. hierzu oben Abschnitte II.D.3.d) und II.D.4.e).

1257 Vgl. hierzu oben Abschnitt IV.D.2.c)(4).

Gegen eine Anknüpfung des Haftungsrechts an das maßgebliche Publizitätsrecht kann daher auch nicht aus gesetzeshistorischer Sicht vorgebracht werden, dass eine entsprechende Regelung im Rahmen der Verhandlungen zur Transparenz-RL von der britischen Regierung zwar vorgeschlagen, im Ergebnis aber aufgrund durchgreifender Bedenken anderer Mitgliedstaaten und der Europäischen Kommission hinsichtlich des Anlegerschutzes abgelehnt wurde.[1258] Denn auch hier gilt es wiederum zu beachten, dass eine Anknüpfung an das betroffene Publizitätsrecht nur auf zweiter Stufe, also subsidiär zur Erfolgsortanknüpfung stattfinden soll. Auf der ersten Stufe bleibt es hingegen bei der grundsätzlich geschädigtenfreundlichen Anknüpfung an den Erfolgsort, jedenfalls soweit eine angemessene Vorhersehbarkeit für den Emittenten gegeben ist. Hierdurch werden die Interessen der Anleger hinreichend berücksichtigt, sodass den von der Europäischen Kommission und einigen Mitgliedstaaten im Rahmen der Verhandlungen zur Transparenz-RL geäußerten Bedenken ausreichend Rechnung getragen ist.

Soweit eine akzessorische Anknüpfung an das maßgebliche Publizitätsrecht im Fall von Mehrfachplatzierungen außerhalb des EWR potentiell zur Anwendbarkeit mehrerer Rechtsordnungen führen kann, sollte in einem konkreten Haftungsfall dennoch nur eine Rechtsordnung anwendbar sein.[1259] Hierfür bietet es sich an, auf das Recht der engsten Verbindung abzustellen. Dessen Bestimmung ist naturgemäß stets abhängig von den konkreten Umständen des Einzelfalls. Kriterien könnten hier aber etwa der Ort, an dem der Anleger das Finanzprodukt erworben hat, das berechtigte Vertrauen auf die Anwendbarkeit eines bestimmten Publizitätsrechts oder die Sprache und Verfügbarkeit der Informationen, auf die der Anleger bei Erwerb des Finanzprodukts oder im Anschluss daran Zugriff hatte, sein. Hinzuweisen ist in diesem Zusammenhang auch darauf, dass das anwendbare Recht nach der hier vorgeschlagenen Lösung nur dann nach dem Prinzip der engsten Verbindung bestimmt werden muss, wenn eine Mehrfachplatzierung des entsprechenden Finanzprodukts besteht und darüber hinaus im Einzelfall die Anknüpfung auf der ersten Stufe, also an den vorhersehbaren Erfolgsort, nicht bereits zur Bestimmung des anwendbaren Rechts führt. In der Praxis dürften entsprechende Fälle daher die absolute Ausnahme sein, weshalb die mit der Anknüpfung an das Recht der engsten Verbindung stets verbundene Unsicherheit für diese Fälle jedenfalls hinnehmbar erscheint.

1258 Zum entsprechenden Vorschlag während der Verhandlungen zur Transparenz-RL siehe oben Abschnitt IV.C.1.a)(1)(c).

1259 Hierzu oben Abschnitt IV.D.2.c)(4)(d).

4. Anwendbarkeit der vorgeschlagenen Lösung bei Drittstaatenemittenten

Weiterhin kann eine entsprechende Anknüpfung auch gegenüber Drittstaatenemittenten angewendet werden. Eine gespaltene Kollisionsnorm im Sinne einer Unterscheidung zwischen Binnenmarkt- und Drittstaatensachverhalten ist nicht notwendig.

Dies ist bei Einschlägigkeit der ersten Anknüpfungsstufe evident. Soweit der Drittstaatenemittent die Schädigung des Anlegers am konkreten Erfolgsort voraussehen konnte, ist eine entsprechende Anknüpfung nach der hier vertretenen Lösung gerechtfertigt. Insofern bestehen keine Unterschiede zu reinen Binnenmarktsachverhalten. Aber auch im Rahmen der akzessorischen Anknüpfung auf der zweiten Stufe bestehen keine Bedenken gegen eine Anwendbarkeit in Drittstaatensachverhalten. Für Emittenten mit Sitz innerhalb der EU bzw. des EWR bestimmt sich das maßgebliche Publizitätsrecht regelmäßig alleine nach dem Herkunftsmitgliedstaat. Soweit Drittstaatenemittenten Finanzprodukte innerhalb der EU bzw. des EWR zum Handel an einem geregelten Markt zulassen oder öffentlich anbieten, unterwerfen auch diese sich mindestens einem mitgliedstaatlichen Publizitätsrecht, regelmäßig durch Wahl eines Herkunftsmitgliedstaats. Besondere Probleme werfen diese Konstellationen daher nicht auf. Lediglich in Fällen, in denen die Haftung eines Drittstaatenemittenten in Rede steht, dessen Finanzprodukte nicht innerhalb der EU bzw. des EWR zum Handel an einem geregelten Markt zugelassen sind oder öffentlich angeboten werden, käme die akzessorische Anknüpfung an ein drittstaatliches Publizitätsrecht in Betracht. Dies stellt aber – wie oben ausführlich dargelegt[1260] – grundsätzlich kein Problem dar. Zu berücksichtigen ist in diesem Zusammenhang insbesondere, dass es nicht Aufgabe des Internationalen Privatrechts sein kann, Anleger vor möglicherweise nachteiligem drittstaatlichen Haftungsrecht zu schützen, wenn noch nicht einmal mitgliedstaatliches Publizitätsrecht zur Anwendung berufen ist. Es ist nicht einzusehen, warum der kollisionsrechtliche Schutz der Anleger hier weitergehender sein sollte als der kapitalmarktrechtlich vorgegebene Anlegerschutz selbst.

5. Möglichkeit einer Rechtswahl

Schließlich ist noch auf die grundsätzliche Frage zu antworten, ob in Fällen der Kapitalmarktinformationshaftung auch eine Rechtswahl möglich sein sollte.

1260 Vgl. hierzu auch oben Abschnitt IV.D.2.c)(4)(c).

Hierauf ist zu antworten, dass eine Rechtswahl in den Grenzen des Art. 14 Rom II-Verordnung zugelassen werden sollte, um dem Grundsatz der Parteiautonomie auch in Kapitalmarktinformationshaftungsfällen so weit wie möglich Geltung zu verschaffen. Durchgreifende Gründe, die Rechtswahlmöglichkeiten über Art. 14 Rom II-Verordnung hinaus einzuschränken, bestehen diesbezüglich – wie zuvor bereits umfänglich ausgeführt[1261] – nicht, wenngleich die praktische Relevanz einer Rechtswahl im Bereich der Kapitalmarktinformationshaftung äußerst gering sein dürfte.

6. Vorteile der vorgeschlagenen Lösung

Die hier vorgeschlagene Lösung weist eine Vielzahl an Vorteilen auf und führt insbesondere zu einer für alle Beteiligten vorhersehbaren und interessengerechten Anknüpfung von Ansprüchen aus Kapitalmarktinformationshaftung.

a) Lösung innerhalb der bekannten Systematik der Rom II-Verordnung

Als Vorzug der vorgeschlagenen Anknüpfung ist zunächst herauszustellen, dass sich die der hier vorgeschlagenen Lösung zugrundeliegende grundsätzliche Maßgeblichkeit der Erfolgsortanknüpfung nahtlos in die Systematik der Rom II-Verordnung einpasst.[1262] Die Anknüpfung an den Erfolgsort hat der europäische Gesetzgeber für die Erreichung der Ziele der Rom II-Verordnung als am besten geeignet befunden, wie aus den Erwägungsgründen (16) bis (18) Rom II-Verordnung ersichtlich ist. Hierauf soll grundsätzlich auch die hier vorgeschlagene Lösung aufbauen. Auch das Vorhalten eines Vorhersehbarkeitsvorbehalts ist der Rom II-Verordnung nicht fremd, wie Art. 5 Abs. 1 S. 2 Rom II-Verordnung zeigt. Zudem ist die Vorhersehbarkeit des anwendbaren Rechts eines der grundlegenden Prinzipien des europäischen Kollisionsrechts, welchem ohnehin in jedem Falle Rechnung zu tragen ist.[1263] Schließlich fügt sich auch die subsidiäre Anknüpfung, welche durch die Einführung eines Vorhersehbarkeitsvorbehalts erforderlich wird, in die Systematik der Rom II-Verordnung ein. Wiederum ist eine entsprechende Regelung bereits in Art. 5 Abs. 1 S. 2 Rom II-Verordnung enthalten. Insbesondere erscheint die akzessorische Anknüpfung an das maßgebliche Publizitätsrecht wegen des engen Sachzusammenhangs für Fälle der Kapitalmarktinformationshaftung besser geeignet als beispielsweise eine

---

1261 Hierzu ausführlich oben Abschnitt IV.C.1.c).

1262 Für einen Überblick über Regelungen und Systematik der Rom II-Verordnung siehe oben Abschnitt IV.B.1.

1263 Vgl. hierzu oben Abschnitt V.B.2.b).

subsidiäre Anknüpfung an den Sitz des Emittenten, wenngleich praktisch beides häufig zum selben Ergebnis führen dürfte.

Kritisch sehen könnte man allenfalls die Zweistufigkeit der hier vorgeschlagenen Anknüpfung. Zu berücksichtigen ist hier aber, dass mehrstufige Anknüpfungen dem Internationalen Privatrecht wohl bekannt sind. Ziel entsprechender Anknüpfungsleitern ist die Verwirklichung eines kollisionsrechtlichen Subsidiaritätsgrundsatzes, da die jeweils nachfolgende Anknüpfung nur zur Anwendung kommen soll, wenn die vorangehende Regelung leer läuft.[1264] Soweit die Möglichkeit besteht, dass die primäre Anknüpfungsregel nicht greift, ist der Gesetzgeber sogar verpflichtet, eine subsidiäre Auffangregelung bereitzustellen, da andernfalls das anwendbare Recht schlicht nicht zu ermitteln wäre, was im Ergebnis einen Verstoß gegen den Justizgewährungsanspruch[1265] darstellen würde.[1266] Auch im gegenwärtigen europäischen Kollisionsrecht finden sich Beispiele für mehrstufige Anknüpfungen, etwa in der Kollisionsnorm für Produkthaftung in Art. 5 Rom II-Verordnung oder in Art. 8 Rom III-Verordnung[1267], welcher die objektive Anknüpfung des auf die Ehescheidung sowie die Trennung ohne Auflösung des Ehebandes anwendbaren Rechts bestimmt. Selbst die allgemeine Kollisionsnorm des Art. 4 Rom II-Verordnung enthält durch den Vorrang der Anknüpfung an den gemeinsamen gewöhnlichen Aufenthalt in Absatz 2 letztlich eine zweistufige Anknüpfung. Denn zur Erfolgsortanknüpfung nach Abs. 1 gelangt man nur, soweit kein gemeinsamer gewöhnlicher Aufenthalt von Geschädigtem und Schädiger gegeben ist.

Eine zweistufige Anknüpfung ist hier auch notwendig, um eine sachgerechte Behandlung von Ansprüchen aus Kapitalmarktinformationshaftung im europäischen Kollisionsrecht zu gewährleisten. Grundsätzlich zuzustimmen ist zwar der Feststellung *Steinrötters*, dass eine materiell-rechtlich komplizierte Rechtsmaterie nicht zwingend auch einer komplexen Anknüpfung bedarf.[1268] Gerade

---

1264 Hierzu *von Hein* in: MüKo-BGB, 7. Aufl. 2018, Einleitung IPR, Rn. 70.

1265 Der Justizgewährungsanspruch ist nicht nur in Staatsverfassungen, sondern auch überstaatlich verbürgt, etwa in Art. 47 EU-Grundrechte-Charta sowie Art. 6 Abs. 1 EMRK.

1266 *von Hein* in: MüKo-BGB, 7. Aufl. 2018, Einleitung IPR, Rn. 70.

1267 Verordnung (EU) Nr. 1259/2010 des Rates vom 20. Dezember 2010 zur Durchführung und Verstärkten Zusammenarbeit im Bereich des auf die Ehescheidung und Trennung ohne Auflösung des Ehebandes anzuwendenden Rechts, ABl. EU Nr. L 2010/343, 10 (Rom III-Verordnung).

1268 *Steinrötter*, Beschränkte Rechtswahl im Internationalen Kapitalmarktprivatrecht und akzessorische Anknüpfung an das Kapitalmarktordnungsstatut, S. 233f.; *Steinrötter*

aus Sicht des Rechtsanwenders sind einfache Anknüpfungen natürlich wünschenswert. Wie aber die ausführliche Erörterung des *status quo* unter der Rom II-Verordnung sowie der vorgeschlagenen Ausweichstrategien und Lösungsvorschläge gezeigt hat, führt keiner dieser Wege für sich genommen zu angemessenen Ergebnissen.[1269] Hintergrund der Notwendigkeit einer zweistufigen Anknüpfung ist insofern auch nicht die Komplexität des Kapitalmarktrechts als solches, sondern vielmehr das Erfordernis, der Interessenlage im Bereich der Kapitalmarkthaftung gerecht zu werden. Der Vorwurf einer übermäßigen Komplexität kann einer zweistufigen Anknüpfung aber auch kaum ernsthaft gemacht werden. Zudem gewährleistet der Vorschlag – wie von Erwägungsgrund (6) zur Rom II-Verordnung gefordert – eine einfache und vorhersehbare Bestimmung des anwendbaren Rechts. Vermieden wird insbesondere die Notwendigkeit einer gespaltenen Kollisionsnorm, also einer Unterscheidung zwischen Binnenmarkt- und Drittstaatensachverhalten. Dies erleichtert die Rechtsanwendung und führt so zu Rechtssicherheit für die Beteiligten.

b) Angemessene Berücksichtigung der Interessen der Anleger und Emittenten

Zentraler Vorzug der hier vorgeschlagenen Lösung ist, dass Anleger- und Emittenteninteressen gleichermaßen angemessene Berücksichtigung finden, was zu sachgerechten Ergebnissen führt.

Sowohl aus Anleger- als auch aus Emittentenperspektive ist das anzuwendende Recht jederzeit ermittel- und damit vorhersehbar, was bereits im Vorfeld einer Investition eine angemessene Risikobewertung für beide Seiten ermöglicht. Bis zur Grenze der Vorhersehbarkeit haben Emittenten die Anwendung des grundsätzlich geschädigtenfreundlichen Erfolgsortrechts hinzunehmen.[1270] Durch die Lokalisierung des Erfolgsorts in Übereinstimmung mit der Rechtsprechung des *EuGH* am Ort der Niederlassung der kontoführenden Bank ist gewährleistet, dass dem Anleger das anzuwendende Haftungsrecht – welches häufig sogar das Recht des Staates seines gewöhnlichen Aufenthalts sein dürfte – vertraut ist. Emittenten wiederum können sich bei über ihren Sitzstaat hinausreichenden Aktivitäten auf die in Frage kommenden Rechtsordnungen einstellen. Zudem nutzt der durch die Wahl der geschädigtenfreundlichen

---

nimmt hier Bezug auf die Forderung *Lehmanns* nach spezialisierten und komplexen Anknüpfungen für die Kapitalmarkthaftung (vgl. *Lehmann* IPRax 2012, 399 (402)).

1269 Hierzu ausführlich oben Abschnitte IV.C und IV.D.

1270 Vgl. hierzu bereits oben Abschnitt V.B.2.c).

Erfolgsortanknüpfung geförderte Anlegerschutz letztlich auch den Emittenten, da ein hohes Anlegerschutzniveau zugleich auch einen Anreiz zur Einhaltung der Publizitätsvorschriften setzt, was letztlich für eine hohe Markttransparenz und effiziente Kapitalallokation sorgt. Für Fälle, in denen eine Vorhersehbarkeit des Erfolgsortsrechts für den Emittenten nicht gegeben ist, bietet wiederum die Anknüpfung auf zweiter Stufe eine ausgewogene Lösung, indem akzessorisch an das maßgebliche Publizitätsrecht angeknüpft wird, welches naturgemäß einen engen Sachzusammenhang mit Ansprüchen aus Kapitalmarktinformationshaftung aufweist und zudem für beide Seiten bestimm- und damit vorhersehbar ist.[1271]

Insgesamt stellt die hier vorgeschlagene Lösung damit ein abschließendes Gesamtsystem der Anknüpfung von Kapitalmarktinformationshaftungsansprüchen zur Verfügung, welches die Interessen aller Beteiligten angemessen berücksichtigt und in Ausgleich bringt.

c) *Möglichkeit der Berücksichtigung von besonderen Umständen des Einzelfalls*

Weiterhin gewährleistet die vorgeschlagene Lösung ein hohes Maß an Flexibilität für den Rechtsanwender und damit zugleich ein hohes Maß an Einzelfallgerechtigkeit.[1272] Die offene Formulierung des Vorhersehbarkeitsvorbehalts bietet dem befassten Gericht die Möglichkeit, auch besondere Umstände des jeweiligen Falles entsprechend Sinn und Zweck der Anknüpfungssystematik zu würdigen und eine Vorhersehbarkeit für den Emittenten in Ausnahmefällen auch dann zu bejahen, wenn die Wertpapiere nicht im Staat des Erfolgsorts öffentlich angeboten oder zum Handel zugelassen sind. Denkbar erscheint dies etwa, wenn ein Emittent zum Vertrieb in einem bestimmten Staat bewusst Dritte einschaltet, welche ihrerseits nicht Prospektverantwortliche sind oder der Emittent auf sonstige Weise versucht, gezielt Anleger aus bestimmten Staaten zu werben, ohne dass hierfür eine Anerkennung des Prospekts notwendig wird.

Zudem ist es *de lege lata* auch weiterhin möglich, bei offensichtlich engerer Verbindung des Haftungsanspruchs mit einem anderen Staat über die Ausweichklausel in Art. 4 Abs. 3 Rom II-Verordnung das Recht dieses Staates zur Anwendung zu berufen. Insbesondere kann so im seltenen Fall des Direkterwerbs eines Finanzprodukts vom Emittenten eine vertragsakzessorische Anknüpfung

1271 Vgl. hierzu bereits oben Abschnitt V.B.3.

1272 Vgl. zu diesen übergeordneten Zielen des europäischen Deliktskollisionsrechts Erwägungsgrund (14) Rom II-Verordnung.

vorgenommen werden, um alle Ansprüche des Anlegers der gleichen Rechtsordnung zu unterstellen. Auch *de lege ferenda* spricht daher viel dafür, diese Möglichkeit beizubehalten.

d) Weitgehender Gleichlauf mit dem Europäischen Zivilverfahrensrecht

Ein weiterer Vorteil ist der weitgehende Gleichlauf des anwendbaren Rechts mit der internationalen Zuständigkeit der Gerichte innerhalb des Geltungsbereichs der EuGVO n.F. Auch wenn ein Gleichlauf zwischen anwendbarem Recht und internationaler Zuständigkeit nicht zur zwingenden Voraussetzung für eine geeignete Anknüpfung erhoben und folglich nicht überbetont werden sollte[1273], ist – soweit möglich – ein Zusammenfallen von beidem aus prozessökonomischer Sicht natürlich durchaus wünschenswert.

Die erste Stufe der hier vorgeschlagenen Lösung beruft – soweit für den Emittenten vorhersehbar – das Recht des Erfolgsorts bei Vermögensschäden. An diesem Ort begründet ist gleichfalls eine internationale sowie örtliche Zuständigkeit, namentlich die Erfolgsortzuständigkeit des Deliktsgerichtsstands nach Art. 7 Nr. 2 EuGVO n.F. Da sich die erste Stufe des hier vertretenen Vorschlags an der Rechtsprechung des *EuGH* zum Deliktsgerichtsstand orientiert, ist ein diesbezüglicher Gleichlauf gewährleistet.[1274] Soweit auf der zweiten Stufe an das maßgebliche Publizitätsrecht angeknüpft wird, so stimmt dieses Recht regelmäßig mit dem Recht am Sitz des Emittenten überein. Denn durch die Ausrichtung der europäischen Publizitätsrichtlinien am Herkunftslandprinzip unterliegen Emittenten im Regelfall nur dem Publizitätsrecht ihres Herkunftsmitgliedstaats, also des Mitgliedstaats, in welchem ihr Sitz belegen ist.[1275] Auch die Gerichte im Sitzmitgliedstaat des beklagten Emittenten sind nach Art. 4 EuGVO n.F. für Klagen geschädigter Anleger international zuständig. Stimmen nun ausnahmsweise der Sitz des Emittenten und die regulierende mitgliedstaatliche Rechtsordnung nicht überein, etwa im Fall von Drittstaatenemittenten oder wenn sich ein mitgliedstaatlicher Emittent bewusst für ein öffentliches Angebot oder eine Zulassung ausschließlich an einem Markt außerhalb seines Sitzmitgliedstaates entscheidet, so kommt regelmäßig noch eine Zuständigkeit am Deliktsgerichtsstand des

1273 Zutreffend *von Hein* in: Fassbender/Wendehorst/Wet u. a., Paradigmen im internationalen Recht, 369 (417).

1274 Vgl. zur Orientierung an der Rechtsprechung des *EuGH* zur Erfolgsortzuständigkeit oben Abschnitt V.B.2.c)(2).

1275 Siehe zur Bestimmung der anwendbaren Publizitätspflichten innerhalb der EU bereits oben Abschnitt III.C.4.b)(2).

Handlungsorts in Betracht.[1276] In aller Regel besteht also auch eine internationale Zuständigkeit der Gerichte des Staates, dessen Rechtsordnung nach der zweiten Stufe der hier vorgeschlagenen Anknüpfung auf Kapitalmarktinformationshaftungsansprüche anwendbar ist.

Insgesamt wird durch die hier favorisierte Lösung also ein weitgehender Gleichlauf zwischen anwendbarem Recht und europäischem Zivilverfahrensrecht geschaffen. Häufig steht dem geschädigten Anleger in dem Staat, nach dessen Recht sich die Kapitalmarktinformationshaftungsansprüche richten, auch ein Gerichtsstand zur Verfügung. Insbesondere aus prozessökonomischen Gründen kann die Klage vor den Gerichten dieses Staates durchaus ratsam sein. Übt der klagende Anleger sein hinsichtlich der verschiedenen Zuständigkeiten bestehendes Wahlrecht bewusst zugunsten eines anderen Gerichtsstandes aus, muss er – wie gewöhnlich – die hierdurch notwendig werdende Anwendung ausländischen Rechts und den damit korrespondierenden zeitlichen und finanziellen Mehraufwand hinnehmen.

e) Förderung der Funktionsfähigkeit des Kapitalmarktes

Auch die Funktionsfähigkeit des Kapitalmarktes würde von der hier vorgeschlagenen Lösung profitieren. Die Möglichkeit der effektiven Durchsetzung von Schadensersatzansprüchen geschädigter Anleger fördert sowohl das Vertrauen der Anleger in den Markt als auch die Einhaltung der Publizitätsvorschriften durch die Emittenten, was wiederum der Markttransparenz dient. Da für einen funktionierenden Markt die Angebotsseite ebenso wichtig ist wie die Nachfrageseite, kann aber nur eine Lösung, welche die Interessen beider Seiten angemessen berücksichtigt und zugleich effektiv ist, die Funktionsfähigkeit des Kapitalmarktes tatsächlich stärken. Eben diese Voraussetzungen werden von dem hier vorgestellten Vorschlag erfüllt.

f) Möglichkeit der Verwirklichung bereits de lege lata

In praktischer Hinsicht ist schließlich noch hervorzuheben, dass sich eine entsprechende Anknüpfung der Kapitalmarktinformationshaftung auch *de lege lata* bereits verwirklichen lässt.[1277] Die Anwendung des Vorhersehbarkeitsvorbehalts lässt sich nämlich im Rahmen der durch Art. 4 Abs. 3 Rom II-Verordnung

1276 Zum Handlungsort in Kapitalmarktinformationshaftungsfällen siehe oben Abschnitt IV.C.2.b)(2)(b)(ii)(b).

1277 Zur grundsätzlichen Zulässigkeit einer solchen Anwendung der Ausweichklausel in Art. 4 Abs. 3 Rom II-Verordnung siehe bereits oben Abschnitt IV.D.1.b).

vorgeschriebenen Prüfung einer offensichtlich engeren Verbindung der unerlaubten Handlung zum Recht eines anderen Staates realisieren. Hierfür ist davon auszugehen, dass im Falle von Kapitalmarktinformationshaftungsansprüchen eine offensichtlich engere Verbindung zum verletzten Publizitätsrecht immer dann – aber auch nur dann – vorliegt, wenn das an sich anzuwendende Erfolgsortrecht für den Emittenten nach den dargestellten Kriterien nicht vorhersehbar war. Begründen lässt sich ein solches Vorgehen wie folgt:

Soweit der Erfolgsort für den Emittenten im konkreten Einzelfall vorhersehbar war, kommt schlicht Art. 4 Abs. 1 Rom II-Verordnung zur Anwendung. Zwar weist der Sachverhalt auch in diesem Fall, wie stets, eine Verbindung zum verletzten Publizitätsrecht auf. Jedoch ist die Anwendung des Erfolgsortsrechts bei Vorhersehbarkeit für den Emittenten – wie ausführlich dargelegt – für alle Beteiligten interessengerecht. Entsprechend weist der Sachverhalt auch mit dem nach Art. 4 Abs. 1 Rom II-Verordnung berufenen Erfolgsortrecht eine *enge Verbindung* auf, sodass – soweit dies überhaupt ein anderes Recht ist – eben keine *offensichtlich engere Verbindung* zum verletzten Publizitätsrecht angenommen werden kann.

Ist das Erfolgsortrecht für den Emittenten aber nicht vorhersehbar und aufgrund seiner unsachgemäßen Ergebnisse mit dem Sachverhalt entsprechend weniger eng verbunden, setzt sich die Verbindung zum verletzten Publizitätsrecht als für diese Fälle *offensichtlich engere Verbindung* durch.[1278] Denn ausreichend ist hierfür auch ein nicht streng rechtlich geprägtes, faktisches Verhältnis zwischen den Parteien, welches in Fällen der Kapitalmarktinformationshaftung jedenfalls in dem durch die kapitalmarktrechtlichen Publizitätspflichten vermittelten Sonderverhältnis zwischen Emittent und Anleger erblickt werden kann.[1279]

Schließlich ist noch auf Art. 4 Abs. 2 Rom II-Verordnung einzugehen. Auch wenn eine Anknüpfung an den gemeinsamen gewöhnlichen Aufenthalt für Kapitalmarktinformationshaftungsansprüche nicht *per se* als ungeeignet bezeichnet werden kann[1280], spielt sie im Rahmen der hier vorgeschlagenen Lösung dennoch keine Rolle. Grund hierfür ist, dass eine Anknüpfung an den gemeinsamen gewöhnlichen Aufenthalt andernfalls in das austarierte zweistufige Anknüpfungssystem für Kapitalmarktinformationshaftungsansprüche, welches für

1278 Die Möglichkeit der Korrektur nicht vorhersehbarer und damit unangemessener Erfolgsortanknüpfungen über die Ausweichklausel in Art. 4 Abs. 3 Rom II-Verordnung ist auch grundsätzlich anerkannt, vgl. *von Hein* in: FS Kropholler (2008), 553 (567); *Junker* in: MüKo-BGB, 7. Aufl. 2018, Rom II-VO, Art. 4 Rn. 56.

1279 Vgl. hierzu ausführlich oben Abschnitt IV.D.2.c)(3).

1280 Hierzu ausführlich oben Abschnitt IV.C.2.a).

sich genommen zu sach- und interessengemäßen Ergebnissen führt, eingreifen würde. Dem Interesse an der Schaffung eines solchen Systems ist aber eine größere Bedeutung beizumessen, als den grundsätzlich für eine Anknüpfung an den gemeinsamen gewöhnlichen Aufenthalt vorgebrachten Gründen[1281]. Soweit ein gemeinsamer gewöhnlicher Aufenthalt im Sinne des Art. 4 Abs. 2 Rom II-Verordnung gegeben ist, sollte daher abweichend hiervon über die Ausweichklausel in Art. 4 Abs. 3 Rom II-Verordnung – wie beschrieben – an den vorhersehbaren Erfolgsort oder, bei Unvorhersehbarkeit, subsidiär an das Recht der verletzten Publizitätspflicht angeknüpft werden.

Es zeigt sich also, dass eine Realisierung der hier vorgeschlagenen Anknüpfung bereits *de lege lata* möglich ist. Dennoch sollte aber eine Ergänzung der Rom II-Verordnung *de lege ferenda* um eine spezielle Kollisionsnorm angestrebt werden, um die für den Rechtsanwender erforderliche Klarheit und Rechtssicherheit zu schaffen.

7. Zwischenergebnis

Insgesamt bleibt damit festzuhalten, dass die Anwendung der vorgeschlagenen Anknüpfung zu sach- und interessengerechten Ergebnissen führt und zudem für alle Fallgestaltungen eine Lösung bereithält. Durchgreifende Bedenken gegen eine entsprechende Anknüpfung sind hingegen nicht ersichtlich. Im Ergebnis ergibt sich ein abschließendes Gesamtsystem der Anknüpfung, welches die derzeit bestehende Rechtsunsicherheit beseitigt und so gleichermaßen zum Anlegerschutz wie zum Schutz der Funktionsfähigkeit der Kapitalmärkte beiträgt.

C. Formulierungsvorschlag *de lege ferenda*

De lege ferenda soll daher zur Verwirklichung der hier erarbeiteten Lösung die Ergänzung der Rom II-Verordnung um folgende Kollisionsnorm vorgeschlagen werden:

Fehlerhafte oder unterlassene Kapitalmarktinformation

(1) [1] *Auf außervertragliche Schuldverhältnisse aus fehlerhafter oder unterlassener Kapitalmarktinformation ist das nach Art. 4 Abs. 1 ermittelte Recht anzuwenden, es sei denn, die Person deren Haftung geltend gemacht wird, konnte den Schadenseintritt in diesem Staat vernünftigerweise nicht vorhersehen.* [2]*Der Schadenseintritt ist insbesondere dann*

1281 Siehe hierzu oben Abschnitt IV.C.2.a).

vorhersehbar, wenn das haftungsauslösende Finanzprodukt im Staat des Schadenseintritts an einem geregelten Markt zugelassen ist oder öffentlich angeboten wurde.

(2) [1] *Kann das anwendbare Recht nach Abs. 1 nicht ermittelt werden, so ist das Recht des Staates anzuwenden, dessen Publizitätsrecht für das haftungsauslösende Finanzprodukt maßgeblich ist.* [2]*Ist das Publizitätsrecht mehrerer Staaten maßgeblich – wie etwa im Fall von Mehrfachplatzierungen –, ist das Recht des Staates anzuwenden, zu welchem der Sachverhalt die engste Verbindung aufweist.*

(3) [1] *Ergibt sich aus der Gesamtheit der Umstände, dass die unerlaubte Handlung eine offensichtlich engere Verbindung mit einem anderen als dem in den Absätzen 1 oder 2 bezeichneten Staat aufweist, so ist das Recht dieses anderen Staates anzuwenden.* [2]*Eine offensichtlich engere Verbindung mit einem anderen Staat könnte sich insbesondere aus einem bereits bestehenden Rechtsverhältnis zwischen den Parteien – wie einem Vertrag – ergeben, das mit der betreffenden unerlaubten Handlung in enger Verbindung steht.*

Zusätzlich könnten die folgenden erläuternden Erwägungsgründe ergänzt werden:

(1) *Die Kollisionsnorm für fehlerhafte oder unterlassene Kapitalmarktinformation soll unabhängig davon Anwendung finden, ob die Person deren Haftung geltend gemacht wird, in einem Mitgliedstaat oder Drittstaat ansässig ist, um dem universalen Charakter der Verordnung Rechnung zu tragen. Die fehlende Vorhersehbarkeit des Schadenseinstritts in einem Staat hat grundsätzlich die Person, deren Haftung geltend gemacht wird, zu beweisen. Die in der Vermutungsregel verwendeten Begriffe der Zulassung zum Handel an einem geregelten Markt bzw. des öffentlichen Angebots sollten entsprechend ihrer Bedeutung in den Richtlinien und Verordnungen, welche kapitalmarktrechtliche Publizitätspflichten aufstellen, verstanden werden.*

(2) *Soweit im Rahmen der subsidiären Anknüpfung mehrere Publizitätsrechte maßgeblich sind – wie dies etwa bei Mehrfachplatzierungen der Fall sein kann – sollte dennoch nur eine Rechtsordnung zur Anwendung kommen. Dies ist diejenige Rechtsordnung, die mit dem Sachverhalt am engsten verbunden ist. Eine solche Verbindung kann sich insbesondere aus dem Ort, an welchem der Anleger das Finanzprodukt erworben hat, aus der Sprache bzw. Verfügbarkeit der Informationen, auf welche der Anleger bei Erwerb des Finanzprodukts oder im Anschluss daran Zugriff hatte, oder aus dem berechtigten Vertrauen des Anlegers auf die Anwendbarkeit eines bestimmten Publizitätsrechts ergeben.*

VI. Zusammenfassung der wesentlichen Ergebnisse

Die Behandlung der Kapitalmarktinformationshaftung im europäischen Internationalen Privatrecht bereitet dem Rechtsanwender erhebliche Probleme. Schon im sachrechtlichen Ausgangspunkt zeigt sich, dass die europarechtlich vorgegebenen kapitalmarktrechtlichen Publizitätspflichten weit überwiegend harmonisiert, die entsprechenden Haftungsvorschriften hingegen von Mitgliedstaat zu Mitgliedstaat sehr unterschiedlich ausgeprägt sind. Entsprechend groß ist die Bedeutung einer sachgerechten Bestimmung des auf Kapitalmarktinformationshaftungsansprüche anwendbaren Rechts.

Die Kapitalmarktinformationshaftung steht zudem im Spannungsverhältnis zwischen Internationalem Privatrecht und Internationalem Kapitalmarktrecht. Das Internationale Privatrecht folgt einem System regelmäßig allseitiger Kollisionsnormen, wohingegen das Internationale Kapitalmarktrecht keine eigene Kollisionsrechtsordnung kennt. Der internationale Anwendungsbereich von Kapitalmarktrecht ist einseitig von der jeweiligen Norm her zu ermitteln. Dieser Zweigleisigkeit des Kollisionsrechts ist durch eine sinnvolle Abgrenzung der Anwendungsbereiche zu begegnen, welche sich daran zu orientieren hat, ob eine Norm primär ordnungspolitischer oder individualschützender Natur ist. In der Konsequenz sind die anwendbaren Publizitätspflichten im Wege der Sonderanknüpfung durch das Internationale Kapitalmarktrecht, das anwendbare zivilrechtliche Haftungsrecht hingegen durch die Kollisionsnormen des Internationalen Privatrechts zu bestimmen. Aus Sicht des Internationalen Privatrechts stellt die Frage nach der anzuwendenden Publizitätsnorm eine selbständig anzuknüpfende kapitalmarktrechtliche Vorfrage dar. Infolge der Sonderanknüpfung anzuwenden sind sowohl kapitalmarktrechtliche Regelungen der *lex fori* als auch ausländische Kapitalmarktnormen.

Kapitalmarktinformationshaftungsansprüche sind unionsrechtlich-autonom als außervertragliche Schuldverhältnisse zu qualifizieren. Das hierauf anwendbare Recht richtet sich daher nach dem vereinheitlichten Kollisionsrecht der Rom II-Verordnung. Insbesondere die Bereichsausnahmen für Wertpapier- und Gesellschaftsrecht schließen eine Anwendbarkeit der Rom II-Verordnung auf Kapitalmarktinformationshaftungsansprüche nicht aus. Eine der Rom II-Verordnung nach deren Art. 27 vorrangige kollisionsrechtliche Regelung von Ansprüchen aus Kapitalmarktinformationshaftung lässt sich weder dem kapitalmarktrechtlichen Sekundärrecht noch dem europäischen Primärrecht entnehmen. Auch Art. 12 Rom II-Verordnung ist auf Kapitalmarktinformationshaftungsansprüche nicht anzuwenden, da Kapitalmarktinformationshaftungsansprüche nicht als Ansprüche aus Verschulden bei Vertragsverhandlungen im Sinne der Norm zu qualifizieren sind. Eine Rechtswahl unter den Voraussetzungen des Art. 14 Rom II-Verordnung sollte aber auch für Kapitalmarktinformationshaftungsansprüche zugelassen werden, wenngleich die praktische Relevanz der Vorschrift in diesem Bereich gering sein dürfte.

Mangels Vorhandenseins einer besonderen Kollisionsnorm ist das auf Kapitalmarktinformationshaftungsansprüche anwendbare Recht *de lege lata* nach der Regelanknüpfung in Art. 4 Abs. 1 Rom II-Verordnung zu ermitteln. Die Bestimmung des Erfolgsorts im Falle reiner Vermögensschäden wirft eine Vielzahl von Schwierigkeiten auf, lässt sich letztlich aber unter Heranziehung der diesbezüglichen Rechtsprechung des *EuGH* vornehmen. Der Erfolg tritt am Belegenheitsort des konkret geschädigten Vermögensteils, in Kapitalmarktinformationshaftungsfällen also regelmäßig am Sitz der Niederlassung der Bank ein, bei welcher das Konto des geschädigten Anlegers geführt wird. Zur Bestimmung des maßgeblichen Bankkontos ist insoweit zu differenzieren zwischen Schädigungen durch Erwerb des jeweiligen Finanzprodukts, bei welchen der Erfolg bereits auf dem Zahlungskonto eintritt, und Schädigungen nach Erwerb des jeweiligen Finanzprodukts, bei welchen der Erfolg auf dem Anlagekonto selbst eintritt. Auch unter Heranziehung dieser Grundsätze führt die Anwendung der Regelanknüpfung auf Kapitalmarktinformationshaftungsansprüche aber nicht zu sachgerechten Ergebnissen. Insbesondere ist eine Vorhersehbarkeit des potentiell anwendbaren Haftungsrechts für den Emittenten häufig nicht möglich, weshalb nach einer anderen Lösung zu suchen ist.

Maßgebende Kriterien für eine sachgerechte Anknüpfung von Kapitalmarktinformationshaftungsansprüchen sind die Vorhersehbarkeit des anwendbaren Rechts einerseits sowie Interessengerechtigkeit des gefundenen Anknüpfungsergebnisses andererseits. Vor diesem Hintergrund kann keine der bislang vorgeschlagenen Lösungen oder Ausweichstrategien für eine Anknüpfung der Kapitalmarktinformationshaftung vollends überzeugen. Daher wird eine zweistufige Anknüpfung vorgeschlagen, die einen angemessenen Ausgleich von Emittenten- und Anlegerinteressen schafft und die Vorhersehbarkeit des anwendbaren Rechts gewährleistet. Auf der ersten Stufe soll in Anlehnung an die Regelanknüpfung weiterhin das Recht des Erfolgsorts anwendbar sein, allerdings unter dem Vorbehalt, dass der Emittent vorhersehen konnte, dass Anleger in diesem Staat geschädigt werden könnten. Dies ist insbesondere dann der Fall, wenn das haftungsauslösende Finanzprodukt im Staat des Schadenseintritts an einem geregelten Markt zugelassen ist oder öffentlich angeboten wurde. Auf der zweiten Stufe soll, soweit das anwendbare Recht nicht nach der ersten Stufe bestimmt werden kann, akzessorisch an das Recht angeknüpft werden, dessen Publizitätsrecht für das fragliche Finanzprodukt maßgeblich ist. Insgesamt ergibt sich damit ein abschließendes Anknüpfungssystem, welches die derzeit bestehende Rechtsunsicherheit beseitigt und so gleichermaßen zum Anlegerschutz wie zum Schutz der Funktionsfähigkeit der Kapitalmärkte beiträgt.

VII. Literaturverzeichnis

Ahrens, Hans-Jürgen, Wer haftet statt der zusammengebrochenen Abschreibungsgesellschaft? – Zur Sachwalterhaftung im Kollisionsrecht, Praxis des Internationalen Privat- und Verfahrensrechts, 1986, S. 355–361.

Alcock, Alistair, Liability for Misinforming the Market, Journal of Business Law, 2011, S. 243–260.

Appel, Alexander, Reform und Kodifikation des Liechtensteinischen Internationalen Privatrechts, Rabels Zeitschrift für ausländisches und internationales Privatrecht, Band 61 (1997), S. 510–544.

Arnold, Stefan, Kollisionsrechtliche und international-verfahrensrechtliche Aspekte bei Schadensersatzansprüchen privater Auslandsfonds-Anleger, (zu BGH, 6.3.2012 – VI ZR 70/10), Praxis des Internationalen Privat- und Verfahrensrechts, 2013, S. 525–530.

Arons, Tomas Matthieu Christiaan, 'All roads lead to Rome': Beware of the consequences! The law applicable to prospectus liability claims under the Rome II Regulation, Nederlands Internationaal Privaatrecht, 2008, S. 481–487.

Arons, Tomas Matthieu Christiaan, On financial losses, prospectuses, liability, jurisdiction (clauses) and applicable law, European Court of Justice 28 January 2015, Case C-375/13 (Kolassa/Barclays Bank), Nederlands Internationaal Privaatrecht, 2015, S. 377–382.

Assmann, Heinz-Dieter, Neuemissionen von Wertpapieren über Internet, Initial Public Offerings (IPO's) als Gegenstand des deutschen Kapitalmarktrechts in: Geimer, Reinhold (Hrsg.), Wege zur Globalisierung des Rechts, Festschrift für Rolf A. Schütze zum 65. Geburtstag, München 1999, S. 15–47.

Assmann, Heinz-Dieter, Bank- und Kapitalmarktrecht in: Gebauer, Martin/Wiedmann, Thomas (Hrsg.), Zivilrecht unter europäischem Einfluss, Die richtlinienkonforme Auslegung des BGB und anderer Gesetze – Kommentierung der wichtigsten EU-Verordnungen. 2. Aufl., Stuttgart 2010.

Assmann, Heinz-Dieter/Schneider, Uwe H./Mülbert, Peter O. (Hrsg.), Wertpapierhandelsrecht, Kommentar, 7. Aufl., Köln 2019 (zitiert: *Bearbeiter* in: Assmann/Schneider/Mülbert).

Bachmann, Gregor, Der Grundsatz der Gleichbehandlung im Kapitalmarktrecht, Zeitschrift für das Gesamte Handelsrecht und Wirtschaftsrecht, 2006, S. 144–177.

Bachmann, Gregor, Die internationale Zuständigkeit für Klagen wegen fehlerhafter Kapitalmarktinformation, Praxis des Internationalen Privat- und Verfahrensrechts, 2007, S. 77–86.

Bamberger, Heinz Georg/Roth, Herbert (Hrsg.), Beck'scher Online-Kommentar BGB, 49. Edition, Stand: 01.02.2019, München (zitiert: *Bearbeiter* in: BeckOK-BGB).

von Bar, Christian, Internationales Privatrecht, Zweiter Band, Besonderer Teil, Bd. 2, München 1991.

Basedow, Jürgen, Wirtschaftskollisionsrecht, Theoretischer Versuch über die ordnungspolitischen Normen des Forumstaates, Rabels Zeitschrift für ausländisches und internationales Privatrecht, Band 52 (1988), S. 8–40.

Basedow, Jürgen, Entwicklungslinien des internationalen Kartellrechts Ausbau und Differenzierung des Auswirkungsprinzips, Neue Juristische Wochenschrift, 1989, S. 627–638.

Baumbach, Adolf/Hopt, Klaus J./Kumpan, Christoph, et al. (Hrsg.), Handelsgesetzbuch, Mit GmbH & Co., Handelsklauseln, Bank- und Börsenrecht, Transportrecht (ohne Seerecht), 38. Aufl., München 2018 (zitiert: *Bearbeiter* in: Baumbach/Hopt, HGB).

Baums, Theodor, Haftung wegen Falschinformation des Sekundärmarktes, Zeitschrift für das Gesamte Handelsrecht und Wirtschaftsrecht, 2003, S. 139–192.

Benicke, Christoph, Prospektpflicht und Prospekthaftung bei grenzüberschreitenden Emissionen in: Mansel, Heinz-Peter/Pfeiffer, Thomas/Kronke, Herbert u. a. (Hrsg.), Festschrift für Erik Jayme, München 2004, S. 25–37.

Benzenberg, Elke, Die Behandlung ausländischer Eingriffsnormen im Internationalen Privatrecht, Eine Studie unter besonderer Berücksichtigung des Internationalen Schuldrechts, Jena 2008.

Bernitt, Carmen Christina, Die Anknüpfung von Vorfragen im europäischen Kollisionsrecht, Tübingen 2010.

Binder, Jens-Hinrich/Broichhausen, Thomas N., Entwicklungslinien und Perspektiven des Europäischen Kapitalmarktrechts, Eine Bestandsaufnahme aus Anlass des „Weißbuchs zur Finanzdienstleistungspolitik für die Jahre 2005–2010", Zeitschrift für Bankrecht und Bankwirtschaft, 2006, S. 85–97.

Bischoff, Kai, Internationale Börsenprospekthaftung, Die Aktiengesellschaft, 2002, S. 489–497.

Blobel, Felix, European Tort Jurisdiction and Pure Economic Loss, Comment on the ECJ decision of 10 June 2004, Kronhofer/Maier et al., The European Legal Forum, 2004, S. 187–191.

Böckel, Margret/Grünewald, Andreas, Portugal in: Hopt, Klaus J./Voigt, Hans-Christoph (Hrsg.), Prospekt- und Kapitalmarktinformationshaftung, Recht und Reform in der Europäischen Union, der Schweiz und den USA, Tübingen 2005, S. 897–934.

Brand, Peter-Andreas, Persönlichkeitsrechtsverletzungen im Internet, E-Commerce und „Fliegender Gerichtsstand", Anm. zu EuGH, Urteil vom 25.10.2011 - verb. Rs. C-509/09 und C-161/10, eDate Advertising, Neue Juristische Wochenschrift, 2012, S. 127–130.

Brenn, Christoph, Rechtsverletzung im Internet, Zur internationalen Zuständigkeit bei Persönlichkeitsrechtsverletzungen im Internet und zur kollisionsrechtlichen Bedeutung des Herkunftslandprinzips der EC-RL, Österreichische Juristen-Zeitung, 2012, S. 493–498.

Brinckmann, Hendrik, Grundlagen in: Veil, Rüdiger (Hrsg.), Europäisches Kapitalmarktrecht, Tübingen 2011.

Brinckmann, Hendrik, Periodische Publizität in: Veil, Rüdiger (Hrsg.), Europäisches Kapitalmarktrecht, Tübingen 2011.

Buck-Heeb, Petra, Kapitalmarktrecht, 9. Aufl., Heidelberg 2017.

Burn, Lachlan, Disclosure in the EEA securities markets – making sense of the puzzle, Capital Markets Law Journal, 2008, S. 139–153.

Cach, Christopher, Das Verhältnis zwischen Art 6 Rom II-VO und § 20 E-Commerce-Gesetz – Disharmonie im Internationalen Privatrecht?, Zugleich eine Anmerkung zu OGH 4 Ob 153/13 y, Zeitschrift für Europarecht, Internationales Privatrecht und Rechtsvergleichung, 2014, S. 219–221.

Calliess, Christian/Ruffert, Matthias (Hrsg.), EUV, AEUV, Das Verfassungsrecht der Europäischen Union mit Europäischer Grundrechtecharta, 5. Aufl., München 2016 (zitiert: *Bearbeiter* in: Calliess/Ruffert).

Calliess, Gralf-Peter (Hrsg.), Rome regulations, Commentary on the European rules of the conflict of laws, 2. Aufl., Alphen/Rijn 2015 (zitiert: *Bearbeiter* in: Calliess, Rome Regulations).

Casper, Matthias, The Significance of the Law of Tort with the Example of the Civil Liability for Erroneous ad hoc Disclosure in: Schulze, Reiner (Hrsg.), Compensation of Private Losses, The Evolution of Torts in European Business Law 2011, S. 91–114.

Choi, Stephen J./Guzman, Andrew T., Protable Reciprocity: Rethinking the International Reach of Securities Regulation, Southern California Law Review, 1998, S. 903–951.

Choi, Stephen J./Silberman, Linda J., Transnational Litigation and Global Securities Clas-Action Lawsuits, Wisconsin Law Review, 2009, S. 46–506.

Corneloup, Sabine, Rome II and the Law of Financial Markets: The Case of Damage Caused by the Breach of Disclosure in: Nuyts, Arnaud/Hatzimihail, Nikitas E. (Hrsg.), Cross-border class actions, The European Way, 2013, S. 291–314.

Cotiga, Andra, C.J.U.E., 28 Janvier 2015, Harald Kolassa C. Barclays Bank PLC, Aff. C-375/13, Revue internationale des services financiers/International Journal for Financial Services, 2015, S. 40–49.

Davies, Paul, Davies Review of Issuer Liability: Final Report Juni 2007.

Davies, Paul, Liability for misstatements to the market, Capital Markets Law Journal, 2010, S. 443–451.

d'Avout, Louis, Commercialisation de titres financiers et compétence internationale de proximité, CJEU 28 janv. 2015, C-375/13 (Kolassa) – Note, Recueil Dalloz, 2015, S. 770–775.

Denninger, Philip, Grenzüberschreitende Prospekthaftung und Internationales Privatrecht, Baden-Baden 2015.

Dicey, Albert Venn/Morris, John H./Collins, Lawrence, The conflict of laws, 14. Aufl., London 2006.

Dickinson, Andrew, The Rome II Regulation, The law applicable to non-contractual obligations, Oxford, New York 2008.

Die Mitglieder des Bundesgerichtshofs (Hrsg.), Das Bürgerliche Gesetzbuch, Mit besonderer Berücksichtigung der Rechtsprechung des Reichsgerichts und des Bundesgerichtshofes; Kommentar, 12. Aufl., Berlin 1981 (zitiert: *Bearbeiter* in: BGB-RGRK VI/1).

Drobnig, Ulrich, Die Beachtung von ausländischen Eingriffsgesetzen – eine Interessenanalyse in: Barfuß, Werner (Hrsg.), Festschrift für Karl H. Neumayer zum 65. Geburstag, Baden-Baden 1985, S. 159–179.

Drobnig, Ulrich, Das Profil des Wirtschaftskollisionsrechts, Einführende Bemerkungen zum Symposium »Extraterritoriale Anwendung von Wirtschaftsracht« Hamburg 1986, Rabels Zeitschrift für ausländisches und internationales Privatrecht, Band 52 (1988), S. 1–7.

Dürr, Michael, Investor Relations, Handbuch für Finanzmarketing und Unternehmenskommunikation, München 1994.

Ebenroth, Carsten Thomas/Boujong, Karlheinz/Joost, Detlev, et al. (Hrsg.), Handelsgesetzbuch, Band 2, 3. Aufl., München 2015 (zitiert: *Bearbeiter* in: Ebenroth/Boujong/Joost/Strohn, HGB).

Ehricke, Ulrich, Prospekt- und Kapitalmarktinformationshaftung in Deutschland in: Hopt, Klaus J./Voigt, Hans-Christoph (Hrsg.), Prospekt- und Kapitalmarktinformationshaftung, Recht und Reform in der Europäischen Union, der Schweiz und den USA, Tübingen 2005, S. 187–325.

Einsele, Dorothee, Internationales Prospekthaftungsrecht, Kollisionsrechtlicher Anlegerschutz nach der Rom II-Verordnung, Zeitschrift für Europäisches Privatrecht, 2012, S. 23–46.

Einsele, Dorothee, Bank- und Kapitalmarktrecht, Nationale und internationale Bankgeschäfte, 3. Aufl., Tübingen 2014.

Einsele, Dorothee, Kapitalmarktrecht und Internationales Privatrecht, Rabels Zeitschrift für ausländisches und internationales Privatrecht, Band 81 (2017), S. 781–814.

Ekkenga, Jens, Kapitalmarktrechtliche Aspekte der „Investor Relations", Neue Zeitschrift für Gesellschaftsrecht, 2001, S. 1–8.

Engert, Andreas/Groh, Gunnar, Internationaler Kapitalanlegerschutz vor dem Bundesgerichtshof, Praxis des Internationalen Privat- und Verfahrensrechts, 2011, S. 458–469.

Ferran, Eilís, Cross-border Offers of Securities in the EU: The Standard Life Flotation, European Company and Financial Law Review, 2007, S. 461–490.

Ferrari, Franco/Kieninger, Eva-Maria/Mankowski, Peter, et al. (Hrsg.), Internationales Vertragsrecht, ROM I-VO, CISG, CMR, FactÜ Kommentar, 3. Aufl., München 2018 (zitiert: *Bearbeiter* in: Ferrari, u.a., Internationales Vertragsrecht).

Fischer, Gerfried, Culpa in contrahendo im Internationalen Privatrecht, Juristen-Zeitung, 1991, S. 168–175.

Fleischer, Holger, Informationsasymmetrie im Vertragsrecht, Eine rechtsvergleichende und interdisziplinäre Abhandlung zu Reichweite und Grenzen vertragsschlussbezogener Aufklärungspflichten, München 2001.

Fleischer, Holger, Haftung für fehlerhafte Kapitalmarktkommunikation in: Assmann, Heinz-Dieter/Schütze, Rolf A. (Hrsg.), Handbuch des Kapitalanlagerechts, 4. Aufl., München 2015.

Fleischer, Holger, Investor Relations und informationelle Gleichbehandlung im Aktien-, Konzern- unnd Kapitalmarktrecht, Zeitschrift für Unternehmens- und Gesellschaftsrecht, 2009, S. 505–541.

Floer, Annette, Internationale Reichweite der Prospekthaftung, Zum Kollisionsrecht der Haftung für fehlerhafte Verkaufs- und Börsenzulassungsprospekte, Baden-Baden 2002.

Follak, Klaus Peter, Kapitalmarkt-, Börsen- und Investmentrecht in: Dauses, Manfred A./Ludwigs, Markus (Hrsg.), Handbuch des EU-Wirtschaftsrechts, 46. Ergänzungslieferung Januar 2019, München.

Freitag, Robert, Rom I, Rom II – tertium est datur im Kollisionsrecht der Schuldverhältnisse! in: Bernreuther, Jörn/Freitag, Robert/Leible, Stefan u. a. (Hrsg.), Festschrift für Ulrich Spellenberg, zum 70. Geburtstag, München 2010, S. 169–176.

Freitag, Robert, Bankverträge in: Reithmann, Christoph/Martiny, Dieter (Hrsg.), Internationales Vertragsrecht, Das internationale Privatrecht der Schuldverträge. 8. Aufl., Köln 2015.

Freitag, Robert, Internationale Prospekthaftung revisited – Zur Auslegung des europäischen Kollisionsrechts vor dem Hintergrund der „Kolassa"-Entscheidung des EuGH, Wertpapiermitteilungen, 2015, S. 1165–1173.

Fricke, Martin, Kollisionsrecht im Umbruch – Perspektiven für die Versicherungswirtschaft -, Versicherungsrecht, 2005, S. 726–741.

Fuchs, Andreas (Hrsg.), Wertpapierhandelsgesetz (WpHG), Kommentar, 2. Aufl., München 2016 (zitiert: *Bearbeiter* in: Fuchs).

Garcimartín, Francisco, New issues in the Rome I Regulation: The special Provisions on Financial Market Contracts, Yearbook of Private International Law, 2008, S. 24–259.

Garcimartín, Francisco, The Rome I Regulation: Much ado about nothing?, The European Legal Forum, 2008, S. I-61–I-79.

Garcimartín, Francisco, The Rome I Regulation: Exceptions to the rule on consumer contracts and financial instruments, Journal of Private International Law, 2009, S. 85–103.

Garcimartín, Francisco, The law applicable to prospectus liability in the European Union, Law and Financial Markets Review, 2011, S. 449–457.

Geimer, Reinhold, Forum actoris für Kapitalanlegerklagen in: Witzleb, Normann/Ellger, Reinhard/Mankowski, Peter u. a. (Hrsg.), Festschrift für Dieter Martiny zum 70. Geburtstag, Tübingen 2014, S. 711–734.

Gerner-Beuerle, Carsten, Private Rights of Action in Cases Involving Transnational Securities Fraud: the View from England, France and Germany, Revue Trimestrielle de Droit Financier, 2011, S. 67–70.

Giesberts, Stefanie K., Anlegerschutz und anwendbares Recht bei ausländischen Börsentermingeschäften, Der Einfluß des EG-Rechts auf deutsches Kollisionsrecht, Berlin 1998.

Girsberger, Daniel/Heini, Anton/Keller, Max, et al. (Hrsg.), Zürcher Kommentar zum IPRG, Kommentar zum Bundesgesetz über das Internationale Privatrecht (IPRG) vom 18. Dezember 1987, 2. Aufl., Zürich 2004 (zitiert: *Bearbeiter* in: Zürcher Kommentar zum IPRG).

Goette, Wulf/Habersack, Mathias/Kalss, Susanne (Hrsg.), Münchener Kommentar zum Aktiengesetz, 5. Aufl. 2019 (zitiert: *Bearbeiter* in: MüKo-AktG).

Göres, Ulrich L., Haftung für sonstige fehlerhafte Informationsversorgung in: Habersack, Mathias/Mülbert, Peter O./Schlitt, Michael (Hrsg.), Handbuch der Kapitalmarktinformation, 2. Aufl., München 2013.

Göthel, Stefan R., Grenzüberschreitende Reichweite ausländischen Kapitalmarktrechts, Praxis des Internationalen Privat- und Verfahrensrechts, 2001, S. 411–419.

Götze, Cornelius/Wunderlich, Nils-Christian, Regelpublizität in: Habersack, Mathias/Mülbert, Peter O./Schlitt, Michael (Hrsg.), Handbuch der Kapitalmarktinformation, 2. Aufl., München 2013.

Groß, Wolfgang (Hrsg.), Kapitalmarktrecht, Kommentar zum Börsengesetz, zur Börsenzulassungsverordnung und zum Wertpapierprospektgesetz, 6. Aufl., München 2016 (zitiert: *Bearbeiter* in: Groß, Kapitalmarktrecht).

Grundmann, Stefan, Deutsches Anlegerschutzrecht in internationalen Sachverhalten, Vom internationalen Schuld- und Gesellschaftsrecht zum internationalen Marktrecht, Rabels Zeitschrift für ausländisches und internationales Privatrecht, Band 54 (1990), S. 283–320.

Grundmann, Stefan/Hofmann, Christian/Möslein, Florian, Finanzkrise und Wirtschaftsordnung: Krisenursachen, Finanzmarktstabilisierung, Finanzmarktstabilität in: Grundmann, Stefan/Hofmann, Christian/Möslein, Florian (Hrsg.), Finanzkrise und Wirtschaftsordnung, Berlin 2009, S. 1–40.

Grunewald, Barbara/Maier-Reimer, Georg/Westermann, Harm Peter (Hrsg.), Erman, Bürgerliches Gesetzbuch, Handkommentar mit AGG, EGBGB (Auszug), ErbbauRG, HausratsVO, LPartG, ProdHaftG, UKlaG, VAHRG und WEG, 15. Aufl. 2017 (zitiert: *Bearbeiter* in: Erman, BGB).

Habermeier, Stefan, Neue Wege zum Wirtschaftskollisionsrecht, Eine Bestandsaufnahme prävalenter wirtschaftskollisionsrechtlicher Methodologie unter dem Blickwinkel des kritischen Rationalismus, Baden-Baden 1997.

Habersack, Mathias, Prospekthaftung in: Habersack, Mathias/Mülbert, Peter O./Schlitt, Michael (Hrsg.), Handbuch der Kapitalmarktinformation, 2. Aufl., München 2013.

Hage-Chahine, Najib, Culpa in Contrahendo in European Private International Law: Another Look at Article 12 of the Rome II Regulation, Northwestern Journal of International Law & Business, 2012, S. 451–540.

Harrer, Friedrich, Zivilrechtliche Irritationen im Kapitalmarktrecht, Zeitschrift für Finanzmarktrecht, 2011, S. 9–15.

Hartley, Trevor C., Choice of Law for Non-Contractual Liability: Selected Problems under the Rome II Regulation, The International and Comparative Law Quarterly, 2008, S. 899–908.

Heermann, Peter W./Schlingloff, Jochen (Hrsg.), Münchener Kommentar zum Lauterkeitsrecht, 2. Aufl., München 2014 (zitiert: *Bearbeiter* in: MüKo-LauterkeitsR).

Heiderhoff, Bettina, Eine europäische Kollisionsnorm für die Produkthaftung: Gedanken zur Rom II-Verordnung, Zeitschrift für Gemeinschaftsprivatrecht, 2005, S. 92–97.

von Hein, Jan, Das Günstigkeitsprinzip im Internationalen Deliktsrecht, Tübingen 1999.

von Hein, Jan, Grundfragen des europäischen Übernahmekollisionsrechts, Die Aktiengesellschaft, 2001, S. 213–232.

von Hein, Jan, Die Kodifikation des europäischen Internationalen Deliktsrechts, Zur geplanten EU-Verordnung über das auf außervertragliche Schuldverhältnisse anzuwendende Recht, Zeitschrift für Vergleichende Rechtswissenschaft, 2003, S. 528–562.

von Hein, Jan, Deliktischer Kapitalanlegerschutz im europäischen Zuständigkeitsrecht (zu EuGH, 10.6.2004 – Rs. C-168/02 – Kronhofer ./. Maier u. a.), Praxis des Internationalen Privat- und Verfahrensrechts, 2005, S. 17–23.

von Hein, Jan, Die Ausweichklausel im europäischen Internationalen Deliktsrecht in: Baetge, Dietmar/von Hein, Jan/von Hinden, Michael (Hrsg.), Die richtige Ordnung, Festschrift für Jan Kropholler zum 70. Geburtstag, Türbingen 2008, S. 553–571.

von Hein, Jan, Die Internationale Prospekthaftung im Lichte der Rom II-Verordnung in: Baum, Harald/Fleckner, Andreas M./Hellgardt, Alexander u. a. (Hrsg.), Perspektiven des Wirtschaftsrechts, Deutsches, europäisches und internationales Handels-, Gesellschafts- und Kapitalmarktrecht: Beiträge für Klaus J. Hopt aus Anlass seiner Emeritierung, Berlin 2008, S. 371–396.

von Hein, Jan, Europäisches Internationales Deliktsrecht nach der Rom II-Verordnung, Zeitschrift für Europäisches Privatrecht, 2009, S. 6–33.

von Hein, Jan, BGH: Internationale Zuständigkeit bei Schädigung eines Kapitalanlegers, Anmerkung zu BGH, Urteil vom 13.07.2010 – XI ZR 57/08, Lindenmaier-Möhring Kommentierte BGH-Rechtsprechung, 2010, 308395.

von Hein, Jan, Die Behandlung von Sicherheits- und Verhaltensregeln nach Art. 17 der Rom II-Verordnung in: Kronke, Herbert/Thorn, Karsten (Hrsg.), Grenzen überwinden – Prinzipien bewahren, Festschrift für Bernd von Hoffmann zum 70. Geburtstag am 28. Dezember 2011, Bielefeld 2011, S. 139–158.

von Hein, Jan, Finanzkrise und Internationales Privatrecht in: Fassbender, Bardo/Wendehorst, Christiane/Wet, Erika u. a. (Hrsg.), Paradigmen im internationalen Recht, Implikationen der Weltfinanzkrise für das internationale Recht; Referate und Thesen; mit Diskussion, Heidelberg 2012, S. 369–427.

von Hein, Jan, Anmerkung zu EuGH, Urteil vom 28.01.2015 – C-315/13, Kolassa, JuristenZeitung, 2015, S. 946–950.

Heinze, Stephan, Europäisches Kapitalmarktrecht, Recht des Primärmarktes, München 1999.

Heiss, Helmut/Loacker, Leander D., Die Vergemeinschaftung des Kollisionsrechts der außervertraglichen Schuldverhältnisse durch Rom II, Juristische Blätter, 2007, S. 613–646.

Hellgardt, Alexander, Kapitalmarktdeliktsrecht, Haftung von Emittenten, Bietern, Organwaltern und Marktintermediären; Grundlagen, Systematik, Einzelfragen, Tübingen 2008.

Hellgardt, Alexander, Europarechtliche Vorgaben für die Kapitalmarktinformationshaftung, de lege lata und nach Inkrafttreten der Marktmissbrauchsverordnung, Die Aktiengesellschaft, 2012, S. 154–168.

Hellgardt, Alexander/Ringe, Wolf-Georg, Internationale Kapitalmarkthaftung als Corporate Governance, Haftungstatbestände und Kollisionsrecht in transatlantischer Perspektive, Zeitschrift für das Gesamte Handelsrecht und Wirtschaftsrecht, 2009, S. 802–838.

Henssler, Martin/Strohn, Lutz (Hrsg.), Gesellschaftsrecht, BGB, HGB, PartGG, GmbHG, AktG, GenG, UmwG, InsO, AnfG, IntGesR, 4. Aufl., München 2019 (zitiert: *Bearbeiter* in: Henssler/Strohn, Gesellschaftsrecht).

Herberger, Maximilian/Martinek, Michael/Rüßmann, Helmut, et al. (Hrsg.), juris Praxiskommentar BGB, 8. Aufl. 2017 (zitiert: *Bearbeiter* in: jurisPK-BGB).

Herdegen, Matthias, Internationales Wirtschaftsrecht, 11. Aufl., München 2017.

Hess, Burkhard, Der Schutz der Privatsphäre im Europäischen Zivilverfahrensrecht, Besprechung von EuGH, Urteil v. 25. 10. 2011, verb. Rs. C-509/09 und C-161/10 (eDateAdvertising u. a.), JuristenZeitung, 2012, S. 189–193.

von Hinden, Michael, Persönlichkeitsverletzungen im Internet, Das anwendbare Recht, Tübingen 1999.

von Hinden, Michael, Internationale Zuständigkeit und anwendbares Recht bei Persönlichkeitsverletzungen im Internet, Anm. zu EuGH, Urteil vom 25.10.2011 - verb. Rs. C-509/09 und C-161/10, eDate Advertising, Zeitschrift für Europäisches Privatrecht, 2012, S. 948–954.

Hirte, Heribert/Möllers, Thomas M. J. (Hrsg.), Kölner Kommentar zum WpHG, 2. Aufl., Köln 2014 (zitiert: *Bearbeiter* in: Kölner Kommentar zum WpHG).

von Hoffmann, Bernd, Sonderanknüpfung zwingender Normen im internationalen Deliktsrecht, – Eine kollisionsrechtliche Skizze – in: Jayme, Erik/-Schwab, Dieter/Gottwald, Peter (Hrsg.), Festschrift für Dieter Henrich zum 70. Geburtstag, 1. Dezember 2000, Bielefeld 2000, S. 283–296.

Hohloch, Gerhard, Place of Injury, Habitual Residence, Closer Connections and Substantive Scope – the Basic Principles, Yearbook of Private International Law, 2007, S. 1–18.

Hohloch, Gerhard, Die „Bereichsausnahmen" der Rom II-VO, Zum Internationalen Privatrecht in und um Art. 1 Abs. 2 Rom II-VO, Praxis des Internationalen Privat- und Verfahrensrechts, 2012, S. 110–119.

Holzborn, Timo/Schwarz-Gondek, Nicolai, Die neue EU-Prospektrichtlinie, Zeitschrift für Bank- und Kapitalmarktrecht, 2003, S. 927–935.

Hopt, Klaus J., Vom Aktien- und Börsenrecht zum Kapitalmarktrecht?, – Teil 2: Die deutsche Entwicklung im internationalen Vergleich -, Zeitschrift für das Gesamte Handelsrecht und Wirtschaftsrecht, 1977, S. 389–441.

Hopt, Klaus J., Die Verantwortlichkeit der Banken bei Emissionen, Recht und Praxis in der EG, in Deutschland und in der Schweiz, München 1991.

Hopt, Klaus J., Emission, Prospekthaftung und Anleihetreuhand im internationalen Recht in: Pfister, Bernhard/Will, Michael R. (Hrsg.), Festschrift für Werner Lorenz zum siebzigsten Geburtstag, Tübingen 1991, S. 413–433.

Hopt, Klaus J., Die Haftung für Kapitalmarktinformationen, – Rechtsvergleichende, rechtsdogmatische und rechtspolitische Überlegungen -, Wertpapiermitteilungen, 2013, S. 101–112.

Hopt, Klaus J., Die Schaffung einer Kapitalmarktunion in Europa – langwierig und schwierig, aber notwendig, Europäische Zeitschrift für Wirtschaftsrecht, 2015, S. 289–291.

Hopt, Klaus J./Voigt, Hans-Christoph, Grundsatz- und Reformprobleme der Prospekts- und Kapitalmarktinformationshaftung in: Hopt, Klaus J./Voigt, Hans-Christoph (Hrsg.), Prospekt- und Kapitalmarktinformationshaftung, Recht und Reform in der Europäischen Union, der Schweiz und den USA, Tübingen 2005, S. 9–160.

Huber, Peter (Hrsg.), Rome II Regulation, Pocket Commentary, München 2011 (zitiert: *Bearbeiter* in: Huber).

Huber, Peter, Anmerkung zu EuGH, Urteil vom 16.06.2016 – C-12/15, Universal Music, Neue Zeitschrift für Gesellschaftsrecht, 2016, S. 794–795.

Huber, Peter/Illmer, Martin, International Product Liability, A Commentary on Article 5 of the Rome II Regulation, Yearbook of Private International Law, 2007, S. 31–47.

Hüßtege, Rainer/Mansel, Heinz-Peter (Hrsg.), BGB Rom-Verordnungen, – EuErbVO – HUP, 2. Aufl., Baden-Baden 2015 (zitiert: *Bearbeiter* in: Mansel/Hüßtege, Rom-Verordnungen).

Illmer, Martin, The New European Private International Law of Product Liability – Steering Through Troubled Waters, Rabels Zeitschrift für ausländisches und internationales Privatrecht, Band 73 (2009), S. 269–313.

Immenga, Ulrich/Mestmäcker, Ernst-Joachim (Hrsg.), Wettbewerbsrecht, 5. Aufl., München 2014 (zitiert: *Bearbeiter* in: Immenga/Mestmäcker).

Jäger, Axel, Thema Börse (8): Investor Relations und Publizität, Neue Zeitschrift für Gesellschaftsrecht, 2000, S. 186–189.

Jäger, Stefan, Das Prospekthaftungsstatut, Baden-Baden 2007.

Jäger, Stefan, Die Prospekthaftung im Internationalen Privatrecht, DAJV-Newsletter, 2010, S. 64–70.

Junker, Abbo, Schadensersatzpflicht bei einem Verstoß gegen ein ausländisches Embargo, Zugleich eine Besprechung der Entscheidung des BGH vom 20.11.1990, JuristenZeitung, 1991, S. 699–702.

Junker, Abbo, Anmerkung zu EuGH, Urteil vom 10.06.2004 - C-168/02, Kronhofer, Zeitschrift für Zivilprozess International, 2004, S. 200–206.

Junker, Abbo, Die Rom II-Verordnung: Neues Internationales Deliktsrecht auf europäischer Grundlage, Neue Juristische Wochenschrift, 2007, S. 3675–3682.

Junker, Abbo, Der Reformbedarf im Internationalen Deliktsrecht der Rom II-Verordnung drei Jahre nach ihrer Verabschiedung, Recht der internationalen Wirtschaft: Betriebs-Berater international, 2010, S. 257–269.

Kadner Graziano, Thomas, Das auf außervertragliche Schuldverhältnisse anzuwendende Recht nach Inkrafttreten der Rom II-Verordnung, Rabels Zeitschrift für ausländisches und internationales Privatrecht, Band 73 (2009), S. 1–77.

Kalss, Susanne/Klampfl, Christoph, Gesellschaftsrecht in: Dauses, Manfred A./Ludwigs, Markus (Hrsg.), Handbuch des EU-Wirtschaftsrechts, 46. Ergänzungslieferung Januar 2019, München.

Kegel, Gerhard/Schurig, Klaus, Internationales Privatrecht, Ein Studienbuch, 9. Aufl., München 2004.

Kiel, Peter, Internationales Kapitalanlegerschutzrecht, Zum Anwendungsbereich kapitalanlegerschützender Normen im deutschen, europäischen und US-amerikanischen Recht, Berlin 1994.

Kieninger, Eva-Maria, Die Lokalisierung von Wettbewerbsverstößen im Internet, – Ist das Marktortprinzip zukunftsfähig? in: Leible, Stefan (Hrsg.), Die Bedeutung des Internationalen Privatrechts im Zeitalter der neuen Medien, Stuttgart, München, Hannover, Berlin, Weimar, Dresden 2003, S. 121–133.

Kiesselbach, Pamela, Financial transactions in the crossfire of Rome II, Butterworth Journal of International Banking and Financial Law, 2011, S. 25–27.

Kiesselbach, Pamela, Prospectus liability: which law applies under Rome II?, Butterworth Journal of International Banking and Financial Law, 2011, S. 195–197.

Kiethe, Kurt, Internationale Tatortzuständigkeit bei unerlaubter Handlung – die Problematik des Vermögensschadens, Neue Juristische Wochenschrift, 1994, S. 222–227.

Klöhn, Lars, Kapitalmarktrecht in: Langenbucher, Katja (Hrsg.), Europarechtliche Bezüge des Privatrechts, 2. Aufl., Baden-Baden 2008.

Koch, Philipp, Veröffentlichung von Insiderinformationen in: Veil, Rüdiger (Hrsg.), Europäisches Kapitalmarktrecht, Tübingen 2011.

Kondorosy, Kinga M., Die Prospekthaftung im internationalen Privatrecht, Unter Berücksichtigung des US-amerikanischen, englischen und deutschen Rechts, Zürich 1999.

Kontogeorgou, Margarita, Das IPR der Kapitalmarktdelikte, Unter besonderer Berücksichtigung der Brüssel Ia- und Rom II-VO, Berlin 2018.

Köstlin, Ulrich, Anlegerschutz und Auslandsbeziehungen, Eine vergleichende Untersuchung zum Recht des grenzüberschreitenden Kapitalmarkts unter Berücksichtigung des deutschen und US-amerikanischen Rechts und der europäischen Rechtsangleichung, Bonn 1985.

Koziol, Helmut/Bydlinski, Peter/Bollenberger, Raimund (Hrsg.), ABGB Kurzkommentar, Allgemeines Bürgerliches Gesetzbuch, Ehegesetz, Konsumentenschutzgesetz, IPR-Gesetz, Rom I- und Rom II-VO, 4. Aufl., Wien 2014 (zitiert: *Bearbeiter* in: Kurzkommentar ABGB).

Koziol, Helmut/Thiede, Thomas, Kritische Bermerkungen zum derzeitigen Stand einer Rom II-Verordnung, Zeitschrift für Vergleichende Rechtswissenschaft, 2007, S. 235–247.

Kramer, Xandra E., The Rome II Regulation on the Law Applicable to Non-Contractual Obligations: The European private international law tradition continued, Introductory observations, scope, system, and general rules, Nederlands Internationaal Privaatrecht, 2008, S. 414–424.

Kramer, Xandra E., Securities Collective Action and Private International Law Issues in Dutch WCAM Settlements: Global Aspirations and Regional Boundaries, Global Business & Development Law Journal, 2014, S. 235–279.

Krause, Hartmut, Kapitalmarktrechtliche Compliance: neue Pflichten und drastisch verschärfte Sanktionen nach der EU-Marktmissbrauchsverordnung, Corporate Compliance Zeitschrift, 2014, S. 248–260.

Kreuzer, Karl, Ausländisches Wirtschaftsrecht vor deutschen Gerichten, Zum Einfluss fremdstaatlicher Eingriffsnormen auf private Rechtsgeschäfte, Heidelberg 1986.

Kreuzer, Karl/Wagner, Rolf/Reder, Wolfgang, Europäisches Internationales Privatrecht in: Dauses, Manfred A./Ludwigs, Markus (Hrsg.), Handbuch des EU-Wirtschaftsrechts, 46. Ergänzungslieferung Januar 2019, München.

Kronke, Herbert, Besprechung von Anton K. Schnyder, „Wirtschaftskollisionsrecht“, 1990 und Winfried Veelken, „Interessenabwägung im Wirtschaftskollisionsrecht“, 1988, Archiv für die civilistische Praxis, 1991, S. 171–176.

Kronke, Herbert, Capital markets and conflict of laws, Recueil des cours, 2000, S. 261–385.

Kronke, Herbert, Connected and Global Securities Markets, – With or Without Conflict of Laws in: Baums, Theodor/Hopt, Klaus J./Horn, Norbert (Hrsg.), Corporations, capital markets, and business in the law, Liber Amicorum Richard M. Buxbaum, London, Boston 2000, S. 363–374.

Kronke, Herbert/Haubold, Jens, Teil L, Börsen- und Kapitalmarktrecht in: Kronke, Herbert/Melis, Werner/Kuhn, Hans (Hrsg.), Handbuch internationales Wirtschaftsrecht, 2. Aufl. Köln 2017.

Kropholler, Jan, Internationales Privatrecht, Einschließlich der Grundbegriffe des Internationalen Zivilverfahrensrechts, 6. Aufl., Tübingen 2006.

Kropholler, Jan/von Hein, Jan (Hrsg.), Europäisches Zivilprozessrecht, Kommentar zu EuGVO, Lugano-Übereinkommen 2007, EuVTVO, EuMVVO und EuGFVO, 9. Aufl., Frankfurt am Main 2011 (zitiert: *Bearbeiter* in: Kropholler/von Hein).

Kuckein, Mathias, Die ‚Berücksichtigung' von Eingriffsnormen im deutschen und englischen internationalen Vertragsrecht, Tübingen 2008.

Kunold, Uta/Schlitt, Michael, Die neue EU-Prospektrichtlinie, Inhalt und Auswirkungen auf das deutsche Kapitalmarktrecht, Betriebs-Berater, 2004, S. 501–512.

Kuntz, Thilo, Internationale Prospekthaftung nach Inkrafttreten des Wertpapierprospektgesetzes, Wertpapiermitteilungen, 2007, S. 432–440.

Kurt, Marcus, Culpa in contrahendo im europäischen Kollisionsrecht der vertraglichen und außervertraglichen Schuldverhältnisse, Eine Untersuchung zu Anwendungsbereich und Auslegung von Art. 12 Rom II-Verordnung, Baden-Baden 2009.

Lehmann, Matthias, Financial Instruments in: Ferrari, Franco/Leible, Stefan (Hrsg.), Rome I Regulation, The Law Applicable to Contractual Obligations in Europe, München 2009, S. 85–98.

Lehmann, Matthias, Finanzinstrumente, Vom Wertpapier- und Sachenrecht zum Recht der unkörperlichen Vermögensgegenstände, Tübingen 2009.

Lehmann, Matthias, Where does economic loss occur?, Journal of Private International Law, 2011, S. 527–550.

Lehmann, Matthias, Vorschlag für eine Reform der Rom II-Verordnung im Bereich der Finanzmarktdelikte, Praxis des Internationalen Privat- und Verfahrensrechts, 2012, S. 399–405.

Lehmann, Matthias, Prospectus Liability and Private International Law – Assessing the Landscape After the CJEU Kolassa Ruling (Case C-375/13), Journal of Private International Law, 2016, S. 318–343.

Leible, Stefan, EuGH: Internationale Zuständigkeit und anwendbares Recht bei Persönlichkeitsverletzungen im Internet, Anm. zu EuGH, Urteil vom 25.10.2011 – verb. Rs. C-509/09 und C-161/10, eDate Advertising, Lindenmaier-Möhring Kommentierte BGH-Rechtsprechung, 2012, 329468.

Leible, Stefan/Engel, Andreas, Der Vorschlag der EG-Kommission für eine Rom II-Verordnung, Auf dem Weg zu einheitlichen Anknüpfungsregeln für außervertragliche Schuldverhältnisse in Europa, Europäische Zeitschrift für Wirtschaftsrecht, 2004, S. 7–17.

Leible, Stefan/Lehmann, Matthias, Die Verordnung über das auf vertragliche Schuldverhältnisse anzuwendende Recht („Rom I"), Recht der internationalen Wirtschaft: Betriebs-Berater international, 2008, S. 528–544.

Lein, Eva, The new Rome I / Rome II / Brussels I Synergy, Yearbook of Private International Law, 2008, S. 177–198.

de Lima Pinheiro, Luís, Choice of Law on Non-Contractual Obligations between Communitarization and Globalisation, A first assessment of EC Regulation Rome II, Rivista di diritto internazionale privato e processuale, 2008, S. 5–42.

von der Linden, Klaus, Das neue Marktmissbrauchsrecht im Überblick, Deutsches Steuerrecht, 2016, S. 1036–1041.

Lurger, Brigitta/Vallant, Sonja Maria, Die österreichische Umsetzung des Herkunftslandprinzips der E-Commerce-Richtlinie, MultiMedia und Recht, 2002, S. 203–209.

Lutter, Marcus/Bayer, Walter/Schmidt, Jessica, Europäisches Unternehmens- und Kapitalmarktrecht, Bd. 1, 5. Aufl., Berlin 2012.

Lüttringhaus, Jan D., Übergreifende Begrifflichkeiten im europäischen Zivilverfahrens- und Kollisionsrecht, Grund und Grenzen der rechtsaktsübergreifenden Auslegung, dargestellt am Beispiel vertraglicher und außervertraglicher Schuldverhältnisse, Rabels Zeitschrift für ausländisches und internationales Privatrecht, Band 77 (2013), S. 31–68.

Magnus, Ulrich/Mankowski, Peter (Hrsg.), European Commentaries on Private International Law, Rome II Regulation, Köln 2019 (zitiert: *Bearbeiter* in: Magnus/Mankowski).

Maier-Reimer, Georg/Seulen, Günter, Haftung für fehlerhafte Sekundärmarktpublizität in: Habersack, Mathias/Mülbert, Peter O./Schlitt, Michael (Hrsg.), Handbuch der Kapitalmarktinformation, 2. Aufl., München 2013.

Mankowski, Peter, Das Internet im Internationalen Vertrags- und Deliktsrecht, Rabels Zeitschrift für ausländisches und internationales Privatrecht, Band 63 (1999), S. 203–294.

Mankowski, Peter, Entwicklungen im Internationalen Privat- und Prozessrecht 2004/2005 (Teil 2), Recht der internationalen Wirtschaft: Betriebs-Berater international, 2005, S. 561–579.

Mankowski, Peter, Die Rom I-Verordnung – Änderungen im europäischen IPR für Schuldverträge, Internationales Handelsrecht, 2008, S. 133–152.

Mankowski, Peter, Konnossemente und die Rom I-VO, Transportrecht, 2008, S. 417–428.

Mankowski, Peter, Finanzverträge und das neue Internationale Verbrauchervertragsrecht des Art. 6 Rom I-VO, Recht der internationalen Wirtschaft: Betriebs-Berater international, 2009, S. 98–118.

Mankowski, Peter, Anm. zu OLG Frankfurt/M., Beschl. v. 5. 8. 2010 – 21 AR 50/10, Entscheidungen zum Wirtschaftsrecht, 2010, S. 725–726.

Mankowski, Peter, EuGH: Schadensersatzklage gegen Zertifikatsemittenten – Internationale Zuständigkeit, Anm. zu EuGH, Urteil vom 28.01.2015 – C-315/13, Kolassa, Lindenmaier-Möhring Kommentierte BGH-Rechtsprechung, 2015, 367447

Mankowski, Peter, Finanzmarktverträge – Nichtvertragliche Haftung in: Reithmann, Christoph/Martiny, Dieter (Hrsg.), Internationales Vertragsrecht, Das internationale Privatrecht der Schuldverträge. 8. Aufl., Köln 2015.

Mankowski, Peter, EuGVVO: Deliktsgerichtsstand am Erfolgsort bei reinen Vermögensschäden, Anmerkung zu EuGH, Urteil vom 16.06.2016 – C-12/15, Universal Music, Europäische Zeitschrift für Wirtschaftsrecht, 2016, S. 585–586.

Mankowski, Peter, Der Deliktsgerichtsstand am Handlungsort – die unterschätzte Option in: Schütze, Rolf A. (Hrsg.), Fairness Justice Equity, Festschrift für Reinhold Geimer zum 80. Geburtstag, München 2017, S. 429–443.

Mankowski, Peter, EuGH: Zuständigkeit für Prospekthaftungsklagen, Anm. zu EuGH, Urteil vom 12.09.2018 – C-304/17, Löber, Lindenmaier-Möhring Kommentierte BGH-Rechtsprechung, 2019, 413748.

Mann, Frederick Alexander, Eingriffsgesetze und Internationales Privatrecht in: Müller, Klaus/Soell, Hermann (Hrsg.), Rechtswissenschaft und Gesetzgebung, Festschrift für Eduard Wahl zum siebzigsten Geburtstag am 29. März 1973, Heidelberg 1973, S. 139–160.

Mann, Frederick Alexander, Sonderanknüpfung und zwingendes Recht im internationalen Privatrecht in: Beitzke, Günther/Sandrock, Otto (Hrsg.), Festschrift für Günther Beitzke zum 70. Geburtstag am 26. April 1979, Berlin, New York 1979, S. 607–624.

Martiny, Dieter, Die Anknüpfung an den Markt in: Basedow, Jürgen/Kötz, Hein/Hopt, Klaus J. (Hrsg.), Festschrift für Ulrich Drobnig zum siebzigsten Geburtstag, Tübingen 1998, S. 389–408.

Martiny, Dieter, Europäisches Internationales Schuldrecht – Kampf um Kohärenz und Weiterentwicklung, Zeitschrift für Europäisches Privatrecht, 2013, S. 838–869.

Matthes, Stefanie, Umwelthaftung unter der Rom II-VO, Zeitschrift für Gemeinschaftsprivatrecht, 2011, S. 146–153.

Maultzsch, Felix, Die internationale Zuständigkeit bei arbeitsteilig verwirklichten Kapitalanlagedelikten (Art. 5 Nr. 3 LugÜ 2007/EuGVVO 2001, Art. 7 Nr. 2 EuGVVO) (zu BGH, 18.10.2016 – VI ZR 618/15), Praxis des Internationalen Privat- und Verfahrensrechts, 2017, S. 442–449.

Meilhac-Perri, Marion, C.J.U.E. (4e CH.), 28 Janvier 2015, Aff. C-375/13, Harald Kolassa C. Barclays Bank PLC, Revue internationale des services financiers/International Journal for Financial Services, 2015, S. 70–73.

Melcher, Martina, Anmerkung zu OGH 23.05.2013, 4 Ob 29/13p, Österreichische Juristen-Zeitung, 2013, S. 270–272.

Merkt, Hanno, Implikationen der Weltfinanzkrise für das internationale Recht: Unternehmens- und kapitalmarktrechtliche Kontrollmechanismen in: Fassbender, Bardo/Wendehorst, Christiane/Wet, Erika u. a. (Hrsg.), Paradigmen im internationalen Recht, Implikationen der Weltfinanzkrise für das internationale Recht; Referate und Thesen; mit Diskussion, Heidelberg 2012, S. 283–314.

Mestmäcker, Ernst-Joachim/Schweitzer, Heike, Europäisches Wettbewerbsrecht, 3. Aufl., München 2014.

Micklitz, Hans-W./Rott, Peter, Verbraucherschutz in: Dauses, Manfred A./Ludwigs, Markus (Hrsg.), Handbuch des EU-Wirtschaftsrechts, 46. Ergänzungslieferung Januar 2019, München.

Mülbert, Peter O., Konzeption des europäischen Kapitalmarktrechts für Wertpapierdienstleistungen, Wertpapiermitteilungen, 2001, S. 2085–2102.

Mülbert, Peter O., Anlegerschutz und Finanzmarktregulierung, – Grundlagen -, Zeitschrift für das Gesamte Handelsrecht und Wirtschaftsrecht, 2013, S. 160–211.

Mülbert, Peter O./Steup, Steffen, Haftung für fehlerhafte Kapitalmarktinformation in: Habersack, Mathias/Mülbert, Peter O./Schlitt, Michael (Hrsg.), Unternehmensfinanzierung am Kapitalmarkt, 4. Aufl., Köln 2019.

Müllejans, Gabi, Ort des Schadenseintritts begründet internationale Zuständigkeit für Prospekthaftungsklage, Anm. zu EuGH, Urteil vom 28.01.2015 – C-315/13, Kolassa, Gesellschafts- und Wirtschaftsrecht, 2015, S. 189–190.

Müller, Michael, Finanzinstrumente in der Rom I-VO, Jena 2011.

Müller, Michael, EuGVVO: Gerichtsstand für Schadensersatzklage eines Verbrauchers wegen Wertverlust einer Finanzinvestition, Anm. zu EuGH, Urteil vom 28.01.2015 - C-315/13, Kolassa, Europäische Zeitschrift für Wirtschaftsrecht, 2015, S. 218–226.

Müller, Michael, Anmerkung zu EuGH, Urteil vom 16.06.2016 - C-12/15, Universal Music, Neue Juristische Wochenschrift, 2016, S. 2169–2170.

Müller, Robert, Emissionsgeschäft in: Kümpel, Siegfried/Wittig, Arne (Hrsg.), Bank- und Kapitalmarktrecht, 4. Aufl., Köln 2011.

Musielak, Hans-Joachim/Voit, Wolfgang (Hrsg.), Zivilprozessordnung, mit Gerichtsverfassungsgesetz, 16. Aufl., München, Münschen 2019 (zitiert: *Bearbeiter* in: Musielak/Voit, ZPO).

Nehne, Timo, Methodik und allgemeine Lehren des europäischen Internationalen Privatrechts, Tübingen 2012.

Nishitani, Yuko, The Rome II Regulation from a Japanese point of view, Yearbook of Private International Law, 2007, S. 175–192.

Odendahl, Tim, Internationales Deliktsrecht der Rom-II-VO und die Haftung für reine Vermögensschäden, Frankfurt M. 2012.

Ofner, Helmut, Anmerkung zu OGH 23.05.2013, 4 Ob 29/13p, Zeitschrift für Europarecht, Internationales Privatrecht und Rechtsvergleichung, 2013, S. 227–228.

Ohly, Ansgar/Sosnitza, Olaf (Hrsg.), Gesetz gegen den unlauteren Wettbewerb, Mit Preisangabenverordnung; Kommentar, 7. Aufl., München 2016 (zitiert: *Bearbeiter* in: Ohly/Sosnitza, UWG).

Oulds, Mark K., Prospekthaftung bei grenzüberschreitenden Kapitalmarkttransaktionen, Wertpapiermitteilungen, 2008, S. 1573–1581.

Oulds, Mark K., Emissionsgeschäft in: Kümpel, Siegfried/Wittig, Arne (Hrsg.), Bank- und Kapitalmarktrecht, 4. Aufl., Köln 2011.

Palandt, Otto (Hrsg.), Bürgerliches Gesetzbuch, 67. Aufl., München 2008 (zitiert: *Bearbeiter* in: Palandt).

Palandt, Otto (Hrsg.), Bürgerliches Gesetzbuch, 78. Aufl., München 2019 (zitiert: *Bearbeiter* in: Palandt).

Paschos, Nikolaos, Haftung für fehlerhafte Sekundärmarktpublizität in: Habersack, Mathias/Mülbert, Peter O./Schlitt, Michael (Hrsg.), Handbuch der Kapitalmarktinformation, 2. Aufl., München 2013.

Pfeiffer, Thomas, Zum internationalen Anwendungsbereich des deutschen Kapitalmarktrechts, (zu OLG Celle, 14.8.2002 - 9 U 67/02), Praxis des Internationalen Privat- und Verfahrensrechts, 2003, S. 233–239.

Pfeiffer, Thomas, Erneut: Marktanknüpfung und Herkunftslandprinzip im E-Commerce, Praxis des Internationalen Privat- und Verfahrensrechts, 2014, S. 360–365.

Picht, Peter, Von eDate zu Wintersteiger – Die Ausformung des Art. 5 Nr. 3 EuGVVO für Internetdelikte durch die Rechtsprechung des EuGH, Gewerblicher Rechtsschutz und Urheberrecht – Internationaler Teil, 2013, S. 19–27.

Pieper, Stefan Ulrich, Rechtsetzung und Vollzug des EG-Rechts in: Dauses, Manfred A./Ludwigs, Markus (Hrsg.), Handbuch des EU-Wirtschaftsrechts, 46. Ergänzungslieferung Januar 2019, München.

Pietrancosta, Alain, Private Rights of Action in Cases Involving Transnational Securities Fraud: the View from England, France and Germany, Revue Trimestrielle de Droit Financier, 2011, S. 70–73.

Plender, Richard/Wilderspin, Michael, The European private international law of obligations, 3. Aufl., London 2009.

Poelzig, Dörte, Normdurchsetzung durch Privatrecht, Tübingen 2012.

Poelzig, Dörte, Die Neuregelung der Offenlegungsvorschriften durch die Marktmissbrauchsverordnung, Neue Zeitschrift für Gesellschaftsrecht, 2016, S. 761–773.

Poelzig, Dörte, Durchsetzung und Sanktionierung des neuen Marktmissbrauchsrechts, Neue Zeitschrift für Gesellschaftsrecht, 2016, S. 492–502.

Prütting, Hanns/Wegen, Gerhard/Weinreich, Gerd (Hrsg.), BGB, Kommentar, 13. Aufl., Köln 2018 (zitiert: *Bearbeiter* in: PWW).

Pütz, Dagmar, Sanktionen wegen Verletzung der sekundärmarktbezogenen Kapitalmarktpublizität in Frankreich und England, Recht der internationalen Wirtschaft: Betriebs-Berater international, 2007, S. 514–522.

Rauscher, Thomas (Hrsg.), Rom I-VO, Rom II-VO, 4. Aufl., Köln 2016 (zitiert: *Bearbeiter* in: Rauscher, EuZPR/EuIPR).

Reder, Wolfgang, Die Eigenhaftung vertragsfremder Dritter im internationalen Privatrecht, Konstanz 1989.

Ringe, Wolf-Georg/Hellgardt, Alexander, The International Dimension of Issuer Liability – Liability and Choice of Law from a Transatlantic Perspective, Oxford Journal of Legal Studies, 2011, S. 23–60.

Rittner, Fritz/Dreher, Meinrad, Europäisches und deutsches Wirtschaftsrecht, Eine systematische Darstellung, 3. Aufl., Heidelberg 2008.

Roberto, Vito/Wegmann, Thomas, Prospekthaftung in der Schweiz, Schweizerische Zeitschrift für Wirtschafts- und Finanzmarktrecht, 2001, S. 161–178.

Roth, Wulf-Henning, Internationales Kartelldeliktsrecht in der Rom II-Verordnung in: Baetge, Dietmar/von Hein, Jan/von Hinden, Michael (Hrsg.), Die richtige Ordnung, Festschrift für Jan Kropholler zum 70. Geburtstag, Türbingen 2008, S. 623–649.

Roth, Wulf-Henning, Persönlichkeitsschutz im Internet: Internationale Zuständigkeit und anwendbares Recht, (zu EuGH, 25.10.2011 – verb. Rs. C-509/09 und C-161/10, eDate Advertising GmbH ./. X und Olivier Martinez, Robert Martinez ./. MGN Limited und BGH, 8.5.2012 – VI ZR 217/08), Praxis des Internationalen Privat- und Verfahrensrechts, 2013, S. 215–227.

Rühl, Giesela, Der Schutz des „Schwächeren" im europäischen Kollisionsrecht in: Kronke, Herbert/Thorn, Karsten (Hrsg.), Grenzen überwinden – Prinzipien bewahren, Festschrift für Bernd von Hoffmann zum 70. Geburtstag am 28. Dezember 2011, Bielefeld 2011, S. 364–377.

Sack, Rolf, Der EuGH zu Art. 3 E-Commerce-Richtlinie – die Entscheidung"eDate Advertising", Europäisches Wirtschafts- und Steuerrecht, 2011, S. 513–518.

Säcker, Franz Jürgen/Rixecker, Roland (Hrsg.), Münchener Kommentar zum Bürgerlichen Gesetzbuch, 5. Aufl., München 2010 (zitiert: *Bearbeiter* in: MüKo-BGB, 5. Aufl. 2010).

Säcker, Franz Jürgen/Rixecker, Roland (Hrsg.), Münchener Kommentar zum Bürgerlichen Gesetzbuch, 7. Aufl. 2018 (zitiert: *Bearbeiter* in: MüKo-BGB, 7. Aufl. 2018).

Sakurada, Yoshiaki/Schwittek, Eva, Die Reform des japanischen Internationalen Privatrechts, Rabels Zeitschrift für ausländisches und internationales Privatrecht, Band 76 (2012), S. 86–130.

Sánchez Fernández, Sara, Ley aplicable a la responsabilidad derivada del folleto, Madrid 2013.

Schaeken Willemaers, Gaëtane, The EU Issuer-Disclosure Regime, Objectives and Proposals for Reform, Alphen aan den Rijn, Netherlands 2011.

Schäfer, Susanne/Ernst, Cornelia, Freiwillige Publizität bei Primärmarkttransaktionen (Investor Relations) in: Habersack, Mathias/Mülbert, Peter O./Schlitt, Michael (Hrsg.), Handbuch der Kapitalmarktinformation, 2. Aufl., München 2013.

Schäfer, Susanne/Ernst, Cornelia, Freiwillige Publizität bei Sekundärmarkttransaktionen in: Habersack, Mathias/Mülbert, Peter O./Schlitt, Michael (Hrsg.), Handbuch der Kapitalmarktinformation, 2. Aufl., München 2013.

Schanz, Kay-Michael, Börseneinführung, Recht und Praxis des Börsengangs, 4. Aufl., München 2012.

Schaub, Renate, Die Neuregelung des Internationalen Deliktsrechts in Deutschland und das europäische Gemeinschaftsrecht, Rabels Zeitschrift für ausländisches und internationales Privatrecht, Band 66 (2002), S. 18–65.

Schlitt, Michael/Wilczek, Ann-Katrin, Billigungs- und Veröffentlichungsverfahren des Prospekts für Wertpapiere in: Habersack, Mathias/Mülbert, Peter O./Schlitt, Michael (Hrsg.), Handbuch der Kapitalmarktinformation, 2. Aufl., München 2013.

Schlosser, Peter/Hess, Burkhard (Hrsg.), EuZPR, EU-Zivilprozessrecht, 4. Aufl., München 2015 (zitiert: *Bearbeiter* in: Schlosser/Hess, EuZPR).

Schmitt, Christian, Die Haftung wegen fehlerhafter oder pflichtwidrig unterlassener Kapitalmarktinformationen, Unter besonderer Berücksichtigung der internationalen Zuständigkeit für Anlegerklagen, Baden-Baden 2010.

Schmitt, Christian, Die kollisionsrechtliche Anknüpfung der Prospekthaftung im System der Rom II-Verordnung, Zeitschrift für Bank- und Kapitalmarktrecht, 2010, S. 366–371.

Schmolke, Klaus Ulrich, Der Lamfalussy-Prozess im Europäischen Kapitalmarktrecht – eine Zwischenbilanz, Neue Zeitschrift für Gesellschaftsrecht, 2005, S. 912–919.

Schneider, Joachim, Kapitalmarktrechtlicher Anlegerschutz und internationales Privatrecht, Frankfurt am Main 1998.

Schneider, Uwe H., Internationales Kapitalmarktrecht, Regelungsprobleme, Methoden und Aufgaben, Die Aktiengesellschaft, 2001, S. 269–278.

Schneider, Uwe H., Auf dem Weg in die europäische Kapitalmarktunion, Die Vertreibung aus dem Paradies – oder auf dem Weg ins kapitalmarktrechtliche Arkadien?, Die Aktiengesellschaft, 2012, S. 823–826.

Schnyder, Anton K., Wirtschaftskollisionsrecht, Sonderanknüpfung und extraterritoriale Anwendung wirtschaftsrechtlicher Normen unter besonderer Berücksichtigung von Marktrecht, Zürich 1990.

Schnyder, Anton K., Internationales Wirtschaftsrecht, – zu Begriff und Phänomenologie in: Baums, Theodor/Hopt, Klaus J./Horn, Norbert (Hrsg.), Corporations, capital markets, and business in the law, Liber Amicorum Richard M. Buxbaum, London, Boston 2000, S. 515–531.

Schnyder, Anton K./Bopp, Lukas, Kollisionsrechtliche Anknüpfung von Prospektpflicht und Prospekthaftung als Fragestellung des Internationalen Kapitalmarktrechts in: von der Crone, Hans-Caspar (Hrsg.), Aktuelle Fragen des Bank- und Finanzmarktrechts, Festschrift für Dieter Zobl zum 60. Geburtstag, Zürich 2004, S. 391–405.

Schulze, Reiner/et al. (Hrsg.), Bürgerliches Gesetzbuch, Handkommentar, 10. Aufl., Baden-Baden 2019 (zitiert: *Bearbeiter* in: HK-BGB).

Schurig, Klaus, Zwingendes Recht, «Eingriffsnormen» und neues IPR, Rabels Zeitschrift für ausländisches und internationales Privatrecht, Band 54 (1990), S. 217–248.

Schütze, Rolf A., Internationales Privatrecht in: Assmann, Heinz-Dieter/Schütze, Rolf A. (Hrsg.), Handbuch des Kapitalanlagerechts, 4. Aufl., München 2015.

Schwark, Eberhard/Zimmer, Daniel (Hrsg.), Kapitalmarktrechts-Kommentar, Börsengesetz mit Börsenzulassungsverordnung, Verkaufsprospektgesetz mit Vermögensanlagen-Verkaufsprospektverordnung, Wertpapierhandelsgesetz, Wertpapiererwerbs- und Übernahmegesetz, 4. Aufl., München 2010 (zitiert: *Bearbeiter* in: Kapitalmarktrechts-Kommentar).

Seiler, Oliver/Geier, Bernd, Grundlagen des Kapitalmarktrechts in: Schimansky, Herbert/Bunte, Hermann-Josef/Lwowski, Hans-Jürgen (Hrsg.), Bankrechts-Handbuch, 5. Aufl., München 2017.

Siehr, Kurt, Ausländische Eingriffsnormen im inländischen Wirtschaftskollisionsrecht, Rabels Zeitschrift für ausländisches und internationales Privatrecht, Band 52 (1988), S. 41–103.

Siehr, Kurt, Geldwäsche im IPR – Ein Anknüpfungssystem für Vermögensdelikte nach der Rom II-VO, Praxis des Internationalen Privat- und Verfahrensrechts, 2009, S. 435–438.

Sonnenberger, Hans Jürgen, Grenzen der Verweisung durch europäisches Privatrecht, Praxis des Internationalen Privat- und Verfahrensrechts, 2011, S. 325–334.

Spickhoff, Andreas, Das Internationale Privatrecht der sog. Internet-Delikte, – Art. 40 - 42 EGBGB, „Rom II“ und Herkunftslandprinzip – in: Leible, Stefan (Hrsg.), Die Bedeutung des Internationalen Privatrechts im Zeitalter der neuen Medien, Stuttgart 2003, S. 89–120.

Spickhoff, Andreas, Die Produkthaftung im Europäischen Kollisions- und Zivilverfahrensrecht in: Baetge, Dietmar/von Hein, Jan/von Hinden, Michael (Hrsg.), Die richtige Ordnung, Festschrift für Jan Kropholler zum 70. Geburtstag, Türbingen 2008, S. 671–689.

Spindler, Gerald, Emissionen im Internet: Kapitalmarktrecht und Kollisionsrecht, Neue Zeitschrift für Gesellschaftsrecht, 2000, S. 1058–1063.

Spindler, Gerald, Internet, Kapitalmarkt und Kollisionsrecht unter besonderer Berücksichtigung der E-Commerce-Richtlinie, Zeitschrift für das Gesamte Handelsrecht und Wirtschaftsrecht, 2001, S. 324-361.

Stadler, Astrid, Conflicts of Laws in Multinational Collective Actions: a Judicial Nightmare? in: Fairgrieve, Duncan/Lein, Eva (Hrsg.), Extraterritoriality and Collective Redress, Oxford 2012, S. 191–214.

Stadler, Astrid, Der deliktische Erfolgsort als internationaler Gerichtsstand bei reinen Vermögensdelikten in: Schütze, Rolf A. (Hrsg.), Fairness Justice Equity, Festschrift für Reinhold Geimer zum 80. Geburtstag, München 2017, S. 715–727.

von Staudinger, Julius (Hrsg.), J. von Staudingers Kommentar zum Bürgerlichen Gesetzbuch, Internationales Vertragsrecht 1, Berlin (zitiert: *Bearbeiter* in: Staudinger, Neubearbeitung 2016).

von Staudinger, Julius (Hrsg.), J. von Staudingers Kommentar zum Bürgerlichen Gesetzbuch, IPR des KartellR, LauterkeitsR, MarkenR, PatentR und UrheberR, Berlin (zitiert: *Bearbeiter* in: Staudinger, Neubearbeitung 2015).

Steinrötter, Björn, Beschränkte Rechtswahl im Internationalen Kapitalmarktprivatrecht und akzessorische Anknüpfung an das Kapitalmarktordnungsstatut, Modell für eine einheitliche kapitalmarktprivatrechtliche Qualifikation am Beispiel des Prospekthaftungs- und Übernahmeprivatrechts de lege lata und ferenda, Jena 2014.

Steinrötter, Björn, Der notorische Problemfall der grenzüberschreitenden Prospekthaftung, Zugleich Besprechung von EuGH – Kolassa, Recht der internationalen Wirtschaft: Betriebs-Berater international, 2015, S. 407–414.

Surtani, Donny, Prospectus liability: bracing for parallel claims in multiple jurisdictions, Butterworth Journal of International Banking and Financial Law, 2015, S. 284–286.

Thole, Christoph, Der Kampf um den Gerichtsstand bei internationalen Anlegerklagen am Beispiel der Porsche SE, Die Aktiengesellschaft, 2013, S. 73–81.

Timmerman, Levinus/Lennarts, Marie-Louise, The Netherlands in: Hopt, Klaus J./Voigt, Hans-Christoph (Hrsg.), Prospekt- und Kapitalmarktinformationshaftung, Recht und Reform in der Europäischen Union, der Schweiz und den USA, Tübingen 2005, S. 774–810.

Tison, Michel/Ravelingien, Fran, Roma locuta, causa finita?, Conflictenrechtelijke capita selecta inzake bancaire aansprakelijkheid na de Rome II-Verordening, Stand: 2009, http://ssrn.com/abstract=1510075 (zuletzt aufgerufen am 31.12.2017).

Tschäpe, Philipp/Kramer, Robert/Glück, Oliver, Die ROM II-Verordnung, Endlich ein einheitliches Kollisionsrecht für die gesetzliche Prospekthaftung?, Recht der internationalen Wirtschaft: Betriebs-Berater international, 2008, S. 657–667.

Veil, Rüdiger, Enforcement of Capital Markets Law in Europe, Observations from a Civil Law Country, European business organization law review, 2010, S. 409–422.

Veil, Rüdiger, Beteiligungstransparenz in: Veil, Rüdiger (Hrsg.), Europäisches Kapitalmarktrecht, Tübingen 2011.

Veil, Rüdiger, Entwicklung der europäischen Kapitalmarktgesetzgebung in: Veil, Rüdiger (Hrsg.), Europäisches Kapitalmarktrecht, Tübingen 2011.

Veil, Rüdiger, Finanzinstrumente in: Veil, Rüdiger (Hrsg.), Europäisches Kapitalmarktrecht, Tübingen 2011.

Veil, Rüdiger, Kapitalmärkte in: Veil, Rüdiger (Hrsg.), Europäisches Kapitalmarktrecht, Tübingen 2011.

Veil, Rüdiger, Kapitalmarktregulierung in: Veil, Rüdiger (Hrsg.), Europäisches Kapitalmarktrecht, Tübingen 2011.

Veil, Rüdiger, Beteiligungstransparenz im Kapitalmarktrecht, - Rechtsentwicklung und Reformperspektiven -, Zeitschrift für das Gesamte Handelsrecht und Wirtschaftsrecht, 2013, S. 427–446.

Veil, Rüdiger/Walla, Fabian, Sanktionen in: Veil, Rüdiger (Hrsg.), Europäisches Kapitalmarktrecht, Tübingen 2011.

Verschraegen, Bea, Internationales Privatrecht, Ein systematischer Überblick, 2012.

Verse, Dirk A., Zur Reform der Kapitalmarktinformationshaftung im Vereinigten Königreich, Rabels Zeitschrift für ausländisches und internationales Privatrecht, Band 76 (2012), S. 893–920.

Vokuhl, Nikolai, Prospektpublizität in: Veil, Rüdiger (Hrsg.), Europäisches Kapitalmarktrecht, Tübingen 2011.

Volders, Bart, Culpa in Contrahendo in the Conflict of Laws, A Commentary on Article 12 of the Rome II Regulation, Yearbook of Private International Law, 2007, S. 128–136.

Wagner, Gerhard, Die neue Rom II-Verordnung, Praxis des Internationalen Privat- und Verfahrensrechts, 2008, S. 1–17.

Wagner, Rolf, Das Vermittlungsverfahren zur Rom II-Verordnung in: Baetge, Dietmar/von Hein, Jan/von Hinden, Michael (Hrsg.), Die richtige Ordnung, Festschrift für Jan Kropholler zum 70. Geburtstag, Türbingen 2008, S. 715–731.

Wagner, Rolf/Gess, Kirsten, Der Gerichtsstand der unerlaubten Handlung nach der EuGVVO bei Kapitalanlagedelikten, Neue Juristische Wochenschrift, 2009, S. 3481–3485.

Wagner, Rolf/Reder, Wolfgang, Europäisches Internationales Privatrecht in: Dauses, Manfred A./Ludwigs, Markus (Hrsg.), Handbuch des EU-Wirtschaftsrechts, 46. Ergänzungslieferung Januar 2019, München.

Walla, Fabian, Kapitalmarktregulierung in: Veil, Rüdiger (Hrsg.), Europäisches Kapitalmarktrecht, Tübingen 2011.

Weber, Christoph, Internationale Prospekthaftung nach der Rom II-Verordnung, Wertpapiermitteilungen, 2008, S. 1581–1588.

Weber, Martin, Unterwegs zu einer europäischen Prospektkultur, Vorgaben der neuen Wertpapierprospektrichtlinie vom 4. 11. 2003, Neue Zeitschrift für Gesellschaftsrecht, 2004, S. 360–366.

Welter, Reinhard, Auslandbezug und Tragweite ausländischen Rechts in: Schimansky, Herbert/Bunte, Hermann-Josef/Lwowski, Hans-Jürgen (Hrsg.), Bankrechts-Handbuch, 5. Aufl., München 2017.

Wendelstein, Christoph, Die Behandlung der Prospekthaftung des Emittenten im europäischen Zuständigkeitsrecht, Zugleich eine Anmerkung zu EuGH, Urt. v. 28.1.2015 – C-375/13 (Kolassa), Zeitschrift für Gemeinschaftsprivatrecht, 2016, S. 140–148.

Wilken, Oliver, Anlegerschutz im internationalen Recht – Zur Entwicklung eines Kapitalmarktkollisionsrechts in: Henssler, Martin/Kolbeck, Thomas M./Moritz, Hans-Werner u. a. (Hrsg.), Europäische Integration und globaler Wettbewerb, Heidelberg 1993, S. 329–340.

Winkelmann, Karsten, Aufsicht und anwendbares Recht bei grenzüberschreitenden Unternehmensübernahmen, Zur Harmonisierung des europäischen Übernahmekollisionsrechts, Hamburg 2007.

Wittig, Arne, Einführung in: Kümpel, Siegfried/Wittig, Arne (Hrsg.), Bank- und Kapitalmarktrecht, 4. Aufl., Köln 2011.

Wundenberg, Malte, Perspektiven der privaten Rechtsdurchsetzung im europäischen Kapitalmarktrecht, Möglichkeiten und Grenzen der Harmonisierungder kapitalmarktrechtlichen Informationshaftung, Zeitschrift für Unternehmens- und Gesellschaftsrecht, 2015, S. 124–160.

Zimmer, Daniel, Internationales Gesellschaftsrecht, Das Kollisionsrecht der Gesellschaften und sein Verhältnis zum internationalen Kapitalmarktrecht und zum internationalen Unternehmensrecht, Heidelberg 1996.

Zöller, Richard (Hrsg.), Zivilprozessordnung, Mit FamFG (Paragraphen 1–185, 200–270, 433–484) und Gerichtsverfassungsgesetz, den Einführungsgesetzen, mit Internationalem Zivilprozessrecht, EU-Verordnungen, Kostenanmerkungen: Kommentar, 32. Aufl. 2018 (zitiert: *Bearbeiter* in: Zöller, ZPO).

www.ingramcontent.com/pod-product-compliance
Ingram Content Group UK Ltd.
Pitfield, Milton Keynes, MK11 3LW, UK
UKHW021835290926
8980IPUK00004B/478

9 783631 794791